TRANSLATED SERIES ON
INTERNATIONAL CULTURAL HERITAGE LAW

INTERNATIONAL
CULTURAL HERITAGE LAW

Janet Blake

文 化 遗 产 国 际 法 律 译 丛

丛书总主编：程乐　　[英] David Machin　　李俭　　[法] Anne Wagner

国际文化遗产法

[英] 珍妮特·布莱克/著

程乐　袁誉畅　谢菲　梁雪/译

中国民主法制出版社
全国百佳图书出版单位

图书在版编目（CIP）数据

国际文化遗产法 /（英）珍妮特·布莱克
（Janet Blake）著；程乐等译.—北京：中国民主法制
出版社，2021.9
（文化遗产国际法律译丛）
书名原文：INTERNATIONAL CULTURAL HERITAGE LAW
ISBN 978-7-5162-2562-2

Ⅰ.①国… Ⅱ.①珍… ②程… Ⅲ.①文化遗产—保
护—法律—研究—世界 Ⅳ.①D912.104
中国版本图书馆 CIP 数据核字（2021）第 058873 号

International Cultural Heritage Law was originally published in English in 2015. This transla-
tion is published by arrangement with Oxford University Press. China Democracy and Legal Sys-
tem Publishing House is solely responsible for this translation from the original work and Oxford
University Press shall have no liability for any errors, omissions or inaccuracies or ambiguities
in such translation or for any losses caused by reliance thereon.

图书出品人：刘海涛
出 版 统 筹：乔先彪
责 任 编 辑：逯卫光 谢瑾勋

书名/国际文化遗产法
作者/〔英〕珍妮特·布莱克（Janet Blake）/著
　　　程 乐 袁誉畅 谢 菲 梁 雪/译

出版·发行/中国民主法制出版社
地址/北京市丰台区右安门外玉林里 7 号（100069）
电话/（010）63055259（总编室） 63058068 63057714（营销中心）
传真/（010）63055259
http:// www.npcpub.com
E-mail：mzfz@ npcpub.com
经销/新华书店
开本/16 开 710 毫米×1000 毫米
印张/21.25 字数/364 千字
版本/2021 年 8 月第 1 版 2021 年 8 月第 1 次印刷
印刷/三河市宏达印刷有限公司

书号/ISBN 978-7-5162-2562-2
定价/72.00 元

Lucie Morisset（加拿大蒙特利尔大学）

裴佳敏（浙江工商大学 ）

Michael Rowlands（英国伦敦大学学院）

沙丽金（中国政法大学）

Laurajane Smith（澳大利亚国立大学）

孙钰岫（浙江大学）

Anne Wagner（法国里尔大学）

王春晖（浙江大学）

王　敏（中国人民大学）

王　欣（浙江大学）

吴晶晶（浙江大学）

吴忠华（浙江大学）

冼景炬（香港城市大学）

杨晓琳（西北工业大学）

叶　宁（浙江大学）

余　薇（澳大利亚墨尔本大学）

目 录

CONTENTS

第一章
文化遗产法：背景问题

开篇章节旨在简要概述国际文化遗产法领域，涵盖它的早期发展、一些重要问题及当前的形式与用途，并向读者介绍该领域内的通用术语，以便为下文各章奠定基础。尽管本章的主题是国际文化遗产法，除了一些对理解国际法如何为文化遗产提供保护框架的重要基本原则外，笔者不会对其他作详尽阐释。读者若想进一步了解，可以参考福雷斯特有关文化遗产法书中的介绍部分或任何国际法入门教材，如狄克逊的《国际法入门》。①本书中主要使用"文化遗产"一词作为当今该领域的主要艺术术语，尽管在某些语境下"文化财产"（如主要涉及文化客体所有权的事件）或其他表达如"文化表征""文化产品与服务"更加合适。这些术语的用法会在后文涉及文物的非法贸易、保护传统文化表征的知识产权方法，以及全球市场中文化创造及生产者的权利保护等章节中具体说明。由此可见，文化遗产是一个混合词，有无数种可能的含义和解释，本章稍后将讨论这一事实和术语选择。

第一节　重视和保护文化遗产

一、从古代到 19 世纪末

重视反映社会中文化和宗教表征的纪念碑或文物，绝对不是现代的冲动。在古代，就有很多有关文物保护的事例，如早在公元前 6 世纪，纳波尼德

---

① Craig Forrest, *International Law and the Protection of Cultural Heritage* (London and New York: Routledge, 2010) at p. 31-55. See also: Martin Dixon, *Textbook on International Law* (Blackstone Press, 1990).

斯国王（King Nabonidus）的女儿就在古巴比伦建立了早期的文物博物馆。①
在接下来的一个世纪里，修昔底德在希腊试图利用考古发现作为解释历史
的基础，他认为卡里亚人（Carians）曾在提洛岛（Delos）定居，因为他在提洛
岛的许多墓穴中发现的盔甲和武器，与他那个时代的卡里亚人所使用的十
分相似。② 公元前 2 世纪，中国历史学家司马迁在撰写史书③时，参观遗址，
研究古物。在罗马共和国晚期，公元前 73 年至公元前 71 年间，西塞罗
（Cicero）在法庭演说④中攻击了西西里岛的罗马总督维勒斯（Verres），因为
他将被掠夺的艺术品转移到罗马。

　　然而，早期的文物立法大约是 15 世纪在欧洲首先发展起来的，皮乌斯教
皇二世（Pope Pius Ⅱ）于 1462 年颁布了教皇诏书，⑤旨在保护位于教皇国的
古物遗迹。1630 年，瑞典国王古斯塔夫斯·阿道夫（Gustavus Adolphus）任命
了一位国家古物学家，表明了他保护和维护重要国家文化遗产的意愿。
1684 年，他颁布了一项皇家法令，旨在保护地下的考古遗迹，作为对发现者
的回报，这些遗迹被归为王室财产。⑥ 奥斯曼土耳其当局在 19 世纪晚期开
始制定一套保护文物的立法和行政制度，这是最早的"现代"文物保护制度
之一。1846 年，他们在伊斯坦布尔建立了古代武器和古物博物馆，19 世纪
60 年代末成为帝国博物馆。在奥斯曼·哈姆迪·贝（Osman Hamdi Bey）的
管理下，它承担了奥斯曼帝国考古队的第一次考古发掘工作。⑦ 1874 年⑧通
过的第一部奥斯曼历史遗迹法，是最早的一批现代古物立法。它特别说明，
挖掘发现应由挖掘队、土地所有者和国家⑨共享，并将所有外国挖掘队置于

---

　　① 恩尼加迪公主生活在公元前 6 世纪，据说担任该博物馆的馆长。Vicki León, *Uppity Women of Ancient Times*（Conari Press, 1995）, p. 36-37.

　　② Thucydides, *The History of the Peloponnesian War*, Book I.

　　③ 《史记》记载了中国的历代王朝，由汉代传奇学者司马谈和他的儿子司马迁所著，写于公元前 2 世纪末至公元前 1 世纪初。

　　④ *In Verrem*, Acta I and II.

　　⑤ Papal Bull entitled *Cum Alma in Nostram Urbem*, cited in Lyndel V Prott and Patrick J O'Keefe, *Law and the Cultural Heritage*, vol 1（Abingdon: Professional Books, 1984）at p. 34.

　　⑥ Prott and O'Keefe, *Law and the Cultural Heritage*（n 6）at p. 35.

　　⑦ Information on the Ottoman law from Emre Madran, *The Restoration and Preservation of Historical Monuments in Turkey*（*From the Ottoman Empire to the Republic of Turkey*）（Ankara, 1989）. See also: Ailingiroglu and B Umar, *Eski Eserler Hukuku*（*Ancient Monuments Law*）（Ankara Universitesi Basimevi, Ankara, 1990）[inTurkish].

　　⑧ *Asari Antika Nizamnemesi*.

　　⑨ 挖掘的文物中最好的 1/3 上交国家。

教育部门的控制和监督下(土耳其授予挖掘工作许可机构前身)。1884 年通过的该法第三版包括了赋予所有古物①国家所有权的重要规定,同时设立了古物部门监督该法的实施。

奥斯曼帝国以及土耳其共和国的例子是发人深省的,因为它不仅表现出文化遗产对国家认同日益增长的重要性,也是对那些被欧洲旅行者、外交官②和殖民者大规模地从土耳其、希腊、埃及③和意大利转移文物所作出反应的开端。以奥斯曼帝国为例,它拥有很多来自古希腊和古罗马遗留下来的文物,许多欧洲人将这些文物视为自己的文化遗产;而他们作为东亚的土耳其人,除了地理和领土因素外,和这些文物没有其他直接联系。在许多情况下,19 世纪欧洲考古学家的活动实际上就是一种官方批准的寻宝活动,借此他们将大量近东、中东、远东的文物填满伦敦、巴黎、柏林的博物馆。施莱曼(Schliemann)的妻子佩戴的来自古特洛伊④的金饰照片,就是这种态度的有力写照。

当然,他们是一种强大紧张关系的基础,也是奥斯曼人在 19 世纪中后期开始对文化遗产作出回应争夺所有权的基础。有趣的是,他们对在 18 世纪末作为雅典权力中心的帕特农神庙的饰带浮雕并没有什么感情上的联结,1799 年在奥斯曼帝国皇室的一纸敕令下,他们很乐意地让额尔金伯爵(Lord Elgin)将饰带浮雕搬进了大英博物馆。⑤ 洛文塔尔(Lowenthal)明确地指出了全球遗产观和欧洲中心殖民传统之间的联系,他认为"在全球利益分配的过程中,西方强国也获得了全球遗产,然后将战利品解释为全球管理。欧洲人实施强制掠夺的原因是他们普遍认为,基督教和科学遗产远远优越于其

① 第二章文物的非法贸易中将更充分地探讨这一规定的重要性。
② 比如,威廉·汉密尔顿爵士(Sir William Hamilton)在 1764 年至 1800 年间担任英国驻那不勒斯王国大使,作为一位古物鉴赏家,他跟随着罗马前任维勒斯(Verres)的脚步,从意大利和西西里岛收集古物,并将大部分送至英国。David Constantine, *Fields of Fire:a Life of Sir William Hamilton*, Wiedenfeld and Nicholson,2001.
③ 由拿破仑的军队发掘。
④ 此照片易在网络上找到。http://www.gettyimages.com/detail/news-photo/sophia-schliemann-wife-of-german-archaeologist-heinrichnews-photo/50695956,2014 年 11 月 30 日访问。
⑤ 额尔金伯爵利用奥斯曼帝国当权者对文物的兴致缺缺,在 1799 年获得敕令(该命令由奥斯曼苏丹或他的一位高级官员下达),被允许将帕特农神庙的饰带浮雕转移到大英博物馆。敕令的内容参见 The International and National Protection of Movable Cultural Heritage edited by Sharon Williams (New York:Oceania,1978)at p.10. See also:Jeanette Greenfield, The Return of Cultural Treasures(Cambridge University Press,1989)at p.61-72。

他国家的野蛮习俗"。① 欧洲人对大津巴布韦遗址的肆意妄为是此类发挥作用机制的典型例证,因为在欧洲和北美的自然历史博物馆里陈列着非洲和澳大利亚土著人的解剖标本和骨骼遗骸。因此,对原住民和后来移民争夺所有权的考量,迫使我们重新评估文化遗产的一般适用范围。

诸如,伦敦大英博物馆和巴黎卢浮宫等大型博物馆收藏大量文物(甚至雕塑②)的问题本身就是一个章节,但它确实指出了该法律领域下的一些重要紧张情形,特别对于是否应赋予文化遗产普世价值(作为全球人类的共同遗产),而不是将其界定为归某个地方和(或)国家所有。此外,其他国家和(或)人民都宣告对许多欧洲和北美博物馆里的文化遗产所有权,它们被认定是在殖民时期被转移出原社区或原位置(包括欧洲移民对原住土地的殖民)。③ 下文将更详细地讨论这种紧张关系。

二、1945 年以来的国际文化遗产法

尽管对文化遗产的规范做过尝试,特别是在武装冲突④的情况下或是属于区域(美国)层面,⑤但公平地说,涉及文化遗产保护的现代国际法始于第二次世界大战后,即 1945 年联合国及联合国教科文组织的成立和 1948 年通过的《世界人权宣言》。因此,鉴于联合国在《联合国宪章》中所述的促进各国与教科文组织和平共处以推动人类和平的宗旨,该领域第一个国际条约涉及战时⑥文化遗产的保护就不足为奇了。⑦ 1954 年《海牙公约》的序言中阐述了其宗旨和基本哲学,认识到"文化财产在近期的武装冲突中遭受了严

---

① David Lowenthal, The Heritage Crusade and the Spoils of History(Viking, UK, 1997) at p. 240-241.

② 比如,由欧迈尼斯二世在帕加马(土耳其西南部)建造的宙斯祭坛,现被保存在柏林的帕加马博物馆。

③ 对非洲的殖民统治参见 Folarin Shyllon, The Right to a Cultural Past: African Viewpoints, in Cultural Rights and Wrongs edited by Halina Niec(UNESCO Publishing and Institute of Art and Law, 1998) at p. 103-19.

④ 1907 年国际和平会议通过的第四号和第九号公约涉及文化财产问题,特别是第四号公约所附的条例[第 23(g)、25、28 和 47 条]。See Jiri Toman, The Protection of Cultural Property in the Event of Armed Conflict(Dartmouth/UNESCO, 1996) at p. 10.

⑤ 1935 年泛美联盟通过《关于保护艺术和科学机构及历史纪念物条约》(《罗里奇条约》)(167 lnts 289, 1935 年 8 月 26 日生效)。

⑥ 1954 年 5 月 14 日在海牙通过《武装冲突情况下保护文化财产公约实施条例》[249 UNTS 240;《海牙第一议定书》249 UNTS 358]。1954 年 5 月 14 日在海牙通过《武装冲突情况下保护文化财产公约议定书》(249 UNTS 358)。

⑦ 序言开篇写道:"战争起源于人之思想,故务虚于人之思想中筑起保卫和平之路。"

重损害,由于战争技术的发展,它们遭到破坏的危险越来越大",而且"对任何民族的文化遗产破坏都是对全人类文化遗产的破坏,因为每个民族都对世界文化作出了自己的贡献"。

两年后,联合国教科文组织在《关于适用于考古发掘的国际原则的建议》①中通过不具约束力的国际原则设法解决考古发掘问题。该建议强调考古遗产对人类的重要性,为保护考古遗产提供了必要的理由,同时也是对保护考古遗产国际合作的鼓励,因而可以防止国际冲突。有趣的是,这一早期的国际政策声明承认文化遗产具有普遍性和特殊性,它指出,虽然"个体国家对在其本土发现的考古遗产会更加关注,但国际社会一定是收获更丰富的一方"。之后,进一步通过了《关于保护景观和遗址的风貌与特性的建议》(1962 年)和《关于保护受到公共或私人工程危害的文化财产的建议》(1968年)。② 之后关于文化遗产的条约有 1970 年的《关于保护文化遗产非法贸易或转移的公约》和 1972 年的《关于禁止和防止非法进出口文化财产和非法转移其所有权的方法的公约》。③ 非物质文化遗产方面,联合国教科文组织首次通过的文件是 1989 年的《保护传统文化和民俗的建议》,近些年联合国教科文组织在这一领域通过的条约包括 2001 年《保护水下文化遗产公约》、④2003 年《保卫非物质文化遗产公约》⑤以及 2005 年《保护和促进文化表现形式多样性公约》。⑥

由此可见,在国际(全球)层面上对文化遗产条约的制定并没有很长的

---

① 《关于适用于考古发掘的国际原则的建议》(联合国教科文组织,新德里,1956 年 12 月 5日),http://portal. unesco. org/en/ev. php-URL_ID = 13062&URL_DO = DO_TOPIC&URL_SECTION = 201. html. 2014 年 12 月 18 日访问。

② 联合国教科文组织于 1962 年 12 月 11 日通过《关于保护景观和遗址的风貌与特性的建议》,http://portal. unesco. org/en/ev. php-URL_ID = 13067&URL_DO = DO_TOPIC&URL_SECTION = 201. html,2015 年 2 月 13 日访问;1968 年通过的《关于保护受到公共或私人工程危害的文化财产的建议》于 2015 年 2 月 13 日访问,http://portal. unesco. org/en/ev. php-URL_ID = 13085&URL_DO = DO_TOPIC&URL_SECTION = 201. html.

③ 《关于禁止和防止非法进出口文化财产和非法转让其所有权的方法的公约》(联合国教科文组织,1970 年)[823 UNTS 231] 和《保护世界文化和自然遗产公约》(1972 年)[1037 UNTS 151;27 UST 37;11 ILM 1358(1972)]。

④ 《保护水下文化遗产公约》(联合国教科文组织,巴黎,2001 年 11 月 2 日)[41 ILM 40],第三章中将进一步讨论。

⑤ 《保卫非物质文化遗产公约》(联合国教科文组织,2003 年 11 月 17 日)[2368 UNTS 3],第五章中将进一步讨论。

⑥ 《保护和促进文化表现形式多样性公约》于 2005 年 10 月 20 日第 33 届联合国教科文组织大会通过,第六章中将进一步讨论。

历史,这仍是一个年轻且在不断发展的领域,存在着各种不确定性。这些条约也往往反映出通过时的诸多关切,因此涉及不同的途径,甚至是潜在的哲学理念。正如我们看到的,1954 年的《海牙公约》在很大程度上反映了既要防止未来武装冲突爆发,又要在发生此类冲突时尽量减少对文化财产损害的愿望。1970 年《公约》体现了一种可以被称为是"民族主义"的文化遗产观,反映了那些在殖民时期文化遗产损失严重的新建立的后殖民(发展中)国家的关切,以及他们对树立国家认同的希望,文化遗产是实现这一目标的主要构成要素。相比之下,1972 年《公约》希望将一些优秀的文化遗产归为"人类共同遗产",同时值得国际保护,此外,环境保护问题①越来越受到重视。实际上,发达国家和发展中国家对上述两种情况的关切截然不同。

第二节　术语问题

如上所述,文化遗产在国际法里是一个比较年轻的领域,因此,该领域内的术语仍在发展中,其含义也在不断转换和演变。在本节中,笔者将简要介绍这一法律领域中几个最重要的术语。普罗特(Prott)在 1989 年的著作中提到了这一问题,"虽然各个学科的文化专家对他们研究的主题都有相当清晰的概念,但文化遗产的法律定义是当今法学专家面临的最困难的问题之一"。② 如今,这一评价虽然没有再被毫无掩饰地表达,但也尚未充分解决,仍需律师和其他在该领域工作的人认识思考。③

一、遗产或财产?

上述条约和其他文书中对"文化遗产"和"文化财产"的使用是明显可互换的,因此,对其合理性的检查是有必要的。从某种意义上说,这是错误的,因为法律文本能够且在某种程度上确实出于工具性目的规定了特定术语的

---

①　1972 年 6 月 16 日第 21 次全体会议通过了《联合国人类环境会议宣言》(斯德哥尔摩,1972)。同年,该公约被联合国教科文组织通过[联合国文件 A/CONF. 48/14/Rev 1 (1973);11 ILM 1416(1972)]。

②　Lyndel V Prott,Problems of Private International Law for the Protection of the Cultural Heritage,Recueils des Cours,Vol. V(1989),p. 224-317 at p. 224.

③　Eg,Janet Blake,On Defining the Cultural Heritage,International and Comparative Law Quarterly,Vol. 49(2000),p. 61-85.

含义。① 然而,这些术语中有些具体特征是人们普遍理解的,因此应该在此加以探讨。此外,上述条约中并没有明确界定文化财产或文化遗产,因此它们的含义有待解释。比如,基本可以确定的是文化遗产一般被认为是一个更广泛的、包罗万象的术语,文化财产是文化遗产下的一个(物质)构成部分,但文化财产比可能受到贸易或贩运的可移动物品含义更广。例如,前文提到的 1968 年建议将文化财产描述为"不同传统和历史精神成就的产物与见证……是构成世界各国人民品格的基本因素"。②

当然,首先解读"文化"本身的含义,对充分理解这两个术语很有帮助。人类学对文化的定义表明,在提供一种有效的文化定义方面存在困难,这有助于我们理解文化在"文化财产"和"文化遗产"中的应用。"文化"被描述为一个整体概念,物质文化、仪式文化、象征文化、社会制度、模式行为、语言文化、价值观、信仰、思想、意识形态、意义等都被包含在其中,且社会中的一切都应该具有相同的文化(如共同的价值观)。③ 当需要对古物甚至是古迹遗产的贸易进行法律管制时,这似乎就是一个极其广泛的定义;有趣的是,它更接近于文化是参照非物质文化遗产进行理解的。另一位人类学家斯塔文哈根(Stavenhagen)④提出"文化"的三个主要潜在类别,值得我们参考。首先,"文化是资本"即人类整体物质遗产的积累;其次,"文化是创造"即科学与艺术方面的创造;最后,一个包罗万象的"人类学"文化观即"特定社会群体的所有物质和精神活动及产品的总和,以将其与其余社会群体区分开来"。在这些类别中,我们可以找到与文化遗产文书中所使用的"文化"不同含义相匹配的元素,这在某种程度上表明了文化遗产法中所使用的"文化"这一概念的复杂性。"遗产"的概念更加容易理解,包括了对理解法律领域至关重要的核心要素:它从过去获得,"托管"给当代人(可能会在当下享受其价值),并在至少不损坏其状态的情况下传承给下一代人。

文化财产作为一个类别首先在 1907 年《海牙第四公约》中确立,然后在 1935 年《罗里奇公约》和 1954 年《海牙公约》中得到重申。当这个术语被应用于文化表征、体现,甚至对特定的文化社区具有特殊重要性但在法律上未被定义为其"所有者"的物品时,显然包含了潜在的破坏性后果。为了克服

---

① 　见 Prott and O'Keefe,Law and the Cultural Heritage(n 6).

② 　序言。

③ 　Raymond Williams,Culture,Fontana,1981.

④ 　Rodolfo Stavenhagen,Cultural Rights:A Social Science Perspective,in Cultural Rights and Wrongs edited by Halina Niec(UNESCO Publishing and Institute of Art and Law,1998),p. 1-20.

这一问题,罗多塔(Rodota)提出,当"财产"一词用于文化项目和文化表达时,可以通过构成一种"新的所有权形式",从而避免法律术语中通常隐含的互斥控制概念。①

可移动文化财产在1978年《建议》中②给出的定义如下:"可移动文化财产应包含所有作为人类创造或自然进化表现和证明的、具有考古、艺术、科学或技术价值或利益的可移动物体。"对于主要目的是控制这类文物移动的文书来说,使用这一术语是相对无争议的,此处给出的定义明确说明了这类物品的非经济价值。然而,使用一个通常与所有权相关的法律概念,却又说它在使用时不涉及所有权,是相当奇怪的,尤其是还存在着没有这种历史包袱的其他可替代术语。因此,鉴于现今许多评论员对这个术语的使用感到不适,它的适用范围要小得多,而文化遗产作为替代性术语普遍受到青睐。③此外,我们对文化遗产涵盖面的认知已大大扩宽,它包括了自然遗产(或自然与文化混合遗产)和非物质元素;"文化财产"是一个局限性特别大的术语,比如,究竟何种程度涵盖岩石艺术,与技术发展相关的地点,具有文化意义的自然地貌,宗教和仪式场所,甚至是仪式本?

当然,在"文化遗产"中还包含了一种更深层次的含义,这层含义同样非常重要,可以说是支撑其用法的最佳论据。如前文所述,它包含了继承的概念,即在一定条件下从先辈手中获得,被当代人加以保护,并在至少不对其造成损坏的情况下传给后代。此种将文化遗产视作继承的想法来源已久,在联合国教科文组织宪法(1945年)中就明确提出过,要求该组织"确保对世界上的艺术作品、历史遗存和科学遗产加以维持和保护"。④ 然而,继承的概念这些年来有了进一步的意义,特别是因为可持续发展概念的采用。这是很重要的,因为它包含了代际公平的核心概念和当代人为了未来而守护

---

① Stefano Rodota, 'The Civil Law Aspects of the International Protection of Cultural Property' in International Legal Protection of Cultural Property: Proceedings of the Thirteenth Colloquy on European Law, Delphi, 20-22 September 1983.

② 联合国教科文组织在1978年10月24日至11月28日期间在巴黎举行的第二十届会议上通过《关于保护可移动文化财产的建议》(联合国教科文组织,1978年),http://portal.unesco.org/en/ev.php-URL_ID=13137&URL_DO=DO_TOPIC&URL_SECTION=201.html,2014年12月12日访问。

③ 关于控制国际贸易,国际统一私法协会关于被盗或者非法出口文物的公约(罗马,1995年)[34 ILM 1322]用"文物"一词代替了"文化遗产",在第二章中将进一步讨论。

④ 第1条。

地球文化和自然财富的责任。① 它还包含了一个相关观点，即由于我们既不知道我们未来需要什么，也无法预测现有的知识（遗产）在未来可能会以何种方式加以利用，我们应对其保护以应对未来需要。② 鉴于文化遗产与自然资源一样，是一种不可再生的资源，其使用和享受必须以不使其枯竭的方式进行。③ 这一遗产概念也是各国保护文化遗产一般义务的基本依据。④

　　或许现在文化遗产最引人注目，但也可能是最有问题的一个方面，就是它无所不在的特性。撇开"遗产"具有的生活方式附属品的概念，如遗产型浴室配件、遗产型餐厅，⑤世界各地仍有大量的遗产类景区、遗产"体验"和遗产博物馆，而且数量还在不断增加。⑥ 由于某些原因，面对快速的技术变革、互联互通和全球化关系，人们在当今世界对过去（及其当前的目标）有着更大的社会和情感需求。当然，这也与文化遗产在地方、国家、地区甚至"人类"身份建设中所发挥的作用有关，因为这些身份的建立如今正面临着前所未有的压力。联合国教科文组织文化遗产立法工作的转移绝非偶然，其已逐渐从国家层面的重要性（武装冲突期间的文化财产保护及文物非法移动和贸易的防范）转移到与地方和区域利益密切相关（非物质文化遗产和文化表现形式的多样性）且更为普遍的利益问题上（如世界文化和自然遗产）。

二、物质文化遗产或非物质文化遗产？

　　考古遗产很好地说明了文化遗产的双重性质。作为文化遗产整体范畴中的一个子集，考古遗产主要是从物质文化方面进行考察，如遗址、建筑遗

---

　　① 1972 年《世界遗产公约》第 4 条规定缔约方有义务确保文化和自然遗产的鉴定、保护、保存、展示并传承给后代。

　　② 这与世界可持续发展委员会 1987 年发表的《布伦特兰报告》中关于可持续发展的经典说法十分相似："既满足当代人的需要，又不损害后代满足其自身需要的能力的发展。"

　　③ 捷克共和国在 1995 年提交给欧洲理事会赫尔辛基文化部长会议的报告中对此作了很好的总结，其中提到"将文化遗产的概念扩大到环境和社会的文化层面或文化资源，包括列出和未列出的，已知和未知的，物质和非物质的。它们同样是不可再生的，对人类生命、健康和安全而言，它们与自然资源一样不可或缺"。

　　④ Francesco Francioni，A Dynamic Evolution of Concept and Scope：From Cultural Property to Cultural Heritage，in Standard-setting in UNESCO，volume I：Normative Action in Education，Science and Culture，Essays in Commemoration of the Sixtieth Anniversary of UNESCO edited by Ahmed Yusuf Abdulqawi（UNESCO，2007）at p. 237 也提出文化遗产的人权维度是文化财产向文化遗产转移的因素之一。

　　⑤ Rodney Harrison，Heritage：Critical Approaches（Routledge，2013）addresses the tendency towards a theme-park notion of 'heritage' at p. 1-12.

　　⑥ 如 David Lowenthal 在 The Heritage Crusade and the Spoils of History（n 16）中所说，95% 的当代博物馆出现在第二次世界大战之后。

迹、人体残骸和手工艺品。然而,这种物质文化对科学学科有重要意义,因为它能提供有关过去社会、人类组织形式和实践的证据。因此,其非物质方面成为其整体中一个重要组成部分,即我们可以从物质文化中获取信息,也正是这种非物质因素——物质文化形成或发展所需的人类智慧环境——赋予物理发现以考古意义。霍德(Hodder)和赫特森(Hutson)在下面这段话中简洁地表达了环境对于考古学家的特殊价值:

当考古学家获得一件来自未知文化的物品时,往往很难对其提供解释。但是单独观察物体本身根本就不是考古学;考古学关注的是物体存在的层面和其他环境(房间、遗址、坑、墓葬),以便解释它们的年代和意义。一旦物体所处环境被得知,它就不再沉寂……显然,即使在有背景环境的情况下,我们也不能完全声称,这些物体能告诉我们其文化意义;但另一方面,它们至少可以传递一些信息。文化意义的解读会受到环境解读的限制。[①]

这种对环境在物质文化考古解释中作用的说明,作为有效类比,能让人们理解"物质"和"非物质"文化遗产之间的关系。必须承认的是,文化遗产立法中产生的差异(特别是在联合国教科文组织内部)是人为地区分物质和非物质文化遗产,与现实不符。在大多数情况下,这二者之间是密不可分的,以至于想要将其分开的想法都显得违背常理。[②] 因此,世界遗产名录上大部分文化遗产的价值和意义与其相关的非物质文化要素[③]有关;与此同时,非物质形式的遗产往往需要通过相关的有形要素表现(服饰、乐器、农具等)。它更多的是立法史的功能和遗产各个方面在不同时期、由文化遗产法产生的不同国家集团所赋予的相对价值。因此,从1954年的《海牙公约》到2001年的《保护水下文化遗产公约》,"有形"方面得到了主要保护,尽管这些物质遗产的非物质性往往也十分显著,并在条约案文及其执行中有所提及。[④] 例如,2001年《公约》对一些国家可能与历史性的沉船事件之间的特

---

① Ian Hodder and Scott Hutson, *Reading the Past—Current Approaches to Interpretation in Archaeology*, 3rd edn (Cambridge University Press, 2003) at p. 4.

② See: Mounir Bouchenaki, A Major Advance towards a Holistic Approach to Heritage Conservation: The 2003 Intangible Heritage Convention, *International Journal of Intangible Heritage*, Vol. 2 (2007), p. 106.

③ Dawson Munjeri, Tangible and Intangible Heritage: From Difference to Convergence, *Museum International*, Vol. 221-2 (2004), p. 12-20.

④ 早在1956年,《关于适用于考古发掘的国际原则的建议》(n 23)就在序言中指出"对过去作品的思考和研究所引发的感情";1998年和2000年对1972年《世界遗产公约》操作指南的修订,允许在应用铭文标准时考虑到文化财产的非物质关联。

殊联系给予重视;这种联系往往体现在一些无形的因素,比如,该沉船事件发生在该国历史上的一场非常重要的战役中。类似地,1972 年《世界遗产公约》的操作指南多年来不断发展,其中包括一项文化财产的铭文标准,直接提及"相关的非物质元素"。2003 年《公约》对非物质文化遗产的定义是"与其相关的工具、物品、文物和文化空间"。2003 年《公约》的通过部分承认了这些非物质方面的遗产在早期的条约中没有得到充分的重视,特别是反映在发展中国家和南半球国家的不同优先级上,对它们来说,非物质文化遗产是非常重要的。"非物质文化遗产"现已成为国际上对这方面文化遗产的法律术语,①即使它不那么理想。例如,在西班牙语②中很难找到一个完全对应的词,法语词条"immatériel"(意为非物质的)也与英语中的"intangible"(意为无形的、非物质的)有着不同内涵。为界定 2003 年《公约》中术语所做的调整,包括进一步明确条约中"非物质文化遗产"定义,并列出一份"非物质文化遗产"存在的五个主要领域的非详尽清单。由此可见,这是一个复杂的概念,不能用一个单一的、简洁的措辞来表达。

三、"保卫"(safeguarding)与"保护"(protection)

选择"保卫"(safeguarding)一词而不是在文化遗产领域中更常见的"保护"(protection)③一词值得研究。它最早在 1989 年《关于保护文化与民俗的建议》中使用,该建议是 2003 年《公约》的前身,也是在公约之前存在的处理非物质文化遗产方面的唯一文书。由于 1989 年《建议》和 2003 年《公约》的基本方法之一是采用比知识产权法(其中"保护"是艺术术语)更广泛的、文化方式进行保护,因此在这方面"保卫"(safeguarding)一词的选用也具有意义。④ 这一术语表达的含义比"保护"更为宽泛,即其不仅意味着保卫非物质文化遗产不受直接威胁,还指出采取有助于延续非物质文化遗产生命力的积极行动的必要性。值得注意的是,2003 年《保卫非物质文化遗产公约》⑤对"保卫"(safeguarding)一词作出了明确的定义,该定义与 1989 年《建议》中

---

① 特别是在 2003 年通过《非物质文化遗产公约》后。

② 西班牙代表在 2003 年公约政府间谈判中指出该点。

③ 在联合国教科文组织 1954 年、1970 年和 1972 年公约中使用。

④ 值得注意的是,在《关于保护传统文化与民俗的建议案》(巴黎,1989)的 A 到 F 节中,只有 F 节以"保护"(protection)为题,该节涉及保护的知识产权方面。http://unesdoc. unesco. org/images/0013/001323/132327m. pdf,2014 年 11 月 10 日访问。

⑤ 第 2 条第 3 款。

的五个主要部分密切相关,即鉴定、保存(conservation)、保留(preservation)、传播和保护(protection)。①

因此,保卫(safeguarding)被视为一个全面的概念,不仅包括识别、盘点等经典的"保护"行动,还包括为非物质文化遗产提供继续被创造、维护和传播的条件。反过来,这意味着文化社团本身有能力继续去创造、维护和传播。因此,社团是该公约的重心,作为非物质文化遗产存在的重要背景,而非遗产本身。这使保卫非物质文化遗产成为一种更依赖环境的方式,它在非物质文化遗产的法律制定中将更广泛的人类、社会和文化环境考虑在内。为实现这一目标,政府应确保社团(群组和个人)的经济、社会和文化权利,以保障他们能够去创造、维护和传播非物质文化遗产。从这个角度看,"保护"(protection)含有"防护"的消极意思,而"保卫"(safeguarding)意味着采取积极行动去培育遗产、遗产持有人及其发展环境。

第三节　世界遗产、国家遗产还是地方遗产?

国际文化遗产法面临的一个持续的挑战,是是否应该对值得保护的遗产作出不同界定:全人类文化遗产、"国家财富"或当地及原住民社区个体身份和价值来源。正如本书所述,受到各种因素的影响,如主流政治、遗产类型的讨论以及是否将保护文化遗产视为全球价值,人们采取多种方法应对这个问题。因此,在全球文化建设及"全球遗产"或"人类普遍遗产"的概念建构中,存在着潜在的矛盾。当将其与国际文化遗产法联系起来研究时,这个问题囊括许多利益冲突,因为这样表达符合法律问题本质。洛文塔尔(Lowenthal)在法律和更广泛的背景下写文化遗产时表示,"现在人们对遗产的要求太高了。与此同时,我们赞扬国家遗产、地区遗产和民族遗产及共同享有和保护的全球遗产,却忘记了这些目标通常是不相容的"。自 20 世纪下

---

① 第 2 条第 3 款所列的保卫措施包括:"鉴定、记录、研究、保留、保护、促进、加强、传播,特别是通过正规和非正规的教育及振兴非物质文化遗产的各个方面。"

半叶以来,将保护建立在作为人类遗产①的普遍全球价值观念的基础上的想法,在国际法律制定过程中始终占据主导地位,并成为在这一领域进行国际合作的正当理由。②

　　1970 年的《关于禁止和防止非法进出口文化财产和非法转让其所有权的方法的公约》和 1995 年的《国际统一私法协会关于被盗或者非法出口文物的公约》都将有关文物的重要性视为一种普遍的重要性。③ 这很有趣并表明,在一定程度上是为了让艺术市场国家更容易接受一些条约,这些条约在根本上是民族主义的,因为它们重申了原籍国对文化艺术品享有优先权的观点。普遍文化遗产概念的另一个矛盾是它与遗产的代表性特征形成对比,即遗产代表了特定的文化社区及其身份。因此,实施已超过 40 年的 1972 年《世界遗产公约》,也慢慢地将重心从"标志性""世界奇迹"的概念,④转向了可代表某一特定文化领域、地区、主题或历史阶段的最佳文化遗产范畴。⑤ 为了解决公约下遗产普遍性和特殊性之间的明显紧张关系,世界遗产委员会已经开始强调遗产地的"代表性"特征,使《世界遗产名录》能够代表

---

　　①　不要与帕尔多大使(Ambassador Pardo)就深海底矿藏提出的"人类共同遗产"学说相混淆,该学说适用于国际法中诸如深海底和月球等共同空间领域。也有人声称将南极洲甚至某些标志性物种,如山地大猩猩,视为人类的共同遗产。参见 Christopher C Joyner, Legal Implications of the Concept of the Common Heritage of Mankind, International and Comparative Law Quarterly, vol. 35 (1986), p. 190-199; and Ellen S. Tenenbaum, A World Park in Antarctica: The Common Heritage of Mankind, Note in Virginia Environmental Law Journal, vol. 10(1991), p. 109.

　　②　1931 年,国际博物馆协会秘书长提到 'la nouvelle conception qui se fait jour depuis quelque temps et qui tend à considérer certains monuments d'art comme appartenant au patrimoine commun de l'humanité', stating that, 'il semble qu'il y a là enformation un nouveau principe de droit international dans le domaine artistique', Euripide Foundoukidis, Mouseion. Revue internationale de muséographie, no 15 (1931), p. 97. Cited in Noé Wagener, Les usages de la figure de "patrimoine commun", Working Paper presented to a Research Workshop on Dissemination et mimétisme en droit international: un regard anthropologique sur la formation des normes, l'Institut de Hautes Etudes Internationales et du Développement, Geneva,20 November 2014.

　　③　1970 年《公约》在序言中提到"保护文化遗产和文化交流对于促进各国人民之间的了解及文化传播对于人类福祉和文明进步的重要性"(重点补充)。

　　④　For a discussion of this 'iconic' approach, see: Christina Cameron, Evolution of the Application of "Outstanding Universal Value" for Cultural and Natural Heritage at the Special Expert Meeting of the World Heritage Convention on The Concept of Outstanding Universal Value, held in Kazan, Republic of Tacarstan, Russian Federation 6-9 April 2005. UNESCO Doc WHC-05/29. COM/INF. 9R, of 15 June 2005.

　　⑤　Yusuf A Abdulqawi, Article 1—Definition of Cultural Heritage, in The 1972 World Heritage Convention—A Commentary edited by Francesco Francioni (with the assistance of Federico Lenzerini) (Oxford University Press,2006), p. 23-50.

世界上所有文化在智力、审美、宗教和社会学表达上的多样性。① 毫无意外的,2003 年《保卫非物质文化遗产公约》的起草者试图将其与 1972 年《保护世界文化和自然遗产公约》(大体上以之为蓝本)区分开来的方法之一,就是将其主要的国际名录命名为《人类非物质文化遗产代表作名录》。标题中"代表性"一词的运用,表明该名录并没有庆祝文化遗产中"独特的"或"杰出的"元素,而是那些记录了可以代表世界上大量非物质文化遗产、更重要的是可以代表世界多样性的元素。②

一、文化遗产作为世界遗产

所有战后文化遗产条约都或明确或含蓄地表达了这一概念,作为保护文化遗产的国际合作的基础。1954 年《关于发生武装冲突时保护文化财产的公约》,③是所有条约中第一个指出"无论文化遗产属于何人,对其的损害都是对全人类文化遗产的损害",④即建议所有国家承担起在战时确保文化遗产保护的一般义务。更值得注意的是,鉴于其对国家保留(并已归还)文化遗产权利的高度"民族主义"立场,1970 年联合国教科文组织《关于禁止和防止非法进出口文化财产和非法转让其所有权的方法的公约》⑤含蓄地指出这些文化财产的价值超越了国家层面,"文化财产是文明和民族文化的基本要素之一,只有尽可能充分地了解其起源、历史和传统背景,才能领会其真正的价值"。⑥ 1972 年联合国教科文组织《世界遗产公约》⑦非常明确地反映了这种文化遗产观,指出"部分文化和自然遗产具有突出意义,因此需要作为整个人类世界遗产的一部分加以保护"。这并不奇怪,因为它把文化遗产和自然遗产放在一起处理,而全球遗产的概念已经在这一法律领域得到了很好的建立:"自然遗产的全球性现在是无可争议的。淡水和化石燃料,

---

① According to Francesco Francioni, 'Preamble', in The 1972 World Heritage Convention—A Commentary edited by Francesco Francioni(with the assistance of Federico Lenzerini) (Oxford University Press, 2006) p. 11-21 at p. 20,20 世纪 90 年代的全球战略导致了对"普遍性"的动态解读,并包含了文化遗产明显的人类学维度,而不是纯美学和不朽的艺术史方法。

② Janet Blake, Commentary on the 2003 UNESCO Convention on the Safeguarding of the Intangible Cultural Heritage(UK:Institute of Art and Law,2006) at p. 20.

③ 详细见 1954 年《关于发生武装冲突时保护文化财产的公约》。

④ 参见序言第二段。

⑤ 《关于禁止和防止非法进出口文化财产和非法转让其所有权的方法的公约》(n 24),在第二章中将进一步讨论。

⑥ 参见序言第三段。

⑦ 1972 年联合国教科文组织《世界遗产公约》,在第四章中将进一步讨论。

雨林和基因库是全人类共同的遗产,需要我们的保护。文化资源同样也是人类普遍遗产的一部分。"[1]

"文化遗产的某些方面具有突出的重要性,应该为全人类的利益和享受而加以保护",[2]1972 年《公约》明确地将其作为出发点,是对全球遗产地位不折不扣的肯定。[3] 1972 年《公约》中列出的文化财产清单推动了国际保护工作,使饱受战火蹂躏的柬埔寨吴哥窟的寺庙免于破坏;拯救了历史名城杜布罗夫尼克在前南斯拉夫战争初期的轰炸中免于进一步破坏;而葡萄牙在科阿山谷修筑大坝时威胁到冰河时代的岩石艺术,就此引发了国际社会的强烈抗议。

因此,1972 年《公约》中世界遗产概念的应用,对于保护遗址避免极端威胁具有重要的积极影响,无论是面临战争破坏,还是大坝建设项目导致淹没,抑或仅仅是由于政府忽视而导致的恶化。[4] 本《公约》作为代表全人类的遗产受托人,通过将保护义务置于所列纪念碑或遗址的所在国,试图调和遗址的国家所有权与全人类利益(世界利益)之间的紧张关系。1972 年《公约》传递出这样的观念,即杰出的遗产是不可再生资源,对所有民族和文化都具有重要意义,因此必须为了后代得以继承这些遗产而多加保护。表面上看,这是一个很有吸引力且看似毫无争议的方法,我们可以接受某些典型的国家标志作为世界遗产,如巨石阵、埃及狮身人面像、帕特农神庙和吴哥窟等。

尽管存在这些积极因素,但全球和特定文化对文化遗产的处理方法之间仍存在着不可避免的紧张关系,这与不同群体(潜在的)利益冲突有关,他们声称对文化遗产享有"所有权"。对于自然遗产,"通行的卓越标准是可能的,因为其地质、生物或物理价值可以根据客观、科学的标准来评价";而在文化遗产领域,较为特殊且"杰出的"东西通常与特定文化和社会环境的独特品质有关,与"普通"恰恰相反。中国的长城是一个很好的例子,它是"全球性的",因为它对世界各地的人都具有普遍的吸引力,但它并不是无处不在、与每个人息息相关。[5] 当然,可以说这些《公约》中的每一项都是为了应

---

[1] Lowenthal, The Heritage Crusade(n 16) at p. 228.

[2] 它指出文化和自然遗产"构成了人类遗产的基本特征,是今世后代丰富和谐发展的源泉"。

[3] 弗朗西奥尼(Francioni)在《序言》的第 19 页中对这一观点作了如下分析:"然而他们的吸引力是普世的,因为他们卓越的特质使他们可以在世界各地和每一个人产生共鸣,这两个遗址吸引着来自世界各地络绎不绝的游客可以证明这一点。因此,在文本层面上,'普遍'一词用在文化遗产中可以理解为定义一个能够对全人类产生普遍吸引力并对今世后代表现出重要性的遗址。"

[4] 然而必须注意的是,这也会产生负面的后果,如游客人数过载造成破坏或为保护遗址而驱逐当地居民。

[5] 弗朗西奥尼(Francioni)《序言》,第 18—19 页。

对文化遗产中某一特定要素的特殊威胁,而每一条文书后反映的哲学也不尽相同。然而,由于这一事实,在这些法律方法中,更仔细地考虑这种矛盾可能产生的潜在负面后果是很重要的。以 1982 年《联合国海洋法公约》①为例,其中包括一项关于处理位于深海区的考古和历史文物的条款,其中直接矛盾的全球化和国家主义方式可能产生荒谬的后果。② 首先,它呼吁"为了全人类的利益"(全球化立场)处理考古和历史文物,同时,又承认"原籍国、文化原产国、历史和考古原产国的优先权"(明显的国家主义立场)。当然,我们不能指望一项旨在编撰和逐步发展海洋法的文书的起草人对文化遗产保护背后的哲学有非常深刻的理解。然而,据了解该条的起草者将这两种在联合国教科文组织文本③中提到的具有潜在矛盾观点引入该条例,并将其并列放在一起,以清楚地表明它们的不相容性。

二、文化遗产作为国家遗产

正如第八章(文化遗产和人权)所详细讨论的那样,在打造国家遗产的过程中,遗产本身发挥着关键性和构成性的作用。因此,许多国家通过采取强有力的措施,防止他们视为"他们自己的"文化物品出口,一些文物丰富的国家颁布了法律,主张对其领土上发现的所有文化遗产拥有全面所有权。1970 年《公约》虽然口头上支持世界各国人民都应享有世界文化财产的观点,但也强烈拥护原籍国保留和控制其文化财产及接收偷窃或非法出口文物的权利,这是一种明显的国家主义立场。时任联合国教科文组织总干事阿马杜·马赫塔尔·姆博(M'Bow)明确认识到民族主义遗产观与教科文组织官方支持的普遍主义立场之间的矛盾:

"这些(遭到掠夺)国家的人们有权收回这些本属于他们的文化资产。当然,他们也知道艺术是世界的,那些讲述了他们的过去、代表了他们真正是谁的艺术,不仅仅专属于他们……因此,这些被剥夺了文化遗产的人们要求至少归还那些代表了他们文化的艺术珍品……"

借此,他试图维护一个民族与他们历代创造的艺术品之间的特殊关系,同时也考虑到它们作为人类文化遗产的特性。

---

① 《联合国海洋法公约》(蒙特哥湾,1982)[1833 UNTS 3/[1994]ATS 31/21 ILM 1261 (1982)]。

② 参见 1982 年《联合国海洋法公约》第 149 条。

③ 特别是联合国第三次海洋法会议期间采用的 1970 年和 1972 年的公约,在该会议上确定了 1982 年《联合国海洋法公约》的定稿。

　　各国要求归还或赔偿他们视为被盗和(或)非法出口的文化宝藏,体现了这两种立场之间的混乱和潜在矛盾以及所涉及的竞争利益。土耳其、德国和俄罗斯联邦之间关于施里曼(Schliemann)在古特洛伊(位于土耳其西部)发现的"普里阿摩斯宝藏"(Priam's Gold)所有权的争议就是一个很好的例证。① 1873 年,施里曼在特洛伊挖掘出这批宝藏,当时他在奥斯曼帝国当局的许可下进行挖掘工作,并被允许保留他一半的发现。他将这批宝藏秘密地藏了起来,从土耳其偷运到雅典;奥斯曼帝国当局随之提起诉讼,要求归还属于他们那一半的宝藏。1875 年 4 月,经协议施里曼保留了全部宝藏作为补偿。1877 年,这些藏品被他赠予德国,并在柏林的博物馆展出。1945年红军占领柏林后,三箱特洛伊黄金宝藏不翼而飞。20 世纪 80 年代末,有文件显示 1945 年 7 月,普希金博物馆(Pushkin Museum)内曾放置过一个装有特洛伊金器和四件银器的板条箱。② 1990 年,德俄间签署了一项条约,包括相互交换战争期间被移走的文化财产,并于 1993 年成立了一个政府间委员会来监督该项工作。土耳其政府随后声称对这些宝藏享有所有权,因为无论 1875 年施里曼达成了何种协议,根据当时奥斯曼的法律,他出口这些物品都是违法的。因此,围绕这些宝藏的情况变得异常复杂,三个国家对其所有权展开了激烈的争论;同时这些宝藏作为独特的藏品构成"人类共同遗产"也是让情况变得复杂的重要因素之一。③

　　文物丰富国家如土耳其和墨西哥所持有的民族主义立场倾向于一种"保留主义"的态度,④这些国家对文物实行非常严格的出口制度(通常是完全禁止的),并试图确保被非法转移的文物回归祖国。在历史上(通常是 18世纪末和 19 世纪末)被转移文物的归还问题对特定的国家和(或)人民具有重大意义,且非常复杂、难以解决。这些具有纪念意义的象征性物品大多是在不同的政治现实(通常是在殖民地背景)下被转移到他国,由于其通常象征了一种国家认同感,因此存在政治和文化敏感性。19 世纪,英国殖民列强

---

　　① DA Traill, Schliemann's Mendacity: A Question of Methodology, Anatolian Studies, Vol. XXXVI (1986), p. 91—98.

　　② 当 1945 年红军移走艺术品时,他们根据盟军的"实物归还"政策,换回那些被德军掠夺和(或)摧毁的物品。

　　③ 土耳其提出了一个有些虚伪的建议,即在特洛阿德(Troad,土耳其西北部特洛伊城遗址)建一座由国际管制的"人类纪念碑",并在特洛阿德国家公园内建一座国际博物馆,收藏所有特洛伊文物。这巧妙地将普遍主义立场与民族主义立场混为一谈。

　　④ As typified by John Henry Merryman in 'The Nation and the Object', International Journal of Cultural Property, Vol. 3, No 1(1994), p. 61-76.

从贝宁掠夺的具有重要仪式意义的皇家青铜器①就是一个典型的例子:这些青铜器有着独特的特点,可以被视为"人类普遍遗产",但同时又作为现代国家身份的象征具有特殊意义。

试图确保收回近代违反出口条例的出口文物,往往因非法挖掘导致该国考古记录遭到破坏,似乎是相对简单和无争议的。然而,也并非毫无争议,考虑到那些支持自由主义、自由市场观点的国家(通常如美国、英国、日本和德国等市场国家)和那些采取民族主义、"保留主义"立场以保护本国文物的国家(大多是文物来源国)之间存在利益冲突。② 自由市场观点认为,任何一个国家或群体都不应拥有对文化遗产的所有权或控制权,它们的转移应交由市场力量控制。该观点声称若向市场开放足够数量的合法文物用于交易,以满足那些真正的收藏者,对非法文物的需求将会减少。③ 这实际上是一种普遍主义的做法,它是对民族主义立场的挑战,即认为文化遗产应该向所有有能力支付其费用的人开放交易。这也反映了全球资本主义的观点,即使是在环境污染等领域,也应让市场自行调节,国家的干预应保持在最低限度。单纯地从实践层面上看,这一观点就存在着很大的问题,因为它需要有足够数量的"过剩"文物被文物来源国允许进入市场(市场本身不太可能拥有),以满足市场的需求。④ 从更加哲学的角度看,其困难在于,它潜在地将文化艺术品商业化,即认为一些艺术品比另一些更"有价值"。

三、全球化和文化遗产

关于全球化⑤的影响,已经有许多文章提及,它影响了生活的方方面面,也包括文化遗产。全球化几乎影响了文化发展的所有领域,它可能会威胁到传统艺术和手工艺的继承,使青年从这些传统的文化表达形式转向统一的"全球"文化。与此同时,传统文化可以利用全球市场传播给更广泛(甚至是全球)的受众,但也造成了本地产品被更低廉的进口商品挤出市场的局

---

① Shyllon,'The Right to a Cultural Past:African Viewpoints'(n 18).

② John Henry Merryman,A Licit International Trade in Cultural Objects,International Journal of Cultural Property,Vol. 4,No 1(1995),p. 13-60.

③ 正如梅里曼(Merryman)在《合法的国际贸易》中第 14 页提到的:"一个扩展的、合法的艺术国际贸易市场更有可能促进人们对人类文化遗产的普遍兴趣。"

④ 同样,那些喜欢独特和特殊物品的收藏家也不太可能对罗马玻璃器皿之类的文物感兴趣,因为它们相同的样品有数百件之多,而不是一件独一无二的绝美藏品。

⑤ See,eg:M Featherstone(ed),Global Culture:Nationalism,Globalization and Modernity(Sage,London,1990);and J Friedman,Cultural Identity and Global Process(London:Sage,1995).

面。全球化迫使我们重新定义国家在文化领域中的作用,以及个体和独立组织与政府的关系,同时强调国际标准制定工具作为对抗经济和文化全球化影响手段的"普遍性"作用。一些评论家指出,联合国教科文组织标准制定工具的普遍性与尊重文化多样性存在显在矛盾,其用"西方"(甚至殖民主义)观点看待"全球"文化遗产,并未充分重视其他文化传统。① 然而,教科文组织最近的规划越来越认可非西方遗产观,并认识到非物质文化遗产可能作为某些社会文化遗产主要形式的重要性。由于全球化可能绕开国界线在许多经济和文化活动领域削弱国家的作用,但也同时增加了面对全球压力时当地文化认同表达的重要性。② 最后这一点可能具有重要意义,比如,当向一个国家"推广"一项评估和保卫非物质文化遗产的政策时,由于政策的"本土性"和对当地文化社区来说深入骨髓的遗产保护意识,可能是该国在文化方面将自身作用合法化的新手段。③ 因此,面对全球化的挑战,在保护传统文化表现形式不受剥削的同时,也可以看作是在国家框架内维护地方文化认同感。当然,一些原住民族和其他文化少数民族试图通过主张民族自决或更大的地方自治来挑战国家;一般来说,在官方框架内接受和提升本土文化传统形象对一个国家来说作用更为积极。由于国际文书是由各国(或其政府间一级代表)制定的,因此在本书研究中,重新评估国家发挥的作用十分重要。

四、土著文化遗产状况

土著和部落人民对其文化遗产的优先权主张完全违背了全球文化遗产的概念。这也引发了关于文化遗产所有权的重要争议,何况文化遗产所有权本身就十分复杂。④ 在北美、大洋洲、北欧、拉丁美洲和东南亚,土著居民和后来殖民者之间对文化遗产的争夺数不胜数;而这对于那些在与土著群

---

① William S. Logan, Cultural Diversity, Cultural Heritage and Human Rights: Towards Heritage Management as Human Rights-based Cultural Practice, *International Journal of Heritage Studies—Special Issue on World Heritage and Human Rights: Preserving our Common Dignity through Rights Based Approaches*, Vol. 18, No 3(2012):p. 231-44.

② Lynn Meskell, 'Introduction: Archaeology Matters', in Archaeology Under Fire edited by Lynn Meskell, Routledge, 1998, p. 1-12 at p. 8 提道:"全球化与本地化的矛盾趋势并存。"

③ 许多具有纪念意义的文化和考古遗产传统上都被国家用来培养民族文化认同感,使国家本身合法化。

④ 因此,文化遗产法领域的许多评论家倾向于避免将传统意义上的所有权概念应用于文化遗产领域。

体有关的遗迹地区工作的考古学家来说是一个重要的问题。例如,在澳大利亚,土著居民的土地权利问题一直存在许多争议,其对土地权利的诉求与文化遗产密切相关;① 与土著文化权利有关的案件已交由欧洲人权法院和美洲人权委员会审理。② 在美国,联邦立法已经通过了美洲土著居民对祖先骨骼残骸再埋葬权的诉求。③

对土著人民文化遗产权利的考虑,可以看作是对两个主要(且内在矛盾的)文化遗产保护方法的颠覆:国家所有制("国家主义"或"民族主义"方法)和国际托管制("普遍主义"方法)。土著和部落人民对其文化遗产的诉求不仅挑战了国家对宗教圣地、骨骼和其他遗迹的所有权和控制权,也质疑了全球普遍文化遗产理念的基础,因为全球普遍文化遗产理念主要表达了一种欧洲中心的世界观,没有考虑到土著人民对其文化遗产性质(或重要性)的理解。④ 比如,考古学"世界性"研究方法的发展,揭示了其在多大程度上深受西方知识传统的影响。这方面的一个例子就是西方考古学家和澳大利亚土著居民对土著岩石艺术态度之间的差别,西方艺术和考古学概念"缺少情境"的属性与当地土著人民的观点存在直接冲突;当年轻的土著居民开始修补日渐褪色的岩石艺术时,让西方考古学家们大为震惊。⑤ 在新西兰,人们重新认识到对毛利人文化认同的重要性,同时也有越来越多的人要求毛利人定义和解释自己的文化,这将直接影响到考古学家、博物馆长、民族志学家和其他研究毛利文化和毛利遗址的学者。⑥ 人们日益接受毛利人是这一遗产的主要拥有者,而毛利人则越来越不喜欢他们的文化遗产成为"普

① Elizabeth Evatt,Enforcing Indigenous Cultural Rights:Australia as a Case Study,in Cultural Rights and Wrongs edited by Halina Niec(UNESCO Publishing and Institute of Art and Law,1998)at p.57-80.

② 尼加拉瓜的"米斯基托斯案"(Case of the Miskitos)是美洲人权委员会为土著人民的集体权利作出最全面辩护的案件。Case cited at:IACHR Report on the situation of human rights of a sector of the Nicaraguan population of Miskito origin,OAS/Ser. L/V/II. 62. doc 10 rev. 3 and doc 26,Washington,DC,1984,p. 12.

③ 美国的《美国土著人坟墓保护与返还法案》(1991年)吸收了土著文化价值,是这类立法中影响最深远的一项。法案通过后,大量的仪式和文化物品以及墓地的控制权从美国博物馆移交至印第安部落。

④ 本书第八章中将进一步讨论。

⑤ Described in The Politics of the Past edited by Peter Gathercole and David Lowenthal(Routledge,1994)at p. 7-10.

⑥ Ilana Gershon, 'Being Explicit about Culture:Maori,Neoliberalism,and the New Zealand Parliament', American Anthropologist, Vol. 110,No 4(2008), p. 422-431 通过在新西兰议会就这一问题的辩论,审视了将毛利人土著身份作为立法明确依据的危险性。

遍"文化遗产的一部分与所有新西兰人共享，因为这可能会导致白人对该文化遗产的控制。这种对外部控制的排斥延伸至学术发表，毛利人难以接受期刊上对他们文化遗产所发表的看法，他们将白人学者视为蚕食其与过去联结的"文化掠夺者"。这一观点很有意思，因为它将争论的焦点从同意（或拒绝）干涉对土著人民具有重要文化意义的遗址，转移到控制对遗产的理解和解释上。① 争端的核心在于谁有权主张对过去的所有权和控制权（及其物证），以及类似的单一过往是否存在。

综上所述，愿意保护和保卫文化遗产的有志之士很多，他们持有不同的利益和目标，因此难免会产生冲突。对于国际法框架下的文化遗产，分配权利及相关义务并不容易，我们可以看到，取决于哪一方面遗产以及遗产保护的背景，权利和义务的性质，甚至权利和义务人本身以及相互间的作用都会发生变化。总而言之，在国际法下不可能只存在一种文化遗产保护的方法：正如笔者在前文提及并会在之后章节进一步说明的那样，文化遗产对许多人（和群体）来说意义重大，国际法在这个领域所面临的挑战是要尽可能多地满足文化遗产范围内的合法利益，同时在主要主权国家和平等国家建立的制度内进行运作。

---

① As described in Laurajane Smith, Anna Morgan, and Anita van der Meer, Community-driven Research in Cultural Heritage Management：The Waanyi Women's History Project, International Journal of Heritage Studies, Vol. 9, No 1(2003), p. 65-80. 关于这个项目，史密斯在其他地方指出，在这个项目中，"遗产物质性及其管理的基本假设受到挑战，因为遗产'管理'被定义为将有关场所和遗址的故事及文化知识传递给适当的人，即保存遗产地意义和价值的过程。" See：Laurajane Smith, Gender, Heritage and Identity, in The Ashgate Research Companion to Heritage and Identity edited by Brian Graham and Peter Howard(Ashgate Publishing,2007) p. 159-180 at p. 160.

第二章
文化遗产:违法挖掘、偷盗及非法交易

第一节 介绍

在世界各国,以文物为目标的违法挖掘、偷盗、非法勘查及交易等行为对文化遗产保护构成了严重威胁,在极端情况下,它们甚至还会破坏当地的文化结构。任何国家都不可能对所有已知的文化遗产(如考古遗址、博物馆、私人收藏)进行有效的监管。虽然这些违法行为对各国的影响程度有所不同,但拥有最丰富文化遗址和文物的国家相对贫穷,故通常无法投入足够的资源来防止这种利润丰厚的非法贸易行为。1982,巴托尔[①]就对这一严峻的状况作出了评估,据他推测"如果要保护意大利所有教堂或土耳其所有文化遗址,则需要整支军队的参与"。这个评估以陆地上的文化遗产为例,显得分外贴切。但其实如果我们将海上遗址也纳入考量,则解决这个问题的难度将会被放大很多倍,因为海上遗址几乎无法进行有效监管。需要强调的是,应当制定有效的法律机制,减少文化财产非法贸易对科学证据造成的威胁。[②] 本章主要关注国家、个人及机构所采取的法律和非法律的方式方法,用以防止文物丢失并找回被掠夺和非法交易文物。

1970 年联合国教科文组织大会通过了《关于禁止和防止非法进出口文化财产和非法转让其所有权的方法的公约》,[③]这是国际社会通过国际合作解决这类问题的第一次尝试。在其序言中,该《公约》就对这一贸易的性质及其监管进行了重点说明,指出:"只有各国在国家和国际层面进行组织及

---

① Paul M Bator, An Essay on the International Trade in Art, Stanford Law Review, Vol. 34, No 2 (1982), p. 275-384.

② Richard J Elia, Looting, Collecting and the Destruction of Archaeological Resources, Nonrenewable Resources, Vol. 6, No 2(1997), p. 85-98.

③ Convention on the Means of Prohibiting and Preventing the Illicit Import, Export and Transfer of Ownership of Cultural Property 1970, Paris, 14 November 1970 [823 UNTS 231].

密切合作,才能有效保护文化遗产。"这表明虽然国际合作是进行监管的重要手段,但要解决这一问题也要求各国有意愿在其国内采取有效行动。正如本章所示,虽然向国家法院提起关于归还被盗文化遗产的诉讼已在某些国家被证明是一种有效的战略,但仍有必要建立一个无须依赖法院即可索回文化财产的国际框架来促进此类申诉以及国际合作。文化财产的双重特性——国家性及国际性——在序言中也被提到,其指出,文化财产是构成文明和民族文化的基本要素。这一论述巧妙地涵盖了这一法律领域中最具挑战性的问题,即如何协调"民族主义或保留主义"与那些将文化遗产视为国际贸易商品或人类共同遗产态度间的关系。同时,这里还提到了违法挖掘及随后的非法勘查及贸易等行为会对文化财产[①]的非商业价值所造成的损害,"只有尽可能充分掌握有关文化财产的起源、历史和传统背景的知识,才能理解其真正价值"。

第二节　非法转移和古迹破坏的问题规模

关于艺术品和文物的非法贸易是一个世界性的问题,这一问题影响了许多拥有众多艺术品和文物的国家。不可回避的是,文化财产的出口国往往是较贫穷(发展中国家)的国家,而文化财产的进口国却是富裕的"西方"国家,如美国、英国、德国、日本和瑞士等。道德上存在两难选择,如果在极端贫困地区,当地人掠夺这些文物并进行贩卖,则会在一段时间内缓解其家庭的经济状况,但却与保护文物的愿望相冲突。[②] 当下的情况表明,目前的文物迁移现象与殖民时期欧洲列强掠夺艺术品和文物的现象如出一辙,只不过现在的主导力量由传统的帝国主义关系转化为了经济实力。

非法贸易的总额十分巨大,据联合国教科文组织在 2013 年统计,[③]每年

---

① 这其中包括其对考古和历史研究的信息价值。

② Helaine Silverman and D Fairchild Ruggles, Cultural Heritage and Human Rights, in Cultural Heritage and Human Rights edited by Helaine Silverman and D Fairchild Ruggles(Springer Science and Business Media, LLC,2007) p. 3-23 at p. 15.

③ Figure cited in Greg Borgestede, Cultural Property, the Palermo Convention, and Transnational Organized Crime, International Journal of Cultural Property, Vol. 21, No. 3(2014), p. 281—290. 纽约国际艺术研究基金会(IFAR)主要从事艺术品和文物追踪工作。在 1996 年,据该组织统计,每年非法文物交易总金额可达 20 亿美元。

非法出口文化财产（即受保护的文物非法跨越国境线的转移行为）的总额约为 20 亿—60 亿美元。但这一数字的统计来源饱受质疑。① 我们可以从纽约大都会艺术博物馆在 1966 年从土耳其进口的一批价值 140 万美元的吕底亚文物的案例中进行初步判断（案例将会在下文讨论）。这一交易额是此类交易总额的一个良好指标。从某种角度来看，这笔交易额可以资助好几个获准在土耳其进行的美国考古项目。要了解这种非法贸易的影响（以及其他与此有关的非法活动），我们可以研究土耳其从 20 世纪 90 年代起，②开始大量流失文物。土耳其的邻国伊朗也面临严重的文物走私问题。其 1994 年在克尔曼沙赫省贾万鲁德县查获了 70 件走私的文物（包括宝石、青铜雕像、银印、硬币和盘子），并逮捕了 6 位与此相关的走私者。③ 非洲国家曾在欧洲殖民者占领期间损失了大量的文化遗产，④而目前它们对文化遗产非法交易的监管仍然十分薄弱。⑤ 拉丁美洲的考古遗迹遭受了最严重的破坏。大量的前哥伦布时期文物和人工制品被私挖贩卖；在伯利兹高达 95% 的考古遗址

---

① Mark Durney, Reevaluating Art Crime's Famous Figures, International Journal of Cultural Property, Vol. 20(2013): p. 221-232.

② 在 1991 年 2 月至 9 月的 8 个月间，警方查获了下列物品：3589 枚硬币，其年代最早可追溯到罗马时期，每枚硬币的价值超过 100 美元；390 枚希腊晚期青铜硬币；6 枚拜占庭金币；若干罗马泪滴瓶；945 枚早期伊斯兰银币和 421 枚其他时期银币；一个重达 3.5 吨的罗马时期大型雕带（其在出口清单中被伪装成纺织品）；5 个罗马墓碑；6 个大理石雕塑和 8 个雕塑的头像；8 枚威尼斯硬币；48 枚罗马银币；些许青铜箭头和兵马俑雕塑。最近，国际刑警组织已收回的失窃文物清单涵盖了来源于土耳其的文物，例如，2003 年在马尔马里斯找到的晚期希腊祭坛，2004 年在慕尼黑追回的一个大胡子罗马雕像（其被认为是狄俄尼索斯），在埃尔祖鲁姆（Erzurum）查获了一段 1681 年某广告的雕刻铭文。消息来源于 1993 年 8 月《共和国报》上的文章。国际刑警组织，http://www.interpol.org，2012 年 12 月 27 日访问。

③ 信息由伊朗文化遗产组织提供。

④ See: Folarin Shyllon, 'Te Recovery of Cultural Objects by African states through the UNESCO and UNIDROIT Conventions and the Role of Arbitration', Uniform Law Review, v5(2000-2): pp 219-241; Folarin Shyllon, Te Nigerian and African Experience on Looting and Trafcking in Cultural Objects, in Art and Cultural Heritage: Law, Policy and Practice, edited by Barbara To Human (New York, Cambridge University Press, 2006).

⑤ Amadou-Mahtar M'Bow, Pour le retour, à ceux qui l'ont créé, d'un patrimoine culturel irremplaable, Museum, vol XXXI, no 1(1979): pp 58-9. More generally, see: David Gill and Christopher Chippindale, 'Te Trade in Looted Antiquities and the Return of Cultural Property: A British Parliamentary Inquiry', International Journal of Cultural Property, Vol. 11, No. 1(2002), p. 50-64.

毁于非法掠夺。[①]

这一系列令人震惊的统计数据反映了有关经济和地缘政治的现实，那就是非法贸易多发生在贫穷人口聚集的地方，发生在当时坐拥世界上最大文物市场的美国旁边。此外，由于这种掠夺的非法贸易往往可以带来巨额利润，故对于无良商人来说具有巨大的吸引力。尼尔布罗迪（Neil Brodie）和他的同事们研究发现，走私文物成交价格的98%以上都流入了中间商的口袋，而在中美洲佩滕地区的劫掠者只能从每艘载满文物的船只上获得200美元—500美元的收益。这些文物最终价格可能达到10万美元。[②] 同样地，土耳其西南部安塔利亚附近的一位农民发现了一只描绘被阿波罗摧毁的马赛亚的桌腿，文物被经销商以7500美元价格购买，而这对于那个农民来说是一笔巨款。但这一文物随后在纽约拍卖，要价54万美元。[③] 考古遗址的破坏与古物市场之间的联系是显而易见的，正如上面给出的伯利兹的例子所示，非法贸易在极端情况下可能导致一个国家的考古记录被大规模地毁灭。为了满足市场对文物的需求，犯罪分子也会前往博物馆或古迹当中进行盗窃，这也是一个值得关注的问题。阿卡尔和罗斯[④]引用了国际刑警组织的统计数据显示，1993年12月至1994年12月期间，以下物品从土耳其考古遗址及博物馆被盗后随即偷运出土耳其，这包括：7个古希腊大理石雕像或头像、4个罗马大理石雕砖、3个罗马大理石墓碑、若干雕刻的柱头和基座，以及1个希腊女人的大理石浮雕和1个拜占庭壁画。

---

① Mark A Gutchen, Te Destruction of Archaeological Resources in Belize, Central America, Journal of Field Archaeology, Vol. 10 (1983), p. 217-27. In this article, Gutchen attempted to ascertain the extent of site destruction in Belize due to illegal excavation by statistical examination. His fndings suggest that, for Mayan sites, instances of reported site destruction were as high as 74.3 per cent (for major sites). A classic article on the problems of trafcking pre-Columbian antiquities is: Clemency Chase Coggins, Illicit Trafc of Pre-Columbian Antiquities, Art Journal, Vol. 29 (1969).

② Neil Brodie, Jenny Doole, and Peter Watson, Stealing History—Te Illicit Trade in Cultural Material (UK: ICOM and Museums Association, 2000). Tis issue is examined also in Lisa J Borodkin, Te Economics of Antiquities Looting and a Proposed Legal Alternative, Columbia Law Review, Vol. 95, No. 2 (1995), p. 377-417.

③ Özgen Acar and Mehmet Kaylan, Te Turkish Connexion—an Investigative Report on the Smuggling of Classical Antiquities, Connoisseur, October 1990, p. 130-37.

④ Özgen Acar and M Rose, Turkey's War on the Illicit Antiquities Trade, Archaeology, March/April 1995, p. 45-56.

第三节 古物非法贸易的性质

在许多情况下,走私网络是相互串通的,同一犯罪组织可能在多个领域从事违法活动,包括造假币、洗钱、武器交易、贩毒、贩卖人口和非法交易,盗窃文物。从本质上来说,这些团伙是机会主义者,他们使用所建立的走私途径来转移任何他们可以获利的"产品"。正如我们所看到的那样,走私文物方面所取得的回报对这些犯罪团体来说足够有吸引力。大多数现代犯罪集团的特点是流体网络结构,特别适合于走私:这种结构没有核心领导,每个参与者在一系列的犯罪流程中扮演的角色都像一个可更换的齿轮。① 这种灵活的犯罪网络给执法带来了巨大的难度。将非法掠夺或非法出口获得的文物从原产地运输到交易市场需要一个严密的组织。从盗窃文物的农民到受过大学培训的文物鉴定人员,每个环节都需要有人参与。而各个环节之间仅通过共享机会来取得联系。文物走私②一般会经过 4 个阶段:掠夺者、前期中间人、后期中间人和收藏家。每个环节的专业化程度和能够获取的利润都有所增加。

在分析文物的非法交易问题时,通常会将其走私物与毒品进行对比。表面上看,这两种违法交易之间有许多相似之处:毒品和文物都是常从世界上经济贫困和欠发达地区转移到经济较为富裕的国家;出口国也常相同,如哥伦比亚和秘鲁供应商既走私可卡因又交易前哥伦布时期的艺术品;土耳其、阿富汗、伊朗和巴基斯坦的供应商既交易海洛因又交易古希腊以及伊斯兰时期的艺术品。然而,这两种贸易之间存在着巨大的结构性差异,这也对管控它们的方式产生了很大的影响:毒品交易的供应商数量有限,而其需求却近乎无限大。与此相反,艺术品和古董的市场规模较小,但其供应商的数量却很多。因此,在管控毒品贸易时,从卖家下手进行管控较为容易。相反,在管控古董交易时,更有效的手段反而是监管买家。正是由于这个原

---

① Peter B Campbell, Te Illicit Antiquities Trade as a Transnational Criminal Network: Characterizing and Anticipating Trafcking of Cultural Heritage, International Journal of Cultural Property, Vol. 20 (2013), p. 113-53. 这些流体网络结构类似于一盘"意大利面";每片似乎都相互接触,但不确定这一切是否都在哪里。

② Campbell, Te Illicit Antiquities Trade as a Transnational Criminal Network(n 16).

因,研究针对于私人收藏者,博物馆或类似机构的诉讼,对于寻回被盗文物具有重要的意义。如果相关的法律体系能够使得文物买家对于购买来路可疑的古董兴趣减少,那么市场中被盗或被非法出口的文物将会大大减少。虽然总会有某些收藏者不关心他们收集到的文物来源是否合法,也不会将他们的藏品公开展览,但此类的司法行动将大大缩小这些违法行为的规模。这种类型的案例会在下文进行探讨。从更宽广的层面上看,更适合与文物非法贸易相对比的是关于濒危物种的贸易。与文物一样,濒危物种同样是不可再生的,每一个物种的灭绝都代表其"生物记录"被破坏;这与非法挖掘破坏考古记录的性质是一样的。①

一、来自阿富汗的案例研究②

阿富汗是非法文物贸易的主要受害者之一。这些非法挖掘者中大多数为当地居民,他们迫于经济压力而从事违法活动。这类型的掠夺发生在由政治骚乱引起的军事行动之后,在那时执法部门往往没有能力去保护文物古迹。这些挣扎在贫困线下的平民向那些流窜在村庄和考古遗址附件的中间商出售这些文物。阿富汗文物的主要出口对象是巴基斯坦。众所周知,毒贩可以轻易通过巴拉卜恰无人把守的边界线进入巴基斯坦。数个走私组织在阿富汗—巴基斯坦边境沿线进行犯罪活动,从事任何有利可图的营生,其中包括走私毒品、武器、贩卖人口和其他物资,以及绑架和盗窃等其他违法行为。这些"万金油"的走私集团很可能成为文物流向巴基斯坦的主要方式。③ 一旦进入巴基斯坦,文物就会在边境城镇被出售,然后运往大城市,从那里再被运往阿拉伯联合酋长国。这是文物离开原产地,进入市场的主要方式。非法走私的文物来自各个地区,其中包括阿富汗、伊拉克、伊朗,也

---

① 《濒危野生动植物种国际贸易公约》(CITES)于 1973 年 3 月 3 日在美国华盛顿签署,并于1975 年 7 月 1 日正式生效。该公约旨在通过两个受保护物种附及严格的许可证制度管控此类国际贸易附录一的再进行国际贸易会导致灭绝的动植物,如老虎和亚洲象等。附录一明确规定禁止这类物种的国际性交易,附录二的物种则为目前无灭绝危机,管制其国际贸易的物种(如通过许可证制度)。附录二中的物种包括大多数的鹦鹉,仙人掌以及兰花。

② C Schetter, Te"Bazaar Economy"of Afghanistan: A Comprehensive Approach, in Afghanistan: A Country without State? edited by C Noelle-Karimi, C Schetter, and R Schlagintweit (Frankfurt am Main: Institut für Informations und Kommunikation skologie (IKO), 2002) pp 15-19. See also: Bettine Proulx, Organized Criminal Involvement in the Illicit Antiquities Trade, Trends in Organized Crime, Vol. 14, No. 1 (2010), p. 1-29.

③ 具有讽刺意味的是,《巴基斯坦—阿富汗中转贸易协定》免除了阿富汗和巴基斯坦卡拉奇港之间的进口税,这使得大量的阿富汗货物通过该港流入巴基斯坦,其中包括大量的走私货物。

门、阿塞拜疆和巴基斯坦,以及土耳其等邻近地区以外的国家。抵达沙迦后,①文物由中间人联系海外买家,并与收受贿赂的海关官员合作将文物出口。文物通常被藏匿在寻常出口商品之中,如家具、伪造的货物舱单或假隔间之中。这些文物随后被运往欧洲传统的中转国瑞士,原因是瑞士会在诉讼中支持买家的"诚实信用"原则,且对其客户的身份进行保密。一旦文物进入欧洲,他们就会将文物从瑞士和德国转移到英国和比利时等文物市场,有时甚至被转移到美国。

二、网络销售

互联网已经成为犯罪活动的一条主要渠道,非法获得的文物可通过网络进行交易。对犯罪分子来说,网上销售有很多好处,包括网络可以为犯罪分子提供更广泛的受众、更多元的互动,以及通过个人电脑的隐秘性实现更好的隐藏,销售账户显示高端和低端文物都可以通过网站进行销售,其销售金额往往十分巨大。传统的经销商也纷纷转向网络贸易,包括与非法文物贸易有着密切联系的知名画廊。拍卖网站的经销商往往以低廉价格大量出手被劫掠的文物,而这些文物通常都具有很高的文化价值。互联网销售这一模式在未来不太可能会停止,因此对于研究人员来说,研究这一模式如何运行是十分重要的。

第四节　现有的管制形式

一、现有管制形式

各国对古物的移动目前有几种管控形式,尤其是文物丰富的国家通过这些手段防止非法文物转移,从而管制在其领土范围内的非法文物挖掘。下文列出了一些最常见的管控形式。

出口管制是一种明显的管制形式,对于文物丰富的国家希望遏止非法文物转移,也是一种普遍的管制手段。通过研究构成非法出口罪的要素,奥

---

① 通过在沙迦运输价值约600万美元的土耳其文物的例子显示出了阿拉伯联合酋长国作为中转国的重要性。

基夫(O'Keefe)和普罗特(Prott)①指出,非法出口罪即出口违反某种出口禁令的物品的民事或刑事罪行。对非法出口罪的基本构成要素的充分理解是十分重要的,因为这关乎着对非法出口文物归还的法律诉讼。最常见的出口管制方式是许可证制度:该制度或是覆盖性的,即向所有古代遗物发放古物出境许可证;或是适用于特定范围内的古物。一些文物丰富的国家将出口管制与"涵盖性法令"结合起来,声明所有古物(或某一类物品)的国家所有权及相关的出口禁令。② 除了保护其考古遗产和文化遗产不受广泛破坏的明显愿望外,文物丰富的国家对实行出口限制也可能存在政治和经济方面的动机。③ 土耳其就是一个实行涵盖性所有权法令的国家,1906年以来根据古物法,国家声明了对所有古物的所有权,并对其出口实行了若干额外管制。④ 这种立法的好处是,它使非法出口更加困难,因为它更容易实现对文物的控制,并将占有原产国内文化财产列为犯罪行为。但是,正如之前的统计数据所示,它并不能完全防止非法出口,因为仍然有大量的非法出土的文物从这些国家非法出口。虽然这种对文物的国家所有权的声明有助于外国法院就归还非法出口文物提起诉讼,但法院一般不应用外国的出口禁令。⑤

与任何法律一样,出口管制的好坏取决于其可执行性,但不幸的是,视情况而定,这种可执行性可能相当低。海关管制是最常见的执法形式,但这需要海关人员具有高度的诚信和专业知识来识别受管制的物品。在一些国家,海关官员的工资相对较低,而默许非法出口的受贿收益较高。显然,在执行法律时可能有很多这样严重的问题。即便如此,出口管控仍是保护制

---

① Patrick O'Keefe and Lyndel V Prott, Law and the Cultural Heritage, vol 3, Butterworths, 1989.

② BatorAn Essay on the International Trade in Art.

③ 对于发展中国家或较不富裕国家,旅游业往往是其赚取硬通货的主要来源,而艺术和考古遗产可能是影响旅游业的一个重要因素。管控古物出口也可以防止政治动荡期间的资本外逃。1979年伊朗伊斯兰革命后,在货币限制面前,古董金币和地毯被用作从伊朗撤资的手段。

④ 更多关于土耳其非法出口文物的管控法规见:Janet Blake,'Turkey', in Cultural Property and Export Controls edited by James A Nafziger and Robert K Paterson(UK:Edward Elgar, 2013), p. 437-459.

⑤ 基于治外法权,法院不会强制执行另一国家对其领土行使主权的主张。Jonathan S Moore, Enforcing Foreign Ownership Claims in the Antiquities Market, Yale Law Journal, Vol. 97(1988), p. 466-487 对这一议题进行了详细讨论。一个以这一议题为核心的案例是1978年新西兰总检察长诉奥尔蒂斯等方案([1982]QB 349 和[1984]AC 1),关于在伦敦拍卖的毛利人雕刻品。新西兰政府向奥尔蒂斯(买方 Ortiz)、恩特威斯尔(交易商 Entwistle)和苏富比(拍卖行 Sothebys)提起诉讼,要求他们归还这些艺术品,并声称这些艺术品的出口违反了新西兰的法律,应该被没收。在上议院二审案件时,丹宁勋爵裁定,斯托顿·奇(下级法院)有目的地解释新西兰法律面临"严重的反对意见",因为其赋予了1962法案域外效力,与国际法中"当该财产超出其本国领土范围时,任何国家都不能通过立法影响财产权利"相违背。参见奥尔蒂斯上诉案(1984年)。

度中的必要方式,它仍需要投入更多的资源和更好的情报去改善执法。对非法出口文物行为实行严厉的惩罚将大大提高这些管制方式的效力。然而,对严重案件的惩罚必须以监禁和罚款为条件;否则相较于从走私交易中赚取的钱,大多数的罚款对严重走私者来说只是一项业务开支。

尽管大多数文物丰富的国家都支持严格出口管制的方式,但是对其实施的效力和可取性,仍然存在对立的观点。正如普罗特(Prott)指出:"各国通过大量的立法应对本国文化遗产的过度开发。"①然而,除对文物实施出口管控的国家外,艺术品市场国家也存在问题,它们未能管控那些可能是从第三国非法出口和/或挖掘的文物。文物丰富的国家应该避免过度严格的管制,以免扼杀合法的文物贸易;进口国则应该充分理解文物丰富国家的需求。例如,有人呼吁放宽艺术品交易②的限制,使交易商和买主能够获得更合法的艺术品和古董,以此作为减少非法贩运文物的一种手段。然而,这一立场遭到那些支持保护主义措施的人的强烈抵制。实现这种利益平衡是特别重要的,因为仅靠出口管制是远远不够的,只有和艺术品市场国家的进口管制相配合,才能有效地发挥作用。现在仍然有很多关于古物非法贸易的争论,布莱特曼(Birghtman)勋爵在奥尔蒂兹案中驳回新西兰政府上诉时表达的观点可能可以回应这些纷争,他表达了"对上诉人索赔的同情……[因为]……由于第二被告的违法行为,新西兰被剥夺了一件具有艺术遗产价值的物品的所有权"。③ 在这一点上,他似乎承认了文化财产具有超越大多数其他形式财产的特性。

二、进口管制

由于狡猾的走私者总是有办法避开出口管制,其效力在很大程度上取决于接收国的态度及它们尊重并计划遵守出口国控制的程度。因此,接收

---

① Lyndel V Prott, Problems in Private International Law for the Protection of the Cultural Heritage, Receuils de Cours, Vol. v(1989), p. 224-317.

② See: Clemency Chase Coggins, A Licit International Trade in Ancient Art: Let There be Light!, International Journal of Cultural Property, vol 4(1995), pp 61-80; John Henry Merryman, A Licit International Trade in Cultural Objects, International Journal of Cultural Property, vol 4(1995), pp 13-60; and H K Wiehe, Licit International Traffic in Cultural Objects for Art's Sake, International Journal of Cultural Property, Vol. 4 (1995), p. 81-90.

③ 参见奥尔蒂斯上诉案(1984年)。

国实施某种形式的进口管制是文物丰富国家实施出口管制的必然结果。① 然而,许多市场国家认为实施这种管制方法存在难点,主要在于这些国家对古物和艺术品的转移大多实行开放自由的市场政策,而进口管制会与这种市场政策相悖。1983 年美国对教科文组织 1970 年《公约》的执行立法就是这种市场政策运作的一个例子,该立法严重削弱了美国应尽的义务。② 还有一点需要注意,以英国为例,艺术市场是该国一个庞大的、无形收入来源,因此政府对艺术品和古董自由流动的支持也存在经济激励。1992 年以来,欧盟建立的单一市场也使这一问题复杂化,因为它造成了保护欧洲文化遗产的义务和货物自由流通两者之间的矛盾。许多艺术品市场国家只对古物和艺术品实行非常有选择性的出口管制,这本身就说明了他们对这类物品及其他国家出口管制的态度。③ 形成这种态度背后的根源在于:进入艺术品市场国家的艺术品数量总是远远大于退出的数量(如美国),因此,这种政策不会给艺术品市场国家造成什么损失,反而会带来很多好处。自 20 世纪 70 年代初以来,进口管制问题一直是人们的热议话题,进口管制中很多重要的方面也有过讨论。④

1972 年的《前哥伦布时期艺术法案》⑤是美国与墨西哥的一项双边协议,其禁止从墨西哥进口前哥伦布时期的艺术品到美国,但对来自其他国家,甚至是墨西哥其他文化的艺术品进口没有任何影响。厄瓜多尔和危地马拉的执行协定也与此类似。但这并不表明美国在理念或政策上有任何重大转变,反而可能更多地与反毒品(尤其是可卡因)斗争有关,因为毒品经常从这些国家进入美国。无论美国政府的动机如何,这些协议都大大减少了

---

① 正如《濒危野生动植物种国际贸易公约》在科学研究及其他例外情况下全面禁止出口附录一物种,在这种情况下,需要同时具备出口许可证和进口许可证,从而形成了一个非常严格的制度。

② 1983 年《文化财产公约执行法案》(19 USC s 2602),见:Bator, 'An Essay on the International Trade in Art' (n 1) ; Jeanette Greenfield, The Return of Cultural Treasures (Cambridge University Press, 1989)。在《公约》批准时,美国提出了以下保留意见:"美国保留决定是否对文化财产实施出口管制的权利。美国理解《公约》的规定既不是自动执行的,也不具备追溯力。美国理解第 3 条不根据缔约国的法律修改文化财产中的财产利益……美国理解第 10 条(a)款中'适用于每个国家'的字样,即允许每个缔约国确定古董商的监管程度(如果有的话),并声明在美国将由州和地方政府的有关当局做决定。"

③ E Des Portes, 'Traffic in Cultural Property—a Priority Target for Museum Professionals', International Cultural Property Review (summer 1994) : p. 79.

④ Coggins, A Licit International Trade in Ancient Art, Merryman, A Licit International Trade in Cultural Objects, and Wiehe, Licit International Traffic in Cultural Objects for Art's Sake (n 28).

⑤ 美国 1972 年《前哥伦布时期艺术法案》。

进入美国的前哥伦布时期文物的数量,鉴于该地区遭受到的掠夺,这是一个积极的结果。1985 年,一个法美合作队发现了"泰坦尼克号"的残骸,法国潜水员从沉船遗址中打捞出物品。对此,美国国会于 1987 年通过了一项法案,禁止将这些文物进口到美国境内。从上述例子可见,美国政府倾向于对特定案件实施文化财产进口限制,而非以一般政策进行对待,尽管这些限制在某些情况下体现出其积极的作用。美国海关已采取非常积极的态度来执行这些双边协议,并且也愿意对涉嫌从第三国非法出口的物品采取行动。① 这些行动的累积效应迫使文物购买者,特别是机构收藏家,更加谨慎地检查他们购买的物品来源。

三、盘存制度

文化财产清单是任何防止非法古物贩运的基本政策工具,因为鉴明需要保护的物品是文物保护的一个基本步骤。在最近的国际文化遗产条约(不仅是那些专门处理文化财产流动的条约)中,对建立盘存制度的呼声很高,即对清单物品的干涉和非法流动进行控制,可见其对文物保护的重要性。② 全面盘存对查明被盗文物至关重要,也为发现文物后提供了必要的非法出口证明。也只有在这种清单存在的情况下,依据教科文组织 1970 年《公约》,才能顺利报告被盗和非法交易的文化财产。③ 新兴技术,特别是多媒体技术,让图像得以以数字方式存储,也使得盘存制度成为一种可实现的、更有效的工具。当然,盘存制度只能用于防止已查明的物品的非法贸易,对那些秘密挖掘的物品没有办法。然而,机构和私人收藏者将需要更加谨慎地购买任何来源可疑的物品,因为这些物品有相当大的可能性已被列入来源国的文物清单。

四、内部市场的监管

某些文物丰富的国家通过艺术品和古董商的许可制度来控制内部市

---

① 一个例子是从土耳其非法出口的"圣安东尼奥皇后",美国海关在意识到其来源存疑后,从圣安东尼奥博物馆中将其查获。案例报道于:Acar and Kaylan,The Turkish Connexion(n 14)。

② 欧洲理事会继 1992 年修订《考古遗产保护与管理宪章》(CETS 143)之后,为建立共同的清单编制标准而进行的工作就是一个很好的例子。

③ 除了联合国教科文组织的被盗艺术品数据库外,其他一些重要的国际数据库包括:国际刑警组织的被盗艺术品数据库(将在意大利文化遗产保护专家卡拉比涅里小组的帮助下更新)、艺术品遗失登记簿和 IFAR 数据库。

场。在本地市场以极低的价格出售艺术品的情况充分说明了对这种许可制度的需求。在 1976 年邦博发展公司(Bumper Development case)案例中,一位印度农业工人发现了一尊舞王湿婆的青铜神像,并以 200 卢比(约 12 英镑)的价格卖给了当地的一个商人;1982 年,这尊青铜像在伦敦拍卖会上以 25 万英镑成交。① 这种控制形式的另一个优点是,经销商之间可以相互监督。在一些国家,收藏者和他们的收藏品是通过登记收藏者、藏品或藏品中的个别物品来控制的。② 最后还有一个常见的要求,即对登记的物品的处理通常受到控制。当收藏品(或一件物品)在国内的存放位置发生变更时,也有可能需要通知有关当局,通常控制收藏家及其藏品的大多是像意大利和土耳其这种拥有丰富的古董和艺术品的国家。虽然这种方法在管控文物的非法转移方面具有一定价值,但它只作用于那些已经登记在案的文物。③ 自我监管是对经销商的另一种管制形式,正如 1970 年《教科文组织公约》第 5 条规范所预见的。这也促成了联合国教科文组织《文化财产经营者国际道德准则》(1999 年 11 月)的建立,《准则》要求文化财产经营者不得进口、出口或转让他们认为是被盗、非法转让、秘密挖掘或非法出口的文化财产的所有权;未经遗址或古迹所在国家同意,不得协助该类物品的任何进一步交易;在原籍国要求归还该类物品时,将协助归还;面对促进或无法阻止该类物品的非法转让或非法出口时,不得提供专业服务;不得将一件完整的文化财产分割或将其部分出售;并努力保证文化遗产的整体性。④

五、博物馆的自我管理

博物馆可以说是最大的文物和其他考古材料的"收藏家",博物馆收购政策的控制对控制非法挖掘文物和后续文物移动极为重要。许多博物馆是国家掌控的机构,多被认为是政府官方政策的反映。因此,若大型博

---

① 邦博发展有限公司诉警务委员会[1991]4 All ER 638[英国]。参见 Robert K Paterson, The Curse of the "London Nataraja", *International Journal of Cultural Property*, Vol. 5, No. 2(1996), p. 330-338.

② 土耳其 2009 年《古物法》(第 25、27、28 和 29 条)的有关规定以及 1984 年 1 月 11 日在《雷斯米公报》上发表的关于可移动文化财产和商业处所贸易的第 18278 号条例(作者翻译)对其作出规定。

③ Patrick J O' Keefe, *Feasibility Study of an International Code of Ethics for Dealers in Cultural Property for the Purpose of More Effective Control of Illicit Traffic in Cultural Property* (Paris: UNESCO, May 1994) Doc CLT-94/WS/11.

④ 1970 年《公约》第 5(e)条要求各国设立国家机构,其职能包括:"为利益相关方(策展人、收藏家、古董商等)制订符合本公约所持道德原则的规则;并采取措施以确保其对这些规则的遵守。"《国际道德准则》的相关条款还包括第 1、3、5、6 和 7 条。

物馆都计划购买可疑物品或来历不明的藏品,很难要求私人收藏者不这么做。《国际博物馆协会职业道德准则》(2006 年)①是一份综合性的文件,如果世界各地的博物馆都遵守该道德准则,将大大有助于防止博物馆对来历不明或非法挖掘的文物进行收购和/或进行其他活动。它尤其强调博物馆:在获取文物前尽职调查文物出处,确保这些文物不是在原籍国或其他国家非法取得或出口的;避免展出或以其他方式使用来历可疑或来源不明的资料;在归还属于原籍国非法出口物品时,需迅速、负责任地与原籍国合作;禁止从被占领土内购买或获取文化物件;不得直接或间接地支持自然或文化财产的非法贩运或交易市场;不接受任何来自经销商、拍卖商或其他人士的任何礼物、款待或任何形式的报酬,不得以此为诱因购买或处置博物馆内物品,或决定是否采取官方行动。② 对于非法挖掘的文物的处理,《国际博物馆协会职业道德准则》要求:

如文物涉及未经授权、不科学或故意破坏古迹、考古遗址、地质遗址、物种和自然栖息地等,当有充分理由认证此类情况,博物馆不得收购这些文物。同样,若文物的发掘并未向土地所有人或占用人、相关法定权威、政府当局公开,博物馆也不得对其进行收购。③

当文物原籍国要求文物归还时,博物馆需要完全遵守国际、区域、国家和地方关于归还文化财产的法律和条约义务,这是一项一般原则。在 1954 年《教科文组织公约》、教科文组织 1970 年《公约》和 1995《国际统一私法协会关于被盗或者非法出口文物的公约》中均有体现。④ 这些要求和其他行为守则反映了博物馆专业人员态度上的转变,即从将自己视为藏品的保管人,转为从欣赏的角度将藏品视为知识的延续,而藏品背后的地理和背景信息对他们也同等重要。⑤

六、国际和地方警务

一些国家已经设立了专业的警察部门来处理艺术品和古董的盗窃问题,这些部门由训练有素的官员组成,以鉴别这些物品。意大利的宪兵保护

---

① 1986 年《国际博物馆协会道德规范》的更新版。

② 分别参见第 2.3、2.4、4.5、6.3、6.4 条。

③ Jane Leggett, *Restitution and Repatriation*, *Guidelines for Good Practice*, Museums and Galleries Commission, 2000.

④ 原则 7。

⑤ 参见 3.12 条。

文化遗产司令部可能是最发达的组织之一,其官员在艺术史、考古学的不同方面包括海洋考古学都接受过培训。当然,这也反映了意大利在控制意大利文化遗产非法出口方面面临的巨大问题。相比之下,由于英国政府对于艺术品和古董倾向于实施少量出口管制和自由市场的贸易方式,英国警察的专业部门更狭隘地关注诸如豪华古宅的艺术品盗窃等问题的处理。这些特殊单位主要是通过国际刑警组织系统在国际上起到了协调的作用。因为艺术品和古董贸易是国际贸易,其项目往往通过一个或多个第三国"发起",国际刑警组织作为一个控制跨越国际边境的犯罪活动国际警务机构是极其重要的。国际刑警组织的一个主要工具是国际数据库,该库可以将被偷物品与可能的原籍国清单进行比较以便查明物品来源。[1]

┃ 第五节　过境国在古物贩运中的作用

国际条件管制非法贸易所面临的一个长期问题是非缔约国造成的监管"黑洞",受保护的物品(物种,若以《华盛顿公约》为例)可以被"洗劫"[2]比公约的积极参与国更容易允许非法贩运古董。例如,在联合国教科文组织1970年《公约》的情况下,公约的非缔约国不会被要求缔约国归还被盗物品,并且不受公约对其提出的其他义务的影响。直到最近,大多数主要市场国家还没有准备好批准该公约,他们认为它有利于原籍国对市场国家的利益,但是自20世纪90年代末以来,已经为取得更高认可度实施了积极举措。[3]

---

①　除联合国教科文组织的被盗艺术数据库外,一些重要的国际数据库是:国际刑事警察组织的被盗艺术品数据库(将在意大利宪兵保护文化遗产司令部项目 PSYCHE 的帮助下更新),艺术品损失登记册,以及 IFAR 数据库。这一策略将在下面进一步讨论:Mark Durney,《艺术盗窃的宣传和文献如何影响被盗物体的恢复率》,载《当代刑事司法杂志》,第 27 卷,第 4 期(2011 年):第 438—448 页;Constance Lowenthal,《IFAR 和艺术品损失登记在文化财产遣返中的作用》,载《不列颠哥伦比亚大学法律评论》,1995 年特刊(1995 年),第 309—314 页。

②　例如,土耳其不是华盛顿公约的合约国,其所有物种都列在华盛顿公约的附录 II 中,土耳其的野生仙客来作为另一种(未受保护的)植物种类或"栽培"以假标签出口。通过这种方式,它可以进入华盛顿公约缔约国(如荷兰),然后合法地出售。由于所有种类的仙客来都列入华盛顿公约附录 II,如果从缔约国出口,则需要出口许可证。参见 Linda Warren,《濒危物种贸易》,载《环境法》,第 3 卷第 4 期(1989 年),第 239—277 页。

③　从积极的方面来看,法国于 1997 年 1 月 7 日批准了该公约,英国于 2002 年 8 月 1 日接受了该公约,瑞士于 2003 年 10 月 3 日接受了该公约,德国于 2007 年 11 月 30 日批准了该公约,比利时于 2009 年 3 月 31 日批准了该公约,荷兰于 2009 年 7 月 17 日批准了该公约。

在这方面,2001 年联合国教科文组织《保护水下文化遗产公约》包括旨在防止通过第三国贩运从海底打捞上来的海洋文化财产的规定显得毫无意义。

过境国常被用于古物的非法运输,因为这样可以更容易地隐藏物品的非法来源。同时这些国家通常也给合法甚至非法的古物贸易商提供专门的服务。过境国因其地理位置彰显重要地位,通常包括澳大利亚(用于来自从巴布亚新几内亚和太平洋群岛的文物),喀麦隆(用于来自尼日利亚的文物)和泰国(用于来自柬埔寨的文物)。因此,确保旨在防止非法贩运文化财产的国际条约高度认可显得尤为重要。此外,区域协定还在切断非法出口其文化财产的文物大国附近可能出现的运输路线方面发挥重要作用。通过第三国转运古董有时可用于规避特定协议,例如,1972 年美国/墨西哥协议[①]中禁止从墨西哥进口前哥伦比亚文物的协议。如果有关重要物品在第三国(没有这样的协议),海关官员可能很难将其确定为来自墨西哥。

根据国际私法,该物件发生时所在地的法律适用于涉及该物件的任何相关诉讼。[②] 该规则在不同的司法管辖区有不同的解释,其结果是:在法国适用诉讼地法律;根据英国法律,适用于最后一笔交易的法律;美国法律赞同施行货物在最后一次交易时所在地的法律(不是当事人或合同完成的地方)。[③] 这项规则的效果在古物贸易中可能是有害的,它在英国或美国制度下的适用显然会鼓励通过过境国"窃取"被盗或非法进口物品。具有讽刺意味的是,意大利是一个受青睐的过境国,因为意大利法律直接赋予善意购买者良好的头衔。[④] 这一规则显然对国际贸易有很大的用处,可以确定和加快解决争端,否则这些争议可能会在决定案件法庭归属时陷入困境。然而,在文化财产方面,"法律的作用应该是根据对竞争价值而不是机械规则的评估来确定谁有权获得它"。[⑤]

---

① Coggins 关于"前哥伦比亚古代非法贩运"的文章是对这一问题早期的警告。

② 这被称为物所在地法(lex situs)规则。

③ Bator,《关于国际艺术贸易的论文》,第 277 页。

④ 与瑞士法律一样,与 Goldberg 案件密切相关的事实如下所述。然而,对于在意大利地下发现的具有考古性质的物品,它们被自动归类为国家财产和不可分割的(意大利民法典,Art 827 ff)。

⑤ Oliver Sandrock,《外国法律规范文化财产出口:物所在地法(Lex Fori)的尊重》,国际艺术品销售,由 Pierre Lalive 编辑(日内瓦:商业法和实践研究所,1985 年)。但是,他认为处理文化财产对象的任何特殊规则都将法律冲突规则扩展到难以管理的程度。

▍第六节　相关国际条约

管理这一领域的四项主要全球条约分别是联合国教科文组织"海牙"《关于发生武装冲突时保护文化财产的公约》(巴黎,1954 年)及其 1999 年议定书联合国教科文组织《关于禁止和防止非法进出口文化财产和非法转让其所有权的方法的公约》(巴黎,1970 年),①《国际统一私法协会关于被盗或非法出口文物的公约》(罗马,1995 年),《联合国打击跨国有组织犯罪公约》(巴勒莫,2000 年)。

一、1954 年联合国教科文组织公约

1954 年的《海牙公约》②涉及第 4 条第 3 款中武装冲突期间盗窃和非法移动文化财产的问题,该条要求缔约方禁止、防止并在必要时制止任何形式的偷窃、盗窃或挪用,以及针对文化财产的任何破坏行为。此外,第 5 条第 1 款要求缔约方支持被占国的国家权威,以保护和维持其文化财产。《1954 年公约议定书》也与这个问题有关。③ 在此基础上,每一缔约方承诺防止从武装冲突期间占领地出口文化财产,扣押此类财产并将其归还以前在敌对行动结束时占领地的主管当局。

二、1970 年联合国教科文组织公约

1970 年联合国教科文组织《关于禁止和防止非法进出口文化财产和非法转让其所有权的方法的公约》是缔约方承认其他缔约方获取被盗或非法

---

① 1970 年 11 月 14 日,巴黎,《关于禁止和防止非法进出口文化财产和非法转让其所有权的方法的公约》[823 UNTS 231]。

② 1954 年 5 月 14 日,海牙,《关于发生武装冲突时保护文化财产的公约》,执行公约的规定[249 UNTS 240;第一海牙议定书 249 UNTS 358]。土耳其于 1965 年 12 月 15 日批准了《公约》及其《第一议定书》,但尚未加入第二项议定书(1999 年)。《第二议定书》的重要条款之一(目前对土耳其没有约束力)见于第 15 条,其中涉及严重违反议定书的行为,并要求缔约方采取必要措施,将盗窃,掠夺等行为定为刑事犯罪,以及禁止在武装冲突期间盗用文化财产。

③ 1954 年 5 月 14 日,海牙,《关于发生武装冲突时保护文化财产公约的议定书》。这里提到的相关条款有第 1 条、第 2 条及第 3 条。

出口文化财产权利的重要框架。① 该《公约》序言提出了哲学框架,强调各国之间(合法)文化财产出于科学、文化和教育原因而进行交换的重要性;②文化财产的真正价值只能通过关于其出处"尽可能充分的信息"来理解;只有国家和国际层面组织合作起来,文化遗产保护才能充分发挥作用。最后一点说明了控制文化财产流动的国家法律与各国的合作间应该存在的相互作用,以确保一国的出口禁令得到另一国进口条例的尊重。这一公共政策问题往往是政府试图收回非法出口文化财产的核心问题。"文化财产"的定义与其他教科文组织公约的不同在于,它仅限于涵盖 11 种特定财产类别的有限清单,以限制对商定物件范围的可能主张。③ 此外,还列出了 5 个条件,④即将文化财产视为特定国家的文化财产。缔约方必须防止非法进口、出口和转让文化财产,如果是接收国,则应帮助向原籍国提供"必要的赔偿"。⑤该公约基本上试图平衡进口国的义务、限制与原籍国的非法贸易,以保护其境内的文化财产,并防止非法出口。这些措施包括出口证明制度,以证明出口文化财产是经过授权的,并禁止在没有这种证书的情况下出口。⑥

对进口国⑦规定的主要责任是防止进口被盗或非法出口的文化财产,禁止其博物馆和类似机构获得从另一缔约国非法出口的物品,并在可能的情况下通知其他国家对任何此类财产的提供,采取适当措施,按照其他缔约国要求,追回并归还从博物馆或类似机构盗窃的任何文化财产。对请求国规定了一些相互的义务,包括向无辜的购买者或对财产拥有有效所有权的其他人支付公平赔偿,以提供必要的文件和证据来确定其索赔,并承担因返回所要求的文化财产而产生的所有费用。接收国还必须采取行动追回由"合法所有者或代表合法所有者"提出的遗失或被盗的文化财产,并承认每个缔

---

① 最近重新评估本公约的执行情况,参见 Lyndel V Prott, The Fight against the Illicit Traffic of Cultural Property:The 1970 Convention:Past and Future,15-16 March 2011,International Journal of Cultural Property, Vol. 18, No. 4(2011), p. 437-442.

② 第 2 条重申,"非法进口、出口和转让文化财产是造成原籍国文化遗产贫困的主要原因之一"。

③ 第 1 条。根据 Lyndel V Prott《国际文化物品运动》,载《国际文化财产》第 12 卷,2004 年版,第 225—248 页,1970 年教科文组织和 1995 年对文化财产/物品的定义旨在回应国家立法中的要素,并允许各种主题(例如,萨摩亚演说者的飞蝇或纳米比亚岩画)。

④ 第 4 条。这些包括通过合法考古工作获得的物品。

⑤ 第 2 条。本条明确规定了对出口和进口国的义务。

⑥ 第 6 条。第 5 条规定的其他措施包括:在必要时起草立法以适用本公约的条款;保存国家受保护财产清单;对考古发掘进行监督,确保某些文物的原地保护;并为经销商、收藏家等建立道德准则。

⑦ 第 7 条。

约国有权禁止出口某些文化财产并帮助有关国家追获此类财产。[1] 它们还必须防止可能促进文化财产非法进口或出口[2]的所有权转让，这表明进口国有义务控制这类物品的市场。但是，这些义务仅适用于在《公约》生效后被盗或非法出口的文化财产，并且没有追溯力。[3]

直到最近，大多数主要市场国家都不准备批准《公约》，因为相信它有利于原产国对市场国家的利益；然而，自 20 世纪 90 年代末以来，这方面出现了积极的举动。[4] 普遍缺乏主要市场国家的支持无疑限制了该公约的影响力。此外，《公约》确立的制度主要具有外交性质，这意味着它缺乏"强制执法力"，并且基于缔约方在其框架内进行合作的意愿。与此同时，根据《公约》和联合国教科文组织提供的机制，全世界追踪、查明和归还的被盗物品数量稳定。[5] 还应铭记于心的是，它不适用于在成为缔约国之前非法进入国家领土的物品。例如，美国对 1983 年之前非法进入该国的文物不承担任何义务，因此 1970 年《公约》的条款不适用于下文提到的大多数情况。[6] 因而尽管根据"公约"和联合国教科文组织提供外交机制的条款追踪、查明和归还了稳定数量的被盗物品，但该公约自 1970 年以来影响相当有限。[7]

在许多方面，1970 年《公约》的体制和认识提高方面是其最有效的因素，在制定归还和返还被盗和非法出口文物的法律框架方面效果有限。因此，外国从美国取回被盗或非法出口文化财产的可能性仍然是美国法院或其他市场国家的先例问题。认识到 1970 年《公约》有效性限制，开始着手在国际统一私法协会的框架内制定一项国际公约，旨在使合约国更容易在同一法

---

① 第 13 条。

② 第 13 条(a)。

③ 例如，它们不适用于大都会艺术博物馆获得的 Lydian 宝藏，因为它被认为是 1966 年从土耳其非法出口的。

④ 从积极的方面来看，法国于 1997 年 1 月 7 日批准了该公约，英国于 2002 年 8 月 1 日接受了该公约，瑞士于 2003 年 10 月 3 日接受了该公约，德国于 2007 年 11 月 30 日批准了该公约，比利时于 2009 年 3 月 31 日批准了该公约，荷兰于 2009 年 7 月 17 日批准了该公约。

⑤ Etienne Clement，1970 年联合国教科文组织大会，国际文化财产评论(1994 年夏季)，第 71—75 页。例如，1990 年从安卡拉的安纳托利亚文明博物馆租借到维也纳艺术史博物馆时被盗的女神的史前小雕像在教科文组织秘书处的一封信被转发给缔约国文化部后返回。

⑥ 例如，土耳其共和国组织知识服务合伙人在下面的第 173 页引用和讨论过的案例。对于美国和 1970 年的公约，参见 Ann Guthrie Hingston，《美国"联合国教科文组织文化财产公约"的实施》，Phyllis Mauch Messenger(编辑)，《收集文化财产的伦理：谁的文化？谁的财产？》(第二版)，新墨西哥大学出版社 1999 年版。

⑦ Clement，《1970 年联合国教科文组织公约》，第 72—73 页。

院起诉和归还文物,同时也保卫了买方和市场国家的利益。

三、1995 年《国际统一私法协会公约》

《国际统一私法协会公约》①于 1995 年 6 月通过,目的是为"主张国际属性的所有权"(第 1 条)提供可接受的框架,以归还被盗文化和非法出口的艺术品。② 这个漫长的过程始于 1983 年,当时教科文组织委托编写一份报告,建议它与国际私法机构合作解决非法贩运文化财产的问题。③ 然后,国际统一私法协会起草了一份初步文案,并提交给了政府专家,举行了四次会议进行谈判。这里应该指出,该草案代表了不同的法律制度和哲学,各种利益和利益相关者(从文化专家到经销商和收藏家,从原籍国到艺术市场国家)之间的妥协,以及现行的公共和私人国际法规则,包括贸易法规则。④ 因此,要协商一系列非常困难而复杂的条件。⑤

一个至关重要的问题是:《国际统一私法协会公约》与教科文组织 1970年《公约》有何关系? 教科文组织密切参与先前文本的起草过程,1970 年《公约》的影响可以在国际统一私法协会条约中看到,特别是在其条款的定义中。⑥ 1995 年《国际统一私法协会公约》的起草是为市场国家和来源国创建一个更容易接受的文本,同时为国际诉讼提供框架。正如普罗特(Prott)所指出的那样:"1995 年《国际统一私法协会公约》具有议定书的效力,因为它填补了 1970 年《公约》中的空白(关于'善意'取得的详细规定;考古物品

---

① 国际统一私法协会关于被盗或非法出口文物的国际归还公约(罗马,1995 年)[34 ILM 1322]。

② 关于本公约的背景和评论,参见 Lyndel V Prott,国际统一私法协会公约评注(英国莱切斯特:艺术与法律研究所,1998 年)。参见 FrédériqueCoulée,Quelques remarques sur larestitutioninterétatiquedesbiens culturels sous l'angle du droit international public,RevueGénéraledeDroit International Public,Vol. 104 (2000),p. 359-392;教科文组织(2005 年)提交给会议的信息说明庆祝 1995 年国际统一私法协会关于被盗或非法出口文物的公约 10 周年,2005 年 6 月 24 日,巴黎教科文组织总部[Doc CLT-2005/Conf/803/2,2005 年 6 月 16 日]。

③ Lyndel V Prott 和 Patrick O'Keefe,文化财产非法贩运的国家法律控制,由联合国教科文组织委托(1983 年)[Doc CLT/83/WS/16]。

④ Prott,《国际统一私法协会公约》(第 73 页)评注,第 16 页。序言(第 4 段)具体提到实现"缔约国之间归还和归还文化物品的共同的最低限度法律规则"作为基本原则。公约的目标。

⑤ 在讨论的最后一周,成立了一个代表"出口"和"进口"国家的工作组。

⑥ Lyndel V Prott,《教科文组织和国际统一私法协会:打击非法贩运伙伴关系》,载《统一法律评论》第 1 卷,1996 版版,第 59—71 页。

的地位，行动上的时间限制，起诉非国家所有人的能力)。"①通常来看，虽然对于原籍国而言，制定这样一个文本对他们有利，但他们更倾向于更明确地支持艺术出口国事业的教科文组织公约。最初，尚未决定文本应该是一套示范条文还是国际公约。虽然案文提到"进口"和"出口"国家，但属于过度简化，因为大多数国家既是贩运路线上的"过境"国家，也不仅仅是"过境"国家；实际上，各国之间的更大的共同利益可能会立即显现出来。尽管如此，在起草过程中很明显地看出，必须制定一套最低限度规则，一些国家是否接受某些义务取决于其他国家是否接受平衡责任。

教科文组织 1970 年《公约》作为 1995 年《国际统一私法协会公约》的序言，指出需要"文化交流以促进各国人民之间的理解"，并强烈强调这种非法贸易与其经常造成的"不可挽回的损害"之间的联系……特别是考古遗址的掠夺以及由此造成的不可替代的考古、历史和科学信息的丧失。② 它还明确指出，受损的遗产往往是地方和土著社区的遗产，使《公约》置于一个超越狭隘的"国际主义者"与"保留主义者"③（即不受限制的贸易与国家对转移的控制）的辩论，这一直困扰着 1970 年《公约》。我们认识到它不能单独为问题提供解决方案，其目的被解释为"启动一个将加强国际文化合作的过程"。④ 因此，它应与其他措施一起使用，例如发展文物的登记、考古遗址的实物保护，以及各国之间的技术合作。序言中提出的另一点是，必须保护"在法律交易中发挥适当作用"，同时采取这些措施来打击非法贸易。这是从教科文组织 1970 年《公约》转向接受受控合法贸易作为全球市场控制必要部分的重大转变。这也体现了文物丰富的国家和艺术市场国家各种各样的利益，因此，它使后者比教科文组织 1970 年《公约》更容易接受。当然，没有一个乐器可以在真空中传声，它需要艺术市场国家的支持才能有效。

这两项公约之间的进一步区别在于教科文组织的条约采用行政程序和外交手段来防止非法贩运文化财产并寻求归还这些财产，而国际统一私法协会案文的重点是直接诉诸被盗文物的所有者或非法出口的国家法院。⑤

---

① Lyndel V Prott，《打击非法贩运文化财产：1970 年公约—过去与未来，2011 年 3 月 15 日至 16 日》，载《国际文化财产》第 18 卷第 4 期，第 437—442 页。

② 参见序言。

③ 这是 John Henry Merryman 在"国家与对象"中提出的 1970 年公约的特征，载国际文化财产期刊第 3 卷第 1 期(1994 年版)，第 61—76 页。

④ 参见序言。

⑤ Prott，《反对文化财产非法贩运》。

此外,后来的公约涵盖了所有被盗物品,并且不受限于(在教科文组织第7条规定的公约下)在机构中存放的物品。此外,国际统一私法协会公约规定了一套复杂方式,借助法律制度保护文化财产"诚信"收购者。这很重要,因为一些法律制度(如瑞士)对善意买方有相对慷慨的解释,而其他法律制度(如美国)则对文化财产的收购者提出了更大的举证责任。① 公约的标题②本身就是冗长谈判的主题:虽然法国文本保留了"biens culturels"的概念,但决定使用(在英文文本中)中性术语"对象"来代替更沉重的术语"财产"。避免提及"恢复原状",因为这个术语在法语和英国法律中的含义不同。③ 即使选择"被盗"一词也并非没有困难,因为它在民法和普通法系统中的处理方式不同,但它决定将其留给法院,在法院提出申诉,将自己的法律适用于这个问题。④ 如上所述,公约的主旨是为"国际性要求"提供一个框架,⑤但其措辞含混不清,是否适用于涉及被盗文物的案件,该案件随后在第二个司法管辖区内出售,并在被盗的原管辖区内被有效清洗。⑥ 下一节简要介绍了1995年《国际统一私法协会公约》的主要方法和规定。⑦

正如有关该主题的条约所预期的那样,"文化对象"被详细界定。正文给出了一个广义的定义,即"基于宗教或世俗的理由,对考古学、史前史、历史、文学艺术或科学具有重要意义"。⑧ 因此,条约的附件提供了更为详尽的

---

① 这一点在塞浦路斯共和国诉戈德堡事件中引人注目,其中听取案件的适当论坛所在地的问题(法律地位)成为一个关键问题。

② 关于被盗或非法出口文物的公约(UNIDROIT,1995年)。

③ 教科文组织对"回归"和"恢复原状"的使用不同。

④ 后者在前者的范围内不包括转换或欺诈。同样地,使用"拥有者"一词(代替"所有者"),在本文中没有涉及的共同法律体系中具有特定的内涵:鉴于真正的购买者未成为系统的问题对于所有者来说,最好保留这个术语,并依赖于对其含义的共同的一般理解。

⑤ 第1(a)条。

⑥ 例如,Winkworth v Christie Manson 和 Woods Ltd 以及另一个[1980] All ER 1121 的案例。在这种情况下,诉讼是在后一个司法管辖区内启动的,而不是第一笔交易发生的案件,很可能是如果适用1995年国际统一私法协会的规则,将会作出不同的决定。普罗特,《国际统一私法协会公约评注》,第22页。

⑦ 如需更全面的讨论,参见 Prott"国际统一私法协会公约"评注。国际统一私法协会公约也在 Ana Filipa Vrdoljak,国际法,博物馆和文化遗产归来中进行了讨论(剑桥大学出版社,2006年);和 Craig Forrest,国际法和文化遗产保护(Routledge,2011年),第196—223页。另见 A Browne,《教科文组织和国际统一私法协会:公约在消除非法艺术市场中的作用》,Art, Antiquity and Law, Vol. 7 (2002),p. 379.

⑧ 第2条。这是一个相当标准的定义,反映了大量国家立法行为中的定义,并避免了在1970年《公约》所采用的定义条款中列出文物类型的方法。

文化对象类别。① 这一定义仅适用于被盗文物。② 与1970年《公约》不同,不要求每个国家指定这些项目:主张所有权的国家需要采取截然不同的方法,明确对大部分文化财产的所有权以及例外的情况,而私人所有者利益需要保护。《国际统一私法协会公约》依赖私法,因此也能够保护后者的一系列文物。③ "非法出口"的行为也被定义为从一个缔约方的领土转移,违反文化遗产保护法律所约定出口物品的行为。但是,适用的对象范围仅限于对请求国具有相当重要意义的对象。④

在起草本《公约》的所有阶段,强烈认为被盗的文物和非法出口的文物应该分开处理,因为这两个案例在不同的国家引起了相当明显的法律甚至哲学问题。因此,《公约》分为关于追回被盗文物的第二章(第3条—4条)和关于非法出口文物的归还的第三章(第5条—7条)。公约力求避免在大陆法系统下对善意购买者的强有力保护,以及在一些普通法系统中使用时间限制规则,我们将看到,这些制度使得恢复和返回的诉讼变得有问题。⑤因而,这种明确的做法,即使在购买时已经进行了必要的询问,也不保护被盗文物的善意购买者,以便实现打击被盗文物贸易的有效制度。如果符合该国有关法律,《公约》将"非法挖掘或合法挖掘但非法保留"的文物视为被盗。⑥ 国际诉讼的历史(见下文)表明国家对文化物品的一揽子主张并不总受到其他国家的法院支持。这是必要的,根据该《公约》,大多数秘密挖掘的文物都可以适用。⑦ 当然,确定这些物品的身份和出处的问题依然存在:如何确定罗马帝国在欧洲和中东大部分地区蔓延的非法出土的帝国罗马硬币的确切来源?

限制性的法规问题是这一法律领域中最具挑战性的问题之一。这里采

---

① 包括:稀有科学收藏品和标本;与历史有关的财产;考古文物;从艺术,历史或考古古迹中删除的部分;100多岁的古物(如硬币或铭文);民族学或艺术兴趣的对象;罕见的手册、书籍、文件;邮票;档案;100多年的家具和乐器。

② 公约所涵盖的非法出口文化物品受第5条和第7条规定的限制。

③ Prott,《国际统一私法协会公约评注》,第26页。

④ 第5(3)条。

⑤ 第3条第(1)款载有一项非常明确的陈述,即"拥有被盗文物的人应将其归还"。关于这个相当技术性的观点,参见 Prott,《"国际统一私法协会公约"评注》,第30页(n=73)。同样,国际统一私法协会1974年"关于获取有形动产的诚信统一法"(LUAB)的公约草案[1985 I Unif L Rev os 1985 1985]在第11条中指出,"他是被盗的受让人"动物不能援引他的诚意。

⑥ 第3(2)条。出于本文的目的,"挖掘"还包括水下场地,这是目前国家立法中的常见做法。

⑦ 将第3(2)条与第5(3)(a)、(b)和(c)条及其最后一句相结合。必须建立其身份和出处的证据,或必须证明其出口违反了需要出口许可证的出口规则。

用的双轨解决方案反映了几个法律体系中的规则,①它代表了各种立场之间的妥协。任何索赔要求的期限定为"从索赔人知道文物的位置及其拥有者的身份之日起"3 年;②这是相对慷慨的,考虑到这些物品(及其拥有者的身份)经常在被盗后被隐藏很长时间。③ 如果已识别的文物"构成"纪念碑或考古遗址的一个组成部分或属于公共收藏品,则不得超出条约规定的任何时限。有些国家希望某些非常重要的文物根本不受任何限制,但这是其他国家不能接受的。④ 然而,应该指出,本公约没有追溯力,这种限制规定仅适用于根据公约提出的索赔,而不是与第二次世界大战期间被掠夺财产有关的索赔。

尽管许多评论员认为将一个被盗文化对象归还其真正所有者的人不应该得到任何补偿,但鉴于真正的购买者返还的许多系统规则已经大幅改变,这需要找到妥协。本质上讲,这里提出的妥协是为补偿提供一些条款,但仅限于对象的收购方可以在收购中证明其尽职调查的情况。⑤ 希望这也可以阻止购买者在没有获得必要信息的情况下完成这项测试。在避免"诚信"这一概念时,该文本考虑了所有收购的情况,并修复了"尽职调查"的要素,其中可能包括一个不寻常的转移地点(如在 Goldberg 案中机场的自由港区域)。这些特定元素⑥中的许多元素是人们通常期望的艺术品和古物的重要购买者,特别是那些通常具有可疑来源的元素。只要"他们既不知道也不合理地知道"它是被盗的,并且可以证明他们在获得盗窃的文物时已经"尽职尽责",则应向购买者支付公平合理的赔偿金。⑦ 支付赔偿金的责任在于"将文化对象转让给拥有者或任何先前转让人"的人,尽管在盗窃案件中可能极

---

① 第3条对此进行了论述。各种方法包括国家财产的较长时限(或甚至不可修改性),较长的一般条款(如 30 年)和相对条款(取决于申请人的知识)。

② 第3(3)条。

③ 正如 Goldberg 案中的 Kanakaria 马赛克(下文讨论)。

④ 第3条第(5)款允许延长期限,以便缔约方宣布索赔要求更长的时间限制,最长可达 75 年,或者在另一缔约方的法院就归还从纪念碑或考古遗址或公共收藏中取得的文物进行索赔。这是有关缔约方在批准"公约"时作出的声明[第3(6)条]。第3(7)条描述了公共收藏品,由于此类收藏品通常不包括对土著和部落社区具有重要意义的文物,因此这些社区的"神圣或共同重要的对象"包括在范围内。第3(8)条的这项规定。

⑤ 第4条。

⑥ 载于第4(4)条,其中包括:"当事人的性质,所支付的价格,是否拥有人查阅任何合理可获得的被盗文物登记册,以及其可合理获得的任何其他相关信息和文件,以及拥有者是否咨询了无障碍机构,或采取了合理的人在这种情况下采取的任何其他措施。"

⑦ 第4(1)条。这里没有规定恢复原状的费用,尽管第6(4)条规定了非法出口物品的归还。

难识别。①

第三章(第5条—7条)涉及非法出口的文物,这些文物当然可能被盗,在这种情况下,可以根据公约前两章的规定采取行动;只有在非法出口的文物不被盗的情况下,第三章才适用。第三章必须解决的一个关键问题是各国在何种程度上准备以出口管制的形式承认外国公法。鉴于在这个问题上缺乏共识,会议同意限制公约这一部分适用于若损失将严重损害其出口国文化遗产的文物范围。② 该缔约方然后必须证明这与利益有关,例如,物体的物理保护或其背景;复杂物体的完整性(如建筑雕塑、壁画、马赛克等);保存科学、历史或其他信息;部落或土著社区对该物体的传统或仪式使用。③非法出口物品的缔约国必须要求法院或主管当局(如行政法庭)将其归还。④在这方面,请求国必须根据其提供的证据说服法院。在请求国知道文化对象的位置和拥有者的身份之后3年,到非法出口(或未能归还)之后最长50年的限制期限被置于这种情况下。⑤ 还提出了文物拥有者在非法出口后重获时的补偿问题。⑥ 故意安排非法出口文物的所有者无权获得赔偿。同样,法院应该进行测试,以确定拥有者在获得非法出口的文物时是否尽职调查,例如有没有提供请求国要求的出口证明。⑦ 因为要求拥有者放弃对象返还的所有权将过于繁重,他们可以放弃赔偿以换取:(1)保留项目的所有权;(2)将所有权转让给他们选择的居住于请求国的第三方。⑧

根据第二章和第三章提出的索赔可以在标的所在地的管辖范围内提出,也可以在对占有人具有管辖权的任何其他管辖范围内提出。这将使占

---

① 第4条第(5)款涵盖了一些具体情况,例如,当收藏者购买一件物品时,知道它是可疑物源,然后通过捐赠给博物馆获得税收优惠。

② 第5(3)条。第7条规定了另外两个限制因素:(1)文物的出口在要求返还时不再是非法的;(2)如果物品在其创作者的有效期内或在其死亡后的50年内出口。第7(2)条对其创作者未知的民族志项目,特别是部落和土著社区的传统仪式对象,允许根据《公约》要求归还此类物品,给予例外。

③ 该清单并非详尽无遗,因为第10条允许缔约方对非法出口文物的归还采用更有利的规则,尽管第7条规定了对通常涵盖的物体范围的另外两个具体限制。

④ 第5(1)条。这包括为了展览、研究或修复而暂时出口的物品(合法地),这些物品未按出口许可证的条款[第5条第(2)款]的要求归还,并遵循第3条第(2)款的方法和(6)ICOM道德规范。

⑤ 第5(5)条,但没有第3条允许的被盗文化特殊延伸。

⑥ 第6(6)条。措辞类似于第4(1)条的措辞,涉及对被盗物品归还的赔偿。

⑦ 第6(2)条。相关情况将包括一个项目,其中所知的每个样本来自一个或多个国家,认为这些物品的出口是非法的,或者如果销售合同的条件要求买方将物品保密一段时间。

⑧ 第6(3)条。为了防止滥用这一规定(例如再出口到非缔约国),这只能在请求国的同意下进行。

有人得以在公约未囊括的管辖范围内提出索赔,例如,在拍卖行发现标的物时便适用于此情景。① 占有人应向该标的所在地的法院提出采取临时措施②(如从拍卖中撤回该物品)的申请,以便在另一缔约方提出归还或要求归还时,能够保卫该物品。缔约方可以适用"更有利于归还或退还被盗或非法出口文物的规则":③这一点很重要,因为各国可能已经对本条约所规定的被剥夺权利所有者提供了更广泛的保护。

追溯力问题是整个起草过程中最具争议的问题之一,④尽管《维也纳条约法公约》第 28 条明确规定了一项习惯规则,即除非明文规定,否则条约条款不具有追溯力。⑤ 关于非法出口的物品,公约的条例只适用于此公约在请求国和提出索赔国生效后非法出口的物品;而公约在标的所在国的实行情况(如果不同)在此项中并无决定性影响。然而,条例在阐释上仍存在一些不确定性,例如,它是否适用于在该国尚未成为缔约国时被盗的临时租借物品。因此,这些反追溯条款排除了过去被盗或非法出口的物品,使公约更容易在艺术品市场国家推行。这同时表明,它的目的是防止在未来不断增长的市场需求下针对文物的抢劫与贩运,而不是纠正过去的错误。⑥ 根据双边协定、机构间部署或联合国教科文组织委员会(1970 年《公约》),各国(与符合条件的个人)保留在私法中要求收回这些物品的权利。

总的来说,《国际统一私法协会公约》在市场与"来源"国的利益之间达成了合理的妥协。例如,在来源国,尽管针对向其所有者归还被盗文化财产的善意购买者的补偿条款存在争议,但所有者必须表明他们在获得该物品时给予了经适当努力的附随条件,增强了这一条款的可接受性。在控制文物的出口、进口和贸易方面采取的这种实效主义政策,是提高它在来源国和进口国的普遍接受度的关键举措。它还通过限制公约⑦可涵盖的归还和退

---

① 此外,第 8 条第 2 款允许当事各方将争端提交任何法院或主管当局或仲裁,这是确保接受《公约》的一项基本程序自由。

② 第 8 条第 3 款。

③ 第 9 条第 1 款。

④ Prott, Commentary of the UNIDROIT Convention, p. 78 (n 73).

⑤ 第 10 条明确规定了《公约》规则的不可追溯性。第 10 条第(1)款将关于归还被盗文化物品的索赔限制在(a)《公约》在该缔约国生效后从该缔约国领土被盗走的物品或(b)《公约》在该缔约国生效后位于该缔约国境内的物品。

⑥ 同时,第 10 条第 3 款明确指出,《公约》绝不使在其生效之前可能发生的任何非法交易合法化。

⑦ 第 4 条、第 5 条和第 7 条。

还的要求类别,在其框架内①对索赔的可受理性规定严格的时限,并试图将不同法域中对待善意购买者的相互冲突的处理方法和政策合理化,从而进一步提高《公约》的可接受性。

四、《联合国打击跨国有组织犯罪公约》(巴勒莫,2000 年)

众所周知,《巴勒莫公约》的制定是为了处理跨国界犯罪,并为此问题的刑事法律方面提供一个有效的法律框架。它将下列与贩运被盗与(或)非法出口文物有关的活动视为国际犯罪:参加有组织犯罪集团、洗钱、贪污以及妨碍司法。② 起草者考虑到了涉及文化财产的跨国犯罪活动问题,序言指出,这将"成为国际间在打击洗钱、腐败、贩运濒危动植物物种、侵犯文化财产罪以及联系日益密切的跨国有组织犯罪与恐怖主义犯罪方面的有效工具"(着重部分由作者标明)。然而,尽管明确提到了被贩运的文化财产,但在《公约》于 2003 年生效后的前几年,这一问题在很大程度上被缔约国所忽视。

2010 年,《巴勒莫公约》第五届缔约方会议③再次讨论了文化财产问题,会上,缔约国宣布了《公约》及其成员近期应重点关注的"新出现"犯罪类型清单:贩运文化财产、网络犯罪、海盗行为、环境犯罪和其他犯罪都包括在内。这表明,国际社会认为,目前《巴勒莫公约》有协助处理针对文化财产的国际犯罪的能力。如同 1995 年《国际统一私法协会公约》的制度,这一罪名包含了对文化财产的掠夺以及贩运这两个相关方面。④ 2010 年,联合国毒品和犯罪问题办公室(UNODC)指出,来源国仍在非法"转移"(即抢劫)文化财产,并将这些物品偷运到市场广阔的富裕国家。⑤

与本书相关的《公约》主要方面涉及要求确立国内刑事犯罪,包括参与有组织犯罪集团、洗钱、腐败和妨碍司法。这一点的关键性在于,来源国也可以在预防和(或)减少犯罪源头方面发挥作用。缔约方都必须建立对国际合作间至关重要的框架,包括引渡、司法协助和执法协作,其中后两个框架

---

① 第 10 条。

② 分别为第 5 条、第 6 条、第 8 条和第 23 条。

③ Conference of the Parties to the UN Convention against Transnational Crime(2010) Use of the UN Convention against Transnational Crime for protection against trafficking in cultural property, Vienna, 18-22 October 2010. Available onlineat, http://www. unodc. org/documents/treaties/organized _ crime/COP5/ CTOC_COP_2010_17/CTOC_COP_2010_17_E. pdf.

④ 这类似于盗窃和非法出口文物。

⑤ Discussion guide for the thematic discussion on protection against trafficking in cultural property: Note by the Secretariat, E/CN. 15/2010/6(para 11) ,23 February 2010.

与文化遗产有关的犯罪息息相关。此外,各方应促进培训和技术援助,以建设国家当局的能力。再次重申,先不论此项犯罪潜在的巨大利润,正是一些来源国的能力太弱,才使得这项犯罪相对容易实施。总的来说,《巴勒莫公约》旨在成为一项制裁多种不同类型跨国犯罪的国际合作工具,有关犯罪的限制条件如下:首先,《公约》适用于"有组织犯罪集团"的活动,该集团的定义为"由三人或三人以上组成的有组织集团,存在一段时间,并为实施一项或多项严重犯罪而协同行动"。① 其次,此犯罪活动须为"跨国"犯罪,即在一个以上国家实施的,或涉及一个以上国家参与其计划、犯罪集团活动或犯罪影响的犯罪。再次,该罪行必须被视为"严重罪行",其定义是构成可处以最高剥夺自由至少四年或更严重处罚的罪行的行为。最后一项要求可能需要一些在国家文化遗产法中没有包括足够严厉处罚的国家重新起草相关法律,此外,缔约国应确保国内法涵盖有组织犯罪集团犯下的所有严重罪行(包括共谋、犯罪团伙、洗钱等)。

《公约》中其他可能与贩运被盗文化财产有关的条款,包括将清洗犯罪所得定为刑事犯罪和打击这种行为的措施、②将腐败定为刑事犯罪和打击这种行为的措施、③将妨害司法定为刑事犯罪、④规定法人参与第6条至第8条和第23条所述犯罪应承担的责任、⑤没收和扣押⑥以及(根据领土、船旗国和国籍)对这些犯罪行使管辖权。⑦ 除此之外,《公约》还鼓励缔约方在满足上述要求的情况下向其他国家提供援助。"互助"的形式可以适用于许多不同类型的犯罪,可包括:从证人处获取证据或陈述;执行搜查和扣押;提供信息和证据;以及不违反被请求国国内法的任何其他类型的援助。最后一条所述的援助包括例如提供在特定文物方面的专家,以便提供建议或充当专家证人。这种形式的互助显然可以成为刑事调查合作的有力工具,并可用于包括文化财产犯罪在内的许多不同类型的刑事调查。

---

① 参见《公约》第5条。参与有组织犯罪集团的罪行包括同意一名或多名其他人士为经济或其他物质利益而犯下严重罪行,或明知参加有组织犯罪集团的犯罪或有关活动而为其犯罪目的作出贡献。

② 分别为第6条和第7条。

③ 分别为第8条和第9条。

④ 参见《公约》第23条。

⑤ 参见《公约》第10条。

⑥ 参见《公约》第12条。就文物而言,这可以包括文物本身以及非法移走/出口时使用的任何工具或车辆(如用于水下抢劫的船只、用于运输的飞机等)。

⑦ 参见《公约》第15条。

▎第七节　文物追回的国际诉讼

如上文提及《国际统一私法协会公约》的内容中所述，个人和国家仍然可以自由提起私人民事诉讼，要求返还被盗和（或）非法出口的文化财产。然而，在讨论关于追回文化财产的进一步国际诉讼之前，厘清相关术语的使用更为重要。在这种情况下常用的术语，即"归还"和"退还"，可能会引起混淆，因为它们有时可以互换使用，但也可能带有特殊含义。① 一方面，根据《IGC 准则》，②"退还"一词应根据有关的国家法律（特别是与 1970 年《教科文组织公约》有关），在物品非法离开其原籍国的情况下使用。另一方面，"归还"一词在国际法或国内法中都没有特定含义，应适用于在保护文化财产的国内法和国际法形成之前，文物离开其原籍国的情况。③ 这类案件往往涉及将物品从殖民地领土或外国占领的土地上转移至殖民国领土。19 世纪70 年代转移到大英博物馆的贝宁青铜器（Benin bronzes）以及额尔金勋爵（Lord Elgin）在奥斯曼帝国（Ottoman）统治下从雅典转移过来的帕台农神庙檐壁（Parthenon Frieze）都是很典型的例子。④ 普罗特（Prott）和奥基夫（O'Keefe）补充说，如果迁移的背景不是殖民（或外国占领），但不清楚另一个国家是否犯下了国际罪行，"归还"一词也可能是有用的。如上文所述，国际统一私法协会在起草 1995 年《公约》的标题时，由于"退还"一词的含义不明确，且其含义在法语和英语中并不完全相同，因此决定在最后文本中不再提到"归还"和"退还"这两个词。⑤

---

① 从严格意义上说，"归还"是指未经国家同意或违反其出口法律而将文化财产移出其领土的行为；"退还"是指在这些法律颁布之前已将文化财产移出其领土的行为。

② 教科文组织政府间委员会编写的关于将文化财产归还原籍国或在非法占用情况下归还原籍国的准则。

③ 教科文组织政府间委员会准则（第 133 号）。

④ On the 'Elgin Marbles', see: David Gill and Christopher Chippindale, 'The Trade in Looted Antiquities and the Return of Cultural Property: A British Parliamentary Inquiry', International Journal of Cultural Property, vol 11, no 1(2002), pp 50-64. On the Benin bronzes and other African examples, see: Shyllon, The Recovery of Cultural Objects by African States(n 10). See also: Messenger(ed), The Ethics of Collecting Cultural Property: Whose Culture? Whose Property? at p. 17(n 70).

⑤ Prott, Commentary of the UNIDROIT Convention at p. 17(n 73).

一、潜在诉讼当事人所面临的问题

截至目前,国际公法中有大量的文件和实践,以联合国教科文组织颁布的公约和建议、联合国大会决议,以及其他区域和政府间协定的形式,管制文物的非法流动和归还。在武装冲突期间非法移走文化财产方面也有较早的国际习惯。[①] 然而,当一个国家或个人起诉归还据称被盗和非法出口给第三国的文物时,这肯定会涉及国际私法问题。普罗特(Prott)在记述《保护文化遗产法》中阐明了将国际私法与国际公法规则和原则相结合的文化遗产法的复杂性:"文化遗产法往往涉及许多法律领域,公共、私人、国家和国际领域,专精此项的律师往往倾向于回避这一问题。"[②]针对后面这一点的例子上文曾提及,即 1976 年,一位印度农民发现了湿婆舞王(Siva Nataraja)的青铜神像,并于 1982 年在伦敦出售。[③] 1984 年,当这尊神像随后被伦敦警察厅(Metropolitan Police)查封时,印度政府在高等法院起诉买家(保险杠开发公司),要求归还神像。这是一个并不常见的案例,它涉及艺术史(有关神像的鉴别)、在专家证人的帮助下对于外国法的分析、时效期限等一系列复杂问题。最重要的是,在印度法律中被视为法律实体的神庙是否可以在英国法律中得到同样定义。所涉论据的复杂性导致了文化财产的索赔人在外国法院面临的困难。

不幸的是,国际贸易和商业规则往往对文化遗产并不友好。正如普罗特(Prott)所指出的,涉及文物的关系通常不是基于所有权,而是建立在无形的基础上,比如,它们在考古和历史上对一个民族的重要性,而这些往往不被西方法律体系所承认。[④] 在领土外规则上(上文讨论过),这一点尤其正确,这些规则一般出现在国际公法(如国家惯例)和国际私法(如私人个体间的合同)相对明确问题之间的地带。奈顿(Knighton)和罗森塔尔(Rosenthal)指出,冲突经常发生在一个国家的公共政策与另一个国家创造的私人权利

---

① Wojciech A Kowalski, Art Treasures and War, A Study on the Restitution of Looted Cultural Property, Pursuant to Public International Law(Leicester: Institute of Art and Law, 1998).

② Prott, Problems in Private International Law at p. 224(n 27).

③ Bumper Development Corp Ltd v Commr of Police [1991] 4 All ER 638 [United Kingdom].

④ Prott, Problems in Private International Law(n 27).

和强加的私人责任之间。① 关于归还和退还被盗和/或非法出口的文化物品的国际私人诉讼还有一些其他具体规则,我们将在下文的案件中讨论,这些规则可能严重妨碍索赔的成功。鉴于它们的法律复杂性和此处文本的有限空间,这里仅简要介绍,后文将说明具体案件的影响效力。

二、物件所在地法规则

本规则规定,任何与该物件有关的诉讼,应以该物件所在地的法律或该物件在诉讼发起之时所在地的法律为依据。该规则在不同的司法管辖区有不同的解释,具体为:在法国适用诉讼地法律;在英国适用最后一笔交易的法律;美国法律更倾向于最后一笔交易时货物所在地的法律(而不是当事人所在地或合同完成时的法律)。就文化财产而言,这一规则具有潜在的危害性,因为"对该物品的占有是至关重要的,法律的作用应该是根据竞争价值的评估,而不是机械的规则来确定谁有权拥有该物品"。②

三、法律冲突和治外法权

这是一个几乎完全属于国际贸易和商业法范围内的问题,因此制定的规则往往不利于文化遗产的需要:它们主要涉及法院是否适用外国管辖的公法,通常是出口条例。一般来说,法院不会仅仅根据另一国的出口禁令审理案件,还需要物品被盗的证明(通常是根据文物立法证明国家所有权)。③

四、诉讼时效规则

关于追回艺术品或古物的案件是否应根据案件管辖地诉讼规定限制时

---

① Douglas E Rosenthal and William M Knighton, National Laws and International Commerce: The Problem of Extraterritoriality(London, Boston: Routledge & Kegan Paul, 1982)[Published for the Royal Institute of International Affairs]. However, Prott 'The International Movement of Cultural Objects' (n 60) notes that new rules have now emerged in areas such as family, administrative, and consumer protection law that are eroding this strict approach. For the impact of this on cultural heritage-related cases, see the Iran v Barakat case described below.

② Sandrock,《管理文化财产出口的外国法律》(第 54 号)。然而,他认为任何处理文化财产物品的特殊规则都将关于法律冲突的规则扩大到了无法控制的程度。

③ 在英国法院审理的新西兰总检察长诉奥尔蒂斯等人案(1982 年)中,这个问题体现出了重要性,该案涉及 1978 年在索斯比(伦敦)出售的一些毛利雕刻,新西兰政府声称这些雕刻是非法出口的。本案的一个中心论点是新西兰对文物出口的禁令是否可以在英国法院执行。

间,往往是有关文化财产案件的核心问题。这通常是由于犯罪(偷窃和/或非法出口)与原告知晓该物品下落的时间之间有相当大的延迟。这也是土耳其共和国诉大都会艺术博物馆案的中心问题。①

五、起诉权(诉讼资格)

法院诉讼方必须具有法律地位(诉讼资格)且为法院承认的法人(个人、国家或其他实体)。此外,当事人还需要与本案主体具备直接的实质性利益关系,但并不限于所有权。在下文的戈德堡案中,②北塞浦路斯土耳其共和国和塞浦路斯共和国的政府的诉讼地位都受到了检验。

六、国际诉讼典型案例

本节将回顾一些重要的案例,以说明这种方法的潜力和缺陷。之所以选择这些案件,因为它们既有强调的具体问题,也体现了判例法的演变,尤其是美国法院在案例法上的演变。作为全球领先的古典文物市场,美国是最受关注的。美国曾经的一两起案例为文物返还诉讼提供了重要的先例。③美国法律倾向于偏向原主,以事实为支持,因为货物的转让人必须拥有有效所有权,而盗贼无论如何都不拥有有效所有权。这与某些其他司法管辖区形成了鲜明对比,在这些司法管辖区,有效所有权立即转让至善意购买人。摩尔(Moore)表示,美国法院已经认识到艺术品市场的独特性,并将商业交易中的艺术品(或文物)视为一种独特的特征来"相应地修改法律标准"。④然而,使法院对案件事实满意的主要困难是案件涉及从前未登记的文物,且面临使案件变得复杂和成本高昂的其他法律障碍。潜在诉讼人可能面临的其他问题包括:文件缺乏(特别是非法挖掘文物的案件)和出处证明困难;《诉讼时效规则》规定了案件时限,特别是那些涉及物件已消失多年的案件;

---

① 土耳其共和国诉大都会艺术博物馆,载《联邦判例补编》第 762 卷第 44 页(1990 年)(驳回动议),案件于 1993 年 9 月 23 日在庭外协议中得到解决。有关此案的更多信息,参见 Lawrence Kaye and C T Main,《吕底亚贮藏文物的传奇:从乌沙克到纽约再回到纽约及对文化遣返法的一些相关观察》,载 Kathryn T Tubb 编辑的《文物贸易或背叛:法律、伦理和保护问题》(1995 年版),第 150—162 页。

② 塞浦路斯希腊东正教会和塞浦路斯共和国诉戈德堡和费尔德曼美术公司案(1989);美国第七巡回法院(第 89—2809 号)上诉维持原判;美国 App LEXIS 于 1990 年 11 月 21 日决定驳回复审请求。

③ Judith Church, Evolving US Case Law on Cultural Property, International Journal of Cultural Property, Vol. 2(1993), p. 47-72.

④ Moore, Enforcing Foreign Ownership Claims(n 26).

及在接收国法院执行他国出口条例的困难。①

美国诉霍林斯黑德案(1971 年)

这一相对较早的美国案件涉及一块玛雅文化的石碑(一块巨大的立石),这块石碑被非法从危地马拉的一处考古遗址移走,切割成碎片,运到美国,1969 年被出售给纽约布鲁克林博物馆。在博物馆的专家意见中,一名考古学家从危地马拉一个已确定的遗址上辨认出它就是"马查基拉 2 号"石碑,因为他本人于 1962 年拍摄并记录过这一遗址。这一无可辩驳的书面证据很容易地证明了,根据当时危地马拉的法律,这块石碑是被盗的。根据《国家被盗财产法》(NSPA),②美国法律将从州际贸易或对外贸易中接受、隐匿、储存、出售或处置持有人已知的被盗物品(价值 5000 美元以上)视为犯罪。因此,向布鲁克林博物馆出售该石碑的商人霍林斯黑德(Hollinshead)遭到起诉,并被判有罪。由于可以证明该物件被盗,且霍林斯黑德知晓这一事实,所以这是一件异常简单的案件。

美国诉麦克莱恩案(1977 年—1979 年)

这一案件涉及一些前哥伦比亚文明的文物,尽管这些文物毫无疑问来自墨西哥,但无法证明它们是在何时何地被首次发现的。被告在明确知晓:这些文物是在违反墨西哥法律的情况下非法挖掘的,墨西哥政府可能会声称拥有这些文物的所有权,以及这些文物从墨西哥非法出口的情况下,试图将它们出售给一名美国政府卧底而遭到起诉。麦克莱恩案件也被纳入《国家被盗财产法》,初审案件的法官裁定,《国家被盗财产法》可以适用于在墨西哥法律下宣布为国有的非法出口文物。本案的关键是:(1)根据《国家被盗财产法》,从墨西哥非法出口的文物(一个实行国家掌控文物所有权政策的国家)是否构成盗窃;(2)墨西哥当局是否有必要在文物被出口前将其纳

---

① See:Quentin Byrne-Sutton, A Confirmation of the Difficulty in Acquiring Good Title to Valuable Stolen Cultural Objects, International Journal of Cultural Property, Vol. 1(1992), p. 59-76; Peggy Gerstenblith, The Kanakaria Mosaics and United States Law—on the Restitution of Stolen and Illegally Exported Cultural Property, in Antiquities Trade and Betrayed—Legal, Ethical and Conservation Issues edited by Kathryn W Tubbs(London:Archetype Publications, 1995); and John Henry Merryman, The Nation and the Object, International Journal of Cultural Property, Vol . 3(1994), p. 61-76, respectively.

② 18 USC 2311-2315.

入国家所有,以确定其所有权。① 在处理非法挖掘的文物时,这一点显然至关重要,因为就这些文物的性质而言,它们在出口前都极不可能为国家当局所知。

在案件的上诉阶段,美国东方及原始艺术品交易商协会提出向法官顾问呈递说明,强烈反对对从墨西哥非法出口的物品进行默示处理,并根据1897年的墨西哥法律将这些文物视为失窃:从随后试图推翻麦克莱恩案裁决的尝试可见,该案对美国归还文化遗产至原籍国的影响非常大。② 梅里曼(Merryman)③对此表示担忧,认为美国最终可能会去应用他国法律,即使那些法律可能是不合理甚至具有"修辞"性质的。他认为盗窃和非法出口文物间的区别对艺术贸易至关重要,而麦克莱恩的裁决"可以说违反了国际私法的既定规则,即一个国家不执行另一个国家的刑法"。④ 为了支持这一观点,他指出,许多国家拥有保护所有权的法律,而这些国家都有数以千计未经勘探的遗址和文物,并没有得到充分保存或展示,因此,"扩大合法的国际艺术贸易更有可能促进对人类文化遗产的普遍兴趣"。⑤ 摩尔⑥提出了相反的观点,他认为,"执行保护伞法令是限制文物交易造成的考古数据持续破坏的最有效手段"。正如摩尔所指出的,该类法规在国家立法中对起诉在美国的非法出口商品购买者大有帮助。尽管此类法规的可执行性可能有限,但它们是保护制度中的必要要素,也对国际文物归还诉求提供了重要的法律基础。⑦ 特别是对一个无法有效管理其所有已知遗址的国家,在面临地点不明的文物掠夺和人手不足、报酬过低的海关时,这类法规尤为重要,针对这一点,梅里曼(Merryman)虽有所提及但得出的却是截然不同的结论。

当然,从未记录的遗址移走文物对其来源的证明造成困难。麦克莱恩案的核心是,控方需要证明这些文物确实来自那个对文物拥有绝对所有权

---

① Moore,Enforcing Foreign Ownership Claims(n 26).

② 其中一个例子是1985年通过的《麦克莱恩优先法案》,该法案旨在修正《国家被盗财产法》,以防止它在起诉某些涉及文化财产案件中被使用。

③ Merryman,The Nation and the Object(n 148).

④ Merryman,The Nation and the Object(n 148).

⑤ Merryman,The Nation and the Object(n 148).

⑥ Moore,Enforcing Foreign Ownership Claims(n 26).

⑦ 更多在法庭上执行他国的出口法规的困难,参见 Bator,An Essay on the International Trade in Art(n 1);Moore,Enforcing Foreign Ownership Claims(n 26);and O'Keefe and Prott,Law and the Cultural Heritage at p. 621-632(n 22).

的国家。① 这一讨论与其他有类似立法的国家（如土耳其和伊朗）试图收回被盗文物的做法有关。然而，就无记录的文物发现而言，如果在邻国也发现了类似的文物，就可能导致无法证明其来源地。② 因此，在艺术品市场国家实施的进口管制可能包含非法出口或被盗物品：正如麦克莱恩案所显示的那样，这种区别很难证明。除非某件文物已被记录为博物馆收藏或考古发掘的一部分，否则很难证明它被盗。巴托尔（Bator）认为，《国家被盗财产法》并不适用于以下情况的适当立法：在颁布保护伞法令后，被告非法出口文物，却无法证明文物是在何处、何时或如何被发现的。他认为在这种情况下，民事诉讼将更为合适，尽管在这种情况下，原告仍有必要证明非法出口发生在保护伞法令颁布之后。与刑事案件（如麦克莱恩案）相反，在民事案件中，如果合法所有人能够根据保护伞所有权法令证明其拥有有效所有权，那么即使是善意购买人在美国法庭上也很容易受到攻击。

秘鲁诉约翰逊案（1989 年）

秘鲁诉约翰逊案是对美国执行海外出口禁令的司法态度的另一个考验。③ 本案涉及美国海关从约翰逊手中查获的 89 件前哥伦布时代文物，秘鲁政府声称拥有这些文物的所有权。尽管对秘鲁在考古遗址被掠夺的困境表示相当同情，法院对确定这批文物来自秘鲁而非邻国玻利维亚或厄瓜多尔存在疑问。即使可以证明这一点，还必须证明秘鲁政府在文物被移走时就是文物的所有者，为了证明这一点，必须对秘鲁的立法和案件事实进行详细地审查。如麦克莱恩案所示，"秘鲁关于文物的法律的效力可以被合理地认为与出口限制差不多"，而且由于"出口限制构成了一个国家警察权力的行使"，因此它们"不创造国家的'所有权'"。④ 因此，秘鲁的诉讼被驳回，上诉法院于 1990 年确认了这项决定。这里的一个重要问题是，在涉及对一个国家或人民具有重要文化意义的文物时，秘鲁诉约翰逊案中法院所采用的所有权概念是否过于狭隘。秘鲁诉约翰逊案也很好地说明了在这种情况下

---

① Bator, An Essay on the International Trade in Art（n 1）调查了麦克莱恩案裁决对归还从一个拥有全面立法的国家非法出口文物的民事诉讼的影响。

② 相关案例见后文秘鲁诉约翰逊案（1986 年）。

③ Government of Peru v Benjamin Johnson et al, 720 F Supp 810（US Dist Cal 1989）; decision affirmed by the Court of Appeals in unreported decision at 1992 US App LEXIS at 10385.

④ Government of Peru v Benjamin Johnson et al, 720 F Supp 810（US Dist Cal 1989）; decision affirmed by the Court of Appeals in unreported decision at 1992 US App LEXIS at 10385.

举证的困难,以及执行外国出口禁令的困难,因为对秘鲁有关立法的详细审查并没有找到可以证明非法出口的充分证据。

希腊东正教诉戈德堡案①(1989 年)

公元 6 世纪,塞浦路斯北部卡纳卡里亚的一座教堂后殿的一幅镶嵌画,在 1976 年②至 1979 年间被洗劫,当时有人向塞浦路斯共和国当局报告了这一情况。这些镶嵌画在 1988 年被从慕尼黑(从塞浦路斯走私到那里)运到日内瓦机场,它们没有通过瑞士海关,留在了机场的自由港。1988 年,美国艺术品商人佩格·戈德堡(Peg Goldberg)以 108 万美元的价格买下了这些镶嵌画。同年,塞浦路斯希腊东正教会和塞浦路斯共和国政府在印第安纳波利斯地区法院提出诉讼,要求归还这些镶嵌画。

由于出售这些镶嵌画的协议是在日内瓦机场自由港区域内达成的,这导致地区法院就是否将瑞士法律或印第安纳州法律的实质性规则适用于本案展开辩论。如果法院选择将瑞士法律适用于本案,是基于瑞士是该文物在转让时所处的地点,须适用"物件所在地规则"(见上文)。选择印第安纳州法律是基于印第安纳州与本案"关系最为密切",因为这些镶嵌画实际上从未通过瑞士海关。因此法院裁定瑞士法律与此案"无重要关联",而印第安纳法律与此案"有更密切、更重要的关联"。瑞士法律可能更倾向于将戈德堡视为这些镶嵌画的善意购买人,但法院在本案中作出的有利于原告的裁决(基于印第安纳州法律)是毫不妥协的,正如诺兰法官(Judge Noland)在案件摘要中所述:

盗贼无权拥有被盗物品的所有权。因此,窃贼无法将被盗物品的所有权转让给后续买家。因为这些镶嵌画是从塞浦路斯教会这一合法拥有者处偷走的,所以戈德堡从未拥有过这些镶嵌画的所有权。

关于诉讼是否已逾时限也是本案的一个重要问题:根据印第安纳州的法律,一个案件的诉讼时效为诉讼原因产生之日起 6 年内。戈德堡认为诉讼时效开始的时间应为 1979 年(当塞浦路斯共和国政府第一次知晓文物被盗窃时),但原告认为应该从 1988 年算起,因为那是在文物失窃后他们第一次知道这些镶嵌画的下落。对这一问题的裁决有利于原告,并且根据发现规

---

① Autocephalos Greek Orthodox Church v Goldberg(1989)(n 145).

② 1974 年土耳其人登陆并随后占领该岛北部后,教会最终被牧师疏散。

则允许案件进行,根据这一规则,诉讼时效从损失被发现或本应被发现的时刻开始,因为在此之前,原告不可能知道诉讼理由。而北塞浦路斯土耳其共和国(TRNC)企图作为原告介入这些镶嵌画的追回则引出了另一问题,即潜在当事方的法律地位(诉讼资格)问题。北塞浦路斯土耳其共和国在 1989 年 5 月提出的干预议案没有得到美国政府的承认。随后,其试图提交的一份法庭之友简报也遭到否决。但塞浦路斯共和国政府的法律地位也得到了考虑,考虑到这些镶嵌画是"塞浦路斯文化、宗教和艺术遗产"的一部分,塞浦路斯共和国被接受为对其具有"公认和法律认可的利益"。① 伯恩·萨顿② 在本案中指出"外国政府在声称对非法出口或被盗的文化财产的法律地位时,长期以来就存在问题,因为他们的申诉是站在本国的法律上的",然而地方法院毫无困难地承认了塞浦路斯共和国根据本国法律主张其对文化财产的地位。

因此,在处理适用法律选择问题和适用诉讼时效规则时,戈德堡案的裁决对原告要求归还被盗物品有利。这一点以及对外国政府法律地位的承认,为土耳其政府就归还吕底亚宝藏提起民事诉讼(见下文)提供了一个有利的先例。值得注意的是,一位艺术专家③呼吁戈德伯格案中的原告使用法律手段来追回被盗或非法挖掘的文物,他说:"这与当今艺术界发生的事情是一致的,目标是在目的地扼杀交易。"布洛亚尼斯(Bourloyannis)和莫里斯(Morris)④认为戈德堡案的裁决更重要的意义是"为外国政府追回被盗财产提供了有效的司法救济"。

土耳其共和国诉大都会博物馆案(1987 年—1990 年)

本案⑤涉及超过 360 件吕底亚文化的古典希腊文物,其中大部分是金银珠宝、器皿以及壁画,土耳其政府声称这些文物是 20 世纪 60 年代在土耳其

---

① 这里的问题不是承认塞浦路斯政府,而是承认塞浦路斯政府与本案的利益关系能否足以使其在本案中拥有法律地位。

② Byrne-Sutton, A Confirmation of the Difficulty in Acquiring Good Title(n 148).

③ Dr Gary Vikan in Republic of Turkey v Metropolitan Museum of Art, case citation at n 144, at p. 1389.

④ M-Christiane Bourloyannis and Virginia Morris, Cultural Property—Recovery of Stolen Art Works—Choice of Law—Recognition of Governments, American Journal of International Law, Vol. 86(1992), p. 128.

⑤ Republic of Turkey v Metropolitan Museum of Art, 762 F Supp 44(SDNY 1990)(denying motion to dismiss); case settled in an out of court agreement on 23 September 1993. For more on this case, see Kaye and Main, The Saga of the Lydian Hoard Antiquities(n 144).

西南部的乌沙克地区被非法挖掘的,并于 1966 年非法走私出国。大都会博物馆买下了这批文物,并将部分藏品在 1970 年和 1975 年的展览中展出。1984 年,55 件藏品出现在博物馆夏季展出目录中。从目录中确定了这些文物后,土耳其驻华盛顿大使于 1986 年正式要求大都会博物馆归还这些文物,这一要求遭到了拒绝。1987 年 5 月,土耳其政府向纽约地方法院起诉大都会博物馆,声称"原告是这些文物的合法所有人,有权立即收回吕底亚古物"。据称,大都会博物馆在购买这些物品时是不诚实的,博物馆通过各种隐藏行为掩盖了这些物品的非法来源。根据 1966 年生效的《土耳其文物法》的规定,未经授权挖掘文物及将文物出口到美国都违反了土耳其法律。[①]该法律还规定了土耳其政府对在土耳其境内发现的所有文物拥有全部所有权。1987 年,土耳其政府律师要求大都会博物馆返还这些土耳其文物,上述法规构成了这一行动的基础。

在本案中,根据纽约地方法院规则,要求收回动产的诉讼应在诉讼发生之日起 3 年内提出。辩方的论点基于土耳其政府在 1973 年就已获得足够的信息可要求归还吕底亚宝藏,但却未采取任何行动。因此,他们认为这起诉讼是从 1973 年开始的,根据三年规则,到 1988 年该案已逾期。[②] 值得注意的是,布罗德里克法官(Judge Broderick)裁定,被告提出的不必要延迟的主张并不构成基于诉讼时效规则的抗辩。[③] 大都会博物馆在收购这些文物时,是否是善意购买人,这一问题也遭到质疑。辩方提出动议,对原告声称其恶意购买这些文物的说法提出质疑。布罗德里克法官驳回了这一动议,因为关于被告是否是善意购买人的质疑是"存在实质性事实的真正问题"。这一点很有趣,因为鉴于大都会博物馆是美国的一个主要文化机构,其本应在收购政策中采用最高标准。

如果案件继续审理,作出有利于土耳其共和国的裁决是一个相当可能的结果。这样的决定将进一步加强戈德堡案对美国类似案件的影响。这一点尤为正确,因为吕底亚文物在 20 世纪 60 年代遭非法挖掘被盗,而这些物

---

① 1906 年《土耳其文物法》。现行法律中也包括类似条款。For more on this, see: Janet Blake, 'Turkey' (n 25).

② S Bibas, 'The Case against Statutes of Limitations for Stolen Art', International Journal of Cultural Property, Vol. 5 (1996) : p. 73-110.

③ 所罗门·古根海姆基金会诉卢贝尔案 567 NYS 2d 623(1991)[美国]的裁决。在这个案件中,上诉法院推翻了下级法院关于该案因已逾期而被撤销的决定。这一决定的关键在于基金会是否足够努力找回被盗财产,以防止案件被逾期撤销。

品在从土耳其非法出口之前从未被土耳其当局归为所有。另外,特别重要的是,本案被告是一个享有盛誉的美国博物馆,拥有大量文物藏品,毫无疑问,其中一些文物的出处同样可疑。① 在这种情况下,对大都会博物馆不利的裁决可能对美国所有拥有重要文物收藏的博物馆(甚至是美国以外的国家)来说都是一个潜在危险的先例,因为这将鼓励其他国家通过诉讼要求博物馆归还那些他们认为是从本国被盗的文物。这些问题对大都会博物馆受托人的行动产生了重大影响,其于 1992 年 12 月与土耳其政府官员就达成庭外和解进行谈判。1993 年 9 月 23 日,土耳其政府和大都会博物馆终于签署了一项协议,博物馆将这些文物归还土耳其。达成的和解还包括有关专业知识交流和未来贷款安排下的托收的条款。1993 年 10 月 22 日,协议下的所有文物均抵达安卡拉,其中包括六箱壁画、金银珠宝和其他文物。为了这一案件的成功,土耳其当局进行了为期六年的法庭斗争,耗费成本巨大,但显然成为了随后归还其他非法的土耳其文物(主要来自美国)且无需诉讼的催化剂。②

土耳其诉 OKS Partners 案(1989 年)

一组 2000 多枚公元前 5 世纪的希腊银币,1984 年在埃尔马勒(安塔利亚附近)被非法挖掘并非法出口到德国。③ 同年,1700 多枚银币(大部分收藏)以 270 万美元的价格卖给了美国一家名为 OKS Partners 交易商。1989 年,土耳其向马萨诸塞州地方法院提起诉讼,要求 OKS Partners 归还银币,但请求被驳回。④ 土耳其方声称,将这些银币从国内非法运出的并非 OKS Partners,但是被告在购买时知晓这些银币的非法性质。

被告最初通过四项动议驳回了该案,包括:土耳其没有必要的所有权权益来维护其主张;根据马萨诸塞州诉讼时效规则,该案已失去时效。在 1994

---

① 任何这样在很长一段时间内收集了大量藏品的大型博物馆,都是如此。

② For more on this, see: Blake, Turkey(n 25).

③ Republic of Turkey v OKS Partners, 797 F Supp 64(D Mass 1992)(denying motion to dismiss), discovery motion granted in part and denied in part, 146 FRD 24(D Mass 1993), summary judgment denied, No 89-CV-2061, 1994 US Dist LEXIS 17032(D Mass June 1994), summary judgment on different claims denied, No 89-CV-3061-RGS, 1998 US Dist LEXIS 23526(D Mass Jan 23, 1998). The case was settled in 1999. Case described in Acar and Kaylan, 'The Turkish Connexion' at p. 130-137(n 14).

④ J Eyster, United States v Pre-Columbian Artifacts and the Republic of Guatemala: Expansion of the National Stolen Property Act in its Application to Illegally Exported Cultural Property, International Journal of Cultural Property, Vol. 5, No. 1(1996), p. 185-192 at p. 186.

年 6 月 8 日决定的第三次案件审理中,被告以原告的诉讼请求违背诉讼时效规则为理由,请求即决审判。在对这一点作出裁决时,依据"发现规则",土耳其只需证明其是在知晓(或理应知晓)被告拥有这些银币的 3 年内提出诉讼。尽管法官承认,被告获得和展示这些银币的宣传"强烈表明,一个勤勉的政府理应知道被告拥有这些银币",但这不足以依据诉讼时效规则作出即决审判。被告将即决审判的问题转移到土耳其是否对这些银币有充分的所有权权益,以使其在本案中拥有起诉的资格。他们认为,1983 年《古物法》将1906 年和 1973 年版本中"国家所有权"一词的含义改为利益关系较小的"国有财产"。土耳其专家证实,1983 年法案中措辞的变化并不意味着含义上的任何改变,同时法官承认,根据土耳其古物法,自文物被发现的那一刻起,土耳其无条件对其拥有所有权。① 在此基础上,法官裁定,根据土耳其对文物的立即占有权,其对这些银币拥有充分的所有权权益,以维护其申诉所载的所有主张。因此,在这两个方面,被告人即决判决动议均被驳回。

伊朗诉沃尔夫卡里乌斯案(1981 年—2011 年)②

1965 年,沃尔夫卡里乌斯夫人(Mme Wolfcarius)在没有出口许可证的情况下从伊朗出口了一些伊朗文物,她是伊朗已故国王的私人医生马利基博士(Dr Maleki)的遗孀。或是从当地商人处购买,或是她自己组织的挖掘,沃尔夫卡里乌斯夫人从胡尔文墓中获得了 349 件陶器和一件青铜制品(追溯公元前 1300 年至公元前 800 年)。这些文物在没有有效出口证书的情况下被运出伊朗,违反了当时盛行的古物法。③ 一个复杂的因素是,因为它们被移走时被放在一位享有豁免权的比利时外交官的行李中,所以并没有受到海关检查。1981 年 11 月,在 1979 年伊斯兰革命后,沃尔夫卡里乌斯夫人设法从根特大学博物馆取回在 1971 年存放在那里的这些文物,因为她担心伊朗新政府会企图取回它们。在与比利时政府进行了两年的谈判后(他们认为该案与 1965 年比利时外交官的行为有牵连),伊朗政府于 1982 年 7 月在比利时采取行动,要求归还这些需要被政府没收的禁运品。值得注意的是,

---

① 根据 1983 年土耳其第 2863 号文化和自然财产保护法第 5 条(2009 年修订),考古发现必须提交土耳其文化部或国家博物馆,以供可能的购买;未报告的物品属于国家财产,发现这些物品的人因为将其交给有关当局,应负刑事责任。

② 布鲁塞尔一审法院案件报告,R. G. o. 114.084。

③ 1930 年 11 月 3 日法律,第 36 条。

伊朗政府当时并没有要求获得这些藏品的所有权,只是简单地要求将其归还伊朗。这两起案件被同时审理。

1982 年 8 月 4 日,本案法官同时驳回了伊朗伊斯兰共和国提出的归还文物的要求和沃尔夫卡里乌斯夫人提出的将文物归还给她的要求。1989 年,沃尔夫卡里乌斯夫人对这一决定提出上诉。1991 年,伊朗方提出上诉,在要求将这些文物再出口到伊朗的同时,首次提出了对这些收藏品的所有权要求。在 2004 年的一次案件听证会上,①沃尔夫卡里乌斯夫人的女儿兼继承人杜特雷瓦夫人(Mme Dutreix)特别要求法院驳回伊朗作为文物所有人的主张,及将其再出口到伊朗的要求。她还试图以诉讼时效为由禁止伊朗的要求,因为这些文物是在 1950 年—1954 年间获得的。② 关于伊朗提出的所有权主张,法院指出此前的案件仅限于要求文物的重新出口(即归还),因此它不能就这个问题作出裁决。该案的最终裁决在 2011 年,③法院裁定,比利时国际私法阻止了伊朗对这些文物再出口要求,因为它基于伊朗的出口法,即一项公共和刑事法规。④ 法院还通过审查伊朗相关法律处理了文物的所有权问题,依据物品所在国法律原则,该国的法律和(或)所援引的事实是作为获得文物的依据。法院详细审查了伊朗 1930 年 11 月 3 日的《古物法》,认为它是当时适用的法律:在此基础上,法院考虑了沃尔夫卡里乌斯夫人获得这些收藏品的事实。她被证明是在拥有必要的挖掘许可下行动的,告知了伊朗当局从胡尔文墓中获得其他文物,真诚地向有关当局展示了她在胡尔文墓中发现的一些物品,因此伊朗当局没有理由扣押任何其他的物品。鉴于上述事实,法院不认为她不遵守出口条例是将这些物品送回伊朗的正当理由。⑤ 此外,伊朗适用的法律规定制裁是没收这些物品,因此不构成这些物品再出口到伊朗的依据。由于沃尔夫卡里乌斯夫人对这些文物的所有权是毫无疑问的,这些藏品并没有成为伊朗文化遗产的一部分。

伊朗案的最后一个要点是要求国际合作保护非法获得和出口的文化遗

---

①　法院决定同时审理这两起案件。

②　这将禁止以所有权为基础的案件,因为根据《比利时民法典》第 2262 条规定的 30 年时间期限,该案件需要在 1984 年之前提起诉讼。伊朗反诉说,在 1982 年提起诉讼时,时间限制的禁制会被中断,但由于这只是要求归还文物,而不是要求所有权(1991 年要求),因此法院裁定,它对禁制没有实质性影响。

③　Cour d'Appel de Bruxelles,4eme Chambre—R. G. No. 2002/AR/1993 of 20 April 2011.

④　根据域外原则。

⑤　作为对这一点的补充支持,法院指出,根据伊朗法律,案件的适用规则的时效(关于出口)为 15 年,因此,该规则在 1979 年(即 1982 年提起的案件之前)生效。

产,因为这些藏品是在一名比利时外交官的财产中从伊朗移走的。伊朗辩称,这违反了外交豁免权。但是,法院不认为国际合作的需要应以滥用外交豁免规则为由将文物归还伊朗。关于现有国际法,法院指出,1970年联合国教科文组织公约不能直接适用于缔约国的国内法(比利时直到2009年才成为缔约国);1995年《国际统一私法协会公约》同样不适用,因为当时比利时也不是会员国。

伊朗诉巴拉卡特画廊案(2006年—2008年)①

本案中,伊朗伊斯兰共和国政府起诉总部位于伦敦的巴拉卡特画廊,要求其归还公元前3000年至2000年间的一批文物(18个雕刻罐、碗和杯),据称这些文物是在伊朗东南部的基洛夫特地区(Jiroft)秘密挖掘出来的,并于2000年至2004年间被非法出口。该案件具有重要意义,是因为上诉法院推翻了初审法院在2007年作出的驳回该起诉的判决(理由是伊朗没有根据伊朗法律确定其对这些藏品的所有权)。伊朗政府最初要求归还这些物品,声称这些物品最近在伊朗的基洛夫特地区被非法挖掘,并于2007年提出诉讼,因为这些文物是在违反国家所有权法的情况下被偷走的,国家所有权法赋予了国家对所有文物的所有权。伦敦高等法院驳回了这一要求,理由是伊朗没有根据伊朗法律确定其对基洛夫特收藏品的所有权,因此也没有权利起诉其失窃。上诉法院在2007年底接受了上诉,认为伊朗相关立法已足够明确地赋予了国家文物所有权,伊朗也对这些文物拥有占有权。2008年,上议院驳回了巴拉卡特画廊向上诉法院提出上诉的申请。

本案中涉及的某些具体问题值得注意。首先,法院接受了伊朗法律是针对获取和转让古物所有权问题的适用法律(根据物所在地法);就审判目的而言,这些文物来源于伊朗也被认为是正确的。正如我们所看到的,这一点很重要,因为证明出处往往会成为外国法庭上原告国的绊脚石。巴拉卡特画廊声称,它是在拍卖会或从英国、法国、德国、瑞士的其他交易商那里购买的这些文物,这些司法管辖区赋予了它有效的所有权。② 在这方面,将伊

---

① Government of the Islamic Republic of Iran v Barakat Galleries Ltd [2009] QB 22;[2007] EWCA Civ 1374. This case is described in detail by:Alessandro Chechi,Raphael Contel,and Marc-André Renold, Case Jiroft Collection—Iran v. The Barakat Galleries Ltd. ,Platform ArThemis,Art-Law Centre,University of Geneva,accessed 30 September 2014,http://unige. ch/art-adr.

② Government of the Islamic Republic of Iran v The Barakat Galleries Ltd [2007] EWCA Civ 1374, para 54.

朗法律适用于此案的决定至关重要。一旦伊朗法律被选定用于审理此案，伊朗就必须证明它已经根据伊朗法律获得了这些文物的所有权以及是如何获得所有权的。如果他们能在这一点上使法院满意，他们就能说服法院承认并（或）执行该所有权。下一个问题就要追溯到领土外的问题，以及英国法院传统上不愿意受理基于外国刑法、税收或其他公法的法律诉讼（如奥尔蒂斯案）。

这一上诉法院的裁决对英国法院来说是一个里程碑式的裁决，因为法院确认不应以领土外原则为由排除伊朗的申诉。[①] 此外，法院还表示，允许一个国家提出收回其民族遗产的诉求，是可以被视为符合公共政策的。[②] 因此，法院强调，英国的公共政策承认外国对其文化遗产的所有权主张。这一点很重要，因为当文物来源国发现本国文物在英国市场上售卖时，它为来源国向英国法院以违反国内遗产法提出法律诉讼确立了明确的先例。正如切（Chechi）和他的同事们指出的，"本案的核心法律问题是对外国遗产法律的承认"，而英国法院在此案中采取的立场对其他可能提出诉讼的国家来说是乐观的。此外，法院采取的另一个非常重要的立场是，它对法定解释采取的方法明确优先于关于古物的解释："法令应作出有目的的解释，有关古物的特别规定应优先于一般规定。"[③]这一裁决使英国法院的立场更接近于美国法院，美国法院承认外国对秘密挖掘的文化材料的所有权，即使这些文物从未被国家拥有。

七、诉讼效力评估

土耳其诉大都会博物馆案的结果体现了诉讼的潜在威慑价值，各大博物馆都非常不希望设立先例，因为会削弱它们对有争议文物的主张。正如博伊兰（Boylan）在谈到受争议的"塞夫索窖藏"（一些罗马银器）时指出的：

似乎很难想象，那些对博物馆金融资产负有最终法律责任的人，竟然愿

---

① 迄今为止，域外原则一直阻止英国国内法院受理基于外国刑法、税收或其他公法的法律诉讼。Government of the Islamic Republic of Iran v The Barakat Galleries Ltd［2007］EWHC 705 QB，paras 98 ff.

② It stated at Government of the Islamic Republic of Iran v The Barakat Galleries Ltd［2007］EWHC 705 QB，paras 154-155"有积极的政策原因表明为什么一个国家要求收回构成其国家遗产的文物的申诉……不能被拒绝……相反地……这种申诉被拒绝肯定违反了公共政策……国际社会承认各国应该互相帮助，以防止非法运走文物（包括古物）"。

③ Government of the Islamic Republic of Iran v The Barakat Galleries Ltd［2007］EWCA Civ 1374，para 54.

意冒着数百万信托基金的风险,去购买来历不明的文物……如果有人一时冲动的话,看到纽约大都会博物馆在经历了十多年不断对其挖掘和出口文物的合法性的打击后,为了将吕底亚(原文如此)黄金归还土耳其,清空了用于存放的陈列室和储藏室,应该足以坚定他们的道德决心。①

土耳其和其他文物来源国愿意提起这类诉讼,无疑给市场、无论是买方还是经销商带来了压力,也是提高文物走私问题关注度的一个重要因素。如前文所述,文物走私的情况意味着必须对目的地市场施加压力。国际诉讼是施压的一种方式。有很多例子可以证明国际诉讼的影响力,2011 年,波士顿美术博物馆将其于 1982 年购得的赫拉克勒斯雕像上半部分归还土耳其;现在,这尊半身像在安塔利亚博物馆(Antalya Museum)与它的下半部分重新会合。② 一枚可追溯到公元 161 年—169 年的历史悠久的罗马戒指,据称是从土耳其以弗所(Ephesus)的一个考古挖掘中带走的,非法进口到英国后,在被带到德比博物馆(Derby Museum)估值时被英国皇家税务与海关总署查封,该戒指被归还土耳其。③ 大型拍卖行也面临着类似的压力,这些压力强化了专业行为守则条款,即要求它们在接受拍卖前确定物品的出处。④ 1993 年 12 月,纽约苏富比拍卖行(Sothebys)在土耳其声称一座公元前 500 年前后的库罗斯希腊雕像的躯干被盗走后,撤回对该文物的出售,就是对这一态度很好的例证。

然而,这类案件⑤的费用高得令人望而却步,这意味着它们只能是文物来源国更广泛战略的一部分。然而,将这类案件诉诸法庭的巨额费用并不是任何希望通过此种方法寻求文物归还的政府所面临的唯一障碍。此外,诉讼国家(或个人)面临着许多法律障碍,包括文物出处难以证明,很多国家

---

① Patrick Boylan, Treasure Trove with Strings Attached, The Independent, 9 November 1993.

② 'Weary Herakles Bust to be Returned by US to Turkey', The Times, 22 July 2011.

③ Roman ring handed back to Turkey, VOANews, 22 May 2007. See, more generally: Norman E Palmer, Sending Them Home: Some Observations on the Relocation of Cultural Objects from UK Museum Collections, Art, Antiquity and Law, Vol. 5 (2000), p. 343-354. 这个案例也表明,博物馆是按照其道德规范行事的。

④ O'Keefe, Feasibility Study of an International Code of Ethics for Dealers in Cultural Property (n 40).

⑤ 例如,1995 年,土耳其古物部执行土耳其官方挖掘工作的年度预算为 200 亿土耳其里拉(约 60 万马克),而土耳其诉大都会博物馆一案就耗资数百万美元。

都面临这一问题(如希腊、罗马和有哥伦比亚文明的国家)。① 这些困难说明了似乎不诉诸法律的方法往往更有效,因为避免对抗局势的好处是毋庸置疑的。② 然而,这两种方法不能被视为完全独立的,因为被起诉的威胁可能是迫使收藏家和博物馆归还来历不明物品的必要因素。博物馆机构和私人收藏家自愿归还被盗和非法出口的文物是营造一般安排贷款协定环境的重要因素,有助于文物和其他文化材料的合法流动。这种解决方式可能为寻求归还被盗文物的政府以及经常持有这些物品的机构指明了未来的道路。它允许达成和解以避免耗时过长、成本巨大的民事诉讼(发展中国家可能会禁止),也为有关机构提供了一种保全面子的办法,不会因为有关的贷款安排而完全剥夺有关的收藏(或类似的物件)。与此同时,由于担心贷款无法归还、担保问题、复杂的保险安排等原因,各大收藏机构也会谨慎地避免签订过多的此类协议。因此,文化遗产贷款领域需要更好地发展,并为此建立一个达成共识的国际框架。③

各国政府之间的外交合作也可以有效地确保在不诉诸法律的情况下收回物品。格林菲尔德(Greenfield)④给出了几个例子,有很多是和博物馆有关的,比如,1973 年,美国将科姆木雕(Afo-A-Kom,对科姆人具有重要文化意义)归还喀麦隆;1987 年,柏林沃德拉亚蒂希博物馆将 7000 多块楔形石碑归还土耳其,这些石碑被放置在地下室长达 70 年之久,是公元前 1700 年—1200 年赫梯帝国的历史记录;1982 年,一位瑞士私人收藏家将从以弗所博物馆盗窃的一个希腊风格青铜壶归还土耳其;1982 年,英国将大约公元前 2000 年的"非洲总督"(proconsul africanus)头骨归还肯尼亚。近期,土耳其文化

① 纽约陪审团决定驳回匈牙利和克罗地亚对"塞维索宝藏"的指控,该宝藏由北安普顿勋爵购买,包括 14 件晚期罗马时代的银器。在这种情况下,一个国家可能很难证明非法挖掘的物品源自其领土;黎巴嫩最初也是索赔人。经过长时间的谈判,2014 年 3 月,7 件晚期罗马时代的银器和一个铜坩埚最终被返还匈牙利。For more on this case, see:Boylan,Treasure trove with strings attached (n 188).

② Coggins, A Licit International Trade in Ancient Art at p. 73(n 28). See also:Guido Carducci,The Peaceful Settlement of Disputes and Cultural Property, ICOM News, 'Mediation', Vol. 59, No. 3(2006), p. 8;and Isabelle Fellrath Gazzini,Cultural Property Disputes:the Role of Arbitration in Resolving Non-contractual Disputes(New York:Transnational Publishers,2004).

③ For more on this important question,see:Norman Palmer,Art Loans(London:Kluwer Law International and International Bar Association,1997). 2014 年 4 月,国际法协会文化遗产委员会在华盛顿通过了一项关于因文化、教育或科学目的暂时在国外的文化物品不受起诉和扣押的公约草案,其部分目的在于鼓励一种允许临时借记的环境。

④ Greenfield,The Return of Cultural Treasures(n 31).

和旅游部长表示,自 2002 年来的十年间,有超过 4000 件文物从世界各地的博物馆及藏品中归还土耳其。① 1995 年《国际统一法协会公约》中将仲裁作为一种解决国家间文化财产争端的选择,它是一种可能富有成果的非对抗性方法。尽管缺乏环境条约中类似条款的细节,但这是一种"文明的争端解决方法",②且具有许多优势。③ 首先,仲裁机构不同于国内法院,它不隶属于任何具体的国家或管辖。其次,任命仲裁人的方法可以允许在一个相当复杂且鲜为人知的法律领域选择专家。最后,仲裁程序的设计通常是为了速度和申请的便捷(不同于法院程序),且与在外国法院进行私人诉讼相比,仲裁程序的成本要低得多。鉴于仲裁需要当事各方的同意,它在执行其具有约束力的裁决方面遇到问题的可能性也比在外国法院要小。认识到仲裁作为解决文化财产争端方法具有的潜在价值,教科文组织大会在政府间委员会的任务范围内增加了仲裁和调解,以促进文化财产归还其原籍国,或在非法挪用的情况下归还文化财产(修订章程第 4 条)。④ 但也应注意,仲裁和调解程序的结果对有关会员国不具约束力。

综上所述,我们应该记住,古物市场是英国等市场国家的重要收入来源,这些国家拥有大型拍卖行和所有与古董市场共同运作的辅助服务。⑤ 尽管市场已接受了不应交易已知非法文物这一原则,⑥但交易商和拍卖行仍做好了交易来历不明甚至可疑物品的准备。拍卖行收购和出售文物及艺术品的保密性,对这一领域道德规范的执行来说,是一个真正的问题。拍卖行和博物馆机构披露出售和收购古物的必要性,无疑是形成更透明、更规范市场的一个重要议题。⑦ 即便是大型拍卖行,对待售物品的来源保密也存在潜在的危险。1997 年,苏富比在意大利办事处的工作人员涉嫌进行非法交易,就

---

① Dorian Jones, Turkey lobbies museums around world to return artefacts, VOANews, 3 September 2012. 他援引土耳其一家知名考古杂志编辑巴斯格伦(Nezih Basgelen)的话说,"我们有一些列表……包括德国、英国、美国、法国,或许还有奥地利。有千余件文物,有些陶瓷材料……有些是硬币。许多是大理石制品、大物件——石棺和大雕像……"

② Shyllon, The Recovery of Cultural Objects by African States(n 10). 统一法协会公约中相关条款是第 8(2)条。

③ Set out in E Sidorsky, The 1995 UNIDROIT Convention on Stolen and Illegally Exported Cultural Objects: The Role of International Arbitration, International Journal of Cultural Property, Vol. 5 (1996): p. 19-35 at p. 33-34.

④ 33 C/Resolution 44 adopted at its 33rd session(Paris, October 2005).

⑤ O'Keefe and Prott, Law and the Cultural Heritage at p. 539-547(n 22)

⑥ O'Keefe, Feasibility Study of an International Code of Ethics for Dealers in Cultural Property(n 40).

⑦ Coggins, A Licit International Trade in Ancient Art at p. 70-73(n 28).

很好地说明了这一问题。[①]

　　然而，土耳其和其他国家迫使被盗文物的机构和私人买家面临归还诉讼的行动，具有重大意义，因为它有利于创造一个市场与市场国家愿意考虑与文物来源国加强合作以控制这一问题的环境。在这类重大民事诉讼之后出现的 1995 年《国际统一私法协会公约》，是这一政策转变的证据。它标志着人们认识到有必要为归还被盗和非法出口的文物制定一个切实可行的框架，包括通过诉讼手段。1985 年至 1995 年的十年是一个重要的十年，因为某些来源国准备起诉要求归还被盗文物，并且土耳其在戈德堡诉大都会和塞浦路斯共和国取得成功。这是迫使私人、机构买家及经销商重新考虑有关购买和保留非法文物政策的必要阶段。然而，在大多数情况下，要求归还文物的国际诉讼本身并不是一个实际的解决办法，它只适用于少数知名度高的案件。它本身并不是目的，而是推动争论向前发展的重要催化剂。为了利用这一点，现在市场和来源国有责任考虑如何在这一复杂领域竞争利益间找到平衡。

---

① 　Jonathan Moyes, Art dealers fght to save tarnished image, Te Independent, 7 February 1997.

第三章
水下文化遗产

第一节　什么是水下文化遗产？

　　本章的重点聚焦于水下考古遗址和全部或部分位于海底的其他遗迹。在具有开创性的 1978 年欧洲委员会水下文化遗产报告（"罗珀报告"）中，布莱克曼（Blackman）[1]给出了"水下文化遗产"最广泛的定义，包括全部位于湖泊、河流和其他内陆水域的以及只有部分淹没在水中的遗产（在潮汐水域）。当然，在文化遗产保护研究中，有强烈主张认为应该把所有位于水下的遗产和元素归入水下文化遗产（UCH），因为有些遗址可能同时位于内陆水域和领海（如河口）。此外，在苏格兰湖或北非海岸附近的港口工程中挖掘克兰诺格遗址确实存在一些常见的环境问题，这似乎意味着有必要在同一个法律文本下处理所有水下遗址。然而，将所处环境相同的所有水下地点共同对待，这种观点与其说是一种法律判断，更是一种科学判断。

　　由于这本书主要涉及文化遗产的法律保护，有必要将海洋文化遗产与内陆水域文化遗产区分开来，因为管辖海洋文化遗产的法律非常具体，而内陆水域文化遗产与其他陆地上发现的遗址和文物共属同一保护制度。单纯从法律角度看，内陆水域场址（领海基线向陆地的场址）的制度应该与包括领海场址在内的所有海洋场址分开，因为只有领海基线面向大海的场址才受到海事规则的影响，如海难救助法，对文化遗产的保护具有重要作用。就本书而言，所讨论的水下文化遗产是指位于领海及其边界海洋的遗产，以便详细研究海洋区域特有的问题。选择这样一个定义有两个好处：它提供了一条明确且客观的分界线；只包括那些全部或部分位于海床和底土之上或

---

[1]　David J Blackman, Archaeological aspects, in report for the Parliamentary Assembly of the Council of Europe, The Underwater Cultural Heritage（Strasbourg, 1978）Doc 4200 at 29-44.

之下的场址和物体,这使得人们能够更有效地关注在这些物品保护方面的特殊法律问题。这些特殊问题包括海难救助法、管辖权问题和所有权问题。对这一遗产的威胁包括施工活动(港口疏浚、土地复垦、港口开发)和在深水域中进行的活动(铺设管道、深海采矿和油气勘探)。① 海洋污染也日益引起人们对水下遗产和渔业的关注,特别是拖网捕鱼,对水下文化遗产构成了严重的威胁。如何应对保护领海内外重要文化遗产的复杂问题,显然具有一定的紧迫性。

　　遗产位于水下这一简单事实本身就是一个显著特征,它对定位和恢复这一遗产所需的技能和技术,及对这些遗存的保存状态都有影响。与陆地上的遗址不同,海床上的考古和历史遗迹在被淹没(如沉没的港口或城镇)或沉没(如沉船)后很可能一直保持原状,这可能导致了异常高的保存状态。继而使得这些遗迹身上所包含的信息变得尤为珍贵,因此海洋考古学家将古代沉船称为"时间胶囊"。然而,在水下保存了数百年甚至千年的木材等有机材料是极为脆弱的,如果不小心处理和保存,当它们被捞出水面时,就会很快被破坏。沉船遗址是水下(海洋)文化遗产的很大一部分,除了具有"时间胶囊"的重要特征,即一直免受干扰,除所在时代无污染的记录外,它们还是洞察古代贸易模式和过去经济关系的宝贵渠道,陆上考古遗址可能无法提供这方面信息。古代船只作为当时"前沿技术"的体现,也为特定社会的技术发展提供了重要信息。除了沉船,还有沉没的城市和其他因海平面上升和地震淹没的地区,这些地区以前是有人居住的,它们是保存得更好、更完整的古代社会的证据。白令海峡是古代西伯利亚游牧民族跨越大陆桥来到北美的地方(现在是美洲原住民),同样是史前时期和这些古代移民的重要考古证据来源。② 土耳其丰富的陆上和水下考古遗产,都为挖掘这方面文化遗产的潜力提供了一个很好的例子。在土耳其近海,有从史前时代到奥斯曼帝国时期的考古遗址和沉船遗址,这对我们了解古代世界的许多主要文化非常重要。土耳其水域有许多重要的海洋遗址,涵盖了广泛的考古历史时期和民族,如:青铜器时代、古典希腊、腓尼基、罗马、拜占庭、早期伊斯兰教和奥斯曼帝国时期,这为我们洞察古代世界和经济提供了重要

---

　　① Craig Forrest, A New International Regime for the Protection of Underwater Cultural Heritage, International and Comparative Law Quarterly, Vol. 51 (2002), p. 511-54.

　　② 水下考古学及其历史最好的介绍之一,参见 Keith Muckelroy, Maritime Archaeology, Cambridge University Press, 1978.

渠道。正如普拉克(Pulak)和罗杰斯(Rogers)指出的:[①]

数千年的海上历史隐藏在土耳其海岸的海浪之下。青铜时代的商船、拜占庭的大型快速帆船、威尼斯人和奥斯曼人的大帆船同过去数百种船只一道在土耳其海域航行。

除了古代商船、军舰和其他船只的残骸,还有其他类型的水下遗迹有待发现。凯考瓦沉没的城市遗迹,切什梅的古老港口工程,以及达特恰附近半淹没的尼多斯城(因古时候希腊大师普拉西泰利斯所雕的阿芙罗狄忒雕像和后来接收埃及艳后的银砂而闻名)都是古典时期的遗址。

20世纪50年代,人们对地中海地区越来越感兴趣,因为在该地可能可以利用最新发展的水肺潜水技能和技术来搜寻和研究考古遗址。最早的一些具有重要考古价值的水下遗产研究工作,是在法国由库斯托(Cousteau)和法国海军完成的创举,这是法国海洋考古立法相对发达的主要原因。这项早期的工作从初期就遭遇困难,这可以从在法国地中海海岸外的大康格鲁挖掘出的一处主要的罗马沉船遗址看出。由于在挖掘过程中对该遗址及其发现物所作的策划和记录并不充分,产生了一个重大的学术争论,即该遗址上是否只有一个罗马沉船残骸(挖掘时是这样认为的)还是实际上有两个沉船残骸,其中一艘沉船在另一个地点的争论。不幸的是,由于挖掘工作有一定破坏性质,即需要通过破坏场址从中提取信息以及大康格鲁记录的不足,现在已经不可能从现存的证据中解决这一争端。[②] 这种经验表明,在海洋遗址挖掘的早期,没有发展出适当的考古技术来挖掘和记录水下遗址,甚至人们没有充分认识到开发这些技术的必要性。

正是在这种背景下,人们必须了解乔治·巴斯(George Bass)和他的团队20世纪60年代初在土耳其的开创性工作。与之前挖掘海洋考古遗址的大多数人不同,巴斯是一名训练有素的考古学家,在几十年来在陆地考古领域发展起来的现场技术方面经验丰富,他学会了潜水以便在水下挖掘。因此他能够将考古领域的理论和实践方法应用到他团队的水下挖掘工作中,这一方法在开创海洋考古学方面发挥了重要作用,因为考古学发生在不同的环境中,而不是一种通常由高技能潜水员在没有正式考古训练的情况下

---

① Cemal M Pulak and E Rogers, 1993-1994 Turkish Shipwreck Surveys, INA Quarterly, Vol. 21, No. 4(1994),p. 17.

② Jean de Plat Taylor,Maritime Archaeology(New York:Crowell,1965).

进行的活动。① 后来,技术得到了发展和改进,而这一步对于海洋考古学作为考古学学科中的一门学科的发展是至关重要的。② 1961 年,在巴斯的指导下,在戈里多尼亚角(波德鲁姆附近)③挖掘出一艘早期青铜时代的沉船,这一发现对从陆地考古学发展而来的学说带来了彻底的变革。它被发现携带着塞浦路斯铜锭,这使得研究该地区青铜时代贸易的学者从根本上重新评估了对当时东地中海贸易路线运作的理解。④

▎第二节　海洋文化遗产保护面临的挑战

海洋文化遗产面临着多种多样的威胁,包括:船舶和石油设施造成的污染,可能会损害有机材料;休闲潜水员意外损坏或搬运物体;业余"考古学家"非法挖掘;建筑工程(建设船坞、设施、海底电缆等)。在许多情况下,这些问题也许与陆地文化遗产所面临的相近,而且它们的应对方式可能也是相似的。然而,海洋考古遗产面临着一系列特定的挑战,因为它们位于海床这一特殊位置上,自动将其纳入海事和其他海洋环境相关法律的范围。在领海内,最重要的是沉船打捞规则(以及有关发现者权利、放弃等规则)。领海面向大海的情况要复杂许多,因为不同的海域有不同的规则,并且鉴于不同的公约制度,不同国家在这些区域内适用的规则也不同。⑤ 因此,一些对

① For more on the discipline, refer to: A Bowens, Underwater Archaeology: The NAS Guide to Principles and Practice, Nautical Archaeology Society, 1990.

② 巴斯在土耳其进行的早期发掘工作是 1961 年至 1964 年间,与费城大学博物馆在波德鲁姆(Bodrum)附近的亚西亚达(Yassiada)发现的一艘拜占庭沉船。George F Bass, 'A Byzantine Shipwreck: Underwater Excavations at Yassiada, Turkey', American Journal of Archeology, Vol. 66(1962): P. 194.

③ See, for example, George F Bass, 'The Cape Gelidonya Wreck: A Preliminary Report', American Journal of Archeology, Vol. 65(1961): p. 267-76.

④ 这次沉船事件平息了一场长期以来的学术争论,这场争论触及青铜时代近东和爱琴海文明的崩溃。according to George F Bass in 'After the Diving is Over', in Underwater Archaeology, edited by Tony L Carrell(Tucson: Arizona Society for Historical Archeology, 1990) at p. 10-12.

⑤ 在考虑这个问题时,需要牢记有些国家是《联合国海洋法公约》(蒙特哥贝,1982 年)[1833 UNTS 3/[1994] ATS 31/21 ILM 1261(1982)]的缔约国(对公海地区和毗连区的历史和考古遗迹有具体规定),而另一些国家只是 1958 年《日内瓦海洋法公约》的缔约国,《日内瓦海洋法公约》与 1982 年公约有相同之处,却在文化遗产等方面没有具体参照。此外,教科文组织 2001 年通过的《保护水下文化遗产公约》(见下文)为该条约的缔约国引入了新的管理水平。如果我们想进一步增加复杂性,国际救助规则(例如,1989 年国际海事组织《救助公约》中规定的规则)对历史沉船也可能产生一定的影响。

水下文化遗产保护至关重要的问题受到重大不确定因素的制约,包括:沿海国家对海底考古遗迹和沉船遗址的领土管辖范围;对遗迹所有权的处理;对考古遗迹研究活动的控制(通常涉及与海床的接触);及公海考古研究的自由。这种情况是赞成实行一套统一的水下文化遗产保护规则的最强有力论据,特别是对领海区域以外的水域。

由于 1958 年《日内瓦海洋法公约》和 1982 年《海洋法公约》(LOSC)这两个平行制度的存在,目前的海洋法(不包括教科文组织 2001 年《保护水下遗产公约》)使这些困难更加复杂。《海洋法公约》本希望可以将现行的《国际海洋法》编撰成法典,并逐步发展该法,以建立一个明确和一致的制度来管理在任何海域海床上的考古遗迹,但其失败进一步加剧了这种混乱。1982 年《海洋法公约》中专门处理考古和历史遗迹的两个条款(第 149 条和第 303 条)本身存在的问题,但它们对解决这一局面毫无帮助,尽管它们的确明确了在沿海国家管辖范围以外的海域保护文化遗产的一般义务。《海洋法公约》的保护制度实际上只对毗连区的外部限制产生了有限的影响,这同时提出了两个问题:创建固定范围(如 200 英里)"文化遗产区"的设想(随专属经济区共同延伸)以及对国际水域考古遗迹的保护。从保护的角度看,固定保护区的概念越来越有吸引力,而 200 英里的范围作为一个足够大的区域是最为可行的,因为《海洋法公约》第 303 条中法律虚拟的 24 英里,根本无法解决深水区域遗址的脆弱性问题。

由于领海外缘向海 200 英里保护区内的考古活动会涉及对海床的干扰,长期以来,政治上强烈反对允许沿海国家控制这些活动,因为这相当于在这样一个广阔区域中实行准领土性质的"渐进管辖"。应该记住的是,主要的海上强国(如英国、美国和荷兰)反对一项类似的提案,也就是《海洋法公约》第 303 条,理由是该提案将赋予沿海国家对该区域的立法权。在这方面值得注意的是,采用领土原则以外的其他管辖原则,即国籍原则和船旗国管辖权原则,可以非常有效地保护国际水域内的遗址。随着"泰坦尼克号"(下文将讨论)上文物的发现,找到保护深海国际水域中沉船和其他遗骸的方法日益迫切。毫无疑问,技术的发展使确定深水区遗址的位置和从中取回文物的可能性越来越大。遥控机器人的搜索和取回技术也意味着过去依照考古原则异常困难的挖掘工作,现在可以通过机器人进行深海遗址确认和取回文物。正如我们将看到的,涉及该地区历史和考古遗迹的《海洋法公约》(第149 条)根本无法解决这一威胁,因此有必要制定一种保护公海地区考古遗址的新办法。

　　对各种国家立法制度的审查(同时对土耳其制度进行更详细的审查)①在保护方面造成了严重的空白,同时领海方面也存在。虽然这主要是每个国家应在自己的立法框架下处理的问题,但毫无疑问,遗产保护作为各国共同责任意识日益增强:教科文组织 2001 年通过的《保护水下文化遗产公约》凸显了这一意识。这一比较审查还指出,部分国家采取的一些有效的立法和非立法方法,可供其他面临类似情况的国家借鉴。确定的主要问题领域包括:对受法律保护的内容的限制性定义;对历史沉船实施救助规则的负面影响;对报告沉船实行奖励制度但导致了物品分散;指定场址作为保护工具的有限价值;以及与警务和执法有关的问题。对国家立法研究中发现的值得肯定方面包括:对受保护物品的明确定义,即除沉船以外的遗迹和遗址,而对于沉船,包括超过一定时间的所有沉船(如在水下 100 年以上的沉船);建立一个已知沉船和遗址的全面清单,并结合调查发现新的沉船和遗址的重要性;禁止在指定区域内(进行潜水或打捞的区域)拥有任何可用于潜水或打捞的设备,否则会因违反保护条例而没收设备;扩大保护区范围,将更广阔的周边区域/环境囊括其中;在国家适当的地方将所有权与控制权分离,并保护受保护的财产,即使是位于海底的财产;提供考古潜水专用区,让潜水者可以在受控环境下接近沉船,这通常是依据国家专用区立法设立的;考虑到对"休闲"潜水许可证严格管控的作用不大,应给与许可证制度一定的灵活性;对水下考古遗产实行特定的法律,但不限于沉船。虽然这些方法与国内法域内采取的方法有关,但它们指出:(1)国际条约制度中应鼓励这类国家措施;(2)一些方法也可以直接应用于国际条约制度。

　　美国体系中的一个重要因素(即支撑 1987 年美国《废弃沉船法》的哲学)是试图调和考古学家、休闲潜水员和商业打捞者间的不同利益。尽管有时会产生不幸的后果,如"维达号"沉船事件,②但在审议新的法律时,它仍然是一个重要的方法,以确保所有群体尽可能地去遵守新的法律。控制文物

_____

　　① Janet Blake, A Study of the Protection of Underwater Archaeological Sites and Related Artefacts, with Special Reference to Turkey, PhD Thesis(unpublished)(University of Dundee,1996)at Ch 3.

　　② 1715 年,"维达号"建于伦敦,次年下水,从伦敦运送货物到西非,以换取奴隶。1717 年,这艘船在伊斯帕尼奥拉岛被海盗劫掠,随后被用于美国东北海岸的海盗活动。同年,这艘船在科德角附近失事。1984 年,专业救援人员克利福德(Clifford)在 4.3 米深的水和 1.5 米深的沙中发现了这艘船。随后,马萨诸塞州对克利福德的打捞公司提起诉讼,即"马萨诸塞州联邦诉海洋水下调查公司案"403 Mass 501(马萨诸塞州最高法院 1988 年)。

和其他动产在从考古遗址被非法(不科学)挖掘后移走的必要性也不言而喻:保护不单单是针对遗址现场和相关文物这么简单,它还必须通过控制文物后续移动和文物处理来管控非法挖掘和现场干扰。水下遗迹必须被带上岸这一事实,为沿海国家提供了控制这一点的可能性。此外,将所有被认为属于"文化遗产"定义的沉船排除在打捞规则之外,是保护古代和历史沉船的基础,因为这是水下遗址面临的主要威胁之一。与此相关的是,需要对因此受到保护的沉船提供一个明确的定义,比如,通过时间限制(如在水下100年)。此外,必须澄清对古代和历史性沉船的废弃概念,以防它们落在传统打捞规则的范围内。

第三节 不同的海域

鉴于海域不同①其适用的法律制度也不同,不可能单用一个公式来处理水下文化遗产的保护问题。这在国家对海底文物的管辖范围和性质方面,带来了非常复杂的问题。在研究1958年和1982年《公约》下的各种水下考古制度之前,我们需要了解不同海域的范围和性质。由于1958年《日内瓦海洋法公约》②和《海洋法公约》对海域的指定不完全相同,并且如前文所述,国际公约制度并不统一,因此了解两套制度下不同的海域及其区别尤为重要。

我们必须首先考虑大多数海域的基线。不是直接从基线划出的海域(如公海),仍然是相对于领海等区域划出的。领海、毗连区和专属经济区的范围测量方法为该区域所属的沿海国基线向海的距离(见图3.1)。因此,基线本身的确定显然是一个重要的问题,因为基线的位置将决定一个国家的各个海域可以延伸到多远,从而决定该国家的管辖权和经济利益。③ 值得注

---

① For more on this, see:Robin R Churchill and Vaughan Lowe, The Law of the Sea, 2nd edn Manchester University Press, 1988.

② 1958年日内瓦《领海和毗连区公约》(日内瓦,1958年4月29日)[516 UNTS 205];日内瓦公海公约(日内瓦,1958年4月29日)[450 UNTS 11];大陆架公约(日内瓦,1958年4月29日)[499 UNTS 311]。

③ 基线必须按照1958年《领海及毗连区公约》(以下简称TSC)第3条和第4条以及1982年《海洋法公约》第5条至第14条的规定绘制,这些规定是习惯性的规则。

意的是,丘吉尔(Churchill)和洛伊(Lowe)提出了三个确定基线的实用标准:①必须考虑地理因素;必须清晰和精确,这样两个不同的制图师得出相同的结果;内水制度必须比领海制度更适合基线内的水域。

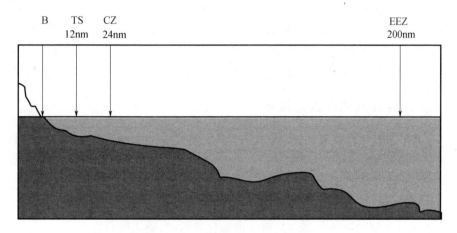

图 3.1　根据 1982 年《海洋法公约》制度划分的海域,
显示出专属经济区以外大陆架的潜在范围
B = 基线;TS = 领海;CZ = 毗连区;EEZ = 专属经济区;nm = 海里。

一、内陆水域和领海

将内陆水域和领海放在一起,是因为对领海内文化遗产遗址与物品保护的性质,相较于领海外区域,更接近于一个国家陆地领土和内陆水域内文化财产的保护。一个国家可以通过行使其主权管辖权,控制和管理对其领海内的文化遗产的接触,该管辖权包括海床和底土、水柱和领海上空的空域。② 一个沿海国家对其领海、群岛水域和港口的主权,赋予它从海床或底土移走物体的权利,但不得干涉传统的公海自由,如正常通行。③ 因此,只要不妨碍这些自由,一个国家可以选择将保护该地区的文化遗产纳入其一般古物立法。包括土耳其、希腊和塞浦路斯在内的许多国家都采用了这种双重目的立法方式。英国和澳大利亚采取了另一种方法,即对特定的预定场

---

① Churchill and Lowe, The Law of the Sea(n 13) at p. 27.
② 1958 年《领海及毗连区公约》(TSC)第 1 条和第 2 条;1982 年《海洋法公约》第 2 条。
③ 《领海及毗连区公约》第 14—20 条;《海洋法公约》第 17—28 条。

址,逐步地扩大保护范围。从所引用的相关条款①的措辞中可以清楚地看出,在 1958 年和 1982 年《公约》中,考古挖掘活动不属于"正常通行"。还有一个悬而未决的问题是,若一艘船在不停船和干扰海床的情况下,可否通过行使其正常通过权,开展类似电子遥感活动,进行相关的搜索和调查。沿海国家控制港口进出的权利,是其对任何海洋考古挖掘活动进一步管控的方式。因为考古挖掘是一项漫长的工作,需要借助邻近的港口进行供给、维修,甚至还可能需要放置挖掘过程中发现的物品。

二、群岛水域和国际海峡

1982 年《海洋法公约》首先承认群岛水域是一个既不属于内陆水域也不属于领海海域的海区,②享有一种独特的制度,性质与领海类似,即群岛国家对海床、底土、水柱和对应空域行使主权。给予船旗国与领海相同正常通行的规定,因此,同上文所述的原因,考古研究不能被视为"正常通行",属于群岛国家的管辖和控制范围。具有公海地位的海峡,适用航行自由。③

三、毗连区

沿海国家在毗连区④内的权力并不延伸至海床或底土,仅限于水柱,用于控制其领土和领海内违反海关、财政、移民和卫生法律的行为。沿海国家也有权处罚此类侵权行为。根据《海洋法公约》规定,毗连区属于国际法正常规则下的专属经济区,因此从毗连区移走海底文物受公海自由管制(根据 1958 年公约规则)。然而,《海洋法公约》第 303 条第 2 款提出了一种特殊情况,即当文物从海床取出时,将被视作在一国领海内处理。⑤ 本条提出一项有利于沿海国家的假设,即从毗连区内移走"具有考古和历史性质的物体"

---

① 无害通过不允许船只悬停(因为潜水员在挖掘时需要这样做),《海洋法公约》第 18 条第 2 款要求无害通过是"连续且迅速的";第 19 条列出了不构成无害通过的具体活动,包括"进行研究或调查"。

② 《海洋法公约》第 46 条—54 条。

③ 《海洋法公约》第 37 条、第 38 条第 2 款和第 39 条第 1 款(c)条明确表明,进行考古调查不具备合法行使无辜通行权的资格。第 40 条进一步要求,沿海国家对希望在无害通过期间进行研究和测量(包括水道测量)的外国船只进行事先批准。

④ 如《海洋公约法》第 33 条所述。

⑤ 第 303 条第 1 款和第 2 款如下:"1. 各国有义务保护在海中发现的具有考古和历史性质的物体,并应为此目的展开合作。2. 为了控制这些物体的流动,根据第 33 条,沿海国家可推定,未经其批准将这些物体从该条所指区域内的海床移走,将导致在其领土或领海内违反该条所指的法律和法规。"

将构成对第 33 条法律和法规的侵犯。因此,就产生了一种"法律虚拟",即未经沿海国家同意,从毗连区海床上移走文物将被视为非法行为。为了控制具有历史和考古性质的物品,这似乎扩大了沿海国家对毗连区的立法权限;这同样扩大了沿海国家财政和海关条例的范围,赋予沿海国家的权力超出了第 33 条通常给予的权限。对第 303 条第 2 款所提出的这一法律虚拟的效力的合理解释是,将其看作是在毗连区建立了一个"考古区",但并不是一个完全的管辖区。法律评论人士在这个问题上存在分歧,不过倾向于这样的解释。沿海国家有权授权或拒绝将考古材料移出毗连区,可能导致其在保护这些物品时施加某些限制和条件。因此,这可以被视为在 24 英里毗连区内事实上建立了一个考古区,而第 303 条第 2 款的效力似乎与国际惯例法相互矛盾,因为它限制了从领海以外海床上收回物品的自由。

四、大陆架

关于海洋考古遗址和大陆架上的孤立物体,有两个关键问题:

1. 如何界定沿海国家拥有独家开发和勘探权的资源;文化和/或考古遗迹是否被包括在"资源"中?

2. 根据 1958 年《大陆架公约》(CSC)第 5 条第 1 款和第 5 条第 8 款的规定,考古研究活动可否被列入与大陆架相关的海洋学和其他科学研究的范围内,且沿海国家不得对此进行干预?

对于第一个问题的答案是,1958 年和 1982 年《公约》中对其的定义仅包括"自然资源",不包括考古材料。① 第三次海洋法会议的记录清楚地表明,大陆架制度并未涵盖考古遗迹,国际法委员会(ILC)②1956 年对《海洋法公约》草案文本的评注进一步确定了这一点,其中明确地指出:《大陆架公约》(第 2 条)中提到的"主权"不包括对考古遗址的权利:

显然,沿海国家的权利不包括在海床或被底土沙子覆盖的物体,如沉船及其货物(包括金条)。

因此,任何将挖掘古沉船包括在"开发"大陆架自然资源的定义之内,以供之后旅游或商业用途的努力,都很难被证明是合法的。古沉船和其他考古材料可以被视为大陆架的文化和经济资源,但不能被视为"自然资源",因

---

① 《海洋法公约》第 77 条第 4 款;《大陆架公约》第 2 条。

② II ILC Yearbook(1956)at 298;see also,UN Doc A/CONF. 13/L. 26 24 March 1958 in UNCLOS I Off Rec Vol VI at 51.

为从它们的定义来看,它们是人为的。因此,它们不包括在《大陆架公约》的条款内;这一点在《海洋法公约》中也是如此,因为在沿海国家主权这一问题上,《海洋法公约》直接从《大陆架公约》中派生而来。[①] 因此,上述1956年国际法委员会的评注也适用于对《海洋法公约》的解释。

阿托查案(Atocha)[②]在这方面是很重要的,因为该案的判决支持这样一种观点,即《大陆架公约》的管辖权限于海底的自然资源,而考古发现(在本案中是一艘沉船)不包括在内。奥康内尔(O' Connell)[③]在1982年提出了一个有趣的观点,即海洋考古遗迹通常被包裹在沉积物中,因此根据《大陆架公约》的第5条第8款,这些沉积物本身或许可以被视为"资源"。那么,它们的移动会干扰沿海国家在大陆架的权利吗?他建议立法者可以利用这一点来控制与大陆架考古遗产相关的活动,通过禁止对被视为海底"自然资源"的沉积物(如珊瑚壳)的干扰,从而避免对沉船的任何干扰。当然,这仅适用于某些情况,因此其价值有限,但仍然可以为大陆架地区的考古材料提供进一步保护。

然而,大多数国家在大陆架上进行任何科学研究(出于经济和军事安全的原因)包括考古研究,都需要获得许可。《海洋法公约》第246条规定了在专属经济区和大陆架区域的海洋科学研究活动,沿海国家有权拒绝此类活动的开展,如使用炸药、人工装置或建造其他结构。这两种情况都适用于沉船和其他考古遗址的调查和挖掘。20世纪70年代,西澳大利亚的例子为我们提供了一些经验,寻宝者在历史失事地点使用炸药,以便接近沉船。[④] 然而,一些国家为了保护水下考古(和历史)材料,已经寻求扩大沿海国家对大陆架的管辖权。1976年《历史沉船法》(澳大利亚)给予联邦政府对澳大利亚大陆架的管辖权,以保护历史和古代沉船,就是这方面最明显的例子。

---

① 《海洋法公约》第77条的措辞与《大陆架公约》第2条的措辞相同,并确认了考古材料确实被排除在"自然资源"之外。

② "拯救财宝"公司诉"阿托卡夫人号"(Nuestra Senora de Atocha)一案,这艘身份不明、遭毁坏和遗弃的船只据信是"阿托卡夫人号"沉船。"阿托卡夫人号"是一艘西班牙沉船,梅尔·费雪(Mel Fisher)在佛罗里达州附近海域进行了商业打捞作业,打捞到的物品价值约3亿美元。408 F Supp 907(US,1976);569 F. 2d. 230(US,1978);621 F. 2d. 1340(US,1980);640 F. 2d. 560(US,1981).

③ D P O' Connell, The International Law of the Sea, Vol. 1(Oxford:Clarendon Press,1982).

④ Jeremy Green and Graham Henderson, Maritime Archaeology and Legislation in Western Australia, International Journal of Nautical Archaeology, Vol. 6(1977):p. 245-248.

五、专属经济区(EEZ)

《海洋法公约》第五部分第 55 条—75 条关于专属经济区的内容赋予了沿海国家以下管辖权:人工岛屿、设施、建筑物的建造和适用、海洋科学研究及海洋环境的保护和保存。这些规定似乎允许沿海国家在一定程度上干预和控制在其专属经济区内进行的未经许可的挖掘活动。第 246 条和第 56(b)条关于海洋科学研究的规定(后一条专门涉及专属经济区的海洋科学研究)可以被用来保护专属经济区海底或底土上的考古遗址。第 246 条规定,沿海国家"有权在其专属经济区和大陆架上管理、授权和开展海洋科学研究",这可能会使沿海国家在其专属经济区内控制一些调查或挖掘活动。然而,与大陆架区域一样,这种保护是有限的,因为根据《海洋法公约》的条款,海洋科学研究并不计划包括考古研究,所以该规定只有在其他相关活动属于定义范围内时才适用。因此,有必要对专属经济区的考古活动进行间接地控制,例如,建造人工设施和建筑物,可能包括潜水平台、标识浮标或其他考古调查、测量和挖掘所需的结构。

值得考虑的是,沿海国家涉及"经济开发和区域勘探其他活动"(第 56(b)条)的主权是否应当包括挖掘沉船遗址,如出于商业目的。换言之,这一术语是否可以使沿海国根据经济价值,防止在其专属经济区内对具有考古和(或)历史重要性的沉船进行商业打捞。这项规定的目的是保护其他国家从事不涉及"自然资源"的经济活动的权利,如对风能或波浪能的利用,而且起草委员会不大可能审议关于打捞挖掘古代沉船的问题。然而,古代和历史沉船的商业打捞似乎可能包括在涉及"经济开发"的"其他活动"中。就专属经济区而言,丘吉尔(Churchill)和洛伊(Lowe)[1]指出,1982 年《海洋法公约》的条款根本不包括在专属经济区对历史沉船的收回(无论是通过考古方法还是作为商业运作)。《独立报》报道了一个值得注意的事例,一艘澳大利亚船只在泰国湾对一艘 12 世纪的中国帆船进行了商业打捞。[2] 泰国皇家海军从打捞者手中查获了包括 2000 多个瓷壶和罐子在内的文物,并宣称其打捞行动是非法的,因为是在泰国的专属经济区内进行的。

---

① Churchill and Lowe,The Law of the Sea(n 13)at p. 114.

② Thailand's Navy Seizes Sunken Treasure Trove,The Independent,10 February 1992.

六、公海

1985 年在纽芬兰海岸①500 英里外发现的"泰坦尼克号"残骸和随后被从现场移走的物品(在美国参议院使其成为一座免于打捞的国际纪念碑尝试失败后)进一步体现了深海沉船的潜在脆弱性。那些位于现今已被淹没的大陆桥上(如连接北美和亚洲的白令海峡)的史前遗址也具有令人兴奋的可能性,它们为研究早期人类向美洲迁徙提供了至关重要的信息。②

根据 1958 年《公海公约》(HSC)在公海地区(大陆架以外)进行海洋考古研究,似乎没有什么可以阻止考古遗址的挖掘,因为其被视为公海自由。这必须"在合理考虑其他国家行使公海自由利益的情况下"进行,并且不可对海床行使任何主权。③ 考虑公海挖掘工程的复杂性以及可能需要长时间占用该地区,根据《公海公约》对此类活动进行控制的要求是合理的。在这一区域开展的活动也可以通过适用相对较弱的船旗国管辖权(涉及回收沉船的船旗国)或较强的国籍原则来加以控制。值得注意的是,教科文组织2001 年《保护水下文化遗产公约》(见下文)适用于这两个管辖权基础。

原船旗国对深海海底区域沉船的管辖权是一个尚存争论的问题。首先的一个问题是,沉船可否仍然被视为一艘"船",这是适用船旗国管辖权的必要条件。由于它不能航行或发挥船舶的作用,因此可以得出结论,即船旗国管辖权不适用于这种情况。此外,斯特拉蒂(Strati)④指出,"现有的国际公法似乎不承认船旗国在移动沉船方面的优先地位"。因此,作为公海自由,任何第三国的船舶都可以在回收沉船的船旗国管辖范围内打捞作业。但是,若挖掘的是对某一特定国家具有特殊历史、文化或其他重要性的沉船,可能会受到该国家的质询,因为该沉船与该国家具有特殊的历史和(或)文化关系,被他国挖掘侵犯了该国的利益。这种申诉的法律基础相当薄弱,特别是因为《海洋法公约》第 149 条给予该地区考古遗迹原产国的优先权,仅涉及此类物品的处置,不涉及物品的打捞。第 149 条规定内容如下:

---

① See: Robert D Ballard, The Discovery of the Titanic: Exploring the Greatest of All Ships, Hodder and Stoughton, 1987.

② D Gibbins, 'Archaeology in Deep Water—a Preliminary View', International Journal of Nautical Archaeology, Vol. 20, No. 2(1991): p. 163-168.

③ 《公海公约》第 2 条。

④ Anastasia Strati, The Protection of Underwater Cultural Heritage: An Emerging Objective of Contemporary Law of the Sea, Martinus Nijhoff, 1995, at p. 222.

在该地区发现的所有具有考古和历史性质的物品,都应为了全人类的利益而予以保存和处置,尤其应注意原产国、文化来源国或历史和考古来源国的优先权。

该条款存在的几个问题大大削弱了它的效力。首先,"考古和历史性质"是应该分开理解(即考古或历史)还是共同理解(即两者结合)并不清楚,而且更加混乱的是,并没有用任何时间限制来定义什么是"考古"和/或"历史"。其次,"物体"一词没有定义。"物体"一词显然没有包括不可移动的遗址(如沉陷的城市)和海底具有考古意义的地形特征(如淹没的陆桥),这更体现了对受保护对象的定义不充分。最后,全人类的"利益"是指一种经济利益(正如人们对深海人类共同遗产预期的那样)还是必须假定为起草者意图的文化和教育利益?"保存"是指在原场址保护文物使其不受干扰,还是在挖掘后保存文物?"处置"是否涉及物品的出售或捐赠给博物馆,在这两种情况下,这些收藏品是应该被放在一起还是被分散开来?一个明显的遗漏是,在鉴定公海海底的考古(和历史)遗迹方面,没有提及国际合作。这使得任何保护行动都是对海底其他活动(如矿物勘探和开采)过程中意外发现遗迹作出的反应,因此,公海的考古遗产极易受到意外和故意破坏的影响。

对于不同起源国的相对权利也存在一些混淆。一个可能的复杂案例是一艘古代商船在许多港口停泊过(因此装载着来自几个不同国家的文物),然后在公海沉没。船舶原籍国对沉船本身是否具有所有权,而其他国家对不同的货物是否具有所有权?或者船舶原籍国对船上的货物是否具有优先权?船舶原籍国是否具有挖掘的责任?如果我们考虑的是一艘在地中海东部发现的青铜时代早期的商船,学者们对它的来源存在争议,认为它来自希腊、塞浦路斯或叙利亚,那么这个问题就变得毫无意义了。[①] 如果我们把整个"人类"的权利也包括在内(如第 149 条),那么这种混乱就会令人困惑。斯特拉蒂(Strati)[②]指出,此前,人类共同继承的遗产(CHM)被用于文化财产的保存和保护,而国家作为保管者,不干涉财产权。她将人类共同遗产概念的发展与《海洋法公约》下的考古和历史文物联系起来,将其视为一种全新

---

① 关于"盖利顿亚号"沉船,巴斯(Bass)写道:"然而,我们的船是叙利亚的、塞浦路斯的还是赫拉迪奇的,现在还很难说……这些陶器在从希腊大陆到叙利亚和巴勒斯坦海岸,包括中间的塞浦路斯和塔苏斯斯,都可以发现类似的。"Bass, 'The Cape Gelidonya Wreck' (n 8) at p. 267-276.

② Anastasia Strati, A Deep Seabed Cultural Property and the Common Heritage of Mankind, International Comparative Law Quarterly, Vol. 40 (1991) :p. 859-894 at p. 859.

的方法,把独特的国际文化遗产确立为一种可供所有人享用的新型财产。然而,由于第 149 条中"为了全人类的利益"的说法和第 140 条中涉及矿产开采活动的措辞存在差异,因此不应作太直接的比较。

▌第四节　救捞法和古代或历史沉船

1987 年,芬威克(Fenwick)对商业打捞活动给古代和历史沉船造成的直接和严重威胁发出了严厉警告:"在加州淘金热一百年后,一场水下的淘金热正在发生。"[1]在该篇文章中,她比较了在沉船寻宝中所得的资金是如何被用来资助进一步的非科学、商业化的勘探和挖掘活动。不幸的是,这一情况在今天仍大致相同,尽管教科文组织 2001 年《公约》已经迈出了国际社会重要的一步,明确指出此类沉船永远不应进行商业打捞作业。然而,尽管有这种积极的发展,救捞法仍然是管理具有历史和考古性质的沉船处理制度中强有力的一个。

尽管不是唯一的原因,但古代和历史上的沉船如此容易受到破坏和恶化的一个主要原因,是它们往往载有具有很高经济和文化价值的货物。商业打捞者从历史沉船中获得了巨额利润(1985 年至 1986 年,梅尔·费雪通过在佛罗里达海岸打捞"阿托卡夫人号"沉船,获得了大约 3 亿美元的利润)。[2] 1857 年沉没的美国轮船"中美洲号"(见下文)于 1988 年被打捞,随之带出估值 10 亿美元的财宝也被发现。而 1553 年在得克萨斯海岸沉没的16 艘西班牙战舰,其中有两艘在商业打捞时净赚了约 18 亿美元。1985 年,荷兰东印度公司的"哥德马尔森号"在南海被打捞上来,载有 16 万多件中国瓷器和 120 块金锭的南京货物,其拍卖价格超过 1500 万美元,仅一套餐具就卖出了 32.7 万美元。[3] 这些以商业为目的的活动基本上对所涉遗产及其所载的考古和/或历史证据具有破坏性。此外,在以利润最大化为主要动机(部分考虑开展此类打捞的巨大成本)处理这些遗迹中的物品时,发现本身的完整性受到了威胁,不仅仅针对沉船、货物以及其他相关文物。一些商业

---

① Val Fenwick, 'Editorial', International Journal of Nautical Archaeology, Vol. 16, No. 1(1987):p. 1.

② N Gibbs, 'The Ocean Gold Rush', Time Magazine No 43,25 October 1993.

③ Gibbs, 'The Ocean Gold Rush'(n 39).

打捞者(如费雪)雇佣专业的考古学家为他们的行动提供一些合法性,并试图获得官方认可。[①] 然而,如果打捞作业要商业化,就必须迅速进行,这对恰当的考古挖掘是完全不利的,考古学家在这种工作中的作用必须受到强烈的质疑。Flor de Mar 的例子说明,不适当地应用打捞规则对古代和历史沉船构成的威胁,以及政府负责防止这一情况的重要性。[②] 这艘船于 1511 年在苏门答腊海岸沉没,船上载有苏丹的珍宝,包括大量的黄金。1991 年,印度尼西亚的一家商业打捞公司发现了这艘沉船,并获得了政府的许可,可以从沉船上打捞物品,许可证中没有提及对沉船进行考古调查或保存其残骸的计划。打捞出的物品交由佳士得拍卖行进行分类,并将出售所得利润的一半交给印尼政府。

海事法中的打捞规则是一项古老而庄严的制度,充分满足了商业航运的需要。然而,它们的运作却会对水下具有文化特征的沉船和物体产生威胁。传统上,海商法对海上成功打捞被认为处于"危险"状态的船舶和货物给予奖励,赋予救助方在救助过程中占有沉船的专有权。[③] "危险"的定义救助的核心概念,因为它为由于船舶丧失航行能力或受到其他损害,而受到威胁的财产(和/或生命)提供服务。然而,就大多数古代和历史沉船来说,"危险"通常都早已过去,事实上,它们往往已经在目前的海底位置达到平衡状态,任何打捞作业都会扰乱这种平衡。但在某些情况下,海底建筑活动(铺设海底电缆、建筑设施或人工港口等)可能会干扰沉船,使其再次处于"危险"之中。然而,这并不是要将打捞规则适用于这些沉船,而是要通过必要的考古影响评估和救援挖掘,以尽可能多地保存沉船的信息。从本质上讲,传统救助规则与古代和历史上的沉船是不相容的,因为它们是基于沉船及其货物的货币价值(或保护最近受损船只生命的必要性),而非沉船中包含的信息和其他价值。

---

① H. M. Piper, Professional Problem Domains of Consulting Archaeologists: Responsibility without Authority, International Journal of Nautical Archaeology, Vol. 17(1990): p. 211-14; R J Elia, The Ethics of Collaboration: Archaeologists on the Whydah Project, Historical Archaeology, Vol. 26, No. 3(1992): p. 105-117.

② Clare Bolderson, Sultan's Shipwrecked Treasure Yields a £ 500 Million Mystery, The Observer, 24 March 1991.

③ H. C Black, Black's Law Dictionary, 6th edn(West Publishing Company, Minnesota, 1990). 救助必须是自愿进行的,救助结果必须(至少部分)成功,救助方必须能在救助作业中主导现场。

1977 年,罗宾逊(Robinson)诉西澳大利亚博物馆案,①涉及 17 世纪荷兰的沉船"Vergulde Draeck 号"。该案件表明,法院可能并不总是把危险问题视为历史沉船的过去状态,因此也就不相关了。1963 年,罗宾逊找到了沉船,并从中打捞了几件有价值的物品:博物馆对它打捞沉船并从中移走物品的权利提出质疑。法官在发表意见时表示,"救助不限于实际遇险的财产;它适用于从沉入海底很长时间的船舶上打捞财产"。② 另一个结果截然相反的案例是 1975 年西蒙诉泰勒案,一艘德国 U 型潜艇载着一船价值不菲的水银在新加坡附近沉没。在本案中,新加坡高等法院认为船舶没有明显的海洋危险,因为它在海床上已经不受破坏地存在了 28 年。因此,这些潜水员被认为是出于商业利益,而非出于代表船东进行救助,并裁定他们无权获得任何救助奖励。罗宾逊案中对打捞规则的解释,将许多历史沉船陷于商业打捞作业的危险中,还没有任何其他立法(国内或国际)可以应对。同样地,虽然西蒙案从遗产保护的角度来看结果较好,但处理缺乏一致性令人关切,有必要对规则进行澄清。

救援方在进行救助作业时,必须允许其独占沉船。这使得救援方可以通过对打捞的财产采取行动,以确保救助款项的支付。那么,这就引出了一个重要的问题,即是否有可能"占有"一个考古遗址(或历史沉船什么时候会成为考古遗址)。罗宾逊案中,法官们不认同梅森法官和巴维克法官认为考古遗址可以被占有的观点(即使遗址是分散的),斯蒂芬法官提出了不同的意见,鉴于遗址是分散的,罗宾逊并没有占有沉船,只是从海床上收集曾经是沉船及其组成部分的遗存。因此,他认为这不符合打捞要求。另一个与历史沉船有关的重要概念是"遗弃物"。"遗弃物"通常是指"船长在海上弃船,且并没有意图去打捞或找回它"。③ 重要的是,船舶失事这一事实并不能剥夺原船舶物主的所有权,遗弃船只也必须有所证明。在这种情况下,所有权属于发现并首先宣称对废弃船只所有的人(或该人所属国家)。为一艘100 多年前的沉船提供遗弃的法律证据是很困难的,因此,2001 年《联合国教科文组织公约》为该条约这一目的提供了明确的"遗弃"定义显得很重要。

---

① 51 AJLR(1977)806. For more on this,see also:Patrick J O'Keefe,Maritime Archaeology and Salvage Laws—Some Arguments Following Robinson v. The Western Australia Museum,International Journal of Nautical Archaeology,Vol. 7(1978),p. 3-7 at p. 3.

② O'Keefe,Maritime Archaeology and Salvage Laws(n 44)at p. 4.

③ D. Steel and F. D. Rose,Kennedy's Law of Salvage,5th edn(London:Stevens,1985)at p. 85-86.

　　"卢西塔尼亚号"①与沉船遗弃问题有关。1912 年该船在爱尔兰海岸 12 英里的国际水域沉没,1982 年,94 件包括货物、乘客和船员的个人物品被打捞到英国海岸。在一年内无船只所有人(或继承人)认领的情况下,法院必须确定原告作为打捞出这些物品的人是否能够主张对其的所有权。该船本身已成为保险公司的财产,保险公司也向丘纳德轮船公司支付了保险损失。法官裁定,毫无疑问,这艘船已经被遗弃,因此它属于"遗弃物",而且,考虑到从船只沉没到试图找回这些物品的时间过去了 70 年,可以表明船东也抛弃了该船。因此,那些物品的所有权被归属原告,因为"没有人比(他们)更适合拥有对其的所有权"。罗宾逊案中,希恩法官裁定,该沉船在被发现时已经是一艘弃船,它被遗弃在海上并且船主也没有希望去找回;相比之下,他发现"卢西塔尼亚号"的所有权属于荷兰东印度公司的继任者,即船只沉没时的所有人,因为没有任何证据表明船主未能发现沉船的位置,所以没有明确的弃船或其他自愿行为。

　　美国水下勘探与考古有限公司(1983 年)一案中,②法院拒绝遵循第五巡回上诉法院制定的一项规则,即为了符合有效的打捞要求,一艘被遗弃的古代沉船构成海洋危险。该案件是关于 18 世纪和 19 世纪早期在马里兰州海岸附近的四艘沉船中的一艘。沉船被证明不处于海洋危险,水下勘探与考古有限公司也无法证明他们已从沉船上打捞到任何财产(这也是证明打捞的必要条件)。"中美洲号"一案表明,美国法院在裁决打捞申请时,越来越多地去考虑沉船的考古或历史意义。1988 年,美国哥伦比亚搜寻公司在南卡罗来纳州海岸附近 256 公里远、2.4 公里深处发现了这艘沉船,在这个深度进行打捞作业是非常具有挑战性的,需要大量的资金和专业知识。船上载有大量黄金,大部分是代表加州商人运往纽约的银行,银行都已经投保。1987 年,美国哥伦比亚搜寻公司在美国弗吉尼亚州东区地方法院③提起诉讼,要求成为"中美洲号"及其货物的所有人,并希望获得禁令,禁止他人干涉其从大西洋特定区域打捞黄金和其他物品。④ 在这种情况下,地方法院

---

　　①　The 'Lusitania' (1986) 1 Lloyds Reports 132.

　　②　Subaqueous Exploration and Archaeology Ltd V The Unidentified Wrecked and Abandoned Vessel, 577 F. Sup p. 597(1984). Case discussed in D. R. Owen, Some Troubles with Treasure: Jurisdiction and Salvage, Journal of Maritime Law & Commerce, Vol. 16, No. 2(1985), p. 139-179.

　　③　Columbus-America Discovery Group V Atlantic Mutual Insurance Company, 974 F. 2d. 450(1992)-454.

　　④　这艘沉船实际上是在 1988 年在这一禁令所覆盖地区之外被发现的,但打捞方并没有将这一事实告知法院,因为他们不想让任何人知道沉船的真正位置。

认为:"对于具有重大历史或考古意义的沉船,如果救助方未能真诚地保护沉船和文物的科学、历史和考古来源,在美国沿海水域的有限情况下适用,法院可以拒绝适用海商法。"此外,在上诉法院审理此案时,救助方试图保护"沉船和被救助物品的历史和考古价值"的程度,被视为确定打捞工作的一个突出问题。① 另外,这一案件很有趣的一点是,地方法院认为,在深水区使用实时成像和遥控车辆足以"有效控制"沉船场址,并不需要在沉船上有任何实体存在(1989 年至 1955 年)。尽管在这方面采取了积极的做法,但在对此类沉船适用海难救助法时,仍然存在两个基本问题:第一,法院不具备充分的条件来判断救助方在打捞沉船和/或其内容物时是否充分尊重考古方法的要求;第二,漫长的打捞时间和巨额的成本将妨碍在打捞作业的范围内遵循考古方法。归根结底,按照 1987 年美国《被弃沉船法》的规定,只有确立古代和历史沉船救助的排他性,才有足够的确定性。

"哥德马尔森号"一案说明了海商法在防止打捞规则下合法进行考古所产生严重破坏的局限性。"哥德马尔森号"属于荷兰东印度公司,1752 年在南海失事。1985 年,一名专业打捞者在印度尼西亚的专属经济区内打捞起一批陶器,通过阿姆斯特丹的佳士得拍卖行,将这批陶器以 1500 万至 1600 万美元的价格售出。需要注意的是,这些物品是被尽可能快的打捞上来的(以便在竞争方试图打捞之前将它们弄到手,同时降低打捞费用)。② 为此,考古证据遭到破坏,也没有适当地挖掘和相关记录。③ 几乎没有任何关于这艘船的记录,也没有对打捞上来的物体进行任何保护,以致在水下放置了一段时间的木头和其他有机材料暴露于空气后迅速恶化。在进一步违反考古惯例的情况下,一些物品根本没有被找到,其中包括大约 32000 个杯子和茶托。值得注意的是,佳士得拍卖行帮助出售了这些来源极其可疑的物品,④尽管荷兰阿姆斯特丹国立博物馆抵制了这次拍卖,大英博物馆和其他一些

---

① Case of Columbus-America Discovery Group v unidentified, wrecked and Abandoned Sailing Vessel Believed to be the USS Central America, 1989 AMC 1955; 1990 AMC 2409; 1992 AMC 2705; US Dist Ct (ED Virginia) 18 November 1993.

② Michael Hatcher (with A Thorncraft), The Nanking Cargo (London: Hamish Hamilton, 1987).

③ G. L. Miller, The Second Destruction of the Geldermalsen, The American Neptune, Vol. 47 (1987), p. 275.

④ Miller, The Second Destruction of the Geldermalsen (n 53) at p. 278,指出他们的行动是"一场有侵略性的搜寻,为了找到可出售文物的新来源,结果导致了考古遗址的破坏"。

博物馆还是从这批南京的货物中购得了一些物品。①

　　"泰坦尼克号"残骸的发现在美国引发了一系列的法庭诉讼。虽然根据 2001 年《公约》的条款,它并不是严格意义上的"水下文化遗产",因为它的残骸被发现时还不到 100 年,但在这里值得讨论的是法庭上提出的问题,并作为一个国际水域沉船的案例。被称作是"永不沉没"的"泰坦尼克号",在 1912 年的处女航中撞上冰山,在离纽芬兰海岸外 640 公里处沉没。1985 年,美国伍兹霍尔海洋研究所和法国海洋研究与探索研究所(IFREMER)的一支探险队在约 4000 米的深处发现了它的残骸。参与这次最初探险的大多数科学家都不希望这艘船被打捞上来,并希望它能成为那些在沉船事故中遇难的人的海上纪念。② 1985 年,美国政府颁布立法,将"泰坦尼克号"定为不在打捞范围内的国际纪念碑,并为了全人类利益,把它作为一个墓地加以保护。③ 其目的还在于利用沿海国家(即任何文物被运到的国家)有权决定任何打捞要求的权利,以使这项立法生效。在此期间,英国、加拿大、法国和美国也试图达成协议,以保护其作为墓地及沉船遗址的文化和历史意义。尽管采取了这些措施,1987 年,美国商业企业泰坦尼克风险投资公司(Titanic Ventures)与法国海洋研究与探索研究所达成协议,将从沉船上打捞文物,并打捞出 1800 件物品。随后,该公司将其在沉船上的权益出售给了邮轮泰坦尼克公司(RMST),后者在 1992 年因其对沉船的打捞权以及对打捞文物的所有权而被美国地方法院起诉。虽然船只是英国而非美国的,且处于国际水域,但东弗吉尼亚地区法院接受了对该案的管辖权,并于 1994 年决定支持邮轮泰坦尼克公司,前提是所有打捞的文物要向公众展出,不得出售或以其他方式处置。④ 事实上,在 1994 年,被打捞出来的部分物品在伦敦的国家海事博物馆展出,作为世界巡回展览的开始,邮轮泰坦尼

---

　　① 放到现在来看,这将直接违反国际古迹遗址理事会的职业道德准则(第 3.2 段)以及英国博物馆协会自身的道德准则。

　　② For further information on the discovery of the Titanic, see: Ballard, The Discovery of the Titanic (n 32).

　　③ US Congress debate at: HR 3272 99th Cong 1st Sess Cong Rec H7408(1985). This led to the en-actment of the RMS Titanic Memorial Act, PL-99-513, 21 October 1986. However, as James A R Nafziger, The Evolving Role of Admiralty Courts in Litigation Related to Historic Wreck, Harvard International Law Journal, Vol. 44, No. 1(2003), p. 251-71 notes,联邦地区法院在其裁决中未能应用国会、行政政策和国际法的规定(最后一项裁决是在国际水域对外国船只主张私有财产权)。

　　④ RMS Titanic inc v Wrecked and Abandoned Vessel, 9 F. Supp. 2d. 624(1998); RMS Titanic incv Haver(1999) American Maritime Cases 1330. See also: R J Elia, Titanic in the Courts, Archaeology(2001), p. 54.

克公司从巡演中获利 1200 万美元,覆盖了其打捞作业的支出。① 通过这种方式,英国一家大型海事博物馆为这些文物的打捞提供了合法性。2001 年,邮轮泰坦尼克公司向法院申请希望得到允许将这些文物出售给一个专门成立的非营利性基金会和多家博物馆,以继续向股东分红,地方法院拒绝了该申请。②

▌第五节　联合国教科文组织 2001 年《保护水下文化遗产公约》

一、为水下文化遗产制定专门条约的必要性

　　首先,值得考虑的是,鉴于上文所述的现有海洋法,制定一项致力于保护水下文化遗产的条约何其必要。这样一个国际公约是否需要,甚至是否可取,斯特拉蒂(Strati)非常明确地表示,"只有专门保护水下文化遗产的国际公约才能提供更全面的保护制度";她还明确表示需要同时采取其他的保护措施。③ 这与其他区域性公约形成了明显的对比,例如,1992 年的《保护考古遗产的欧洲公约》为陆地和水下考古遗址提供保护。她认为,试图将水下文化遗产纳入此类一般性公约,是因为无法解决水下文化遗产相关的具体问题,而不可避免存在的弱点。诚然,一般性公约不能处理诸如:救助排除的必要性、遗弃的定义、不同海区的复杂性、领海以外的保护问题(特别是国际水域),等等。到目前为止,她的观点是有根据的,同时也有强有力的理由支持教科文组织采用国际法协会案文草案作为公约案文,因为它确实有效地处理了这些难题。但是,也必须考虑所提出供采用文本所处的政治背景,以及由于管辖范围和救助排除等方面困难而拒绝(或实质性改变)该文本的可能性。然后,必须考虑这种对案文的拒绝或修改,将对国际层面的水下文化遗产保护产生什么影响。作为向各国政府提出解决这一问题新颖且

---

　　① R Williams,The Titanic Show Goes on the Road Despite Grave-robbing Row,The Independent,23 March 1994.

　　② 理由:(1)"基金会"与邮轮泰坦尼克公司的所有者的联系过于紧密;(2)邮轮泰坦尼克公司在获得打捞权时,作出了不出售文物的自愿承诺。

　　③ Strati,A Deep Seabed Cultural Property(n 37)and Strati,The Protection of Underwater Cultural Heritage(n 35)in Ch 10.

有效办法的手段,谈判进程本身是否足够有效?抑或是提案的失败(或对案文的修改使其失去特征)会创造一个消极的先例,使今后在这一问题上的任何行动变得困难?

一种可行的方法是编写一份关于水下文化遗产所有方面的实用指南,设法平衡不同利益,该指南交由联合国海洋法办事处编写,类似于该办事处印发的其他指南。[①] 这或许可以使 1982 年《海洋法公约》的制度对水下文化遗产方面的适用更加"友好";此外,1982 年《海洋法公约》中鼓励缔约国谈判的条款,可以用来鼓励它们缔结保护水下文化遗产的特别协定。这个想法的吸引力在于,它使用的是已经生效的公约(该公约已经在某些领域制定了新的法律,例如,关于专属经济区和高度洄游物种的规定)。[②] 水下文化遗产就是这样一个在《海洋法公约》中已经提到的问题,但是其相关的条款不符合其目的。但是若要在《海洋法公约》的框架下为水下文化遗产提供令人满意的保护,则需要制定大量的附加规则,以使现行机制适用于对水下文化遗产的保护。另一项建议是建立一个新的国际机构,通过这个机构使潜在利益冲突集团(如商业打捞者和考古学家)聚集到一起,查明冲突点和现有的共识,以解决冲突。然而,如果它建立在国际公约的框架外,还对违反其规定的行为采取商定的制裁措施,这将是缺乏说服力的:如果没有法律依据将沉船排除在打捞惯例之外,那么一个遵循传统打捞规则的商业打捞团体,可能不会那么轻易被说服放弃打捞历史沉船和其价值连城的货物带来的巨大利润。[③] 总的来说,该观点支持进行旨在保护水下文化遗产条约的谈判,特别是考虑到国际法协会(ILA)拟订的公约案文草案的质量,以及其中的一些创新型建议。

与此同时,缔结条约的方法不应被孤立看待,也有一些可供选择的活动和方案与条约制度一同遵循,例如:

鼓励各国扩大和完善其水下文化遗产名录制度,作为水下文化遗产的基本保护工具;

---

① Discussion at a conference held at the National Maritime Museum (London) 3-4 February 1995 in Summary Report of the National Maritime Museum Conference on the Protection of the Underwater Cultural Heritage (1995) at p. 6.

② 1995 年通过了《执行 1982 年 12 月 10 日"联合国海洋法公约"有关养护和管理跨界鱼类种群和高度洄游鱼类种群的规定的协定》[UN Doc A/CONF. 164/37 (1995);34 ILM 1542,1567]。

③ 如前文案例所示,1985 年,"哥德马尔森号"运载的"南京的货船"在南海被商业打捞上来,拍卖所得超过 1500 万美元(仅一份餐具就拍出 32.7 万美元)。

各国就专业人员培训、其他形式的科学合作、专业知识和信息交流等方面展开合作；

在编制文件和标准化数据库方面展开国家合作；

考察业余潜水员在水下考古中的作用，包括现有的考古学家训练计划；

致力于将水下文化遗产保护纳入有关经济合作、污染控制、环境保护等其他问题的区域协定框架内；

以 2001 年《保护水下文化遗产公约》（见下文）所附规则为基础，通过修改国家立法、双边协定等途径，在国家、区域和国际层面进行保护；

政府提供足够的资金（或提供设备、船只等）进行必要的科学测量、盘点和挖掘活动；

鼓励保护水下文化遗产的公共教育，特别是在旅游人数众多的沿海地区和国民将潜水运动作为旅游活动的国家；

进一步的工作是在商业打捞者和海洋考古学家之间，找到一种可以将两个利益集团的潜在冲突降到最低的权宜之计；

考虑将水下文化遗产保护纳入国际打捞协定的可能性；

鼓励国家博物馆和类似机构对水下文化遗产的获取、保护和展示采取合乎道德的方式；

劝阻专业考古学家接受与从事历史遗迹商业打捞团队合作的合同；

教育公职人员了解保护水下文化遗产的要求，以避免在进行港口建设和疏浚等公共工程期间损坏或破坏水下文化遗产。

二、从《保护水下遗产公约（草案）》（1994 年）到教科文组织《保护水下文化遗产公约》（2001 年）

拟定国际法协会《保护水下遗产公约（草案）》的工作始于 1988 年，其后 1994 年国际法协会布宜诺斯艾利斯会议通过了该草案的最终版本。[①] 委员会在决定起草一项关于这一问题的国际公约时，面临的最初问题包括：受保护财产定义的性质，及它应该笼统或具体到何种程度；公约的范围是否应该允许沿海国家控制领海以外地区的考古遗迹，如果是的话，这个区域应该如何确定；各国是否应该在商定的区域内（根据属地和国籍原则）行使管辖权。财政方面的考虑也很重要，因为所建立的法律框架应尽量减少各国政府的

---

① James A R Nafziger(Rapporteur) , International Law Association Cairo Conference(1992) (Committee on Cultural Heritage Law, International Law Association, 1992) at p. 12.

适用费用。国际法协会特别关切的一个区域是公海区,由于水下搜索和打捞技术的进步,在更深地方的场址越来越容易遭到破坏。① 根据领土原则,一种可能的最低形式的控制是一个国家对在其领海以外区域挖掘,之后运入其领土内的材料进行控制,这可以将保护对象扩大到深海海床上的沉船。虽然设立一个国际机构(类似于《海洋法公约》第九部分的国际海底管理局)可能是控制深海海底文化财产的理想形式,但这并不是一个切实可行的建议。②

国际法协会的公约草案是根据两个重要的背景因素制定的:其一,1985③ 年未通过的《保护水下文化遗产欧洲公约(草案)》;其二,1982 年之后海洋法公约框架内"需要详细阐述使用的国际法,以便为水下文化遗产提供重要保护措施"的制度。④ 另一个重要因素是 1992 年通过的《保护考古遗产的欧洲公约》,尽管其扩大的范围一般限于缔约国领海,但它对水下文化遗产的保护作出了非常积极的贡献,因为它明确了许多关于考古遗产保护(总体上)的新思路,并也应用于水下遗产。因此,国际法协会公约草案在许多方面可被视为对该公约的补充,但其管辖范围是全球性而非区域性的,并反映出其若干基本原则和方法。

1995 年 11 月,决议提交教科文组织第 28 届大会,除其他事项外,讨论了教科文组织未来在水下文化遗产领域的活动。⑤ 该公约草案(由国际法协会拟订)的案文已提交大会,作为关于这一问题的新国际公约的可能基础。⑥ 该公约案文草案的附件是国际古迹遗址理事会(ICOMOS)⑦编写的《保护和管理水下文化遗产宪章》,目的是作为一套良好行为的标准,供公约缔约国采用。大会通过了该决议草案,随后,教科文组织与利益相关机构(如国际

---

① 例如,加拿大大陆架外缘的"泰坦尼克号"残骸和距美国海岸约 160 英里远、2.4 公里深的"中美洲号"残骸的掠夺。

② 正如"主要海洋大国"在海洋法公约第十一部分达成合作协议的情形一样,极为困难。

③ 《保护水下文化遗产欧洲公约》草案(1985 年),可在欧洲理事会的初步草案中获得,文件编号:DIIR/JR(84)1;最终版本由欧洲理事会发布,"最终报告"(斯特拉斯堡,1985 年)[文件编号:CA-HAQ(85)5[限制]]。应当注意的是,最终版本与 1984 年公开发行的版本在某些方面有所不同。

④ Nafziger, International Law Association Cairo Conference(1992)(n 65) at p. 12.

⑤ 1995 年 11 月提交教科文组织大会的决议草案,28 C/29 号文件。

⑥ James A R Nafziger(Rapporteur), Buenos Aires Draft Convention on the Protection of the Underwater Cultural Heritage—Final Report(Cultural Heritage Law Committee, International Law Association, 1994).

⑦ 国际博物馆和遗址理事会(ICOMOS),水下文化遗产管理和保护宪章草案,由 ICOMOS 水下文化遗产小组委员会主席 C·隆德编写。

海事组织、国际海洋学委员会和联合国海洋法办事处)举行了会议。这些组织决定审查国际法协会公约草案,及与保护水下文化遗产的新法律文书有关的任何其他材料。①

为了采用国际法协会案文草案为该国际公约的基础,教科文组织编写了一份可行性研究报告,②其中确定了某些需要保护的问题领域以及处理这些问题的法律方法(见本文)。这里提出的一个基本问题是,教科文组织文化遗产保护的公约的通过,对迫切需要找的新的方法来应对保护水下遗产面临的威胁来说,是否是最有效的。此决定的一个主要方面是,各国政府支持这一手段的政治意愿问题,以及围绕管辖范围和救助独享等政治问题能否得到有效解决。

国际法协会公约草案对国籍管辖原则及更传统的有关保护和控制的领土管辖权的依赖,是专门处理水下文化遗产条约的重大创新。允许缔约国对构成水下文化遗产的一部分沉船实行救助独享,以及对国际水域的挖掘活动实行间接控制(国籍原则除外),也解决了目前保护制度中存在的两个主要问题。缔约国对与大陆架和/或200英里界限共同延伸的"文化遗产区"内,与水下文化遗产有关的活动行使管辖权的可能性,被认为是至关重要的,因为这样才能使基于传统领土理由的保护扩大到领海以外。这种"渐进管辖权"是国际法协会草案中最有问题的一个方面,使新公约的谈判极为紧张。③ 然而,这是一项重要的原则,因为在大陆架海床上发现的沉船和其他材料极易受到非科学打捞的干扰。本公约草案所提出的间接(非领土)控制形式也可能极具价值,但它们只是作为一种主要以领土原则为基础的制度补充,单靠其本身是不够的。

三、条约案文编写的历史

2001年11月2日,联合国教科文组织第31届大会全体会议通过了《保

① 1995年9月在斯特拉斯堡举行的欧洲理事会会议会、文化教育委员会、艺术和建筑遗产小组委员会会议上发表的意见。议程草案项目3(c),AS/CULT/AA(1995)OJ 2。

② UNESCO,Feasibility Study for the Drafting of a New Instrument for the Protection of the Underwater Cultural Heritage,Executive Board of UNESCO(Paris,1995),doc. 146 EX/27.

③ UNESCO,Feasibility Study for the Drafting of a New Instrument(n 74)at p. 5.

护水下文化遗产公约》。^① 异于现代条约的是，它是通过投票而不是协商一致通过的，这说明了这是一项具有争议的公约，一些海上"大国"（英国、美国、日本、挪威、法国等）认为该公约挑战了他们在 1958 年《日内瓦海洋法公约》和 1982 年《海洋法公约》中确保的重要经济和军事利益。根据第 27 条，《公约》在第二十次批准（接受、核准或加入）后三个月生效，^②数目与 1972 年《世界遗产公约》所要求的相同。事实证明，获得这些批准要比条约通过困难得多，甚至也比之后在文化遗产领域相关的 2003 年《保卫非物质文化遗产公约》和 2005 年《保护和促进文化表现形式多样性的公约》获批困难得多。

教科文组织秘书处和联合国海洋事务和海洋法司（DOALOS）于 1998 年 6 月/7 月在第一次会议上正式向政府专家提交了一项公约草案，并作为谈判的基础予以通过。^③ 谈判过程并不容易，那些自封的"主要海洋大国"（法国、德国、日本、荷兰、挪威、俄罗斯、英国和美国）坚持不允许沿海国家控制大陆架上的文化遗产，因为他们认为这是一种"渐进管辖"，是使沿海国家在该地区逐步扩大管辖权的第一步。^④ 他们还提出，由于在谈判 1982 年《海洋法公约》第 149 条和第 303 条时就曾对这一问题进行过辩论，因此不能在其他讨论上再次提出。然而，已经有一些国家为了保护大陆架的水下文化遗产，而对其进行了控制，且并没有出现任何上述后果。此外，随着技术的进步，相比 1982 年，大陆架和深海海底的文化遗迹更容易受到非科学开发的破坏。同样，我们也有可能将这种做法视为对海洋法公约机制空白的填补，而非违反。^⑤ 我们应该认识到，主要海洋大国观点中的重要因素是他们对保护安全利益的渴望以及他们在大陆架地区活动而不被发现的能力。

另一个棘手的问题，是在原籍国管辖范围以外水域的军舰和其他政府

---

① 《保护水下文化遗产公约》（联合国教科文组织，巴黎，2001 年 11 月 2 日）[41 ILM 40]。87 个成员国投赞成票，4 个反对票，15 个弃权票。For a detailed analysis, see: Patrick J O'Keefe, Shipwrecked Heritage: A Commentary on the UNESCO Convention for the Protection of Underwater Cultural Heritage (Leicester, UK: Institute of Art Law, 2002).

② 该公约于 2009 年 1 月 2 日生效，截至 2014 年 10 月，已有 48 个缔约国加入。2014 年 10 月 6 日参见：< http://www.unesco.org/eri/la/convention.asp? KO = 13520&order = alpha >。

③ 在 1999 年 4 月的第二次会议上，成立了三个工作组来讨论：(1)定义、范围和一般原则；(2)附件（根据国际古迹遗址保护协会规则）；(3)管辖权问题。

④ For a detailed description of the negotiations, see: O'Keefe, Shipwrecked Heritage: A Commentary on the UNESCO Convention (n 76) at p. 25-32.

⑤ 意大利代表团在教科文组织案文谈判时简明扼要地提出的论点。See: G Allotta, Tutela del Patrimonio Archeologico Subacqueo (Palermo, Italy: Centro Studi Giulio Pastore, 2001) at p. 57.

船只残骸的所有权和相关权利。① 保护休闲潜水员参观历史和古代沉船的自由,对美国等一些国家也很重要,即使这些潜水员已经被禁止触摸这些沉船。然而,这种自由必须与商业打捞者掠夺的危险相平衡。另一个至关重要的问题是公约涉及的活动范围,并决定(在 1999 年政府间谈判第二次会议上)将其限制于"针对"水下文化遗产的活动,从而不影响诸如铺设电缆等其他活动。② 这样做的好处是使谈判更容易进行,但显然会使水下文化遗产面临更大的意外损坏的危险。到第四次和最后一次政府间会议时,仍然存在的最具争议而未决的问题是:沿海国家对大陆架/专属经济区的控制;军舰和打捞。最终草案于 2001 年 7 月 8 日通过(49 个谈判国赞成、4 个反对、8 个弃权)。

四、2001 年《公约》文本

序言赋予了所有国家保护水下文化遗产的主要责任,因为水下文化遗产是"人类文化遗产的组成部分,是拥有共同遗产的人民、国家及其相互关系的历史的极重要的组成部分"。③ 这引出了这样一个事实,即水下文化遗产往往反映了历史上各国甚至世界各区域间的贸易和其他经济和文化联系。当局也列出了对水下文化遗产的威胁,包括"未经批准的活动"(未详细规定,但包括自然资源开发、建设设施及人工岛屿等)、水下文化文物贸易、技术进步(用于水下搜寻及取回)以及合法活动的附带影响。然而,公约最关心的威胁是商业剥削和掠夺,因为在这种情况下,物品的打捞是不考虑考古或历史背景的。

强调公共教育的必要性,包括政府官员、法官和其他人员的教育,是一种保护手段,也是确保公众接触认识文化遗产的手段。这一办法隐藏在第 20 条的实质性条约条款中,是任何保护制度的一个重要方面,应该给予比现在更多的重视。值得注意的是,这里要求的国际合作不仅限于国家,还包括广泛的利益攸关方,如科学机构、专业组织、考古学家和潜水员,这反映了需

---

① 例如,在中美洲、南美洲和加勒比海海域失事的西班牙船只。

② 而不是广义上的"活动影响"。Patrick J O'Keefe, Second Meeting of the Governmental experts to Consider the Draft Convention on the Protection of Underwater Cultural Heritage: Paris, UNESCO Headquarters(April 19-24 1999), International Journal of Cultural Property, Vol. 8(1999), p. 568; Forrest, A New International Regime(n 2).

③ 这种方式也反映在 1985 年欧洲公约草案的序言中,其中水下文化遗产被称为"人类共同遗产的一个组成部分"。

要考虑的合法利益的范围。① 序言还指出,由于水下考古调查、挖掘和保护具有高度专业性,因此需要"统一的管理标准",这在附件所列的规则中有所反映。这里两次提到了水下文化遗产原地保存的重要性,也提到了为了"科学或保护目的"而打捞它的必要性。还有一项声明表明,有必要根据文化遗产法和海洋法的国际规则和惯例编纂和逐步发展该法,这表明该条约试图调和这两个单独的、可能相互冲突的法律领域。

就本《公约》而言,水下文化遗产的定义是一个特别复杂的问题,(在第1条中)拟定的定义反映了遗产立法保护更完善的国家多年来的讨论和经验。它被定义为"所有具有文化、历史或考古特征的人类存在痕迹",这些痕迹部分或全部、周期性或连续地在水下存在了至少100年。遗产类型包括:(1)遗址、结构体、建筑物、文物和人类遗骸,以及其考古和自然环境;(2)船只、飞机、其他车辆(或其部分)、货物和内容物及其"考古和自然环境";(3)史前遗迹。这里,不仅强调了考古和历史遗迹(包括沉船和相关文物)本身,而且强调它们所处的"考古和自然环境",这是值得注意的,因为这显示了它们所包含的科学信息的重要性。海床上仍在使用的海底管道、电缆和其他设施被明确排除在该定义之外,但如果在停用后仍然保留在原处,则可被划入《公约》范围。"水下"是一个潜在的模棱两可的词,因为在海岸线或暗礁上的物体可能会部分或周期性地沉没。"文化、历史或考古特征"短语对《海洋法公约》案文(第149条和第303条)来说是不幸的回归,对未列入100年期限的定义几乎没有增加。② 选择100年作为时限是相当武断的,也反映出这是许多国家立法的惯例。③ 特定类型的遗产清单代表了最有可能被发现的遗产,仅作为示例。"具有史前特征的物体"可能指的是人工岛、定居点及相关的工具和其他人工制品,也在提醒我们一些现在被淹没的地区(如白令海峡)在当时是陆地块。国家拥有和经营的船只和飞机,在沉没时"仅用于政府和非商业目的",且已有100年以上的历史,也应包括在内(第8段)。总的来说,这一定义非常具体,便于管理者和法院作出解释,在水下文

---

① 反映了美国1987年《被弃沉船法》中包含的多用途指南的做法。合作原则本身源于《海洋法公约》第303条,但在此已从国家扩展到更广泛的利益攸关方。

② O'Keefe,Shipwrecked Heritage,A Commentary on the UNESCO Convention(n 76)at p.42-43.

③ 1971年6月30日第589号瑞典法规定,100年前失事的物体和100年以上的古迹受到保护(s 9a);1973年丹麦第445号法案保护了位于丹麦水域中150年以上的沉船和其他人造物体;1978年6月9日挪威第50号法案(及1993年1月1日修正案,特别是关于船舶发现的第四章)也规定了类似的时限。

化遗产方面尤为重要。①

《公约》的主要目的是保护水下文化遗产(而不是"开发"或"恢复"),②这清楚地表明,其目标是保护这一遗产不受有意或意外的破坏和毁灭。由于许多水下文化遗产已经与其水下环境达到平衡状态,并且就地保护比打捞出水面更好(如第 5 段所述),这也表明不对其进行干预是一种主要方法。③ 还可能通过采取措施,以防止水下文化遗产所处的物理环境发生变化,从而导致遗产的恶化、破坏和/或毁灭,如来自船舶和设施的污染、武器试验和资源开发活动。我们认识到各国在实现这一目标的资源和能力(包括技术)方面存在局限性,但通过寻求国际合作而达到平衡。④ 缔约国还被要求为了全人类保护水下文化遗产(第 3 款),其中规定了各个国家保护所有水下文化遗产的一般义务,即使这些遗产与国家没有直接利益关系。对已经从海底打捞出来的文化遗产和在授予水下文化遗产挖掘许可证时,⑤均要考虑其长期保存的要求,因为长期处于水下的有机材料一旦暴露在空气中,就会迅速恶化,因此需要将其储存在受控的环境中。⑥

值得注意的是,本《公约》的目的不仅仅是定义遗产本身这一概念,还对"指向"和"附带影响"水下文化遗产的活动作了定义:(1)活动主要针对水下文化遗产,但可能对其造成附带破坏或毁灭;(2)水下文化遗产并非该活动的主要对象,但也可能对其造成附带伤害。⑦ 关于前者,应当指出的是,不仅只有商业掠夺沉船会对物质和信息环境造成极大的破坏,科学挖掘本身就是一种破坏性活动。至于其他活动造成的无意破坏或毁灭,底部拖网搜查都可以在深海海底留下冲刷痕迹。⑧ 因此,缔约国有义务"防止或减轻在管辖范围内任何会对水下文化遗产造成负面影响的活动",⑨这一事实使各

---

① Patrick J O' Keefe, The International Law Association: Draft Convention on the Protection of the Underwater Cultural Heritage, in La Tutela del Partimonio Archeologico Subacqueo, Edited by G Vedovato and L Vlad Borrelli(Italy: Ravello, 1993) at p. 44.

② 一般原则和宗旨载于第 2 条。

③ 附件第 1 条与此有关。

④ 第 2 条第 4 款和第 2 款。

⑤ 第 6 款。

⑥ Muckelroy, Maritime Archaeology(n 3).

⑦ 第 2 条第 6 款和第 7 款。这与国际环境法规有相似之处,国际环境法规倾向于关注人类活动与环境损害和/或破坏之间的相互作用。

⑧ D Gibbins, ' Archaeology in Deep Water—a Preliminary View', International Journal of Nautical Archaeology, Vol. 20, No. 2(1991) :p. 163-170 at p. 167.

⑨ 第 5 条。

国注意到,例如,捕鱼、采矿、石油勘探、钻井、武器测试等活动,均会干扰或破坏水下文化遗产。缔约国有义务防止或减轻这些活动的不利影响,因此必须在这些活动对经济和安全的重要性与保护水下文化遗产之间取得平衡。缔约国必须使用"最可行的手段"来实现这一点,即考虑到实际情况、科学和技术知识及潜在的成本情况后,采用最恰当的手段。在某些情况下,挖掘和打捞可能是实现这一目标的唯一途径。这一条款认识到,全面预防并非总是可能的,因此它必须足以减轻这些影响。然而,在这方面重要的是,各国必须采取行动,而不能简单地忽视这些活动对水下文化遗产的负面影响。这一义务延伸到缔约国专属经济区或大陆架的外部界线,以范围更广者为准。

正如本章之前所讨论的,对古代和历史沉船最严重的威胁之一是商业打捞,传统打捞规则的存在大大加剧了这种威胁。2001年《公约》对此作出直接回应,明确规定"不得对水下文化遗产进行商业开发",不允许对第1条规定定义的船只进行任何形式的商业打捞。① 公约明确指出,水下文化遗产(如公约所定义)"不受打捞法和发现法的约束",除非:(1)经主管当局授权,完全符合公约规定(尤其是附件规则);(2)确保水下文化遗产在打捞期间得到最大程度的保护。② 这使国际标准与许多国家本身的做法相一致,这些国家已经要求任何水下文化遗产相关的活动都必须得到官方许可,且符合科学挖掘的要求。虽然打捞规则显然对保护海船和货物的经济利益非常有用,但正如我们所看到的,这些规则对具有历史或考古价值的沉船和相关材料破坏性极大。此外,大多数符合本《公约》的沉船(通常是在水下超过100年的沉船)已经与周围环境达到平衡状态,因此也不再像打捞规则提出的处于海上的"危险"之中。参照文物发掘的相关法律,将水下文化遗产排除在其管辖范围之外的主要原因是,在美国等某些司法管辖区,文物发掘的相关法律将发现者视为发现物的所有人,并赋予他们对发现物的完全控制权;同样,这对水下文化遗产来说显然是潜在的灾难,因为其包含的信息价值可能和商业价值一样高。然而,这确实提出了一个问题,即在深海海底发现并被带上岸的沉船没有明确的所有者,除非它打捞上岸所处的国家对此

---

① 第2条第7款。如Forrest, A New International Regime(n 2) at p. 535 指出的那样,"根据其历史重要性,而不是海洋危险的存在,建立一项适用于水下文化遗产打捞的国际法律制度,将取代必须确定打捞法是否适用的必要性"。

② 第4条。

作出了规定。本《公约》还讨论了以这种方式打捞的水下文化遗产的相关贸易问题,并就打捞和发现提出了具体规则。① 尽管奥基夫(O'Keefe)②指出,科学发掘的发现物随后可以以盈利为目的进行展示、或考古遗址也可以以盈利的形式向游客开放,但这些规定显然针对商业打捞活动,而商业打捞的主要目的是出售。

各国对某些船舶(如军舰)的"主权豁免"和此类船只的弃船的相关问题也得到了解决。③ 一些评论家认为,一旦军舰沉没在海床上,它就不再是一艘"船",因为它无法航行,因此会影响国家对该船只的权利:在这种情况下的船只可能会被认为是被遗弃的,其所有权将过渡给打捞者。④ 这里还提醒我们注意,水下考古工作的潜在敏感性(如涉及对海床的临时"占领"),附带条件是公约所授予的权利不应影响各国之间存在管辖争端的海底地区地位。⑤《公约》不应"损害各国根据国际法享有的权利、管辖权和义务",特别是1982年《海洋法公约》,进一步承认了这一敏感性。⑥ 其中包括航行自由、铺设海底电缆和管道的相关规则、自然资源开发、公海和管辖区捕鱼等。比如,2001年《公约》缔约国有权禁止将悬挂外国国旗的历史沉船上非法打捞的物品带入其领土,正常通行权⑦就可能会与这一主张相冲突:⑧这不应该被解释为要求缔约国禁止船舶通过其领海的正常通行权,因为这就违反了《海洋法公约》。⑨ 当然,受到2001年《公约》的影响,根据各国的实践,对相关《海洋法公约》规则的解释很有可能会有进一步的发展。比如,这种情况可能会发生在那些对其领海以外大陆架或专属经济区的水下文化遗产实行控制的国家。

《条约》还提出,可以在双边、区域和其他多边基础上建立更为严格的法律制度,《条约》鼓励各缔约国签署此类协定,但前提是协定完全符合2001

---

① 分别为附件规则二和第4条。

② 参见第77条。

③ 第2条第8款。

④ Strati, The Protection of Underwater Cultural Heritage(n 35)at p 221.

⑤ 第2条第11款。

⑥ 第3条。

⑦ 1982年《海洋法公约》第17条、第19条和第27条。

⑧ 第14条。

⑨ 大会第A/RES/55/7号决议(2001年5月2日)第6段指出,2001年公约应"完全符合(损失控制)公约的有关规定"。

年《公约》,且不得"减弱它的普遍性"。① 因此,这些附加协定被视为对《公约》制度的补充和加强。多边条约鼓励进一步的协定(特别是双边、次区域和区域层面的协定),以提供超越其本身的更强大的保护制度,解决超出多边框架范围的具体问题,这并不罕见。② 然而,针对水下文化遗产保护,各国不太可能进一步制定条约,除非是针对更具体的问题,如特定范围的沉船(如在英国失事的西班牙无敌舰队)或特定类型的威胁(如建造人工设施或海洋污染)。古代和历史性沉船存在的一个特殊的复杂因素是,它们可能位于离船舶、货物及其船员的原籍国(多个原籍国)很远的水域。因此,鼓励签署此类附加协定的国家邀请这些"具有可核实的(文化、历史或考古)联系"的国家加入协定。③ 这种联系包含所有可能的因素,如船舶建造国、船员国籍、货物原产地国(或多个国家),这可能就导致了一些非常复杂的关系和索赔。比如,一艘青铜时代的商船建造于希腊,在地中海东部和北非进行贸易,其船员是腓尼基人,在现代土耳其海岸沉没。④ 此外,在2001年《公约》前曾使其他协定缔约国的国家地位得到了保护,⑤因为新条约的权利和义务不能以任何方式取代这些旧协定。

水下文化遗产在不同海域的地位问题非常复杂,需要详细的规定来解决其在内水、群岛水域和领海(第7条),在毗连区(第8条),在专属经济区和大陆架(第9条和第10条)和深海底区域(第11条和第12条)的地位问题。⑥ 对于专属经济区、大陆架和深海海底区域,这些规定包括对水下文化遗产的报告、通知和保护。教科文组织成员国对保护水下文化遗产必要性的重视,表现在它们愿意考虑将国际标准适用于传统上受主权管辖的区域;此外,(附件中的)这些规则一般可作为国际标准被接受。由于该《公约》在其他地方有全面的说明,⑦笔者不打算详细讨论其中的条款,而是对其要点作一个概述。应该注意的是,该《公约》的主要文本与规则(附于《公约》文本)之间的

---

① 第6条。

② 正如《移徙物种公约》(1979年)鼓励发展第4条第3款和第4款中保护特定物种的双边和多边协定一样。

③ 第6条第2款。

④ 例如,在土耳其西南部发现的盖格里多尼亚沉船,在巴斯报道的"盖里多尼亚海角沉船"(n 8)。

⑤ 第6条第3款。双边协定的一个例子是荷兰和澳大利亚之间关于荷兰旧船难(1972年)的协定。

⑥ 有关管辖这些海域的国际法规则的更多信息,参见上文的讨论。

⑦ Craig Forrest, *International Law and the Protection of Cultural Heritage* (London and New York: Routledge, 2011) at Ch 6, p. 287-361.

相互作用具有根本的重要性：这些规则非常详细地规定了会影响水下文化遗产的任何活动所需的标准，因此当缔约国在批准这些活动时，必须遵守这些标准。例如，缔约国必须将这些规则适用于其领海内有关水下文化遗产的"任何活动"，或授权在专属经济区和/或大陆架内开展此类活动。①

第 7 条的一个重要作用是在各缔约国之间制定统一的办法，以规范在其内陆、群岛和领海的水下文化遗产相关活动，因为现有的各国立法存在很大差异，例如，在管制类型方面包括没收发现物和设备、指定受保护的残骸，以及控制被打捞文物的贸易等。这一法律领域的复杂性充分表现在，管理毗连区（从基线延伸 24 海里）水下文化遗产的规定不得与管理大陆架和专属经济区的水下文化遗产的条约或 1982 年《海洋法公约》第 303 条第 2 款（当水下文化遗产在缔约国毗连区海床被移走时，该条赋予缔约国一定的管理权）相冲突。因此，为了符合《海洋法公约》的规定，2001 年《公约》中在毗连区的与水下文化遗产直接有关的活动的规定，必须针对那些可能导致水下文化遗产打捞的活动。2001 年《公约》谈判期间处理的最棘手的问题之一是沿海国家与其位于大陆架或专属经济区的水下文化遗产的关系。这些规定可以被视为对《海洋法公约》第 303 条第 1 款所规定的水下文化遗产保护一般义务的发展。沿海国家在其专属经济区和大陆架内保护水下文化遗产的权利和义务在此列明，②缔约国仅限于授权在该区域内符合公约的活动；这实际上可能阻止了他们行使以前根据其本国法律享有的权利。沿海国家对其专属经济区和大陆架上的水下文化遗产的直接保护拥有充分的自由裁量权，并有广泛的权利禁止或授权针对该遗产的活动，以防止对其主权权利或管辖权的干涉。③ 从本质上讲，《公约》的总体做法是依靠国籍和船旗国的管辖权基础，而不是将沿海国家的管辖范围扩大到毗连区以外的区域。在大陆架或专属经济区内，沿海国家对水下文化遗产不享有专属管辖权：沿海国家的权力在此仅限于同其他有关国家一起，作为与水下文化遗产相关活动的"协调国"。④

水下文化遗产保护机制试图针对该区域建立法规，迄今为止，《海洋法

---

① 分别为第 7 条和第 10 条。

② 第 10 条。

③ 如 1982 年《海洋法公约》第 77 条所述。

④ Forrest, International Law and the Protection of Cultural Heritage(n 113) addresses this question at p. 34-50.

公约》仅以非常有限的方式成功实施。^① 至于大陆架和专属经济区，这里设定的程序^②是官僚主义的，其效力将在很大程度上取决于各方是否愿意合作。缔约方可以根据第 11 条第 4 款的规定申报对该海域水下文化遗产的权益，教科文组织总干事应邀请缔约方就保护水下文化遗产的最佳办法进行磋商，并指定一个缔约国（不一定从他们之间）作为协调国。协调国在安排磋商、采取措施、进行初步研究和/或签发授权时必须"以人类的利益为本"，并"应特别注意……原籍国的优先权"。^③ 国际海底管理局^④也应参与协商，作为一项重要的保障措施，以确保同可能影响到水下文化遗产领域的其他活动充分协调。任何缔约国均可采取切实可行的措施，防止对该区域内的水下文化遗产产生的直接危险，并可对本国国民或悬挂国旗的船只在该区域内的活动施加某些禁令。未经船旗国同意，禁止缔约国在该区域从事或授权针对国家船只和飞机的活动。^⑤

《公约》试图处理不同海域条款中"来源国"与沉船之间通常存在的复杂关系。例如，在群岛水域和领海，当事方在发现了国家船只和飞机后，应通知船旗国或其他"有真正联系"的国家。^⑥ 这样做的目的是避免严重争议的发生，即当出现一个国家的船只在另一个国家的水域被撞毁，而原籍国的主权豁免仍然存在，且该船只没有被抛弃（即所有权保留）的情况。^⑦ 在专属经济区/大陆架区，除沿海国外，与该遗址有"真实联系，特别是文化、历史或考古联系"的国家，可以宣告对如何确保有效地保护该遗产进行磋商感兴趣。^⑧如果沿海国家未能保护此类水下文化遗产，则应与已宣布对水下文化遗产

---

① 《海洋法公约》第 149 条。

② 第 12 条。

③ 这似乎是再次试图接近《海洋法公约》第 149 条的精神；实际上，它并没有给该条款增加什么实质性内容。

④ 根据《海洋法公约》第十一部分设立，以管理该地区的矿物开采和其他类似活动。

⑤ 第 10 条第 7 款。值得注意的是，有关船旗国不需要成为公约缔约国，就可以享受此种对其权利的保护。

⑥ 虽然在本公约中提到国家船只和飞机是极具争议的，但决定视其所处海域而定其处理办法。

⑦ 这方面的一个例子是"拉巴马号"，这是一艘美国南部邦联的军舰，1864 年在法国瑟堡附近的领海沉没，1984 年被法国海军的一艘扫雷艇发现。1987 年，美国国务院写信给法国政府，要求获得沉船的所有权，并有权批准任何人在沉船上潜水，这与法国对此事的看法相反。1989 年，一个联合科学委员会达成协议，授权对沉船进行研究，从而解决了这一争端。For more on the case, see: O'Keefe, Shipwrecked Heritage, A Commentary on the UNESCO Convention (n 76) at p. 76-77.

⑧ 然而，在进行大量挖掘工作和从场址打捞物品之前，可能无法确定这种联系。此外，一个潜在的问题是，没有必要将此类信息传递给一个可能使水下文化遗产得不到保护的非缔约国。

有利益关系的任何其他国家协商,①作为协调国行事;如果该沿海国选择不作为协调国,已宣布对水下文化遗产有利益关系的国家应指定另一国家作为协调国。由于这一协商程序可能导致对水下文化遗产保护的拖延,协调国可采取一切可行的措施,防止会对遗产产生的一切直接危险。随后,协调国将实施协商后要采取的行动,但是如果需要某项具体技术,则协商方以外的国家也可以承担这一工作。② 作为协调国采取的任何行动都不是对国际法和1982年《海洋法公约》未规定的任何"优先权或管辖权"进行主张。关于国家船只和飞机的处理办法,未经船旗国同意和协调国的合作,任何针对这些船只和飞机的活动都是禁止的。对位于该地区的水下文化遗产,任何能够证明与所发现的水下文化遗产有"真正联系"③的国家都可以向教科文组织总干事宣布,它有兴趣就该遗产的"有效保护"进行磋商。

对不同海域发现的水下文化遗产进行报告,也是对其保护的一个重要问题,因为彼时水下文化遗产极易受到损害。比如,挪威已经要求国民和非国民报告在大陆架的石油和矿产勘探期间偶然发现的水下文化遗产。报告要求是缔约国"保护专属经济区和大陆架上的文化遗产"一般义务的一部分,缔约国必须要求其国民和悬挂本国国旗的船舶向其报告任何被发现的水下文化遗产和/或在其专属经济区和大陆架内针对水下文化遗产的活动。④ 对于在他国专属经济区和大陆架发现的水下文化遗产,国民和船旗舰应向其所在缔约国报告发现情况;否则,应向本国报告,本国应迅速且有效地将信息告知沿海国家。教科文组织被提名作为一个信息交流中心,以交换在专属经济区和大陆架地区发现和计划开展的有关水下文化遗产的活动的这类资料,但是这一报告制度仍需发展,以使之有效。它的主要缺点是,在船旗国管辖权的适用极为糟糕的情况下,远距离执行国籍管辖权会非常困难。⑤ 关于报告在国家管辖范围以外的深海海底地区发现的水下文化遗产,《海洋法公约》第149条和《保护水下文化遗产欧洲公约》第2条规定了保护该区域遗产的一般义务。因此,缔约国有义务要求其国民或悬挂国旗

---

① 根据第9(5)条的规定。

② 协调国被视为代表缔约国而非其自身利益行事,以避免因对沿海国在其专属经济区和大陆架的权力存在分歧而产生困难。

③ 证明有"真正的联系"这一判定标准的措辞,使人联想到《海洋法公约》第149条的措辞,即"特别考虑文化、历史或考古起源国的优先权利"。

④ 第9条。

⑤ 特别是利比亚等不太可能成为公约缔约国的国家普遍使用"方便旗"。

的船只报告在该区域内发现的任何水下文化遗产或针对水下文化遗产的活动。此外，《公约》缔约国应通知国际海底管理局秘书长，该机构的职责是"组织和控制该区域内的活动"。① 《公约》还讨论了拥有主权豁免的军舰或其他政府船只在执行国家行动时意外遇到水下文化遗产的情况。② 在披露发现情况会危及行动保密的情况下，如果船只从事非商业活动，并且不从事任何针对水下文化遗产的活动，则不承担报告义务。③ 在没有实际理由对发现情况保密的情况下，缔约国不得隐瞒此类信息。

　　缔约国之间的合作隐含在第 9 条—12 条中，在对水下文化遗产的"保护和管理"方面，这一点作为一般责任被明确且实际地表示，特别是在水下文化遗产的调查、挖掘、记录、保护、研究和展示方面。④ 不同国家有不同的专业知识和最佳实践方式，将其进行分享是一个宝贵的目标；而且位于一方领土内、从一方领土上收回或没收的水下文化遗产实际上可能与其他国家的遗产和专业技术关系更为密切。缔约国之间的信息共享是另一个重要工具，⑤例如，在预防和控制非法挖掘、水下文化遗产打捞（包括其发现和定位）、科学方法和技术发展等方面。但是，鉴于水下文化遗产极易受到商业打捞者和其他人的干扰和破坏，只要这些信息的披露可能危及该遗产的保存，就应尽可能地远离有能力的当局并对其保密。《公约》鼓励的另一种合作形式是转让水下文化遗产相关的技术，这一点很重要，因为很少有国家能够轻易获取这种高度专门化的设备。⑥ 然而，由于此类技术大多是为国防或石油勘探/开采行业开发的，它可能是一个敏感问题，因此这一要求需用"按商定条件"一词加以限定。

　　《公约》还设法对以违反《公约》条款和/或非法出口的方式追回的水下文化遗产的国际贸易（以及随后的内部交易）实行控制。⑦ 由于大多数水下文化遗产的非法挖掘和打捞都是出于商业目的，且往往涉及跨国界流动，因

---

　　① 《海洋法公约》第 156 条。该做法是恰当的，因为其勘探和采矿作业条例要求对任何考古或历史性质的发现进行告知。

　　② 第 13 条。

　　③ 第 9 条—12 条。

　　④ 第 19 条。

　　⑤ 第 19 条第 2 款要求。

　　⑥ 第 21 条。

　　⑦ 第 14 条。

此这显然是一项重要的保护机制。① 尽管各州可以自行决定,但"所有必要措施"一词表明,这不应仅是最低限度的保护。② 由于所涉水下文化遗产不需要从一方领土非法出口,这适用于所有非法出口的水下文化遗产。困难一般出现在涉及国际贸易的管控上,特别是在确定属于公约条款范围内的遗产方面,比如,一艘青铜时代的希腊商船上,既有船员使用的陶瓷器皿,也有在航行期间获得的物品/货物(该类物品在陆地上非常容易被发现)。同样地,国家很难拒绝他们认为已在违反《公约》(包括附件规则)的情况下打捞的水下文化遗产进入其领土。将这些物品秘密运到岸上,可能还会对其进行清洗,然后再出口,这使得确定这些物品的确切来源非常困难。缔约国还必须防止在其管辖范围内,使用任何港口、人工岛、设施或类似结构等进行不符合《公约》条例的针对水下文化遗产的活动。③ 这是一项重要的规定,因为进行这种活动的船只可能由非缔约国国民担任船员,并在非缔约国管辖下悬挂旗帜:如果它在远离其母港的地方作业,将需要加油、食物和其他资助。在大多数沿海国家都是《公约》缔约国的区域,这种禁止可能使非法挖掘和水下文化遗产打捞变得非常困难。

鉴于大部分水下文化遗产具有巨大的商业价值,要求缔约国对违反《公约》保护措施的行为实施制裁,是另一项更为重要的要求。④ 这种制裁很可能是刑事制裁(监禁和/或罚款),外加某些行政制裁,如没收财产。制裁应该"足够严厉使之有效……并阻止违规行为",还应"剥夺违法者从非法活动中获得的利益"。还要求缔约国通过合作,以确保有效执行制裁,包括制裁信息交换,甚至在某些极端情况下引渡罪犯。该规定还要求没收以不符合《公约》规定方式打捞的水下文化遗产:没收是最有效的威慑手段之一(鉴于所涉物品的价值及非法挖掘所用设备的费用)。2001 年《公约》没有涉及此类水下文化遗产的可识别所有人的权利问题,因为在谈判中决定财产问题超出《公约》范围,⑤并且非法打捞者并非遗产的所有者,没收可能会被所有

---

① 类似于,1973 年 3 月 3 日在华盛顿通过、1975 年 7 月 1 日生效的《濒危野生动植物种国际贸易公约》(CITES)对濒危动物进行贸易管制,将作为保护野生动物的手段[993 UNTS 243]。

② 这些措施还必须符合教科文组织《关于禁止和防止非法进出口文化财产和非法转让其所有权的方法的公约》(1970 年)和《国际统一私法协会关于被盗或非法出口文物的公约》(1995 年)的现有义务,第四章将详细讨论。

③ 第 15 条。

④ 第 18 条。

⑤ O'Keefe, Shipwrecked Heritage: A Commentary on the UNESCO Convention(n 76) at p. 115.

者要求赔偿。值得注意的是，人们认识到打捞的水下文化遗产信息价值和潜在的脆弱性，需要打捞国提供必要的设施、专家和资金，以记录、保护和稳定以这种方式打捞的水下文化遗产。这可能是一项涉及大量物品的重大而昂贵的任务，因为保护和稳定水下有机材料是一项高度专业化的工作。所设想的行动包括：重组分散的收藏品（例如，将沉船的发现物视为一个整体）和确保公众参观、展览和教育。在此也应考虑任何具有"可核查联系"的国家利益，①例如，让其专家可以对这些材料进行研究，甚至在某些例外情况下，将这些材料分割或全部转让给该国。将没收物品纳入公共领域也符合公众利益，且《公约》的一项基本立场是，水下文化遗产最终属于有权接触到它们的人。因此，为了提高公众对遗产的认识和欣赏，以及更好地保护遗产，鼓励人们以非侵入性的方式就地接触水下文化遗产。② 第4段强调了没收的公共利益，要求只要符合保护和研究需要，所有被没收的水下文化遗产都应"以公众利益"为目的处理。

对沉船上发现的人类遗骸给予适当尊重是一个重要的、得到普遍支持的伦理问题，特别是对阵亡者的遗骸。③ 对遗体的适当尊重是必要的，④第5条规定了处理遗骸这一敏感问题以及"受尊敬的地点"的问题。⑤ 虽然把他们留在原地是这里暗示的主要方法，但在某些情况下，这可能会导致他们之后受到干扰，因此有时在检查后将他们重新埋葬可能更合适。⑥ 如果遗骸是要挖掘的地点的组成部分，则无法避免对他们的干扰，但应将干扰保持在最低限度，并对其保有适当的尊重。

越来越多的人认识到，这类保护制度取得成功的一个关键因素，是需要提高公众对这一遗产的"价值和意义"及其保护的重要性的认识。⑦ 这种方法与水下文化遗产特别相关，因为水下文化遗产很容易受到商业潜水员和

---

① 第3段要求缔约国通知教科文组织总干事和任何其他与被查封的水下文化遗产"有可核查联系，特别是文化、历史或考古联系"的国家。当然，打捞国可能与打捞的物品没有此种联系。

② 第18条第10款。

③ 第18条第9款。

④ 第2条第9款。

⑤ 被"崇敬"的遗址可能是墓地（如"泰坦尼克号"或军舰），或者对特定民族具有特殊精神或其他意义的遗址。O'keefe给出了一个澳大利亚沉船遗址的例子，土著居民在那里捕鱼，并将其融入他们的"梦想"中，因此赋予了遗址精神上的意义。

⑥ 就像都铎战舰"玛丽玫瑰号"一样。

⑦ 第20条规定。根据Forrest 'A New International Regime' (n 2) at p. 550，尽管这没有得到太多的关注，但"它包含了可能是保存水下文化遗产最重要的工具"。

其他潜水者的掠夺,业余考古学家和休闲潜水员可以"监督"他们的潜水同伴(包括商业打捞者)的活动。他们和一般公众都需要了解 2001 年《公约》各项规则的基本原则,水下遗址和遗产的破坏和/或毁坏不是没有受害者的罪行,而是破坏了对全人类具有不可替代的重要意义的环境。确保公众接触这些遗产还有一个额外的好处,那就是使潜水界的业余考古学家与专业考古学家结成联盟,而不是延续这两个利益集团之间时而存在的敌对关系。另一个可能大大削弱保护制度的背景问题是,国家机构缺乏履行条约义务的能力,而《公约》要求缔约国设立新的主管当局或加强现有的主管当局。① 这些机构应负责建立、维护和更新其领土内的水下文化遗产清单(进行保护的基本工具),"有效地保护、保存、展示和管理"水下文化遗产,并对其进行研究和教育。虽然大多数国家已经有主管文化和/或考古遗产的当局,但水下文化遗产的具体技术方面(科学和法律两方面)需要具有专门知识和技能的人员。

《针对水下文化遗产之行动的规则》(以下简称《规则》)是《公约》主要案文的附件,是条约的组成部分,违反这些规则的活动被视为违反《公约》本身。② 这些原则分为 14 个部分,第一部分(《规则》1—8)规定了适用的一般原则。尽管就地保护的基本方法是"第一选择",③但这并不排除"针对"这一遗产的活动,因为就地保护通常是不可能的,并且此类活动的开展方式应与对遗产的保护相一致;它们的设计还应"对其保护、了解或加强作出重大贡献"。④ 此外,在经过授权的活动期间,必须尽量减少对水下文化遗产的干扰,并且应优先使用非破坏性技术和调查方法来打捞文物。⑤ 这都是因为认识到,考古遗址中所载的信息是至关重要的。《公约》的另一项基本原则是禁止将水下文化遗产"作为商品"进行贸易、出售、购买或以物易物,并将水下文化遗产的"商业开发"视为根本上不符合保护和适当管理这一遗产的要求。⑥ 为了解决有争议的专业考古咨询服务问题,只要不损害其科学或文化

① 第 22 条。

② 根据国际古迹遗址理事会 1994 年通过的《水下考古遗产保护和管理宪章》。在 1999 年举行的关于 2001 年《公约》的第二次政府间会议上,加拿大提议,《宪章》将成为指导公约下任何授权活动的原则的良好基础。

③ 规则 1。

④ 第 22 条规定,任何此类活动都应在一名合格的水下考古学家的指导下进行,他需了解最新的技术、适当记录的重要性、挖掘后的保存、尽可能使用非侵入性技术等。

⑤ 规则 3 和规则 4。第 6 条要求适当记录文化、历史或考古资料。

⑥ 规则 2。也应避免这种遗产的"不可挽回的分散",因为沉船及其文物被视为一个整体,通常应该保持完整,除非有充分的分散理由。

利益或整体利益,这些服务可与在博物馆或其他类似机构中的任何艺术品一起使用。

接触被认为是参与文化生活的主要人类权利,[1]因此,《规则》坚持以符合水下文化遗产保护和管理的方式让公众接触水下文化遗产。[2] 接触文化遗产的权利需要与保护的需要相平衡,尽管在大多数情况下,不受任何直接干扰地访问一个场址显然是可以接受的。涉及在专属经济区或大陆架(第10条)或深海海底地区(第12条)开展水下文化遗产活动的项目设计必须得到"主管当局"[3]的批准,这一问题在第二部分(《规则》9—13)中讨论。值得注意的是,这些项目还需要"适当的同行评审",这强调了科学有效项目的重要性。本节详细列出项目设计应包含的要素,[4]并载有与许多立法制度下考古挖掘许可证类似的规定。[5] 如果有意外的发现(如在被调查现场发现第二个未知沉船)或环境变化,则应对其进行审查和修订,在紧急情况或偶然发现下,可授权进行临时稳定和类似的活动,但无须商定项目设计。[6] 第三部分(《规则》14—15)讨论了应开展的初步工作,首先是评估水下文化遗产的重要性,以及水下文化遗产及其"周围自然环境"因拟议活动而受到损害的脆弱性。这一部分试图在考古活动的本质破坏性和潜在重要发现与信息之间取得平衡。如果场址已经达到与环境的平衡,任何直接干预都可能对它产生破坏,并导致场址的迅速恶化,因此其目的是确保活动绝对合理,且是在作为首选的原地保存方法无法解决的情况下进行。[7]

水下调查、挖掘和/或物体打捞是一项极其昂贵的业务,适当的资金是确保项目能够有效实现其所有目标的绝对必要条件。第五部分(《规则》17—19)力求确保为项目的所有阶段(通过项目推广)提供足够的资金;为此目的,需要有一份债券,并必须制订一项保护和记录的应急计划,以防资金中断。这是一套比通常由政府许可安排给挖掘队得更为深远的资金要求。

---

① 参见经济、社会、文化权利委员会关于人人有权参与文化生活的第 21 号一般性意见(2009年)(《经济、社会及文化权利国际公约》第 15 条第 1 款(a)项),E/C.12/GC/21。

② 《规则》7。

③ 根据第 22 条指定。

④ 其中包括:项目陈述和目标;方法和技术;预期资金;时间表;项目团队的组成及其资质;实地调查分析计划;文物及遗址保护;文件;档案的存放和出版时间表(规则 10)。

⑤ 例如,《土耳其文化和自然财产保护法》(1983 年,1987 年、2001 年、2004 年、2006 年、2007年、2008 年和 2009 年修订)第四部分(第 35—50 条)载有若干类似规定。

⑥ 《规则》12 和《规则》13。

⑦ 第四部分(第 16 条)再次重申在可能的情况下需要使用非侵入性技术。

此外,还需要为项目每一阶段的完成制订适当的时间表,以及一项应急计划,以确保在项目中断甚至终止时保护和记录水下文化遗产(第六部分,《规则》20—21)。重点放在打捞的文物的"保存、记录和管理"特别重要,因为一旦从水下遗址打捞出来,这些文物可能非常脆弱,需要专家的保护和管理。为了确保一个项目的顺利进行,项目组的所有人员都必须具备必要的资格和能力,并且必须由一名经证实具有科学能力的合格水下考古学家指导。① 值得注意的是,有水下挖掘经验但没有正式考古资格的潜水员也被允许在团队中工作;他们具体的专业知识可能十分必要,特别是在深水和困难水域。② 在实地工作期间和之后,保护现场的正确现场管理也至关重要,包括就地保存未打捞的水下文化遗产(第八部分,《规则》24—25)。作为现场管理的一部分,这部分还要求对稳定、监测和保护现场免受干扰。水下场址一旦被发现,就很容易因为干扰被破坏或恶化。为了防止之后对它们的干扰,可能需要在开挖后对场址进行伪装。鉴于挖掘工作的本质破坏性,准确的记录对于保存所发现的物品和所做的工作是必不可少的,且必须按照"现行专业标准"(第九部分,文件)执行。③ 行动的安全也必须确保,并应制订环境政策,以确保海底和海洋生物不受到不恰当的干扰。④

有关挖掘后报告的规定已详细列明,⑤项目负责人必须确保按照商定的时间表公布中期报告和最终报告;这一点很重要,因为不幸的是,无法发布挖掘报告的情况是极其普遍的。⑥ 发现物的最终目的地和交存,包括关于如何处理这些发现物的协议,是一个有意义的问题:例如,哪些部分(如果有的话)将交存原籍国,谁拥有文件的版权?项目档案(包括水下文化遗产本身和文件)应尽可能保存在一起,以便专业人员和公众查阅。这项工作应尽快完成,最长时限应限定为 10 年,这样应该可以防止个别研究人员声称对自己的材料拥有版权,并拒绝其他研究人员接触的可悲而又普遍的做法。项目

---

① 第七部分,《规则》22—23。结合第 2 条规则,这就防止了合格考古学家和商业打捞者之间时而会出现的"邪恶联盟",前者为商业性的运作提供专业掩护。

② 《规则》23。

③ 它至少应包括现场的全面记录、所有移动或打捞的水下文化遗产的来源、现场记录、平面图、图纸、剖面图、照片和其他媒体的记录。

④ 第十部分,《规则》28 和第十一部分,《规则》29。

⑤ 第十二部分(《规则》30—31)。关于水下挖掘报告写作的更多信息,参见 Jeremy Green, Maritime Archaeology: A Technical Handbook(London: Academic Press, 1990)。

⑥ 1992 年《欧洲考古遗产保护公约》(修订本)要求在以后的科学研究"全面出版"之前出版挖掘的简要记录。

档案的管理应按照国际标准进行,这一要求表明,遗产既是全人类的,也具有地方意义。① 在某些情况下,文物保护的迫切需要可能会延长集中档案的时间,②而在另一些情况下,出于实际或政治原因,可能需要分开收藏。适当地向公众传播挖掘结果可被视为一项接触水下文化遗产的文化权利的义务,③公众教育的内容和发现结果的大众介绍也有所提及。这不仅承认了公众了解水下文化遗产的文化和科学价值的重要性,也承认了水下考古往往由公众资助或依赖其他资金来源,如旅游业、图像销售和公众订阅。④ 科学报告的风格和内容往往不为公众所了解,这些信息需要由专业教育工作者和媒体进行"大众呈现",供公众消费。

▎第六节　结论

基于各种因素的影响,水下文化遗产的保护和影响及其活动的管理是一个极其复杂的问题。首先,水下遗址和文物的物理事实使它们的发现、记录和挖掘成为一项艰巨的任务,需要潜水技能与考古学方法和专业知识相结合。此外,海洋的法律环境也使这一情况更加复杂。传统野蛮规则的存在,使得沉船,甚至历史和考古沉船,在过去极易受到商业打捞和开发利用,而法律必须解决这一事实。将海洋划分为不同的管辖区(领海和群岛水域、毗连区、大陆架、专属经济区和深海海底区),以及不同管辖区内各国权利和义务的国际习惯规则和条约法的存在也被证明是一个复杂的因素。各国在这些不同海域拥有重要的经济和安全利益,传统上不愿意放弃对它们的管辖权。此外,还有一系列其他利益集团,需要考虑从商业打捞者到公众、休闲潜水员和海洋考古学家等人的利益。2001 年的《保护水下文化遗产公约》在制定过程中历时很久,且面临众多阻力,但它成功地在一个监管框架下协调了不同的法律、政治、科学和其他利益,这一框架可能会为水下文化遗产

---

　　① 第十三部分,《规则》32—34。

　　② 就都铎王朝沉船"玛丽玫瑰.号"而言,木材的保存需要 15 年的时间。

　　③ Patrick J O' Keefe, Archaeology and human Rights, Public Archaeology, Vol. 1 (2000) : p. 181-193 at p. 192. See also: Human Rights Council, Report of the Independent Expert in the Field of Cultural Rights, Farida Shaheed, on the Right of Access to and Enjoyment of Cultural Heritage, Human Rights Council Seventeenth session Agenda item 3 ,21 March 2011〔UN Doc A/HR/C/17/38〕。

　　④ 第十四部分,《规则》35。

提供前所未有的有力保护。然而,由于水下文化遗产的考古价值和商业价值之间根本不相容,这一框架备受困扰:福雷斯特(Forrest)认为,其规定"表现出一种试图消除水下文化遗产经济价值的软弱和矛盾的企图"。[①] 他举例说,《规则》允许专业考古咨询服务发挥作用,而该服务本质上是商业性的。2001 年《公约》现已获得 48 个缔约国的支持,并于 2009 年 1 月 2 日生效。缔约国(和其他国家)在本《公约》影响下的行为,在多大程度上有助于今后习惯或条约规则的制定还有待观察。

[①] Forrest, A New International Regime(n 2) at p. 534.

第四章
文化遗产与环境

　　本章不仅限于介绍 1972 年教科文组织《保护世界文化和自然遗产公约》,尽管这份文件是讨论的重点。它代表了我们迄今为止明确地将遗产的这两个相关方面联系起来最为发达的条约。实际上,它于 1972 年——与斯德哥尔摩人类环境会议同年——的编纂包含了国际立法的一个重大范式转变。布什纳基(Bouchenaki)提及比我们今天使用的更广泛的文化遗产概念,他指出:

　　自从 1972 年《公约》通过以来,近几十年来我们已经意识到,如果我们要真正地说明文化表现和表达的多样性,那么文化和自然就不能在我们谈及“遗产”的时候分开,特别是那些与人类及其自然环境之间存在密切联系的。[①]

　　它是开创性的,是国际条约在国际自然保护联盟(IUCN)(自然遗产)和国际古迹遗址理事会(文化遗产)单独起草基础上,第一次在案文中处理自然和文化遗产关系。[②] 弗兰西奥尼(Francioni)在《公约》中写道:

　　(它)突出了两个非常重要的创新功能。首先是对文化与自然之间的密切联系前所未有的认识,并建立了共同的保护制度,保护了人为的最重要的表现形式,以及最杰出的自然作品……[③]

---

　　① 这种更开放的概念可以“发展新的目标,并提出新的意义,因为它反映了生活文化,而不是过去的僵化形象”。Mounir Bouchenaki,《世界遗产和文化多样性:大学教育面临的挑战》,由 Dieter Offenhäußer, Walther Ch Zimmerli 和 Marie-Theres Albert(德国联合国教科文组织委员会,2010 年版)编辑的《世界文化多样性遗产》第 25 页。

　　② 1968 年,自然保护联盟制定了保护世界自然遗产的提案,提交给了 1972 年在斯德哥尔摩召开的联合国人类环境会议[联合国人类环境会议宣言(1972 年,斯德哥尔摩)] 1972 年 6 月 16 日全体会议[UN Doc A/Conf. 48/14/Rev. 1(1973);11 ILM 1416(1972)]以及之后的《教科文组织世界文化和自然遗产公约》(1972 年)[1037 UNTS 151;27 UST 37;11 ILM 1358(1972)]。关于“公约”发展的一般背景,参见联合国教科文组织,《人类文化遗产保护》《巴黎遗址和遗迹》(教科文组织,1970 年);RL Meyer,《联合国教科文组织世界遗产公约的准备工作文件》,载《地球法杂志》第 2 卷,1976 年版,第 45 页。

　　③ Francesco Francioni,“简介”,1972 年《世界遗产公约》,由 Francesco Francioni 编辑的评论(由 Federico Lenzerini 协助)(牛津大学出版社,2006 年版)第 5 页。

将遗产的这两个方面结合起来是一项有远见的举措,这成为迄今为止最成功的国际条约制度之一,①但在随后的国际条约制定中尚未采取后续行动。此外,应该指出的是,就执行本公约的国家实践而言,存在着不平衡的情况,有些国家在很大程度上接受了文化/自然关系,②而其他国家尚未成功向世界遗产名录提名任何自然财产。③

由于文献中已经很好地涵盖了本公约,从文化遗产法④和环境保护的角度,⑤以及从更综合的观点来看,⑥这里没有详细分析,当然本章设法进行说明。相反,笔者希望在此追溯文化遗产与自然环境之间在事实和法律上更广泛的关系。值得注意的是,有些文献仅将"1972 年《公约》"专门用于环境保护条约,这并不是本次讨论的重点:自然遗产方面具有相关性,因为它们与文化方面相互作用。但是,值得注意的是,如果"公约"仅作为自然保护条约行事,则与本章的直接关系不大。例如,对利斯特(Lyster)而言,1972 年世界遗产公约是他在其关于国际野生动植物保护法的书中所描述的"四大"保护条约之一(与 1971 年《拉姆萨尔湿地公约》、1973 年《CITES 公约》和 1979年《波恩移栖物种公约》一起相提并论)。伯尼(Birnie)和波伊尔(Boyle)以及桑兹(Sands)采取了类似的方法,将"公约"评估为环境保护条约,并根据其与自然遗产有关的规定进行评估。

此处提出的审查将涉及文化遗产条约对环境保护的贡献方式,以及环境条约在保护和/或促进文化遗产方面所发挥的作用。前者不仅要考虑受联合国教科文组织 1972 年世界遗产公约保护的文化遗产与自然环

---

① 截至 2014 年 8 月 5 日,本公约共有 191 个缔约国,几乎代表整个国际社会,在线提供的批准状况为:http://whc. unesco. org/en/statesparties,于 2012 年 12 月 3 日访问。

② 《1999 年澳大利亚环境保护和生物多样性保护法》("EPBC 法案"),例如,为保护和管理国家和国际重要的植物、动物、生态社区和遗产地提供了法律框架。

③ 在伊朗,与许多国家一样,1972 年世界遗产公约的执行机构是文化遗产组织(或类似机构),因此它更倾向于关注文化而非自然遗产。

④ 例如,在 Craig Forrest,国际法和文化遗产保护(伦敦和纽约:Routledge,2011),第 5 章,第224—286 页。Roger O'Keefe 在《世界文化遗产:整个国际社会的义务》中阐述了其义务的法律地位,载《国际和比较法季刊》第 53 卷第 1 期,2004 年版,第 189—209 页。

⑤ 参见 Simon Lyster,国际野生动物法(牛津大学出版社,1989 年;转载 2000 年)。Patricia Birnie 和 Alan E Boyle,国际环境法(牛津大学出版社,2002 年)和 Philippe J Sands,国际环境法原理(剑桥大学出版社,2003 年版)。

⑥ 1972 年世界遗产公约由 Francesco Francioni 编辑的评论(由 Federico Lenzerini 协助)(牛津大学出版社,2006 年版)载有关于本公约的文化遗产和自然遗产方面的章节,以及带来两者的文化景观。

境的关系,还要考虑 2001 年《保护水下文化遗产公约》①和 2003 年《保卫非物质文化遗产公约》的关系。就 2003 年《公约》而言,值得注意的是,该条约代表了文化遗产立法的进一步范式转变(从纯粹的有形到无形的方面来说)。它也明确承认无形文化遗产是根据物理环境塑造和形成的。② 正如我们将在下文所见,1992 年通过的《生物多样性公约》对环境保护的文化层面给予了一些认可。③ 此外,各种环境公约的条约机构通过制定新的准则和指示,力求将文化因素(如土著和当地人民传统生态知识的角色)纳入条约运作。例如,亚的斯亚贝巴第 12 实用原则指出,"生物多样性使用和保护会影响土著和当地社区的需要,以及他们对其保护和可持续利用的贡献,应该反映在公平分配资源使用获取的利益上"。④ 非物质遗产委员会以类似的方式鼓励缔约方在 2003 年《公约》生效后的 8 年内考虑遗产的作用,目的是确保环境可持续发展的实践,并强调环境资源对遗产可持续存在的重要性。⑤

---

① 《公约》第 1 条第 1 款(a)项将"水下文化遗产"界定为:"(i)遗址,建筑物,人工制品和人类遗骸及其遗骸……自然环境"[强调补充]。

② 1968 年,自然保护联盟制定了保护世界自然遗产的提案,提交给了 1972 年在斯德哥尔摩召开的联合国人类环境会议[联合国人类环境会议宣言(1972 年,斯德哥尔摩)]1972 年 6 月 16 日全体会议[UN Doc A/Conf. 48/14/Rev. 1(1973);11 ILM 1416(1972)]以及之后的教科文组织世界文化和自然遗产公约(1972 年)[1037 UNTS 151;27 UST 37;11 ILM 1358(1972)]。关于"公约"发展的一般背景,见:联合国教科文组织,"人类文化遗产保护""巴黎遗址和遗迹"(教科文组织,1970 年);RL Meyer,《联合国教科文组织世界遗产公约的准备工作文件》,载《地球法杂志》,第 2 卷,1976 年版,第45 页。

③ 联合国《生物多样性公约》(1992 年)[1760 UNTS 79;31 ILM 818(1992)]在第 8(j)条中承认土著和地方社区与环境有关的知识,创新和做法的重要性。

④ 《生物多样性公约》缔约方会议通过了《亚的斯亚贝巴生物多样性可持续利用原则和准则》(《生物多样性公约》第七届缔约方会议,2004 年)。其他例子包括关于建立和加强当地社区和土著人民参与湿地管理的准则的第 VII.8 号决议,湿地公约缔约方大会第七次会议(伊朗拉姆萨尔,1971 年)1999 年 5 月 10 日至 18 日在哥斯达黎加圣何塞举行。1971 年 2 月 21 日生效的《国际重要湿地公约》,特别是作为水禽栖息地《拉姆萨尔公约》[11 ILM 963(1972)]。

⑤ "公约"缔约国大会第二届会议(2008 年 6 月 16 日至 19 日,巴黎)通过的"公约"执行业务指示第 27 段,并在第三届会议上进行了修订(巴黎,2010 年 6 月 24 日)要求对需要紧急保护的非物质文化遗产名录的候选人档案进行审查,应包括"评估其消失的风险,除其他外,由于缺乏保护和保护它的手段,或全球化和社会或环境转型的过程"。

第一节 引言

文化遗产和自然环境不是单独的现象,而是在 1972 年《世界遗产公约》操作指南中明确承认高度相互关联,它指出"没有区域是完全原始的,所有自然区域都是动态的,并在某种程度上涉及与人的接触"。① 因此,为保护它们而采取的法律和其他方法有很多共同之处,建立保护区的共同做法说明了这一点。人类社会与其物质环境之间的关系——空气、水、海洋和陆地② 这样的"环境媒介"——是一个复杂的关系,它已经有了数千年的相互影响和相互作用:就像我们今天享受的物质环境一样,除了一些非常罕见的荒野地区外,③已经被人类活动所塑造和定型,因此人类的社会和文化习俗经常在很大程度上是对自然环境的反映;④我们的文化遗产就是这种现象的一个明显例子。这一事实在环境保护和文化遗产法中都有不同程度的反映,本章将在下面详细探讨。但是,这仍然需要进一步考虑对未来政策和立法的影响。国家法律制度可以将环境的某些方面视为特定地方社区或文化群体遗产的一部分,或者在一项立法中处理文化遗产和自然环境。⑤ 此外,自然环境的组成部分,比如,山脉、特殊的植被群或沙漠景观可能成为国家或民族文化认同的象征。⑥ 我们不应该将文化遗产保护法视为一种谨慎的条款,而应该将其视为环境法的一个组成部分,作为一个有些专业化的领域。

此外,值得注意的是,文化与自然遗产之间的相互关系并不总是被视为积极的。可以找到传统文化习俗(通常被视为支持环境可持续性)被视为违背环境保护原则的案例。例如,国际捕鲸委员会内部一直存在争议,即一些

---

① 操作指南第 90 段。

② 使用英国 1990 年"环境保护法"中给出的"环境"定义。

③ 荒野地区是那些从未受过人类居住,农业或其他人类活动影响的地方,因此是原始和未受破坏的环境。世界自然保护联盟保护区分类的 Ib 类包括荒野地区,这些地区是"未经修改或略微修改的土地和/或海洋,没有永久或重要的居住地,受到保护和管理以保护其自然条件"。参见自然保护联盟,保护区管理类别指南(瑞士:Gland,1994 年版)。

④ 正如教科文组织 2003 年《保卫非物质文化遗产公约》第 2(1)条规定的非物质文化遗产定义所明确承认的那样:"这种代代相传的非物质文化遗产不断由社区和群体重建。回应他们的环境,他们与自然和他们的历史的互动。"

⑤ 正如引用的澳大利亚法律一样,在某种程度上,英国的立法保护古代遗迹。

⑥ 在苏格兰旅游局的广告中利用景观图像,就是一个很好的例子。

国家(特别是挪威和日本)将捕鲸作为传统文化习俗。① 最近,这种情况已经发生由澳大利亚(后来新西兰加入)在国际法院针对日本提起的关于后者以"科学"目的进行捕鲸的案件中(利用1946年捕鲸公约第8条允许的例外情况)。② 虽然案件本身取决于这种做法是否构成《公约》所预期的"科学目的",但它严格区别将捕鲸作为传统权利的国家之间(特别是挪威、日本和法罗群岛)以及那些(由澳大利亚、新西兰和英国领导)采取坚定的保护主义原则的国家,在这种情况下,即采取禁止主义立场。另一个有趣的例子是《濒危野生动植物种国际贸易公约》缔约方大会(关于濒危物种贸易)的第16.8号决议,关于"频繁的跨境非法商业乐器转移",主要目的是确保《公约》规定的豁免不得用于避免采取必要措施来控制附录所列物种制成的标本进行国际贸易。因此,它认识到许多传统乐器(可能在联合国教科文组织2003年《保卫非物质文化遗产公约》下受到保护)是根据《濒危野生动植物种国际贸易公约》三个附录之一进入的物种标本制成的。实际上,如果我们看一下2003年《公约》的代表清单(下面将详细讨论),我们可以找到某些雕刻元素,传统的做法可能会引起环境保护问题。例如,可能导致非法捕获和贩运稀有的濒临灭绝的猎鹰③(列于《濒危野生动植物种国际贸易公约》附录Ⅰ),正如我们可以在波斯湾地区所见。

尽管它们的主题很接近,但保护文化遗产和自然环境(或遗产)的法律框架大多是相互独立发展的,尽管存在明显的重叠。因此,1972年《世界遗产公约》仍然是将文化和自然遗产保护纳入单一国际条约制度的唯一例外。此外,《公约》缔约国④的做法以及随着时间的推移对《公约》操作指南中列入"世界遗产名录"所载的列名标准进行修订,越来越多地寻求世界文化和自然遗产的更紧密结合。这也表明1972年《公约》是该领域当前和未来法律发展的重要因素。

① Rob van Ginkel:《杀死海洋巨人:有争议的遗产和文化政治》,载《地中海研究杂志》第15卷第1期,2005年,第71—98页。其中论述了法维尼亚纳(西西里岛)的传统金枪鱼渔业和它的mattanza仪式;金枪鱼的杀戮和传统的法罗群岛人的鲸鱼驾驶者grindadráp鲸鱼。
② 本案于2014年4月作出有利于原告(澳大利亚和新西兰)的判决,原因是日本无法证明其捕鲸符合第8条规定的科学例外情况。南极洲的ICJ案件捕鲸(澳大利亚诉日本;新西兰干预),第148号一般清单,2014年3月31日判决。
③ 2010年11个缔约方列入了2010年非物质遗产代表名单,并于2012年再增加了两个缔约方。
④ 截至2014年8月15日,《公约》共有191个国家。在161个缔约国中列出的1007个财产中,779个是文化财产,只有197个是自然财产,31个是混合(文化—自然)财产。于2014年10月6日访问,http://whc.unesco.org.

┃ 第二节　文化遗产和环境法共同的规范和方法

对这些相互关联的国际法领域的研究表明,某些基本原则和方法对两者都是相同的,这导致它们采取的监管措施相似。因此,当我们研究这些法律领域之间相互关系的性质时,我们有必要更仔细地研究它们在这些不同的国际法领域的运作方式,并考虑这种相互关系对这一领域国际政策和法律发展的影响。一是在这些共同的原则和规范中,我们可以确定国际合作的原则,以保护被视为人类"共同遗产"或"共同利益"的东西。这是文化遗产和环境领域条约制定的基础。但是,它不应该与公共空间区域(如深海海底)的经济(矿物)资源法律特征混淆为"人类的共同遗产",即使它们可能共同来自《联合国海洋法公约》第三届会议关于 1982 年《联合国海洋法公约》的谈判。① 当应用于文化遗产和环境时,这一概念与这样一种观念密切相关,即它们既是一种继承形式,也是当代人信赖的形式,应该以至少同样良好的状态传给后代。因此,代际公平的概念也起着重要作用,它可以作为对两者的法律保护的理由。② 除了世代之间在自然和文化遗产方面的公平之外,我们也可能希望确定正义的概念来作为另一个共同点联结法律的这两个方面运行:司法的各个方面可以适用于对自然环境和文化遗产以及人权的国际保护。这方面的一个很好的例子是按照保护和管理的参与方法表达程序正义形式。③ 此外,将司法的分配形式应用于共享资源(如水)的分配是环境法常用的方式,而司法的复原形式可适用于两者,尤其是考虑"污染者付费"原则的清理需要以及被盗和/或非法出口文化艺术品的归还。

---

① 1967 年在联合国大会上首次提出的题为:海洋床和海底和平目的的保留问题及其公海底层,超出现有国家管辖范围和使用范围的问题在人类利益中的资源,联合国文件 A/C. 1/PV 1525(1967)。另见:克里斯托弗·乔伊纳,《人类共同遗产概念的法律意义》,载《国际和比较法季刊》第35 卷(1986 年):第 190—199 页。

② 早在 1946 年 11 月 10 日生效的《国际捕鲸规则公约》中,1946 年 11 月 10 日生效[161 UNTS 72](经修订的 1956 年 11 月 19 日[338 UNTS 336])在环境领域和序言中《保护世界文化和自然遗产公约》(教科文组织,巴黎,1972 年 11 月 16 日),http://whc. unesco. org/conventiontext.

③ 适用这些条约的好例子是 2003 年《保卫非物质文化遗产公约》和 1994 年《联合国防治荒漠化公约》,https:// treaties. un. org/pages/ViewDetails. aspx? src = TREATY&mtdsg _ no = XXVII-10&chapter = 27&lang = en.

　　超越人类共同遗产的经典理念（在许多较旧的文化遗产和环境条约的前言中引用），最近的方法则主张遗产的保护/保卫具有人类共同关注或共同利益的特点。表达的观点如下，即环境的某些要素（如大气层和生物多样性）和文化遗产（如非物质文化遗产）具有这样特征，它们的任何损害或丢失都会对所有人造成伤害。因此，《联合国生物多样性公约》（1992 年）将保护生物多样性定义为"人类的共同关注"，《联合国气候变化框架公约》（FCCC）（1992）指出，"气候变化是人类共同关注的问题，因为气候是维持地球生命的必要条件"，《保卫非物质文化遗产公约》（2003 年）提到了"保护人类非物质文化遗产的共同意志和共同关注"。① 这种观点使得所有国家都有义务进行合作以防止类似损害，它构成了发展国际合作框架的基础。② 这种做法还与"第三代"或"团结人权"③的概念有联系，例如，享有清洁和健康环境的权利，以及对人类文化遗产不太广泛接受的权利。在该模式中，人权超越了公民与国家的经典关系，就对整个人类而言，包括一个国家与其他国家甚至国家（国际社会）之间的关系。它们还意味着社会正义（代内公平）和代际公平以及集体而非个人所拥有的权利潜力。显然，所倡导的健康自然环境团结权利在此具有相关性，尽管我们需要增加文化遗产和可持续性的维度以使其完整。参与决策过程的程序原则，④以及在某些情况下，对有关资源的管理——无论是有形资产还是非物质遗产，或自然产生的环境资源——是所有这三者共享的法律领域的程序原则。⑤ 事实上，通过研究这一原则在文化遗产或环境方面的运作方式，很容易理解两者之间存在的亲近和密切的联系。此外，确保程序性原则得到充分实施将不可避免地涉及基于权利的方

---

　　① 《联合国生物多样性公约》（1992 年），http://www.cbd.int/convention/convention.shtml；联合国气候变化框架公约（FCCC）（1992 年）（序言第 1 段）；《保卫非物质文化遗产公约》（教科文组织,2003 年 10 月 17 日），http://unesdoc.unesco.org/images/0013/001325/132540e.pdf（第 5 段序言）。

　　② 如 1992 年《联合国生物多样性公约》第 19 条至第 24 条所载的国际援助与合作框架或 1992 年《联合国生物多样性公约》第 15,16 和 19 艺术所载的植物遗传资源管理系统。

　　③ Carl Wellman，《团结，个人和人权》，人权季刊，第 22 卷，第 3 期（2000 年）：第 639—657 页。

　　④ 载《里约宣言》原则 10，并在 1998 年《奥胡斯》关于在环境问题上获得信息，公众参与和决策以及诉诸司法的公约（Aarhus,1998 年）中进一步阐述,1998 年 6 月 25 日，生效于 2001 年 10 月［38 ILM 517］。

　　⑤ 例如,2003 年《保卫非物质文化遗产公约》第 15 条（第 28 条），其中写道："在非保护性非物质文化遗产保护活动的框架内，每个缔约国应努力确保社区，在适当情况下，群体尽可能广泛地参与。"个人和联合国防治荒漠化公约（1994 年）（注释 27）说，在第 3 条（1）规定，"各缔约方应确保在设计和实施的决策方案……在人口和当地社区的参与下进行"。

法,而作为必然结果,参与也被视为用以人为本的方法制定发展规划的关键要素。

《里约宣言》(1992 年)①及随后的联合国文书所阐述的可持续发展概念被理解为包括可持续性的三大"支柱":环境、经济和社会文化。② 显然,它的第一和第三支柱是本章的主题:为了说明这种关系,通常可以在传统文化和当地文化之间确定直接联系,以及资源开发和环境管理的可持续性。③ 在此基础上,我们可以主张当地和土著社区的非物质文化遗产是确保环境资源可持续利用的重要因素。④ 此外,作为一种文化遗产形式的当地和土著人民的生态知识和做法往往是在环境保护范式中的"缺少环节":如果不考虑这些知识,可能会采用不适当的保护方法,对环境和生活在其中的人类社会产生无法预料的负面影响。从《濒危野生动植物种国际贸易公约》下的非洲象牙出口禁令中可以看出这种危险的一个例子:⑤这些有时会导致大象和人类人口之间破坏性的甚至危险性的不平衡。⑥ 同样,《拉姆萨尔公约》(1971年)旨在防止改变国际清单所列湿地生态特征的严格保护办法,后来被认为没有考虑在湿地的发展和可持续健康方面进行的传统人类活动重要性,如捕捞或芦苇切割。因此,这种保护主义方法在 1990 年根据新的指南被"明智使用"方法所取代,这种方法更接近于可持续保护。⑦

"融合"的概念也表达了文化和自然遗产之间存在的内在联系,即使不是不可分割的。博埃尔(Boer)和维峰(Wiffen)所指出的"遗产"可以是文化

① 联合国环境与发展会议的最后宣言(里约热内卢,1992 年)。

② 联合国大会通过了 2005 年世界首脑会议成果,GA Res A/60/1,2005 年 9 月 15 日。在该决议中,环境保护、经济发展和社会发展被认为是"可持续发展的三大支柱"。最近,这些被理解为包括文化维度,要么作为"第四支柱",要么作为"社会文化发展"纳入第三支柱。

③ 《里约宣言》(第 33 页)原则 22,注意到:"土著人民及其社区和其他当地社区因其知识和传统习俗而在环境管理和发展中发挥着至关重要的作用。"

④ 2003 年《保卫非物质文化遗产公约》序言(第 2 段)强调了"非物质文化遗产作为文化多样性的主要推动力和可持续发展的保障"的重要性。因此,它被认为是保护遗产的主要理由。

⑤ 《濒危野生动植物种国际贸易公约》(CITES),1973 年 3 月 3 日通过,1975 年 7 月 1 日生效[993 UNTS 243]。

⑥ 大象保护与当地人口之间的紧张关系来自:SM Dansky,《濒危野生动植物种国际贸易公约》目标"上市标准:他们是否"目标"足以保护非洲大象?",Tulane Law Review, Vol. 73(1999):p. 961。

⑦ 第四届缔约方会议(蒙特勒,1990 年)在 C. 4. 2(Rev)建议书中通过的"实施明智使用概念的指导原则"。戴维·法里尔和琳达·塔克,《拉姆萨尔公约湿地的合理利用——对国际法的真正实施挑战》,载《杂志环境法》第 1 卷,第 21 页。

的,也可以是自然的,或两者兼而有之。① 为此,我们可以增加一个明显的人权方面,鼓励我们采取综合办法来处理人权,保护环境和保护文化遗产。这些——它们的整合性质——之间的内在联系在保护人权和保护自然、文化遗产的国际条约中得到了证明。例如,具有特殊价值的环境某些具体方面被视为特定土著或当地社区的遗产。从这个意义上讲,与保护文化遗产有关的法律是更广泛的环境法学科的一个不可或缺的专业组成部分。基于这种观点,博埃尔(Boer)和格鲁伯(Gruber)认为,拥有可持续遗产的人权,类似于已经被接受的人类享有清洁健康和可持续环境的权利。② 实际上,我们可以争辩说,这种环境人权还远远不够,因为它没有充分考虑相关的文化因素。这种方法将更好地认识文化和自然遗产对人类长期生存的重大贡献。

这反过来又使我们认识到人权与保护文化和自然遗产相结合的概念。这种关系在两个层面上运作:(1)我们可以将其保护视为一项基本人权;(2)保护与文化有关的人权本身可以促进环境的可持续性。巴西雅诺马米原住民的案例是后者的一个有力例证,其祖先的土地被淘金者入侵:这些探矿者的活动破坏了在森林居住的雅诺马米原住民的环境,甚至导致他们被迫离开他们的土地。1980 年,美洲人权委员会裁定,他们的土地使用权(因此,进行控制)是其文化和身份的重要组成部分,《公民权利和政治权利国际公约》(1966 年)③第 27 条提出了国际法中用以保护文化身份权利的基础,进而保护那些维持其存在所需的元素。④ 这项裁决明确指出,环境保护不仅可以简单地规范影响环境的人类活动,它的资源和相关的管理和/或保护措施,以保护那些文化(环境)实践和生活方式取决于物质环境的人类社会。因此,这种方法要求尊重当地和土著社区⑤的人权,这些社区的生活方式受

① Ben Boer 和 Graeme Wiffen,澳大利亚遗产法(墨尔本:牛津大学出版社,2006 年版),第 7—8 页。

② 参见《经济、社会、文化权利的美洲人权公约补充议定书》(《圣萨尔瓦多议定书》)第 11 条中关于健康环境的权利,参见 http::∥www. oas. org/juridico/english/sigs/a-52. html;进一步了解在《非洲人权和人民权利宪章》第 21 条中自由处置自然资源的权利,http:∥www. achpr. org/english/_info/charter_en. html.

③ 这规定了国际法规定的少数民族、宗教和文化少数群体成员的权利。

④ 案例 No 7615(巴西),Inter-Am CHR Res No 12/85(1985 年 3 月 5 日),美洲人权委员会年度报告,1984—1985,OAS Doc OEA/Ser. L/V/II 0. 66. doc 10,rev 1 at 24(1985)。有关此案例的更多信息,参见 S James Anaya,《国际法中的土著居民》,牛津大学出版社,2004 年第二版,第 261 页。

⑤ 例如,《粮食和农业植物遗传资源国际条约》(粮农组织,2001 年)保护其权利的当地农民,http:∥www. fao. org/ag/cgrfa/ itpgr. htm.

到破坏其直接环境的经济和资源相关活动的威胁。① 一个说明性的案例是
马来西亚非半岛的沛南(Penan)人正在与砂捞越的大规模商业伐木作斗争:
他们被剥夺了自己的森林栖息地,可持续生计受到威胁,作为一个社区的存
在已经被置于阴谋之中。除了沙漠化,人们还计划了几个大坝项目,这些项
目将淹没几个沛南村庄及其土地。② 由于没有森林栖息地和他们的村庄所
依赖的土地,沛南社区及其生活方式很快就会一起消失。

总之,遗产—环境—人权与可持续发展之间的关系是重要的。虽然它
超出了本书的范围,但现在建议国际社会制定一个充分涵盖可持续性三个
核心要素的法律框架:发展权,健康的全球环境权和人类文化遗产的权利。③
总之,这些将有助于制定一种更加真正可持续的方法来保护自然环境和文
化遗产以及相关的人权。

第三节　相关国际法分析

在本节中,我们研究了全球环境和文化遗产的条约,试图找到环境和文
化遗产这两个方面之间相互联系的方式。我们可以在条约文本本身以及条
约机构的工作中发现这些关系被明确地和隐含地表达。

一、环境条约

在《里约宣言》(1992 年)或之后通过的大多数国际环境保护条约都集中
在可持续性的生态和经济支柱上,并且通常较少关注社会文化领域。例如,
1992 年《联合国气候变化框架公约》④中所适用的共同但有区别的责任原则⑤

---

① 可以找到许多这样的例子,亚马逊森林的原住民面临破坏环境,通过登录尼日利亚的奥戈
尼,其环境受到国际活动的严重破坏(以及他们自己的安全受到威胁)。

② 更多信息见 http://www. survival-international. org/tribes/ penan.

③ 关于环境方面的团结权利的最新审查,参见 Linda Hajjar Leib,《人权与环境:哲学、理论和法
律观点》,Martinus Nijhoff,2010 年版。

④ 第 4 条。

⑤ 该原则承认所有国家对保护全球环境的共同责任,但同时也可以基于各种理由加以区分的
环境标准,包括特殊需要和情况以及上述原因,参见 Philippe Sands,Principles《国际环境法》,剑桥大
学出版社,2003 年版,第 285—289 页。同样相关的是:CD Stone,《国际法中的共同但有区别的责
任》,载《美国国际法》第 98 卷,2004 年版,第 276—296 页。

的发展,反映出试图调和发展中国家和发达国家相互冲突的发展和环境利益。从这个意义上讲,它直接回应了《里约宣言》原则 3 和 4 中规定的经济和环境利益的平衡,这是可持续发展的核心内容。

尽管有这些观察,但国际环境条约并未完全忽视可持续性的社会文化方面,我们可以从以下实例中看出。认识到环境条约中的文化自然关系具有相对较长的历史,早在 1957 年《保护北太平洋海豹临时公约》第 7 条就认识到传统土著社区与环境之间的特殊关系。[①] 该协议允许土著居民(称为印第安人、艾诺斯人、阿留申人和爱斯基摩人)居住在沿海地区的例外情况,如果使用传统的狩猎方法禁止在公海的远洋迁徙中和/或猎杀中捕获海豹。这种例外情况仅适用于从"橹、桨或帆完全推进"并且人数不超过 5 人的独木舟中捕杀的情况;这种狩猎必须"按照迄今为止的方式进行并且不使用枪械"。以类似的方式,1973 年《保护北极熊协定》[②]允许第 3 条第 1 款禁止狩猎和捕捉北极熊的例外情况,其中包括:"(d)当地人采用传统方法行使传统权利并遵照政党制定的法律。"正如我们在此所看到的,接受本地和土著居民继续保持传统狩猎习俗的权利成为(有关社区的一种遗产形式)推动环境及自然资源可持续管理的一种生活方式。

最近的一些环境条约通过明确承认当地和土著传统知识和做法在确保对脆弱环境及其受威胁资源的可持续管理方面所发挥的作用,进一步采取了这种方法。1992 年《联合国生物多样性公约》(CBD)在第 8 条(j)中承认当地和土著知识、创新和做法对实现可持续环境管理和保护所作出的重大贡献,并通过这种方式对各方采取措施保护。1994 年《联合国防治荒漠化公约》(CCD)[③]也引起了人们的兴趣,因为它非常强调环境保护的社会和文化背景以及确保当地人民参与与环境有关的决策过程。有趣的是,它要求保护当地人口的经济、社会和文化权利,以确保环境及其生计的可持续性。2001 年《粮农组织粮食和农业植物遗传资源条约》[④]是一项进一步的环境条

---

① 关于规范大西洋东北部封存和保护股票的措施协定(1957 年)[309 UNTS 269]。

② 奥斯陆,1973 年 11 月 15 日,1976 年 5 月生效[13 ILM 13(1973)]。它于 1976 年与三个缔约方生效,截至 1978 年,所有五个极地国家都成为缔约方。

③ 参见《联合国防治荒漠化公约》(1994 年)第 27 页;《粮农组织公约》(2001 年)第 44 页。

④ 1931 年 9 月 24 日,日内瓦,《捕鲸管理公约》[155 LNTS 351]。参见 http://www. iwcoffice. org. 该公约涉及 14 个范围国家(埃及,利比亚,突尼斯,阿尔及利亚,摩洛哥,塞内加尔,毛里塔尼亚,布基纳法索,马里,尼日尔,尼日利亚,乍得,苏丹,埃塞俄比亚)。保护野生动物移栖物种公约(波恩)[19 ILM 15(1980)]。

约,明确保护农民和植物育种者的权利(关于植物遗传资源的所有权和使用),与1994年《公约》一样,其程序权利则是参与关于植物遗传资源保护和可持续利用国家决策[第9(2)条]。虽然更加间接地承认文化习俗,但参与权意味着尊重当地的文化习俗和社会组织形式,主要是在文化遗产原则之下。

在某些情况下,通过条约机构履行环境义务而不是条约案文本身,可持续性的文化层面得到更多的保护。这一过程的例子可以在国际捕鲸委员会(根据1946年《国际捕鲸公约》建立)①的运作中找到,该委员会认为原住民捕鲸与商业捕鲸具有不同的特征,因为它旨在:避免濒临灭绝的风险严重增加;确保适合其文化和营养需求的持续保护;维持最高水平的股票;并且,如果它们低于该值,则确保向其移动。目前,允许丹麦(格陵兰岛,鳍和小须鲸)、俄罗斯联邦(西伯利亚,灰鲸和弓头鲸)、圣文森特和格林纳丁斯(贝基亚,座头鲸)和美国(阿拉斯加,弓头鲸和灰鲸)进行原住民捕鲸活动。② 根据《保护野生动物移栖物种公约》(CMS)的运作,附录 I 列出了六种萨赫勒—撒哈拉羚羊,因此受到上市规定的保护。③ 保护这些羚羊既是萨赫勒—撒哈拉地区维护生物多样性的重要物种,也是可开发生物量的主要来源,在该地区土著人民的文化和生计中发挥着重要作用。1998年,制定了一项保护和恢复该物种及其栖息地的行动计划,旨在防止该物种的人口流失,同时平衡该地区土著人民的利益。《拉姆萨尔公约》(1971年)还制定了加强地方和土著社区参与湿地管理的准则,这些准则是在《公约》最初起草28年后通过的。④

1992年《联合国生物多样性公约》是第一个解决这些问题的国际条约,

---

① 关于建立和加强当地社区和土著人民参与湿地管理的准则的决议 VII. 8,在圣何塞举行的湿地公约缔约方大会第七次会议(伊朗拉姆萨尔,1971年),哥斯达黎加,1999年5月10日至18日。生物多样性公约缔约方大会通过了类似的指导方针:"亚的斯亚贝巴生物多样性可持续利用原则和准则。"(《生物多样性公约》第七届缔约方会议,2004年)

② Source: < http://www.iwcofce.org > under 'Conservation and management'.

③ Tis species has 14 Range States(Egypt, Libya, Tunisia, Algeria, Morocco, Senegal, Mauritania, Burkina Faso, Mali, Niger, Nigeria, Chad, Sudan, Ethiopia). Convention on theConservation of Migratory Species of Wild Animals(Bonn)[19 ILM 15(1980)].

④ 关于建立和加强当地社区和土著人民参与湿地管理的准则的决议 VII. 8,在圣何塞举行的湿地公约缔约方大会第七次会议(伊朗拉姆萨尔,1971年),哥斯达黎加,1999年5月10日至18日。生物多样性公约缔约方大会通过了类似的指导方针:"亚的斯亚贝巴生物多样性可持续利用原则和准则。"(《生物多样性公约》第七届缔约方会议,2004年)

它将生物多样性的经济方面与当地社区使用和相关知识的文化方面相互交织。① 最近的粮农组织《植物遗传资源国际条约》②也为地方和土著社区的传统知识发挥核心作用,以保护生物多样性和可持续性。尽管 2003 年《保卫非物质文化遗产公约》避免直接解决知识产权问题,但它们显然与《公约》的实施相关,与之相关的实践无疑将为未来传统生态知识的二元文化和经济特征(TEK)提供信息。③ 然而,将"自然"和"文化"视为两个独立类别的问题仍然存在,因为对于土著和遗传资源而言,知识产权和文化权利文书很难适用于自然的许多方面。对于土著和当地社区来说,这是一种虚假和毫无意义的区别。此外,对 TEK 的研究表明,④生物多样性的有效原位保护——1992 年《生物多样性公约》的基本目的——取决于确保当地社区对其土地和资源的控制,以及简单地保留其 TEK 本身。

二、文化遗产条约

关于文化遗产法承认环境维度重要性的方式,1972 年《世界遗产公约》和 2003 年《保卫非物质文化遗产公约》是这里最受关注的两个条约。然而,教科文组织的《水下文化遗产公约》(2001 年)也与水下物质文化(如沉船、颅骨等)与发现它们的水生环境之间的内在相互作用有关。《欧洲文化遗产价值框架公约》(Faro,2005)⑤在这里也值得考虑,因为它明确了文化遗产与物质环境之间的关系。

1. 1972 年《世界遗产公约》(教科文组织)

毫无疑问,与文化和自然遗产有关的最重要的公约是《世界遗产公约》,该公约接受了共同的文化和自然遗产的概念,承认它们与人类的相似性和同等重要性。《世界遗产公约》的精神在其序言中表达为:"考虑文化或自然遗产的某些部分具有突出的意义,因此需要将其整体作为人类世界文化的

---

① 该条约第 8(j)条。参见《粮农组织公约》(2001 年版)第 44 页。

② FAO Convention(2001)(n 44).

③ 最近关于《公约》的评估报告(第 246 段—250 段和建议 15)提出,教科文组织和 WIPO 在执行"2003 年公约"的框架内更加密切地就此问题开展工作。芭芭拉 Torggler 和叶卡捷琳娜 Sediakina-耶尔(珍妮特·布莱克作为顾问),联合国教科文组织的标准评价—文化部门的制定工作,第一部分 2003 公约保卫非物质文化遗产的保护,2013 年 10 月[文档 IOS/EVS/PI/129 REV]。

④ 例如,Darrel A Posey:《文化权利可以保护传统文化和生物多样性吗?》,Halina Niec:《文化权利与错误》,联合国教科文组织出版社,1998 年版。

⑤ Faro,27/10/2005,[ETS No 199]。例如,第 8 条涉及"环境,遗产和生活质量"。

一部分……"这是认识存在具有突出普遍价值的遗产的重要一步,[①]这种保护对全人类都很重要,而不仅仅是其所在国家的主权财产。当世界遗产被摧毁时,这是对全人类的重大损失,应予以相应的处理。[②]

如上所述,联合国教科文组织 1972 年的《世界遗产公约》是两个条约草案相结合的结果,一个由国际古迹遗址理事会起草,用于保护文化遗产;另一个由世界自然保护联盟起草,旨在保护自然遗产。[③] 因此,它具有双重文化和自然取向,考虑到遗产这两个方面基本上相互关联。有趣的是,该公约(2003 年《公约》的原型,但有重要的改编)有一种形式,让人想起一些旨在保护野生动植物及其栖息地的条约,如《拉姆萨尔公约》(1971 年)和《濒危野生动植物种国际贸易公约》(1973 年),该模式以主要条约案文为基础,其中列出了一般原则和缔约国的权利和义务,并建立了两个或多个国际清单(附录或附件),这些清单需要标注(自然和文化遗产"财产")动物和植物物种、栖息地类型等,由世界遗产委员会或缔约方大会等条约机构制定。重要的是,随着科学知识的发展,环境条件的发展和/或保护需求的变化,这些标准可以随时更新。这种结构赋予了必要的固有灵活性,这是环境保护和1972 年《公约》的一个显著特征,反映了它们共同的前身和它们的共性。[④]

最早的文化遗产条约[⑤]涉及文化"财产"的纯粹物质要素,以及主要经济特征的私人对象。1972 年《世界遗产公约》通过在单一公约中纳入遗产的自然和文化方面——当时的哲学突破——引入了"遗产"的概念,这隐含地包含了无形因素,因为最近修订了《公约》的"操作指南"。[⑥] 使用"遗产"一词的优点还在于考虑到子孙后代的利益。[⑦] 一些会员国[⑧]在起草期间表示希望

---

① 《世界遗产公约》,第 1 第和第 2 条。

② 《世界遗产公约》,序言。

③ 有关这段历史的详细说明,参见 Francioni, Preamble(注释 3)。另请参见迈耶,《准备工作文件为联合国教科文组织世界遗产公约》(注释 2)。

④ 66 Francioni,"序言"(注释 3)在第 6 页指出:自然和文化遗产领域国际法的这种动态特征……促进了解释标准的发展,使现有法律适应新的现实和风险。我特别提到最近实践中使用的"演化解释"的标准,以便使各方的文本意义或原始意图屈服于必须使条约承诺与新的要求和国际的合法目标相协调。社区,例如体现在可持续发展原则中的社区。

⑤ 诸如,《武装冲突情况下保护文化财产公约》(教科文组织,1954 年 5 月 14 日及其补充议定书);《关于禁止和防止非法进出口,转让文化财产所有权的手段的公约》(教科文组织,1970 年 11 月 14 日)。

⑥ 例如,2000 年修订版首次接受"相关无形价值"可能是选择文化遗址的重要标准。

⑦ Yusuf A Abdulqawi,《文化遗产的定义》,1972 年《世界遗产公约》弗朗西斯科·弗朗西奥尼编辑的评论(注释 3),第 23～50 页。

⑧ 根据玻利维亚的倡议。

将非物质遗产列入 1972 年《公约》的范围。该方法在 1972 年得到承认,即有形、无形和自然遗产的独立性,这一概念最近才得到国际社会的重视。① 然而,土著社区长期以来一直强烈支持这种世界观,他们认为这种分裂纯粹是任意的,有立法和运行目的,但不反映遗产的真实性质。② 这种与环境的相关性可以从生态的基本规则中找到,即任何干扰生态系统中的一个要素将影响所有其他要素。这种理解反映在当地和土著群体在文化和精神方面表达了他们对自然的关注倾向。③ 这应该对保护环境的法律方法以及保护文化遗产年限产生影响,因为他们需要考虑这些价值。

从根本上说,了解作为本公约主题的文化和自然属性之间的关系非常重要。正如已经提出的那样,迄今为止,国际法的发展造成了不能反映现实的文化和自然遗产之间的二分法。1972 年《公约》是弥合遗产这两个方面之间差距的早期但仍然是唯一的尝试。但是,简单地将它们整合在一个条约中本身就是不够的,而且,正如过去 20 年对"公约"操作指南的许多修订所证明的那样,它可以得到改进。对于本文而言,最基本的修订主要涉及文化与自然遗产之间的重叠,如果要实现遗产这两个方面的完全整合,显然需要更多的法律发展。此外,由于文化和自然遗产有许多共同点,因此在两者之间进行严格的分离往往既困难又不可取。

这是基于一个深刻的事实,即人类社会和文化(包括物质文化)在很大程度上是由自然环境所塑造的,而在互补的方式中,人类的互动和活动也极大地塑造了人的社会和文化,少数荒野地区除外。例如,现在可以理解,受 1971 年《拉姆萨尔公约》影响的湿地在很大程度上是由低层次的人类活动(放牧牛、切割芦苇、传统灌溉系统等)形成的。需要继续让湿地系统保持健康。因此,本公约缔约方大会已将国际名单收录的湿地从严格的保护主义的方法,转变为允许环境可持续发展的人类活动方法。④ 在此,回顾"自然"的定义是有用的。1972 年《公约》(第 2 条)中给出的遗产包括:"由物质或生物构成的自然特征,从美学或科学的角度来看具有突出的普遍价值;……[和]……自然遗址或精确划定的具有突出普遍价值的自然区域……自然美"。此外,"遗址"的定义(作为第 1 条定义的文化遗产的方面)也暗示了遗

---

① 大部分与 2003 年联合国教科文组织的非物质文化发展有关。

② 参见 Sivia Tora,《太平洋区域研讨会报告》,P Seitel(编辑),《保护传统文化:全球评估》(华盛顿特区:史密森学会,2001 年版)。

③ 波西:《文化权利可以保护传统文化和生物多样性吗?》(注释 61)。

④ Farrier 和 Tucker,根据《拉姆萨尔公约》明智地使用湿地(第 39 页)。

产这两个方面之间的关系:"人的作品或自然与人类的联合作品。"从历史、美学、民族学或人类学的角度来看具有突出普遍价值的考古遗址。因此,在主体案文中奠定了基础,以便采用融合遗产的文化和自然方面的方法,即使它们在早期执行《公约》时得到有效处理。

在世界遗产委员会执行该条约 40 多年期间,可以确定实践中的一些重要变化,以应对整合世界遗产的自然和文化方面的需要。多年来,世界遗产名录登记标准的演变①以及新概念的引入——特别是文化景观和混合(文化和自然)财产的概念——见证了世界遗产委员会对文化与自然遗产关系的回应以及确保可持续性和当地社区参与物业管理的必要性。早在 1962 年,联合国教科文组织关于保护景观和遗址美丽和特征的建议书就提供了对文化景观及其文化和自然特征相结合的认可。② 序言指出:

由于它们的美丽和特色,对地形的保护……对人们的生活是很有必要的,因为它们代表强大的身体、道德和精神的重新焕发,同时也有助于人们的艺术和文化生活……

然而,文化景观并未被列入"操作指南",作为在 1992 年重新起草文化标准时列入世界遗产名录的财产类别。③ 根据雷迪威尔(Redgwell)的说法,这一修订明显受到当代发展的影响,特别是新的环境法律概念,例如,生物多样性的保护。④ 为世界遗产选择文化财产的标准将文化景观描述为"在自然环境和连续社会、经济、力量所带来的物理限制和/或机遇的影响下,展现人类社会的演变和随时间进行的定居"。⑤ 1992 年指南中定义了三类文化景观:(1)明确定义的人为有意设计和创造的景观(例如,因美学原因而建造

①　直到 2004 年底,世界遗产地基于六种文化(i,ii,iii,iv,v 和 vi)和四种自然标准(i,ii,iii 和 iv)进行选择。在 2005 年通过经修订的"操作指南"后,这些标准被合并为一组十个标准,其中 i-vi 是原始文化标准,vii-x 代表以前的自然标准(i-iv)。这些都可以在英语世界遗产公约的网站上找到,参见 http://whc. unesco. org/ EN /准则。

②　为了这项建议的目的,保护景观和景点的美丽和特征是指保护并在可能的情况下恢复自然,乡村和城市景观和遗址的方面,无论是自然环境还是人造的,具有文化或美学价值,或形成典型的自然环境。

③　新起草的标准是基于教科文组织于 1992 年 10 月在法国 La Petite Pierre 召开的一次专家会议的工作,该会议得到了世界自然保护联盟和国际古迹遗址理事会的支持。Mechtild 罗斯勒,"世界遗产文化景观类别的实现",交付给联合国教科文组织的世界文化遗产和文化景观的非洲专家会议的论文举行提问,肯尼亚 1999 年 3 月。

④　Catherine Redgwell,《第 2 条:自然遗产的定义》,1972 年《世界遗产公约评注》(注释 3),第 63—84 页。

⑤　1998 年《世界遗产公约实施操作指南》,参见 http://whc. unesco. org/en/guidelines.

的花园和公园景观;(2)由最初的社会、经济、行政和/或宗教要求产生的有机进化的景观,并通过与其自然环境相关联并响应其自然环境而形成其现有形式;(3)相关的文化景观,由于自然元素的强大宗教、艺术或文化联系而非物质文化证据,其包含是合理的,这可能是微不足道的甚至是不存在的。① 物理环境和人类文化与社会相互关系深深植根于这些标准中。② 这些景观也可能导致可持续技术的发展,以培育和利用代表人类适应当地生态条件的现有自然资源。伊朗的沙漠和半沙漠地区引起了特定的用水习惯,例如,亚兹德省的传统 qanat 含水层,就是这一过程的很好的例子。正如罗斯勒(Rosler)③所说:

世界遗产文化景观的管理可以成为整个环境保护的标准制定者,并可以建立其他地方所需要的样本。它有助于加强国家和地方各级遗产保护的地位。保护世界遗产文化景观可以展示可持续土地利用和维护当地多样性的原则、这些原则应该贯穿于整个农村环境的管理。

海洋景观是文化景观的典型例子,人类文化、社会和经济活动与海岸线和海洋景观之间的相互作用很强,生活的各个方面都以某种方式由它决定。此外,当地人的想象力和象征性生活——可以被视为他们的非物质遗产——也深受其影响。这些独特的景观有时也迫使当地居民发展特定的可持续栽培技术和高度专业化的技能,以适应当地的生态条件。通常促成了独特环境的发展,例如,被列入世界遗产名录的菲律宾科迪勒拉斯水稻梯田。④

1998 年引入了混合文化——自然遗产类别,进一步推动了文化和自然

① 被列入"世界遗产名录"的文化景观包括:新西兰汤加里罗国家公园(1993 年根据文化标准 vi 和自然标准 ii 和 iii 标注),菲律宾科迪勒拉斯的水稻梯田。菲律宾(1995 年根据标准 iii,iv 和 v 刻录),Quadi Quadisha(圣谷),Pyrénées-Mount Perdu 在法国/西班牙(根据文化标准 iii,iv 和 v 和自然标准 i 和 iii),以及黎巴嫩的上帝雪松森林(Horsh Atz el-Rab)(根据文化标准 iii 和 iv 于 1998 年入选)。

② 虽然 Musitelli 批评"公约"使文化和自然遗产之间存在人为的二分法,参见 Jean Musitelli,《世界遗产,普遍主义与全球化之间》,载《国际文化财产杂志》第 2 卷第 11 期,2002 年版,第 323 页。1986 年,世界遗产委员会第十届会议主席团,教科文组织总部,1986 年 6 月 16 日至 19 日在巴黎,在临时议程项目 5 中提道:制定混合文化和提名指南第 3.3 段的自然属性和乡村景观:《公约》第 1 条和第 2 条的定义与文化和自然财产的登记标准之间存在不一致性……而第 1 条(文化遗产)则提到自然方面在两个定义中的文化遗产中,标准本身并未暗示这些方面(不同于第 2 条,它没有提到文化方面,而是标准在 iii 上允许这些)。

③ Mechtild Rosler,《世界遗产文化景观分类实施》,在世界遗产公约和文化景观专家会议-提维,肯尼亚 9-1999 年 3 月 14 日(UNESCO,2000)主编 Mechtild Rosler 和加利亚·萨乌马,福雷罗,见第 7—15 页,http://whc. unesco. org/documents/publi_wh_papers_07_en. pdf.

④ 参见 http://whc. unesco. org/en/list/722。

遗产在实施 1972 年《公约》方面的整合。随后,全球战略专家组进行了修订。五个文化标准导致"文化遗产"概念的范围和应用的概念转变……(包括)对文化与自然之间联系的更强认识。[①] 有趣的是,1996 年的专家会议认为,对"文化"、"自然"甚至"混合"遗产的提及破坏了《公约》对"文化——自然连续体"认识的独特性,并提议合并两套标准(2005 年发生)。[②] 在 1998 年《操作指南》修订中,更明确地承认了这两个遗产方面的相互关联性以及采取综合保护/保障措施的必要性。根据《准则》,如果属性满足《公约》第 1 条和第 2 条[③]规定的文化和自然遗产的部分或全部定义,则应视为"混合文化和自然遗产"(第 4 段)。博埃尔(Boer)提出了一个相关的观点,即 2007 年所列出的 25 个混合特性中的许多特征"认识到土著人民和传统社区与土地的物理和非有形特征的文化互动"。[④] 后来对 2003 年《保护非物质文化遗产公约》的讨论将表明,许多有关环境方面的非物质文化遗产涉及土著人民和/或传统社区。

下面列入世界遗产名录[⑤]的混合遗址的例子很好地说明了融合文化和自然属性概念背后的思想。加蓬 Lopé-Okanda 的生态系统和遗迹文化景观(2007 年根据标准 ii,iv,ix 和 x 标注)见证了密集和保存良好的热带雨林与子遗稀树草原环境之间的不寻常界面,展示了多种多样物种,它们的栖息地以及它们对后冰川气候变化的适应性。它还包含不同民族连续传代的证据,包括洞穴和庇护所、铁器制造的证据,以及大约 1800 个岩画(岩石雕刻)的惊人收集,反映了班图人和其他西非人民沿着该地区活动的主要迁徙路线。河奥果韦河谷已经塑造了整个撒哈拉以南非洲地区的发展。

一些较旧的铭文现在被视为混合场所,包括澳大利亚的塔斯马尼亚荒

---

① Abdulqawi,"第 1 条文化遗产的定义"(第 69 页)第 36 页。对于本章后面的讨论,这也使得文化财产的无形方面得以考虑。

② 《世界自然遗产提名的一般评估规则和标准的专家会议报告》,法国,1996 年 3 月 22 日—24 日,WHC-96/CONF. 202/INF. 9,巴黎,1996 年 4 月 9 日,第 4 页。

③ 第 1 条规定:"为本公约的目的,以下内容应被视为'文化遗产';……遗址:人的作品或自然和人类的联合作品,以及包括考古遗址在内的地区。从历史,美学,民族学或人类学的角度来看,突出的普遍价值。"第 2 条规定:"为本公约的目的,下列内容应被视为'自然遗产':由物理和生物构成或此类构成群体组成的自然特征,从美学或科学角度来看具有突出的普遍价值。视图;从科学或保护的角度来看,构成具有突出普遍价值的动植物濒危物种栖息地的地质和地貌构造和精确划定的区域;从科学,保护或自然美景的角度来看,自然遗址或精确划定的突出普遍价值的自然区域。"

④ Ben Boer,《第 3 条:世界遗产的识别和划定》,1972 年《世界遗产公约评注》(注释 3),第 84—102 页。

⑤ 关于这些和其他的混合性能的更详细的信息可参见,http:// whc. unesco. org/烯/列表。

野(最初于 1982 年刻录,2010 年和 2012 年根据标准 iii,iv,vi,vii,viii,ix 和 x
修改),该地区位于一个遭受严重冰川作用的地区,占地面积超过 100 万公
顷,是世界上最后一片温带雨林之一。石灰岩洞穴中的物质——遗骸提供
了人类占领该地区超过两万年的证据。中国神圣的泰山(1987 年根据标准
i,ii,iii,iv,v,vi 和 vii 刻录)曾是皇家膜拜的对象,其中包含与之完美和谐的
自然景观。位于马里的 Bandiagara 遗址(1989 年根据两个标准 v 和 vii 刻
录,其中一个是文化和其他自然景观)是悬崖和沙质高原的杰出景观,也是
西非最令人印象深刻的景点之一。它还包含一些精美的建筑元素(房屋、粮
仓、祭坛、庇护所和 Togu Na,或公共会议场所),并且是几个古老的社会传统
的所在地,现在被理解为非物质文化遗产(面具、节日、仪式和涉及祖先崇拜
的仪式)。另一个值得一提的有关其铭文历史的混合财产①是澳大利亚的乌
鲁鲁—卡塔丘塔国家公园(根据标准 v,vii,viii 和 ix 标注)。由于其在当地
Anangu 土著人民的信仰体系中的重要性,这个题词在 1994 年被扩展到混合
场地的题词,因为他们是最古老的人类社会之一。在卡卡杜国家公园(也是
在澳大利亚)是一个混合场地,坐落在 1971 年《拉姆萨尔公约》保护的东亚/
澳大利亚迁徙水鸟途径之地,迁徙物种波恩公约列出的 21 个物种也在那里
发现。②

　　讨论自然景观和风景的相关文化方面我们不可避免地要面对文化遗产
法的有形和无形要素之间已经建立的二分法。从许多方面来说,这是一种
完全随意的区分,这种区别是由于文化遗产法最初关注的是物质文化——
人工制品、艺术品、纪念碑、遗址,以及对"无形"方面的兴趣所致。遗产只是
后来发展起来的。③ 在 1993 年的报告中,达埃斯(Daes)在"土著遗产"的定
义中提出了这种与遗产年龄无形的不可分割性:

　　(它包括)属于人民的独特身份的一切……所有国际法都认为是人类思
想和手工艺创作的东西,如歌曲、故事、科学知识和作品。它还包括来自过

---

① 有趣的是,该遗址曾于 1994 年被列入世界遗产名录,作为一个联合文化景观,后来由于其
对当地 Anangu 原住民信仰体系的重要性而被重新列为混合文化/自然遗产。参见 Ben Boer,Stefan
Gruber,《人权与遗产保护法》,载珍妮特·布莱克编辑的人权与环境会议论文集(Tehran:Majd Pub-
lishing,2009),第 90—115 页。

② Redgwell,《第 2 条:自然遗产的定义》,第 384—385 页。

③ 教科文组织早期的条约侧重于物质和有形遗产,例如,1954 年 5 月 14 日生效的 1954 年"海
牙"武装冲突中保护文化财产公约(海牙),1956 年 8 月 7 日生效[249 UNTS 215]和《关于禁止和防
止文化财产非法进出口和转让所有权的手段的公约》,教科文组织,巴黎,1970 年 11 月 14 日。参见
http://www. unesco. 组织/新/ EN /文化/主题/非法流量-的文化属性/ 1970-公约。

去和自然界的遗产,例如,人类遗骸、景观的自然特征,以及人们长期以来与之相关的自然发生的植物和动物物种。

有趣的是,这也清楚地表明了文化和自然遗产在土著世界观中的密切关系。① 事实上,如果以土著文化遗产为例,我们可以看到这不是一个特别有用的术语,因为许多这样的社区本身并不承认这种区别。② 此外,正如世界遗产委员会③的做法所表明的那样,遗产这两个方面之间的分界线越来越多,而且 1972 年和 2003 年教科文组织公约之间存在重叠。④ 有形和无形遗产之间的关系是一种相互关系,因为后者往往是人类社会与遗产或自然环境的有形要素之间的相互作用,而非物质遗产也赋予它们意义和重要性。它们共同起到了地方和国家社区文化认同的重要作用,因此也具有重要的人权维度。⑤ 它们还可以帮助我们了解人类和环境如何在数千年间相互作用。有鉴于此,有必要制定全面综合的方法,以保卫文化遗产的有形和无形要素,使其既一致又互利和加强。⑥

2. 2003 年《保卫非物质文化遗产公约》(教科文组织)

2003 年《保卫非物质文化遗产公约》是可以最清楚地看到文化遗产保护的环境和人权方面的条约。鉴于前面关于与 1972 年《公约》有关的实践演变的讨论,重要的是应认识到,目前将遗产划分为教科文组织条约制定中的有形和无形要素,实际上是由于历史原因产生的术语。在许多方面,这两个条约之间存在"灰色地带",即 2003 年《公约》的非物质遗产和 1972 年《公约》的相关无形价值相结合:两个《公约》之间的这一交汇点是一个重要的、值得更多进行考察和研究。有趣的是,本章中这两个《公约》都倾向于接受环境保护价值。

---

① Erica-Irene Daes,"保护土著人民遗产"(日内瓦/纽约:联合国,1997 年)。

② Tora 提出的一个观点,即"太平洋区域研讨会报告"(第 72 页)。

③ 因此,"无形"遗产要素越来越多地被纳入"世界遗产名录"选择标准,例如,根据文化标准:"一个代表文化的传统人类住区或土地使用的杰出典范"(或文化),特别是当它在不可逆转的变化的影响下变得脆弱时。"

④ 菲律宾水稻梯田的著名案例于 1995 年被列入世界遗产名录,2008 年在这些稻田工作的妇女的 Hudhud Chants Ifugao 被列入非物质遗产代表名单。参见 Harriet Deacon, Olwen Beasley,《保护世界遗产公约下的非物质遗产价值:奥斯威辛,广岛和罗本岛》,载《保护非物质文化、保卫非物质文化遗产—珍妮特·布莱克编辑的挑战和方法》,艺术与法律研究所,2007 年版,第 93—108 页。

⑤ [美]珍妮特·布莱克:《为什么要保护过去? 文化遗产保护的人权方法》,载《遗产与社会》第 4 卷第 2 期,2011 年版,第 199—238 页。

⑥ 参见《关于保护有形和非物质文化遗产的综合方法的大和宣言》,2004 年 10 月 20 日至 23 日,日本奈良,国际会议通过的"保护有形和非物质文化遗产"(第 11 段)。

　　2003 年《公约》最值得注意的方面之一是它对与非物质文化遗产①有关的文化社区和群体(以及在某些情况下,个人)的核心作用,这在以前国际文化遗产条约中是看不到的。我们可以将此视为对这种遗产的非常具体特征的回应,这完全取决于文化群体和/或社区继续维持它的能力和意愿。顺便提一下,它也反映了人类社会与自然环境之间的相互依赖,这是第 2 条第(1)款给出的非物质文化遗产定义中认可的事实。② 本《公约》的序言也指出了这一遗产在真正实现中所起的作用。可持续发展,即促进传统知识中包含的环境可持续性做法以及这些当地社区的现状。1972 年和 2003 年《公约》的内容有一个重要的区别,需要在此强调:虽然 1972 年《公约》所保护的"世界"文化和自然遗产的定义是"杰出"或有特殊价值的,但非物质文化遗产是因其"代表性"特征而在 2003 年《公约》下提出的,③包括接受遗产的世俗性方面,因为它们代表特定社区的文化习俗、知识、世界观等。因此,他们对代表名单的记载说明了世界范围内的文化多样性,因为每个标题要素都代表了非物质文化遗产的类型或类别。加上本公约中保卫(而不是保护)的想法,也代表了一种更加强大的与人权相关的方法,因为它颂扬人们生活中的日常实践,这些实践往往对他们的生活方式的延续至关重要。④

　　这也是两个《公约》之间的相互作用——这个问题对于世界遗产委员会和非物质遗产委员会来说将变得越来越重要——我们认为这个领域可能非常丰富,需要进一步探索。显然,它们之间存在一个"灰色区域",正如我们从可以列入"世界遗产名录"的物质方面看到的那些属性,但也有相关的无形元素,值得列入非物质文化遗产代表名单。⑤ 这里关注的是,这些经常与具有明显环境维度的地点有关,无论是与土地利用、水资源利用还是其他传统生态知识和实践。这显然提出了将遗产的这些不同方面分开的智慧问题,更重要的是,如何管理这些条约的实践以在这些领域中获得积极的协同

---

　　① 在艺术 11,12 和 15 中。艺术 2(1)中给出的非物质文化遗产定义的第一部分写着:"'非物质文化遗产'是指实践、表征、表达、知识,技能以及与之相关的工具,物品,人工制品和文化空间-社区,群体,在某些情况下,个人承认其文化遗产的一部分。"(重点补充)

　　② 这部分内容如下:"这种代代相传的非物质文化遗产,不断地由社区和群体重新创造,以回应他们的环境,他们与自然和历史的互动,并为他们提供一种认同感和连续性。从而促进对文化多样性和人类创造力的尊重。"(重点补充)

　　③ 因此,主要的国际名单被称为人类非物质文化遗产的代表名单。

　　④ 当然,并非所有缔约方都已将这一想法纳入其中,并且仍有一种不幸的倾向,即在某种意义上,为了打击其他国家的遗产,在某种意义上,这些要素是独特的或杰出的。

　　⑤ 与菲律宾的水稻梯田和上文提到的 Hudhud Chants 一样。

作用而非冗余。通过研究对环境可持续性的贡献以及社区人权在这方面的重要性,可以找到协同作用。

关于1972年和2003年的《公约》,与这一讨论相关的另一个问题是术语选择,区分环境和文化遗产法中的主要艺术术语"保护"以及新术语"保卫"。传统上在文化遗产法中使用的保护被理解为一系列方法,例如,保留、管理和保存。然而,文化遗产领域的最新发展(特别是在非物质文化遗产方面)决定使用"保卫"一词而不是"保护"。选择保卫是有道理的,特别是在人们希望强调有关遗产的人类背景重要性情况下。① 它提出了一种更广泛的保护方法,这种方法基本上是针对遗产的结构和/或生存能力的一系列感知威胁采取的措施。相反,在保护范式中,遗产不仅免受直接威胁,而且还意味着必须采取有助于其继续生存的积极行动。② 因此,在这里,保卫被视为一个全面的概念,不仅包括经典的保护行动(如识别、盘点、保存等),而且还提供条件——包括社会、环境和经济保护行动——它可以持续被创建、维护和传输。通过这种方式,保卫是一种更依赖于环境的方法,同时也考虑了文化和自然遗产所处的更广泛的人类、社会和文化背景。因此,保卫是一种更明确地涵盖可持续发展范式的第三(社会—文化)支柱方法,因此也非常适合自然遗产。

这里有必要列举非物质文化遗产的一些铭刻元素以说明上述论点。代表清单中列出的非物质文化遗产的几个要素与物质环境及其自然资源密切相关,如果非物质文化遗产委员会今后要求报告缔约方③提供有关如何保护这些要素的相互作用信息,将会对环境保护措施有所帮助(积极和消极方面都有)。④ 对于几种铭刻的元素,物理环境和/或相关的文化空间是其实践、

---

① 非物质文化遗产是一种遗产形式,其继续存在取决于作为其存储库的人类社区、群体和个人,实践和/或制定它并将其传递给下一代;相比之下,遗产、遗址、文物和遗产的其他物理要素一旦建立就可以独立存在。

② 2003年《公约》第2(3)条所列的保护措施是:"识别、记录、研究、保存、保护、促进、加强、传播,特别是通过正规和非正规教育,以及振兴这种遗产的各个方面。"

③ 按照《公约》第29条的要求提交关于执行措施的报告,并遵守"公约"缔约国大会第二届会议通过的"公约"执行工作指示第151段—159段的规则,会议(巴黎,2008年6月16日至19日),并在第三届会议上进行了修订(巴黎,2010年6月22日至24日)。

④ 此处所述要素的信息摘自教科文组织网站,http://www.unesco.org/culture/非物质文化遗产/index.php? pg=541,以及16个缔约国提交的报告,供非物质文化遗产委员会第七届会议于2012年12月3日至7日在巴黎审议。报告可在线获取,http://www.unesco.org/culture/非物质文化遗产/index.php? lg=en&pg=00485。另参见临时议程项目6,"审查缔约国关于"公约"执行情况的报告以及列入代表名单的所有要素的现状"。[文件ITH-12-7.COM-6-E,2012年10月16日]

表现和持续生存能力的重要组成部分。例如,一个典型的例子就是位于中戈壁省(蒙古)的宝地岩(Great Land Rock)的露天民间剧院,它同时也是一个受保护的自然区域。Mibu no Hana Taue(2011 年入选)是由北广岛镇的壬生(Mibu)和河东(Kawahigashi)社区开展的日本农业仪式,通过庆祝米神来确保丰收的水稻;在 6 月第一个星期日,实际插秧结束后,这个仪式颁布种植和移栽阶段,充分展示了非物质文化遗产和环境①之间的直接联系。2011 年入选的韩国汉山莫斯织造法通过苎麻植物织造布料,这一方法通过中年妇女进行传播。(因此,反映了一些与环境有关的非物质文化遗产的性别维度)它涉及多个步骤,包括收获、煮沸和漂白苎麻植物,用苎麻纤维纺纱,并在传统织机上织造。构成 Yuruparí 美洲虎萨满的传统知识的神话和宇宙结构(2011 年刻)代表了哥伦比亚东南部 PiráParaná 河沿岸许多不同种族群体的文化遗产。美洲虎萨满祭司遵循仪式历法,仪式基于他们神圣的传统知识,另外,这些知识有助于振兴自然,并传递传统的指导理念,以保护所有土地的健康,作为男孩进入成年期的一部分。

西班牙地中海沿岸的灌溉者法庭(2009 年入选)是非物质文化遗产和环境如何重合的一个非常有趣的例子,可追溯到公元 9 世纪至 13 世纪的传统水法管理法院,其中两个主要法庭——穆尔西亚平原的智者委员会(对23313 名成员的土地所有者大会的管辖权)和瓦伦西亚平原水法庭(代表来自 9 个社区的 11691 名成员)——根据西班牙法律得到了承认。它们提高传统社区之间的凝聚力以及职业(监狱长、检查员、修剪师等)之间的协同作用,并有助于口头传播有关用水和其他物质的知识。雅拉(Yaaral)和马里共和国的得加(Degal)(2008 年入选)的文化空间包括尼日尔三角洲内陆佩尔(Peul)人的广阔牧区。雅拉和得加庆祝活动标志着在每年两次的季节性迁移放牧时,成群的牛群穿越萨赫勒干旱的土地和尼日尔河内的洪泛平原。由于他们汇集了三角洲所有民族和职业群体的代表——佩尔牛饲养者,玛卡(Marka)或诺诺(Nono)稻米种植者,班巴拉(Bambara)小米种植者和波索(Bozo)渔民——雅拉和得加庆祝活动继续更新社区之间的协议并直接促进环境保护。2008 年入选的哈德哈德(Hudhud)元素(如上所述)包括传统上由伊富高社区进行的叙事圣歌,其水稻梯田延伸到菲律宾群岛北部岛屿的

---

① 这些要素的具体信息来自这些缔约国提交的报告,供 2012 年 12 月 3 日至 7 日在巴黎举行的非物质文化遗产委员会第七届会议审议,http://www.unesco.org/培养/ 非物质文化遗产 /的 in-dex.php? LG = EN&PG = 00460。另参见临时议程项目 6(注释 106)。

高地。哈德哈德被认为起源于公元 7 世纪之前,在稻米播种季节、收获季节以及葬礼和仪式中包含 200 多个圣歌。① 他们讲述祖先的英雄、习惯法、宗教信仰的故事和传统。从这个意义上讲,这些做法是传播水稻种植、土地所有权和使用等重要知识的一种手段。

萨帕拉(Zápara)人生活在亚马逊丛林的一部分中,跨越厄瓜多尔和秘鲁,是世界上生物多样性最丰富的地区之一,他们是民族语言群体的最后代表,包括西班牙征服之前的许多其他人口。② 他们详细阐述了口头文化,这种文化在对自然环境的理解方面特别丰富,通过丰富的动植物词汇及其药用实践和森林药用植物的知识得到了证明。这种文化遗产通过他们的神话、仪式、艺术实践和语言来表达,这些语言是传统知识和口头传统的存储库,并且构成了人们和地区的记忆。

然而,一些非物质文化遗产元素对自然环境及其资源的直接或间接依赖性也给它们的持续可行性带来了问题。例如,气候变化、森林砍伐和沙漠化实际上或潜在地威胁雅拉和得加以及马里共和国宪章元素和韩国的木头建筑元素。③ 鹰猎(一个多国元素)④也因缺乏猎鹰和破坏其栖息地而受到威胁。从环境保护的角度来看,另一个有趣的问题是,由于控制濒危物种贸易的国际法规的规定,人们难以将猎鹰跨境移动。⑤ 因此,最后一个表明文化遗产保护与环境之间的相互关系的例子表明文化遗产保护与环境保护之间的相互关系是一个极其复杂的问题,需要仔细和微妙的处理才能对两者产生积极的影响。在这种情况下,传统的猎鹰实践尽管已经持续了很多代,而应该将被视为《濒危野生动植物种国际贸易公约》所列物种的出口禁令例外;应该仔细监测这对猎鹰种群的影响,特别是对鸟类非法商业贩运的影响。雅拉和得加(马里)的文化空间和亚马逊土著人民(秘鲁和厄瓜多尔)的萨帕拉传统也反映了他们生活方式具有独特的可持续性并与自然环境相协调,但却面临着环境的威胁和深受现代化的文化影响。雅拉和得加元素的

---

① 同样值得注意的是,叙述者主要是在社区中占据重要地位的老年妇女,无论是历史学家还是传教士。

② 萨帕拉人民面临着非常严重的消失危险,2001 年他们的人口不超过 300 人(厄瓜多尔人口 200 人,秘鲁人口 100 人),其中只有 5 人,年龄超过 70 岁,仍然使用 Zápara 语言。

③ 引用来自注释 105 和注释 106 的来源。

④ 由 13 个缔约方提名:奥地利、比利时、捷克共和国、法国、匈牙利、蒙古国、摩洛哥、卡塔尔、大韩民国、沙特阿拉伯、西班牙、阿拉伯叙利亚共和国和阿拉伯联合酋长国。

⑤ 根据 CITES 公约(1973 年)。

持续传播受到现代生活方式的威胁,因为农村地区的年轻人大量涌入,并使用节省时间的工业生产制品。经常性干旱影响牧场并干扰牧场运行,一定要考虑进去。因此,我们可以在这个例子中看到,这种非物质文化遗产元素的持续可行性对于保护可持续的牧民生活方式和相关知识非常重要,同时,需要全球响应的环境因素(如气候变化)带来的挑战也可能对此构成威胁。值得注意的是,为了防止进入牧场的问题,马里政府试图平衡习惯规则与立法,并在牧场的传统管理者、行政当局和市政当局之间建立平衡关系。

其中一些非物质文化遗产要素包含了可持续性的环境、文化、社会和经济方面,因此可以视为这里提出的综合方法的模型。例如,上述雅拉和得加元素对于其承载者具有广泛而深刻的社会文化意义,作为其主要文化形式(动物知识、牧场路线等)和佩尔人的艺术和工匠创作的空间(诗歌)表达了对神话、传说、音乐和舞蹈、服装技术等的看法。另一个很好的例子是 2010 年入选的传统墨西哥菜(米却肯范式)元素,这是一个综合的文化模型,包括农业、仪式实践、手工技艺、烹饪技术、祖传风俗和礼仪,涵盖从种植到消费的整个传统食物链。

┃ 第四节　两个说明性案例

一、文化多样性、生物多样性和环境可持续性

通过更加集中地考虑文化和生物多样性之间的关系,可以进一步澄清文化和自然遗产之间的密切联系。被视为人权价值的文化多样性及其与文化遗产和物质环境的联系是惊人的。文化和生物多样性之间的这种关系可以用隐喻和直接表达。在其隐喻意义上,费德里科·马约尔(Federico Mayor)(当时的教科文组织总干事)在第 29 届大会的讲话中强调了这种联系:

正如生物多样性的延长对人类的身体健康不可或缺,因此,保护文化多样性——语言、思想和艺术——对其精神健康是不可或缺的。[①]

教科文组织全球战略也反映了寻求更多文化多样性认识的动力,该战

---

① 　教科文组织中期预算(2002—2003 年度)呼应了这些观点:"由于我们的遗传多样性对我们的生存至关重要,因此我们的文化多样性对我们的持续增长乃至我们的和平与福祉至关重要。"

略旨在争取更具地域代表性的世界遗产名录,以及更能代表全世界文化遗产多样性的名单。① 值得注意的是,面对日益单一的全球文化的同质化压力,国际社会在很大程度上力求为地方、国家和地区的文化多样性创造法律保护。教科文组织大会于 2001 年通过了《世界文化多样性宣言》,②回应了执委会第 161 届会议对文化多样性与人权与可持续发展之间相互作用的强烈重视。该《宣言》第 1 条规定,"文化多样性对人类是必要的正如生物多样性对于自然而言"。人们可以进一步认识到,不仅文化多样性是人类必需的(如本文所述),而且对于保护生物多样性和确保环境可持续性本身也是至关重要的。

在这方面,不仅必须考虑环境保护和保护文化遗产的人权方面,而且还要考虑附带的人权。文化权利在这里具有相关性,特别是与参与文化生活权利所保障的文化遗产相关的权利。③ 简言之,这一权利应该确保个人和社区能够获得和能够享受对他们有意义的文化遗产,并且应该保护他们不断(重新)创造文化遗产并将其传递给后代的自由。在此范围内,可以区分不同程度地获取和享受,同时考虑个人和群体根据他们与特定文化遗产关系的不同利益。在这里,优先考虑文化(持有人)社区;其次是当地(非持有人)社区;再次是更广泛的社会等。④ 根据人权法,少数民族、语言和宗教少数群体也支持这种与文化遗产特定要素密切相关的社区优先权。⑤ 这包括少数群体用自己的语言并在不受干涉的情况下实践和表达其文化和传统的权利。例如,在美国,少数族群的权利是用来保护对于他们的传统文化和生活习俗至关重要的环境资源。⑥ 此外,赋予土著人民⑦的特殊权利明确承认文

---

① 同样,根据 2003 年《公约》"人类非物质文化遗产代表名录"命名主要清单的决定也表明了在国际上承认这一遗产多样性的愿望。

② 《世界文化多样性宣言》(教科文组织,2001 年),http://portal. unesco. org/en/ev. php-URL_ID = 13179&URL_DO = DO_TOPIC&URL_SECTION = 201. html.

③ 《公民权利和政治权利国际公约》第 15 条(ICCPR,1966)。第 9 章详细分析了这一权利及其如何适用于文化遗产。

④ 参见人权理事会,《文化权利领域独立专家报告,Farida Shaheed》,人权理事会第十七届会议议程项目 3,2011 年 3 月 21 日[联合国文件 A/HR/C/17/38]。

⑤ 根据《公民权利和政治权利国际公约》第 27 条(1966 年)。

⑥ 案例 No 7615(巴西),Inter-Am CHR Res No 12/85(1985 年 3 月 5 日),美洲人权委员会年度报告,1984—1985,OAS Doc OEA/Ser. L/V/II 0. 66。doc 10,rev 1 at 24(1985)。有关此案例的更多信息,参见 S. James Anaya,《国际法中的土著居民》第二版,牛津大学出版社,2004 年版,第 261 页。

⑦ 现在载于 2007 年联合国土著人民权利宣言[联合国文件 A/RES/47/1],在其序言中承认,"尊重土著知识,文化和传统习俗有助于可持续和公平的发展和适当的管理环境"和第 25 条认为"土著人民有权维持和加强他们与传统拥有或以其他方式占用和使用的土地、领土、水域和沿海海域及其他资源的独特精神关系,并维护他们对未来的责任在这方面的几代人"。

化和自然遗产的综合性质以及保护/保卫的人权方面。

　　传统的当地知识与生物多样性之间是一种亲密关系,任何生物多样性的丧失都会减少与之共同发展的人类文化多样性。同样,当失去当地人口的语言和传统文化习俗时,也会失去与其相关的生物多样性传统知识的大量存储库。人类社会适应其生活方式和做法以适应不断变化的自然环境要求和制定可持续的资源开发方法的潜力在很大程度上取决于文化和语言的多样性。[①] 随着语言和文化的消亡,文化和生物多样性之间存在的相互促进减少了,因为它们现在正在以越来越快的速度发展。[②] 与此讨论高度相关的一个事实是,语言多样性高的地区往往与生物多样性热点相吻合,如巴布亚新几内亚、刚果民主共和国、巴西、哥伦比亚、印度、澳大利亚和印度尼西亚。[③] 例如,某些植物物种的知识及其药用特征可能只能用特定的语言保存:如果该语言消失,那么与之相关的传统植物学知识也将丢失。最新的预计表明,在未来 50 年内,[④]世界上大约有 6800 种语言(其中大约 4800 种是土著语言)可能会丢失 90%。此外,传统知识持有者的生活方式和与自然环境有关的方式往往对特定生态系统及其相关生物多样性的可持续性至关重要。传统的农业、林业和渔业做法及相关创新可以确保有关环境资源的生存,其可持续性以及人民自身及其生活方式的可持续性。

　　正因如此,随着传统知识的流失,对文化多样性的侵蚀可能会在长期内减少环境的可持续性。因此,保护这一遗产不仅仅是一个文化问题,而且对维持可持续生态系统和依赖它们的生物多样性具有重大意义。为了确保我们地球生态系统未来的可持续性,我们需要问:哪些地区已经证明自己更善于应对我们今天面临的环境恶化,并拥有扭转这些趋势的技术和想法?我们很可能会发现,作为传统生态知识储存库的地区是那些哲学和实践最贴

---

　　① 世界上只有一半的语言出现在生物多样性也很高的八个国家,即:巴布亚新几内亚(832)、印度尼西亚(731)、尼日利亚(515)、印度(400)、墨西哥(295)、喀麦隆(286)、澳大利亚(268)、和巴西(234)。教科文组织,分享差异世界——地球的语言,文化和生物多样性(巴黎:联合国教科文组织,2003 年)。

　　② 世界文化与发展委员会,《我们的创造性多样性》(巴黎,教科文组织,1996 年)指出:今天使用的 6000 种语言中,多达 90% 的语言可能在下个世纪消亡。

　　③ 教科文组织,分享差异世界(注释 121)。

　　④ Smeets,"语言作为非物质文化遗产的载体"(注释 122)。值得注意的是,六个国家是文化多样性的中心,也是具有特殊植物和动物物种的特殊多样性国家。一般来说,参见 Posey,《文化权利可以保护传统文化和生物多样性吗?》(注释 61)。

切地保持生物多样性的。因此,必须考虑这些社会的传统知识和创新做法,并让他们继续拥有保持以往生活习惯的权利。

与传统生活方式密切相关的传统知识和维持其资源日益受到全球化和经济发展其他方面的威胁。在全球市场中,只有当它们进入市场时才能获得知识和资源的价值,而且,所支付的价格通常不会反映生产的实际环境和社会成本。这些可能与当地传统知识持有者拥有的非货币价值密切相关。这种传统知识是经常被边缘化群(其中许多是土著或文化少数群体)的社会资本的一个主要部分,反映了他们的社会关系和价值观以及他们的生活方式。① 鉴于目前法律缺乏适合保护传统知识的现有知识产权保护制度,②传统持有者可用于保护其传统生态、生物和农业知识的最佳手段很可能要有所保留,除非作出具体的许可安排以确保机密性和公平的惠益分享,否则将予以保留。③ 因此,我们必须寻求对抗法律制度保护知识产权的无形价值,适用于传统,使他们有可能成为更适合需要经济和功利措施的新手段生物多样性固有的文化和精神价值观。

到目前为止,国际法正式承认传统知识在三个主要领域的重要性:保护生物多样性、粮食安全和可持续发展。④ 例如,1992 年,《里约宣言》的"21 世纪议程"⑤要求承认土著人民和其他当地社区(如农民)的价值观、传统知识和资源管理,在第 22 条原则中说明:

土著人民及其社区和其他当地社区因其知识和传统做法而在环境管理和发展方面发挥着至关重要的作用。各国应承认并适当支持其身份、文化

---

① 在传统知识方面,"文化"不仅被视为一种主要的艺术或美学结构,而是一种特定社会的整个生活方式,其中包括:技术和诀窍、语言、值、仪式和仪式、宗教和精神信仰、符号和性别关系。

② 有许多作品可以引用这个问题,包括:迈克尔布朗,谁拥有本土文化?(哈佛大学出版社,2004 年版);世界知识产权组织,对传统文化表现形式/民间文学艺术表现形式的法律保护的综合分析,WIPO 第 785 号出版物(日内瓦,nd);KC Ying,《民间文学艺术表达的保护/传统文化表达:版权法的解决方案是什么?》,载《马来西亚和比较法杂志》,第 32 卷第 1 期,2005 年,第 2 页,2014 年 12 月 9 日访问,http:// www. commonlii. org/my/journals/JMCL/2005/2. html. 参见 Molly Torsen 和 Jane Anderson《知识产权和传统文化保护-博物馆》《图书馆和档案馆的法律问题和实践选择》(日内瓦:世界知识产权组织,2010 年)第 15 页,注意到传统文化表现形式(TCEs)'占据暧昧的法律地位;他们可能会或可能不会从一个或多个知识产权保护部门中受益。回答这些问题的困难是,没有明确的立法框架来为传统文化表现形式的管理、获取和使用提供指导。

③ Vandana Shiva,《全球化时代的生态平衡》,全球伦理与环境,由 N 非物质文化遗产 olas Low 编辑(伦敦和纽约:Routledge,2006 年版),第 47—65 页。

④ 分别是第 28 号和第 44 号《联合国生物多样性公约》和《粮食及农业组织 2001 年植物遗传资源条约》。

⑤ 1992 年里约热内卢联合国环境与发展会议的最后宣言。

和利益,并使其有效参与可持续发展的实现。

这些国际声明仍然非常有限,也可以找到具有相反结果的文书例子。例如,UPOV 协议(1991 修订版)[①]有效地阻止了在传统市场中实施保存、交换和使用种子以及销售农产品的传统权利和习惯做法。在这种情况下,非常重要的是,我们可以通过保护文化遗产和保护生物多样性以及如何在国际政策和立法中更好地理解和承认未来的可持续性,更清楚地阐明保护文化多样性之间存在的关系。此外,还需要进一步探讨在国际法不同领域的法律文书之间建立积极互动的潜力。例如,自 20 世纪 90 年代后期以来,世界知识产权组织(WIPO)一直在探索如何更好地调整现有知识产权制度,以满足土著和地方社区对其传统知识、传统文化表现形式的需求从而获取和享受利用遗传资源的好处。[②] 教科文组织 2003 年和 2005 年的《公约》填补了 1972 年《世界遗产公约》所提供的保护制度重要空白,并扩大了支持它的文化遗产概念,大大扩展了我们对哪些文化产品应受到保护的理解。[③] 例如,2003 年《公约》通过刻意的文化方法保障了非物质文化遗产,因此可以与世界知识产权组织采取的基于知识产权的更多方法相辅相成:越来越明显的是,教科文组织与世界知识产权组织之间需要加强合作,特别是借助于教科文组织在保卫非物质文化遗产方面的经验为这一过程提供信息(例如,在保障非物质文化遗产方面)。[④]

二、气候变化和文化遗产

近年来,气候变化如何影响文化遗产以及在某种程度上文化遗产及其传统知识和实践如何有助于缓解气候变化的问题变得越来越重要。预测气候变化对环境的影响范围很广,例如,荒漠化、海平面上升、海岸侵蚀以及动植物物种的丧失。预计这些将导致人口大规模流离失所,更糟糕的是,这会导致文化和语言的流失。即使当地居民仍留在原来的地方,用于制作有形物品(乐器、服装、面具等)的植物和动物的丢失对于制定文化以及仪式空间

---

① 保护植物新品种联盟(UPOV),1961 年由少数工业化国家通过,并于 1972 年,1978 年和 1991 年修订。

② 有关世界知识产权组织在该领域的计划的更多信息,请参阅第 6 章。

③ Marie-Theres Albert,《世界遗产和文化多样性:他们有什么共同点?》,世界文化多样性遗产(注释 1)第 17—22 页。

④ 参见 2003 年《公约》,最近的评估报告 Torggler 和 Sediakina-耶尔,联合国教科文组织评定的标准设置文化部门的工作在第 246—250 页和建议 15(注释 60)。

的恶化,可能对当地的遗产产生非常具有破坏性的影响。此外,构成 2003 年《公约》第四个非物质文化遗产领域的传统宇宙学知识可能已经不再与当前条件有关。① 因为对季节、天气、气候和当地植物的这种宇宙学知识和动物是拥有它的人民生活的重要基础,面对气候变化的过时或许对这些社区维持生计的能力产生严重影响。值得注意的是,各国政府为应对气候变化影响而采取的行动也可能对传统的可持续生活方式及其相关知识产生破坏性影响:克雷塔罗(Quiritano)的例子说明孟加拉国引进新技术以应对随着时间的推移,水稻产量的减少导致传统农业知识和技术的丧失这一局面。②

在这里,我们再次看到环境、文化遗产和人权联系在一起,不仅因为保护清洁和健康的环境本身越来越被人们接受,而且因为气候变化对居民的负面影响对于环境脆弱地区可能很常见,还会影响到一系列人权。由于本书涉及文化遗产保护,因此这里最重要的人权是参与《公民权利和政治权利国际公约》(1966 年)第 15(1)条规定的文化生活的权利,与获取和享受文化遗产有关的主要一般权利。联合国经济及社会理事会(ECOSOC)2009 年的一项研究发现,气候变化可能会对广泛的人权产生影响,包括与文化和遗产有关的人权。因此,有必要质疑各国应在多大程度上对因温室气体排放造成的侵犯人权行为负责,并因此要求采取措施减少此类排放对文化遗产造成的损害?③ 美洲人权委员会(IACHR)在过去 20 年左右的时间里坚持认为,破坏传统文化和社区生活方式的环境破坏和腐烂可能被视为侵犯了他们的文化权利。④ 由此产生的问题是,是否有可能证明与气候变化影响有足够的直接联系,从而导致环境质量的丧失,以断言气候变化已对土著和地方社区的文化权利造成损害? 北美的因纽特人试图证明温度升高对北极的影响以及传统的自给自足和相关文化之间存在这种联系。⑤ 他们向美洲人权委员会投诉美国,认为美国是 15% 的世界温室气体排放的来源国,但却没有办法对此制止:美洲人权委员会决定驳回因纽特人的投诉,理由是很难证明

① 《公约》第 2 条第 2 款规定了非物质文化遗产的五个主要领域。这种宇宙学知识的一个例子是前面提到的 Yuruparí(2011 年刻)的捷豹萨满祭司生活在哥伦比亚东南部的 PiráParaná 河沿岸。

② Ottavio Quiritano,《以人权为基础的气候变化方法》《非物质文化遗产管理的见解》《国际共同商法》,由 Federico Lenzerini 和 Ana Filipa Vrdoljak 编辑的《人权,文化权利和自然的规范性视角》(Hart Publishing,2014)。

③ Quiritano,《基于人权的气候变化方法》(第 135 页)。

④ 例如,Yanomami 土著部落的情况,IACHR 的第 7615 号案件(巴西)(第 43 号)。

⑤ 此案例在 Quiritano,《基于人权的气候变化方法》(第 135 页)第 384—386 页中有更详细的讨论。

美国温室气体排放与北极地区环境恶化之间存在直接联系。

关于气候变化对文化遗产影响这一主题的大部分讨论都是针对1972年《公约》所保护的遗产。[①] 例如,世界遗产委员会委托编写了一份关于预测和管理气候变化对世界遗产影响的报告,[②]其中有七个气候指标(大气水变化、温度变化、海平面上升、风、沙漠化、气候和污染带来的后果以及对环境和生物多样性的后果)对气候变化带来的风险程度,以及它们可能对文化遗产产生的物理、社会和文化影响进行了评估,研究了污染、气候和生物效应。[③] 这里预测的对遗产的影响——其中大部分是物理影响——包括有缺水的排水系统造成的破坏、有机物的生物攻击、砖块、石块或陶瓷因冻结、不适当的结构适应、人口迁移和社区破坏而受到内部损坏、侵蚀性破坏、文化遗产地文化遗产价值的变化、修复/维护建筑物的本地物种的损失/减少,以及传统定居点的生计变化。本报告采取的立场是,保护世界遗产主要关注管理变化,在可能的人为气候变化的情况下,需要采取三管齐下的方法:预防性行动(监测、报告和缓解在社会水平范围内的影响)、纠正措施(全球、区域和地方各级的适应战略)和知识共享(最佳做法、研究、能力建设网络等)。[④]

金(Kim)提出的一个重要观点是,很少有统计数据可以明确记录文化遗产对气候变化相关影响的脆弱程度。[⑤] 鉴于建立良好的基线信息以监测变化的根本重要性,这显然是一个需要更多考虑的领域。然而,上述世界遗产委员会报告中社会和文化指标的不足将表明,整个问题需要在教科文组织内部得到具体解决,其整体方法应充分涵盖遗产的有形和无形方面。《联合国气候变化框架公约》本身认识到传统知识在气候变化适应中可以发挥的重要作用。然而,在《联合国气候变化框架公约》及其《京都议定书》框架内

---

① 例如,WGC Burns,腰带和吊带?《世界遗产公约在应对气候变化中的作用》,载《欧洲比较和国际环境法评论》第18卷第2期,2009年版,第148—163页;托森,《世界遗产公约和气候变化:对气候变化减缓的案例》,WGC伯恩斯和HM编辑Osofski(纽约,2009年版);哈金斯,《保护世界遗产地免受气候变化的不利影响:世界遗产公约缔约国的义务》,载《澳大利亚国际法杂志》第14卷,2007年版,第121—136页。

② Augustin Colette,气候变化与世界遗产:关于预测和管理气候变化对世界遗产的影响的报告以及协助缔约国实施适当管理应对措施的战略(巴黎:联合国教科文组织世界遗产中心,2007年版)。

③ 在Colette,气候变化和世界遗产(注释140)的详细表格中提供,见第10—11页。

④ 科莱特,气候变化和世界遗产(注释140),第10—11页。

⑤ Hee-Eun Kim,《改变气候,改变文化:将气候变化维度纳入非物质文化遗产保护》,载《国际文化财产期刊》第18卷,2011年版,第269—290页。Kim引用这方面,衡量文化表现形式多样性的教科文组织统计研究所(2009年版),参见 http://www。uis。unesco。org/ev.php? ID = 7061_201&2 = DO_TOPIC.

减少温室气体排放的实用价值不太明显的遗产方面往往被忽视。发达国家在发展中国家的项目清洁发展机制和解决发展中国家紧急适应需求的国家①适应行动纲领目前尚未开展任何具体涉及保卫非物质文化遗产或文化遗产的活动。② 遗产的各个方面可能包括更多的"文化"社区表达,如舞蹈、口述历史、传统的讲故事等。气候变化最严重的影响之一可能是地方的侵蚀、破坏甚至人口消失。③ 对于图瓦卢和基里巴斯等一些小岛屿发展中国家(SIDS)来说,这对他们的民族认同构成了威胁。即使在不那么引人注目的情况下,环境质量和关键资源的丧失本身也可能使当地社区无法继续制定和实施其非物质文化遗产。④

1972年《公约》的评论员认为,第4条赋予缔约方保护世界文化和自然遗产的一般义务,第4条规定采取超过"联合国气候变化框架公约"和"京都议定书"规定的气候变化减缓措施义务。⑤ 迄今为止,世界遗产委员会对气候变化对世界遗产地构成的威胁的主要回应是协助缔约国实施适当管理应对措施的战略。根据哈金斯(Huggins)的说法,这种方法在缓解方法方面过于薄弱,并且对1972年《公约》所规定的义务水平没有足够的回应,她认为,这包括缔约国有义务对温室进行"大大减少"温室气体排放。⑥ 伯恩斯(Burns)探讨了政府和非政府行为者在世界遗产委员会之前使用请愿书作为气候变化行动工具的举措。在这些请愿书中,他们要求将受到气候变化威胁的遗址从世界遗产名录列入"危险世界遗产名录"。⑦ 尽管没有任何积

---

① 清洁发展机制是在"京都议定书"框架内制定的,国家适应行动方案属于联合国气候变化框架公约第4(9)条。

② Kim,《改变气候,改变文化》(注释143),第268页。

③ 政府间气候变化专门委员会(IPCC),2007年气候变化:综合报告(2007年),由RK Pauchuri和A Reisinger编辑(日内瓦:IPCC,2007年)。国际移徙组织(移徙组织),难民专员办事处和其他机构编写了一份关于气候变化,移徙和流离失所问题的报告:影响,脆弱性和适应方案,已提交长期合作特设工作组第五届会议2001年3月29日至4月8日《联合国气候变化框架公约》下的行动(移民组织,2009年2月6日),他们提出了一项新条约,以满足气候变化难民的具体需求。

④ 例如,就印度尼西亚的非物质文化遗产元素竹筒琴(Angklung)而言,其保护方法包括指导万隆地方社区如何保护对于这种艺术实践必不可少的竹制材料。

⑤ Quiritano,《基于人权的气候变化方法》(第135页)。第4条规定:"本公约的每一缔约国都认识到,确保查明、保护、养护、展示和传播第1条和第2条所述并位于其领土内的文化和自然遗产的后代的责任主要是该国。它将尽其所能,尽最大努力,并酌情提供任何国际援助和合作,特别是金融、艺术、科学和技术方面的资源,它可以获得。"有关这方面的更多信息,参见Huggins,《保护世界遗产地免受气候变化的不利影响》(第139页)。

⑥ 哈金斯,《保护世界遗产不受气候变化的不利影响》,第139页。

⑦ 伯恩斯,《世界遗产公约在应对气候变化中的作用》,第139页。

极义务要求缔约方通过缓解措施更好地保护这些遗址,但这样的行为会给他们带来强大的道德和政治压力。当然,在考虑这个问题时,没有明确的方法将遗产与遗产的无形方面分开,因为上述潜在影响清单表明了这一点;毫无疑问,由于气候变化造成的任何物理场地、结构和空间的损失将不可避免地对当地社区及其非物质遗产(可能依赖于这些地方及其中发现的环境资源)产生重要影响。① 然而,似乎直到最近才对后者给予足够的重视,因此应该更多地关注气候变化如何影响或可能影响非物质文化遗产。因此,问题在于是否可以断言保卫非物质文化遗产免受气候变化影响的类似义务。根据 2003 年《公约》,保卫是一个包含各种行动和措施的广泛概念,②它包括确保其可行性。鉴于气候变化可能对其可行性产生影响,似乎有理由承担采取 2003 年《公约》所产生的额外减缓措施的类似义务。此外,2003 年《公约》还要求缔约方将保卫非物质文化遗产纳入规划方案,促进科学、技术和艺术研究,以及"有效保卫非物质文化遗产,特别是对处于危险之中的非物质文化遗产"的研究方法,并采取适当的法律、技术、行政和财务措施,以确保其继续传播。③ 这些也可以理解为在面对气候变化时强加一项普遍义务,采取具体的缓解措施,以保卫非物质文化遗产及其未来传播。

▌第五节　结论

从上述讨论中可以清楚地看出,文化遗产和自然环境之间存在着极为密切的联系,这一事实在国际法两个领域的起草或实施中都没有得到充分反映(尽管条约机构已经全力以赴)。此外,这种关系可能越来越重要,并会在未来对于全球气候变化、环境、遗产和社区生活方式产生法律启示。如果要实现创造可持续环境保护方法,重要的是在未来的国际政策和立法中更好地体现这种相互关系。此外,国际法的这两个方面都具有重要的人权属性,目前仅得到初步认可。因此,今后在起草和实施国际法文书时,应当更

---

① Susan McIntyre-Tamwoy,《全球气候变化和文化遗产的影响:把握问题并确定问题》,载《历史环境》,第 21 卷,2008 年版,第 8 页。

② 第 2(3)条规定:"保护"是指旨在确保非物质文化遗产可行性的措施,包括识别、记录、研究、保存、保护、促进、加强、传播,特别是通过正式和非正式教育,以及振兴这些遗产的各个方面。

③ 参见 2003 年《公约》第 13 条。

加明确地表达与保护文化遗产和自然环境有关的人权。进一步促进人权统一发展,是对这一努力最好的回应,同时考虑整合不同要素的需求以及回应1992年里约会议提出的可持续性要求。

第五章
文化遗产：无形方面

　　人类之所以为人类就是因为我们拥有口头传统。它是通过故事、传说、诗歌、歌曲、语言赋予经验以意义，并拥有代代相传的连续性。我们应该鼓励这种连续性，否则，过去的声音可能会被压制，后代可能会被剥夺其文化遗产。这些表达形成了宝贵的文化和社会动力的基础和环境，它们为交换和传播提供潜力，成为我们社会和文化实践的重要环节。

第一节　引言

　　自 1949 年以来教科文组织活动的基本原则之一是在制定国际标准的同时保护文化多样性。① 其国际公约和建议书文本旨在通过国际合作以及鼓励制定国家立法和文化政策来实现这一目标。国际上正式承认非物质遗产是一个需要保留的因素，是近期国际文化遗产②以及与人权相关的文化权利密切相关领域的最重要发展之一。③ 确定其性质是一项挑战，除此之外，要求了解生产者技能的重要性、信息的传递（如如何用手编织地毯）以及其创造的社会、文化和知识背景，这是定义的核心。由此可见，非物质文化遗产产生的人文（社会和经济）背景与有形产品一样需要保护，在评估现有或未

---

　　①　Lyndel V Prott，《国际文化遗产标准》，载《教科文组织世界文化报告》，1998 年，第 222—236 页。

　　②　例如，Lyndel V Prott，《保护文化遗产的国际私法问题》，载《收集课程》1989 年第五卷（Recueil des Cours），第 224—317 页。

　　③　例如，《弗里堡文化权利宣言》（2007 年）在第 3 条（身份和文化遗产）中指出：每个人，单独或与他人共同拥有权利：(1)选择并尊重一个人的文化特征，各种不同的表达方式……(2)了解和尊重自己的文化，以及那些在其多样性中构成人类共同遗产的文化。这尤其意味着了解人权和基本自由的权利，因为这些是对这一遗产至关重要的价值观。

来的保护措施时必须始终予以考虑。

承认传统文化表现形式作为需要国际保护的文化遗产的一个要素恰逢经济和文化全球化对当今社会和这一遗产本身产生的巨大影响。这些影响大多被视为对传统形式的非物质文化遗产继续存在和实践构成威胁,[1]尽管已经认识技术有潜力推动文化全球化从而促进遗产保存和传播。[2]

第二节　确定"非物质文化遗产"

自20世纪80年代以来,人们越来越意识到需要在国际遗产保护和计划中采用更广泛和更"人类学"的文化遗产概念。[3] 这种扩展的概念是包含无形资产的与物质文化相关的概念(如语言,口头传统和地方秘诀等),有时甚至独立于物质文化。然而,实际上,在2003年《公约》通过之前的很长一段时间内,确保适当保卫非物质文化遗产的必要性已成为全球绝大多数国家及其公民的重点关注。[4] 对于一些国家,口头和传统形式文化不仅代表了其文化遗产的大部分,而且还是一种重要的社会和文化资源。例如,它们可以成为提供替代医疗服务的基础,或者作为维持生计所需的农业文化和其他知识的储存库。因此,非物质文化遗产的"问题"主要是缺乏对这一现实的正式国际认识以及文化遗产保护范式的主导地位,该范式优先考虑具有纪念意义的"欧洲"文化形式而非当地和土著文化形式,并且从传统文化的

---

① 教科文组织"人类活着的人类财富"计划指南(1993年)指出非物质文化遗产:"不幸的是它的一些表现形式……已经消失或有可能这样做。主要原因是当地的非物质文化遗产正迅速被标准化的国际文化所取代,不仅受到社会经济'现代化'的影响,而且受到信息和运输技术的巨大进步的推动。"

② 伊莎贝尔·文森,《遗产与网络文化》,在联合国教科文组织世界文化报告(3例),第237—345页第243条指出"[T]他广泛和整合已经出现了近几十年来的遗产的人类学概念应该被强调由网络的属性……这有利于将表演艺术,手工艺,口头传统等相关领域融入文化遗产。她举了一个关于加拿大学校网站的例子,当代因纽特人的艺术作品被放置在北极因纽特人的神话,传说和传统生活方式的背景下"。

③ "墨西哥城文化政策宣言"(世界文化政策会议,1982年)在其序言部分第四段中指出,"从最广泛的意义上说,现在可以说文化是独特的精神、物质、智力和情感的复合体。社会或社会群体的特征。它不仅包括艺术和文字,还包括生活方式,人类的基本权利,价值体系,传统和信仰"。

④ 在教科文组织世界文化和自然遗产公约谈判期间(1972年)[1037 UNTS 151;27 UST 37;11 ILM 1358(1972)],玻利维亚提议其主题应包括有形和无形文化遗产以及自然遗产。

角度来看,传统文化也是如此。① 此外,正如福雷斯特(Forrest)所指出的那样,"规范制度的起源可以在教科文组织的创立中找到",但多年来,它已经被显然更迫切需要解决的有形遗产所取代。② 然而,它确实构成了这些"有形"遗产保护制度的一部分,最突出的是在 1972 年的《世界遗产公约》中,但同样也体现在受教科文组织 1970 年《公约》中,保护的神圣或仪式性质的对象,2001 年《公约》也明确指出水下文化遗产国家的验证关联概念包括无形方面。与此同时,遗产的无形方面可能"超越"传统上受国际(和大多数国家)遗产法保护的纪念性和物质。③ 迪肯(Deacon)和比兹利(Beazley)④在下面的陈述中明确了有形和无形遗产之间的密切联系:

非物质文化遗产最好被描述为一种重要性或价值,表明遗产的非物质方面是重要的,而不是一种单独的"非物质"遗产。例如,包括表演艺术、仪式、故事、知识体系、技术诀窍和口头传统,以及社会和精神协会,象征意义以及与物体和地方相关的记忆。有形遗产形式都通过无形的实践、使用和解释获得意义:"有形的只能通过无形资产来解释。"然而,在没有有形资产轨迹的情况下,无形价值可能存在。

在这里,他们明确了无形资产对有形遗产的重要性,同样也体现了无形资产的独立性。他们强调以非物质文化遗产而非"非物质"特征所代表的"重要性"或"价值"也很有趣。这与许多土著人所持有的观点相呼应,即在遗产的"有形"和"无形"之间进行这种分离是一种人为的和任意的区分。⑤ 正如迪肯(Deacon)和比兹利(Beazley)解释的那样,有形和无形之间的区别是遗产通常在于定义遗产重要性的方式。通过这种方式,非物质文化遗产的实践可以产生切实的结果或表现形式(如诗歌,使用传统技术编织的

---

① 对教科文组织关于保护传统文化和民间文学艺术的建议书(巴黎,1989 年)提出批评,于 2014 年 11 月 10 日访问 < http://unesdoc. unesco. org/ images/0013/001323/132327m. pdf >。参见:[英]珍妮特·布莱克,《保护传统文化和民间传说-现有的国际法和未来发展》,《保护传统文化:由 Peter Seitel 编辑的全球评估》(华盛顿特区:史密森学会,2001 年版),第 149—158 页。

② Craig Forrest,国际法和文化遗产保护(伦敦和纽约:Routledge,2010 年版),第 363 页。

③ Laurajane Smith,遗产的使用(Routledge,2006)第 61 页指出,在许多方面,非物质文化遗产超越了基于纪念性和物质方面(有形遗产)的"传统"类别,因此更广泛,更具包容性类别。

④ Harriet Deacon,Olwen Beazley,《保护世界遗产公约下的非物质遗产价值》;奥斯威辛,广岛和罗本岛,《保卫非物质文化遗产》,载[英]珍妮特·布莱克编辑的《挑战和方法》,艺术与法律研究所,2007 年版,第 93—108 页。

⑤ 例如,Sivia Tora,《太平洋视角》,载《保护传统文化:全球评估》,由 Peter Seitel 编辑(华盛顿特区:史密森尼学会,2001 年版),第 221—224 页。在太平洋,区别有形和无形文化遗产之间没有制造。它们被认为是一种统一的文化遗产。

篮子或故事的视听记录),但通常是团体内部重要的而不是具体的有形产品的持续实践和意义。因此,有些物体不如产生它们的非物质文化习俗重要。例如,如果做某种仪式的人传统上穿着红色,保护这种做法的遗产价值并不一定涉及在仪式期间穿着的特定红色衣服,但是确保仪式的继续还是要继续穿着红色衣服,例如,通过获取染料或染色过程的知识来将仪式传承下去。①

　　在过去的三十年中,教科文组织一直致力于制定"非物质文化遗产"的运行定义,包括社会习俗和信仰、仪式和仪式、音乐传统、戏剧、口头传统、宇宙观、技能和知识等因素。② 最近,为了 2003 年《保卫非物质文化遗产公约》的目的制定了一个具体的定义,其中给出了一般定义,然后列出了非物质文化遗产的五个主要领域。③ 有趣的是,本公约中提供的定义避免了非物质文化遗产的任何要素清单(虽然这是在政府间谈判阶段考虑的),并且决定列出非物质文化遗产的领域更为合适。这在某种程度上是因为非物质文化遗产的范围如此广泛,以致即使是非详尽的清单也存在限制公约主题的危险。然而,为了本书的目的以及为了进一步澄清非物质文化遗产的含义,有必要提出一些可能包含在"非物质文化遗产"中的例子。它可以包括:口头传统、美食、服装、生活方式、音乐和其他表演(但不是他们的录制,即录音)、艺术和其他形式的技术诀窍、传统知识和实践、仪式、社会实践和价值。与非物质文化遗产有关的另一个有趣概念(但未在 2003 年《公约》中明确提及)是"文化空间",它是教科文组织(1998 年—2003年)④在 2003 年《公约》之前宣布口头和非物质遗产代表作的明确类别。这些被理解为物理和/或时间"空间",其中非物质文化遗产被执行并且通常对于该遗产的持续维护和传输是必不可少的。关于 2003 年《公约》中给出的定义的更多讨论,请参见下文。

---

① Deacon 和 Beazley,《保护非物质文化遗产价值》(第 11 页),第 106 页。

② Noiko Aikawa-Faure,《从宣传杰作到保卫非物质文化遗产公约》,由 Laurajane Smith 和 Natsu-ko Agakawa 编辑的非物质遗产(Routledge,2009)。

③ 分别在第 2(1)和(2)条中,如下面更详细讨论的。有关非物质文化遗产相关术语的更多信息,参见 Wim van Zanten,《构建非物质文化遗产新术语》,载《国际博物馆》第 221—222 卷(2004 年版),第 36—45 页。

④ 联合国教科文组织于 1997 年启动了"人类口述和非物质遗产代表作"计划。

一、更广泛的背景

在制定 2003 年《公约》①的过程中,国际层面被保护的文化遗产概念扩展至"无形资产",与进一步了解文化与发展之间关系同时进行。例如,世界文化和发展委员会在其 1995 年的报告②中指出,如果要成为发展的基础,必须大大扩大文化概念,以促进多元化和社会凝聚力。因此,鉴于文化遗产中固有的无形价值在发展中必须发挥的作用,保卫非物质文化遗产是教科文组织能够履行世界委员会规定的任务的一种方式。

然而,这种思想的根源至少可以追溯到 20 世纪 70 年代思想发展的革命,这是对布雷顿森林机构和国际社会普遍赞同的自上而下的纯经济发展愿景的反应。实际上,可以说非物质文化遗产对社会和经济发展的贡献是加强国际保护这一遗产的重要因素。直到 20 世纪 70 年代,发展一般被认为是纯粹的经济现象,GDP 增长是主要的但并不唯一的成功指标;文化往往被视为发展的一个突破,特别是较贫穷国家的"传统文化"。在 20 世纪 70 年代,非洲和拉丁美洲经历了向内生发展的智力转变,在这种发展中,地方和民族文化(和语言)开始被赋予了比以前在发展模式中更大的价值,并强调了传统的生活方式。③ 1982 年首次在国际文件中通过世界文化政策会议宣言,④它将"文化"视为一种包含生活方式、社会组织、价值/信仰体系以及物质文化的广泛概念;重要的是,这也与文化认同的观念联系在一起。截至 20 世纪 80 年代末和 90 年代初期,国际发展理论中出现了更为重要的新思想,例如,可持续发展⑤和人类发展⑥方法以及世界文化与发展委员会报告的出版(1995 年)。⑦

① Dawson Munjeri,《有形和无形的遗产:从差异到融合》,载《国际博物馆》第 221—222 卷,2004 年版,第 12—20 页。

② 世界文化与发展委员会,《我们的创造性多样性》,教科文组织,1996 年版。

③ Lourdes Arizpe,《非物质文化遗产的文化政治》,第 1 章"保卫非物质文化遗产——挑战和方法",由 Janet Blake 编辑(英国:艺术与法律研究所,2007 年版)。

④ 世界文化政策会议(MONDIACULT,1982)将"文化"定义为:"社会或社会群体的独特精神,物质,智力和情感特征的整体复合体。"它不仅包括艺术和文字,还包括生活方式、人类的基本权利、价值体系、传统和信仰。

⑤ 首先正式阐述:世界环境与发展委员会我们共同的未来(纽约,牛津大学出版社,1987 年版)(被称为"布伦特兰报告")。可持续发展的三大"支柱"之一被理解为社会文化。

⑥ 由 Amartya Sen 开发,开发计划署从 1990 年开始采用这种方法编制人类发展报告系列。另见一般情况:教科文组织,连续性变化、概念和文化发展工具(巴黎:教科文组织,2000 年版)。

⑦ 世界文化与发展委员会,我们的创造性多样性(注释 18)。

在这一过程中,越来越多地了解当地和土著文化及其在更广泛社会中的遗产价值以及整体发展的资源。① 1992 年通过联合国环境与发展会议的《里约宣言》是标志这一进展的分水岭。在此,可持续发展概念首先得到国际普遍认可,"第三支柱"被理解为构成社会文化因素,是参与式发展方法的核心作用,也是对土著和地方社区价值和重要性的正式认可。② 教科文组织于 1998 年③——2006 年通过的"斯德哥尔摩行动计划"提出了发展可持续性要求与文化遗产之间的联系,并提出了两年前世界文化与发展委员会所做的基础工作。它正式承认可持续发展和文化繁荣是相互依存的第一项原则,其首要目标是使文化政策成为发展战略的一个关键组成部分,使文化政策成为内生和可持续发展的主要因素。第三个目标直接提到加强保护和加强文化遗产的政策和做法的必要性。这包括要求(注释 3)更新我们对遗产的理解,包括所有自然和文化元素,以及有形和无形的元素,这些元素是遗传的或新创造的。该文本承认遗产在社会群体的身份形成中所起的组成作用及其对代际传承的保证。将文化遗产纳入发展规划,作为实现可持续发展手段是整个非物质文化遗产项目的基础。

这些发展方法中的每一种都包含强有力的人权方面,因为它们确实强调了发展人类能力和解决社会正义要求的重要性。在发展思维的这些演变正在发生的同时,特别是其社会和文化方面正在得到更好的认识的过程中,文化权利——人权大家庭中的"灰姑娘"——开始受到联合国教科文组织④和经社理事会(其中有土著人民论坛的积极参与)的重视,1993 年开始着手制定关于土著权利的宣言草案。⑤ 教科文组织在文化权利领域的工作于 20世纪 90 年代最后一个季度启动,随后通过了 2001 年《世界文化多样性宣言》,该宣言是拟定 2003 年《公约》的基础案文。文化权利领域的另一个重

---

① 教科文组织,第三个中期计划(1990—1995)(25C/4),第 215 段指出,例如,1990 年,教科文组织承认文化遗产是一种人民的生活文化,其保护应被视为多维发展的主要资产之一。

② 《联合国生物多样性公约》(1992 年)[1760 UNTS 79;同时在里约通过的"ILM 818(1992)"也为确保环境可持续性的"地方和土著知识,实践和创新"提供了突出的地位(第 8(j)条)。

③ 文化政策促进发展行动计划(教科文组织,斯德哥尔摩,1998 年 4 月 2 日),http://unesdoc. unesco. org/images/0011/001139/113935eo. pdf,于 2014 年 10 月 31 日访问。

④ Halina Niec 编辑的《文化权利和错误》出版物(巴黎:教科文组织,2001 年版)是试图更好地理解文化权利的范围和内容的一部分。

⑤ 直到 2007 年,联合国大会才终于通过了关于这一主题的宣言。《弗里堡文化权利宣言》(2007 年版)在其序言中指出:"尊重多样性和文化权利是基于人权不可分割的可持续发展的合法性和一致性的关键因素。"

要文本是 2007 年通过的《弗里堡文化权利宣言》,尽管它由弗里堡大学人权研究所的一个小组制定,但却是上述教科文组织计划的进一步产出。它强调"尊重多样性和文化权利是基于人权不可分割性的可持续发展的合法性和一致性关键因素"。[①] 理解、尊重文化权利和多样性作为真正可持续发展基础也贯彻于 2003 年《公约》。教科文组织于 2002 年 9 月在伊斯坦布尔举行的第三次文化部长圆桌会议最后公报[②]中,强调了非物质文化遗产在促进真正可持续发展方面可发挥的重要作用。

为真正的可持续发展奠定基础,需要在加强非物质文化遗产所涉及的价值观和实践的基础上,形成一个综合的发展愿景。同样(原文如此),文化多样性源于此,非物质文化遗产是可持续发展与和平的保障。

因此,政府可以确保其发展政策可持续并实现《里约宣言》(1992 年)目标的方法之一是保卫非物质文化遗产,并利用有助于实现传统知识、实践和创新的要素来实现可持续性。

二、传统文化表现形式,传统知识和土著遗产

其他重要且密切相关的背景问题涉及知识产权(IP)规则在保护传统文化表现、知识以及土著遗产与非物质文化遗产之间关系方面具有潜在用途。关于前者,教科文组织和世界知识产权组织自 20 世纪 70 年代以来一直致力于通过知识产权法(以及相关的特殊规则)制定保护传统文化及其表达的联合方法,但到了 20 世纪 80 年代中期,出现了分歧。教科文组织开始探索一种超越知识产权的更广泛的"文化"方法。世界知识产权组织自 2000 年以来关于传统文化表现形式和民间文学艺术的工作[③]可被视为这一努力的延续:政府间委员会近 50 年来一直在与世界知识产权组织成员国协商制定一项旨在保护知识产权的国际标准制定文书。除此之外,还有地方和土著社区的传统文化习俗、表达方式和知识,其中大部分包括 2003 年《公约》所界定的非物质文化遗产。这种标准制定文书有可能在不久的将来起草。虽然第八章详细讨论了将知识产权保护扩展到传统文化表现形式和传统知识的

---

① 弗里堡文化权利宣言(注释 3),序言部分第 6 段。

② 非物质文化遗产-文化多样性的一面镜子,2002 年 9 月 16 日至 17 日在伊斯坦布尔举行的第三届文化部长圆桌会议的《伊斯坦布尔宣言》。

③ 世界知识产权组织知识产权与遗传资源、传统知识和民间文学艺术政府间委员会成立于 2000 年。《保护传统文化表现形式/表达民间文学艺术政策目标和核心原则的修订规定》(2005 年)(文件 WIPO/GRTKF/IC/9/4)是其工作的重要成果。

问题,但值得注意的是,在 2003 年《公约》的运作中,这一问题越来越明显,这是对许多缔约方非常重要的问题,其中一些缔约方将其大部分保护活动集中在保护传统知识的知识产权方法上。① 但是,他们使用的方法存在一定程度的不一致,缔约国尚未充分理解这些方法是否和/或如何公约涉及知识产权问题。例如,一些缔约方错误地认为,"人道非物质文化遗产代表名录"或"急需保护的非物质文化遗产名录"(急需保护的非物质文化遗产名录)中的一个要素的题词会根据国际知识产权规则自动提供保护。这需要得到《公约》设立的非物质文化遗产委员会的更多关注(见下文),并在最近对2003 年《公约》②的内部评估中建议教科文组织专家在制定新的知识产权标准的过程中与世界知识产权组织更密切地合作,即制定文书,使 2003 年《公约》和未来世界知识产权组织条约的制度相互兼容。

传统知识和土著遗产都是非物质文化遗产的一部分,因为它们是口头传播的,并且没有任何物理表现。它们在很大程度上重叠,尽管并非所有传统知识都是土著的,而且对于 2003 年《公约》制度而言,土著人民也是世界上大部分文化多样性的储存库。③ 由于这些原因,教科文组织能够确定:(1)传统知识和土著遗产的特征;(2)他们与更广泛的非物质文化遗产概念的关系;(3)他们如何受到国际监管和保护。因此,部分挑战是建立这些要素之间存在的复杂关系以及它们相互关联的方式。达埃斯(Daes)④以这样一种方式界定了土著文化遗产,使她明确了概念的广泛范围,⑤这也标志着与保护相关的国际文书范围,从教科文组织的 1972 年《世界遗产公约》到1992年的《联合国生物多样性公约》。其他一些国际文书与保护土著文化遗产直

---

① 例如,一扎非曼尼里的标签已经被登记在使用由马达加斯加知识产权局(OMAPI),扎非曼尼里协会对所有木工产品通过扎非曼尼里工匠们为了保护自己的利益,更直接地保障他们参与。从2013 年提交的马达加斯加定期报告中获取的信息。

② Barbara Torggler 和 Ekaterina Sediakina-Rivière,评估教科文组织文化部门标准制定工作第一部分:2003 年《保卫非物质文化遗产公约》,珍妮特·布莱克担任顾问(巴黎:教科文组织,2013 年)。

③ 根据 Darrel A Posey 所说,"文化权利可以保护传统文化知识和多样性吗?"文化权利与错误(巴黎和莱布特:教科文组织出版和艺术与法律研究所,1998 年版),第 44 页,九个国家占所有语言的百分之一和世界上 6000 种语言中的 4000 种—5000 种土著"强烈[暗示]土著人民构成了世界上大多数的文化多样性"。

④ Erica-Irene Daes,保护土著人民遗产(联合国,纽约和日内瓦:人权高专办,1997 年版),第 25 段。

⑤ "遗产"是属于一个民族独特身份的一切,如果他们愿意,可以与其他民族分享。它包括国际法视为人类思想和手工艺创作的所有东西,如歌曲、故事、科学知识和艺术品等。它还包括过去和自然界的遗产,如人类遗骸、景观的自然特征,以及人们长期以来与之相关的自然发生的植物和动物物种。

接相关，其中包括劳工组织关于土著和部落民族的第 169 号公约（1989年）[1]和《联合国土著人民权利宣言》（2007年）。[2] 与谈判这两项文书有关的巨大困难表明，在新公约中将土著遗产作为一种独立的非物质文化遗产类别处理会给教科文组织带来类似的困难：从 1993 年的初始草案到 2007年，它花费了 14 年的时间才让上述联合国宣言予以通过。出于这个原因，在 2003 年《公约》谈判政府间会议上，各代表普遍认为，在更广泛的非物质文化遗产概念中，将土著文化遗产保护作为一个非常重要的因素，而不是作为一个单独的类别，将更容易解决。[3] 然而，这是一个有争议的决定，一些会员国（如瓦努阿图）持不同意见，一些评论员认为这是国际社会未能履行其对土著人民承诺的另一个例子。[4]

第三节　1970 年至 1999 年教科文组织的规范和运行活动

一、规范活动

自 20 世纪 70 年代以来，教科文组织独立地与世界知识产权组织（WIPO）一起参与了与非物质文化遗产有关的规定和运行工作。然而，教科文组织在文化遗产领域的大多数标准制定活动迄今都集中在遗产的"有形"要素上，教科文组织在 2003 年之前通过的所有公约都说明了这一点。[5] 有

---

① 关于独立国家土著和部落民族的第 169 号公约（1989 年 6 月 27 日），第 2、5、8、22、23、28 条和第 31 条。

② 《土著人民权利宣言》（联合国，2007 年）［GA Res 61/295，UN Doc A/RES/47/1（2007）］。

③ 第 2(1) 条中给出的定义以及第 2(2) 条中规定的领域隐含着土著遗产，但在《公约》的任何地方都未明确提及。唯一的参考是在序言中回顾了"社区，特别是土著社区"在保卫非物质文化遗产的不同阶段所发挥的重要作用（第 7 段）。

④ Paul Kuruk，《文化遗产，传统知识和土著人权利：对非物质文化遗产的保护公约的分析》，载《麦格理·诠释和比较法》卷 1 第 1 期，2004 年版，第 111—134 页。

⑤ 《关于发生武装冲突情况时保护文化财产的公约》（"海牙公约"）（1954 年 5 月 14 日，海牙，1954 年通过议定书，1999 年通过了两项附加议定书）；《关于禁止和防止非法进出口文化财产和非法转让其所有权的方法的公约》（巴黎，1970 年 11 月 19 日）；《保护世界文化和自然遗产公约》（1972 年 11 月 16 日，巴黎）；和《保护水下文化遗产公约》（巴黎，2001 年 11 月 2 日）。Janet Blake 在 2003 年教科文组织《保卫非物质文化遗产公约》的评注（英国：艺术与法律研究所，2006 年版）中更详细地描述了2003 年《公约》的发展。

趣的是,有人提出非物质文化遗产应该是在其发展时纳入教科文组织1972年《公约》的框架内;但是,在文本的最终版本之前,这一想法被取消了。① 因此,非物质文化遗产长期以来一直处于教科文组织规范活动的边缘,尽管就其本质而言,它与1972年《公约》的实施具有隐含但间接的相关性。自20世纪50年代以来,教科文组织一直参与与世界知识产权组织的版权及其联合活动,以促进1976年通过《突尼斯示范法》,这将版权保护扩大到民间文学艺术。② 这两个组织继续在这一领域开展合作,最终通过1982年教科文组织/世界知识产权组织示范条文,③它是一部为各国制定适用知识产权规则以保护"民间文学艺术表现形式"的示范法。教科文组织和世界知识产权组织在20世纪80年代初期通过拟定关于该主题的条约草案④来推动这项工作,但任何一个组织都没有正式通过。

在开展通过知识产权保护民间文学艺术有关的工作的同时,教科文组织还从更广泛的文化角度审查了民间文学艺术的保护问题,帮助通过了1989年关于保护传统文化和民间文学艺术的建议书。从文化的角度看,它直到2003年通过的非物质文化遗产公约之前,一直是保卫非物质文化遗产的唯一国际政策工具。该建议书鼓励国际合作以保卫传统文化和民间传说,并规定了在国家一级采取措施,以确定、保护、保存、传播和保障非物质文化遗产。列出的最后一项行动唯一参考了知识产权保护,但在本文中采用了基于更广泛和更全面的跨学科方法,而不是纯粹基于知识产权的方法。由此可以理解,提及"保护"是2003年《公约》所界定的"保卫"措施之一,是间接提及知识产权保护方法。1989年通过了教科文组织关于保护传统文化和民间文学艺术的建议书,这是向非正式遗产提供正式承认及保护非物质文化遗产必要性的重要一步,代表了多年工作实现的新高度,也代表了一个重要的概念发展,因为它第一次将文化遗产的非物质方面明确地作为国际

① 1973年,玻利维亚向教科文组织总干事提议,应在《世界版权公约》中增加一项关于保护民间文学艺术的议定书。

② 教科文组织/世界知识产权组织(1952年)6 UST 2731,25 UNTS 1341(1971年修订)。《突尼斯发展中国家版权示范法》(教科文组织,1976年)第6条规定保护民族民间文学艺术,http://portal. unesco. org/culture/en/ev. php-URL_ID = 31318&URL_DO = DO_TOPIC&URL_SECTION = 201. html,于2014年12月12日访问。

③ 2014年12月12日访问的《关于保护民间文学艺术促进非法开采和其他不利行为的国家法律的示范条文》(UNESCO/WIPO,1982),http://www. wipo. int/wipolex/en/text. jsp? file_id =186459。

④ "保护民间文艺表现形式以防止非法开采和其他不利行为的条约草案"(UNESCO/WIPO,1984年)。

文书的主题。在通过《保卫非物质文化遗产公约》(2003 年)之前,1989 年建议书仍然是教科文组织唯一直接涉及文化遗产方面的文书。但是,该建议书后来由于若干缺陷屡受批评。其中,最主要的是偏重于研究人员和专家对传统持有者本身的利益,以及选择为许多文化社区视为贬低的"民间文学"主题术语。此外,会员国对本建议书的适用令人失望,可能是因为其"软法"性质以及各国缺乏执行其条款的动力。①

在 1998 年至 1999 年期间,教科文组织召开了八次区域研讨会,最终于 1999 年 6 月在华盛顿举行了一次国际会议,以便在经过十年的运作后重新评估 1989 年建议书的实施情况。② 鉴于主要的地缘政治发展,这被认为是必要的。这十年间发生了情况,特别是全球化的经济和文化影响。在这次会议上,人们认识到 1989 年建议书的重要性,确定了定义、范围和一般保卫方法的弱点。华盛顿会议建议教科文组织研究采用新的规范性文书来保护传统文化和民间文学艺术的可行性。会议的结论是,任何新的(或修订的)案文都需要面对使用范围,定义以及各种术语问题。人们强烈认为"民间传说"是一个不恰当的术语,需要一个更具包容性的定义,不仅要表达艺术产品,还要传递能够制作它们的知识和价值观。③ 2003 年《公约》的通过标志着一个渐进的、承认该遗产本身重要性的新高度。这种认识很大程度上是基于对其作为文化多样性的主要推动力的作用更深入的理解,并作为真正可持续发展的保证。④ 推动这一规范性工作的动力主要在于非物质文化遗产损失的加速,在威胁其继续存在的诸因素中,全球化和文化适应的综合影响最大。

二、运行活动

在运行方面,教科文组织于 1993 年启动了"人类活生物体验"方案。根

① [英]珍妮特·布莱克,《发展新的标准保护设施以保卫非物质文化遗产—需要考虑的因素》(巴黎:联合国教科文组织,2001 年)。

② 教科文组织与史密森尼学会于 1999 年 6 月 30 日至 7 月 2 日在华盛顿特区联合举办的 1989 年关于保护传统文化和民间文学艺术的建议全球评估国际会议:地方赋权和国际合作。会议记录于保护传统文化:Peter Seitel 编辑的全球评估(华盛顿特区:史密森学会,2001 年)。

③ Peter Seitel 编辑的《保护传统文化》(第 47 页)。

④ 两者均载于《保卫非物质文化遗产公约》序言部分(教科文组织,2003 年 11 月 17 日)[2368 UNTS 3]。此外,教科文组织于 2002 年 9 月在伊斯坦布尔举行的第三次文化部长圆桌会议(注释 30)发布的最后公报指出:"为真正的可持续发展奠定基础,需要在此基础上形成一个综合的发展愿景。加强非物质文化遗产的价值观和实践。同样(原文如此)的文化多样性源于此,非物质文化遗产是可持续发展与和平的保障。"

据该方案,会员国应邀向教科文组织提交国内健在的人类珍宝清单,即拥有重要非物质文化遗产的人,以及会将财富传承给后代的人。① 该计划的主要目标是承认那些健在的、具有传统文化的个体,因此也就是非物质文化遗产的生存资料库。识别这些人的一个重要标准是他们将自己的技能、技术和知识传授给学徒的能力,从而确保将他们的非物质文化遗产传递给后代。通过关注传统文化知识的承载者,该计划认识到,有关非物质文化遗产的存在除其他因素外,取决于传统持有者的经济、社会福利及生活方式。因此,非物质文化遗产从业者的技能和专门知识首次得到国际承认——正如我们将要看到的那样,这是 2003 年《公约》所采取方法中的重要因素。

另一项题为《人类口述和非物质遗产代表作》的方案于 1997 年启动,目的是提高会员国以及广大人民对非物质文化遗产重要性的认识。这些"代表作"将根据以下标准确定:

文化空间或具有突出价值的文化表现形式,它们既代表了具有突出价值的非物质文化遗产的强烈集中,也代表了从历史、艺术、民族学、人类学、语言学或文学角度看具有突出价值的流行和传统文化表现。②

"文化空间"是集居民和传统文化活动为一体的地方,也代表经常发生文化活动的时间(如季节性,每年一次,或根据太阳或月亮的运动)。这个文化空间——无论在空间还是时间上——都归功于传统上随着时间的推移而发生的文化表达和展现。同样地,在相互关系中,这种文化空间在口头和非物质文化遗产的持续制定、创造、维护和传播中发挥着核心作用。

2001 年底,公告评审委员会制定了详细的选择标准,用于宣布《人类口述和非物质遗产代表作》。教科文组织编入的"代表作"例子包括:马拉喀什(摩洛哥)的"漂亮的庭院"(Jmaa el-Fnaa)广场、故事讲述者、音乐家、舞蹈家、耍蛇人、玻璃和食火者、表演动物等聚集在一起;乌兹别克斯坦的博恩逊(Boysun)文化空间,举办了几项传统仪式;玻利维亚的奥鲁鲁狂欢节,游行前进行前哥伦比亚土著舞蹈;西西里岛(意大利)和日本的传统木偶剧院及其相关的工艺技能;以及来自印度的吠陀吟唱。③ 因此,这可以作为不同成员

---

① 该计划的目的解释如下:"保护/保卫非物质文化遗产最有效的方法之一是通过收集、记录和存档来保护它。更有效的是确保该遗产的承担者继续获得进一步的知识和技能并将其传递给后代。参见:生活人类宝藏指南(教科文组织,1998 年 9 月 16 日)。

② 总干事致成员国的信函附件,2000 年 4 月 26 日[教科文组织文件 CL/3553]。

③ 教科文组织宣布非物质文化遗产杰作国际评审委员会特别会议,埃尔切(西班牙),2001 年 9 月 21 日至 23 日。本次会议的最后报告载于 Doc RIO/ITH/2002/INF/6。

国希望在国际清单上登记的非物质文化遗产类型（非物质文化遗产公约确定的类型）。通过这种方式，作为非物质文化遗产公约前身的杰作计划，其重要性是显而易见的。根据该计划宣布杰作的国家进行的调查支持这一观点。宣言过程大大提高了人们对"非物质文化遗产"理念的认识，并加强了政府对于为这类遗产建立适当保护的重要性认识。例如，它有助于制定协调一致的国家政策，以制定保卫非物质文化遗产所需的行政和立法计划。[①]

第四节　制定保卫非物质文化遗产的公约

一、将要开发的政策工具类型

教科文组织最初开始认真考虑在非物质文化遗产领域开发新标准设定的政策工具时，并不清楚政策工具究竟采取何种形式，甚至采用哪种法律方法最合适（例如，基于知识产权或文化方式）。[②] 例如，为制定国际公约提供合格支持的《伊斯坦布尔宣言》（2002 年）表明，部长们对用于《公约》的非物质文化遗产定义有保留意见，同时也暗示对类似政策工具的适用范围存有疑虑。[③] 还有人担心是否有必要避免重复其他国际组织已经开展的工作以及其他国际条约规定的权利和义务。《伊斯坦布尔宣言》中的另一段表明，任何未来的文书都应采取一种方法，反映"有形和无形遗产之间的动态联系及其密切互动"。然而，人们普遍承认，现有的文化遗产和知识产权工具不足以保障非物质文化遗产的任务，教科文组织的新标准设定的政策工具将成为弥补这一保护差距的重要一步。人们还认为，这可以为制定国际商定的保护标准提供手段，也可以为这一重要领域的国际合作提供必要的动力。此外，它还有助于制定国家保障措施，并提高地方、国家和国际对这一遗产重要性的认识。

---

① 教科文组织，第一次宣布 19 项非物质遗产的影响（巴黎：教科文组织，2002 年 1 月）。

② Blake，开发一种新的标准制定工具（注释46）。参见 Noriko Aikawa-Faure，《制定国际保卫非物质文化遗产公约的历史概况》，载《国际博物馆》第 221—222 卷，2004 年，第 137—149 页。

③ 第三次文化部长圆桌会议（注释30）第 7 段（viii）发布的最后公报如下："一项适当的国际公约，应与有关国际组织密切合作制定，并充分考虑到定义非物质文化遗产的复杂性，可能是朝着追求目标迈出的积极一步。"

在对该问题进行初步研究的阶段,审查了教科文组织可能为保卫非物质文化遗产而制定的文书类型的各种选择。① 最初,起草 1972 年《公约》附加议定书考虑修订 1972 年案文的可能性,但研究却不充分支持,因为它在起草新公约方面难以实现,而且效果较差。只有在认为不应制定新公约的情况下,才能认真考虑制定新的"填补 1989 年建议书空白"的建议书。1989 年建议书的经验表明,与《公约》相比,这是一种无效的创造国家实践的手段。随后审查了有关《公约》性质及其应对缔约国承担的义务类型的三个备选方案。

第一种选择包括以知识产权规则启发的保护方式为基础而进行的公约起草,并解决非物质文化遗产的具体需求。② 但是,有人认为,由于知识产权方法(以及因此根据知识产权规则制定的特殊制度)的目的太有限,而且通常不适当,因此这类公约不太可能充分满足非物质文化遗产及其持有者的需求。③ 此外,这样一项公约很可能要面对激烈地抵制反对任何改编传统知识产权制度的会员国,使其谈判极为漫长和艰难。而且,鉴于知识产权相关的任务授权,世界知识产权组织被视为处理此类问题的适当政府间机构。④

第二种可能性是采用文化遗产保护综合法的公约,增加一些特殊措施,其中确定了保护方面的特殊差距。这种方法旨在为非物质文化遗产提供广泛的保护。因此,在确定和界定保护主题、适用范围和对缔约方承担义务的性质方面,它将提出一个复杂的问题。还需要确定一种全新的和未经验证的方法来保护和发展新的保护和控制机制和系统。此外,涉及的任何特殊方法都会带来类似的困难,因此需要谨慎选择,以避免对整个案文产生强烈反对。

第三种政策工具选择主要基于 1972 年《公约》的原则和机制,并适应非物质文化遗产的需要以及创造和维护非物质文化遗产的社区。在这里提出的新公约案文的三种模式中,一个大致以 1972 年《公约》为基础的公约被认为是会员国最实用和最有可能接受的公约。此外,起草一项采用与 1972 年

---

① Blake,制定新的标准制定工具(第 46 页),第 31—32 页。

② 这些包括:承认传统的集体所有制形式(通过合同或其他安排);传统知识持有人对授予专利的事先知情同意证明的要求;保护永久授予和有时限;保护传统持有者的精神权利;禁止未经授权将神圣和/或具有文化意义的符号和文字作为商标注册。

③ 有关此问题,请参阅第 13—31 页的 Blake,制定新的标准制定工具(第 46 页)。

④ 有关知识产权规则和非物质文化遗产的更多信息,参见 Wend Wendland,《非物质遗产作为知识产权:挑战和未来展望》,载《国际博物馆》第 221—222 卷,2004 年,第 97—112 页。

《公约》不同方法的公约,将涉及探索保卫非物质文化遗产的新方法,新的干预机制以及新的保护和控制系统。在时间和资源方面,这将是非常昂贵的,但不会保证最后成功。此外,在相关主题上使用已有条约作为制定新公约的模式是一种不寻常的做法。[①]

鉴于规范两个遗产领域所需的程序方法相似,执委会和大会都同意应遵循 1972 年的公约模式。1972 年公约模式中较有吸引力的地点可归纳如下。第一,它已被证明是联合国教科文组织在文化遗产领域最成功的公约之一,拥有 191 个缔约方和 1007 个世界遗产(其中 779 个是文化财产),位于全球 161 个国家,毫无疑问地提高了政府和民众对这个遗产重要性的认识。第二,缔约方确保国家保护文化和自然遗产的义务[②]对于非物质文化遗产也很重要,因为它往往缺乏足够的国家保护措施。第三,1972 年《公约》的一项重要原则涉及建立国际合作和援助系统,以支持缔约国努力保护和明确受保护的遗产。第四,通过世界遗产基金采取的财政措施被许多人视为 1972 年《公约》成功的关键。通过类比,对未来新非物质文化遗产公约的成功至关重要。[③] 例如,它可以用于帮助确定非物质文化遗产,并建立当地社区保护非物质文化遗产的能力。第五,存在一个专门监督本公约的常设秘书处,尽管案文本身没有规定。[④] 这进一步的发展将为《公约》的运作提供更好的局面。第六,建立一个公约政府间委员会是 1972 年《公约》的一项重大创新,非物质文化遗产公约也遵循了该公约(尽管有一些改编)。

1972 年模型的实质性优势表明它是在制定初步公约草案时予以遵循的,[⑤]虽然经过重大调整以适应非物质文化遗产的需要。新案文与 1972 年《公约》明确区分的主要方面是:所使用的定义和术语必须与非物质文化遗产及其应用领域一致;保护标准还需要反映非物质文化遗产的特殊性和需求;并且就非物质文化遗产而言,普遍性概念要么必须删除要么重新考虑。保证社区、团体和个人充分参与非物质文化遗产的创建、维护和传播是该领

---

① 穆罕默德·贝贾维,《公约对非物质文化遗产的保护:在法律框架和普遍接受的原则》,载《国际博物馆》第 221—222 卷,2004 年,第 152 页。

② 根据 1972 年世界遗产中心的第 4 条。

③ 在 2003 年《公约》的政府间专家会议期间,就此发表了许多声明。会员国经常提到缺乏财务(和其他)资源来执行非物质文化遗产的识别、保护和保存等必要任务,这是执行 1989 年建议书的主要障碍。

④ 在 2003 年《公约》的政府间专家会议期间,就此发表了许多声明。会员国经常提到缺乏财务(和其他)资源来执行非物质文化遗产的识别、保护和保存等必要任务,这是执行 1989 年建议书的主要障碍。

⑤ 由一个限制性起草小组编写,2002 年举行了两次会议;提交人是该起草小组的报告员,由国际法院前总统 Mohammad Bedjaoui 阁下担任主席。

域的一项创新。

然而,选择 1972 年公约模式并非没有争议。许多参加非物质文化遗产公约草案谈判的政府间会议代表担心,建立非物质文化遗产国际清单可能会导致非物质文化遗产的层次结构或这种遗产的"僵化"。尽管存在这些疑虑,但在提高地方、国家和国际对遗产的认识方面的优势(以及避免在《公约》范围方面存在的一些更棘手的困难)被认为超过了其他问题。与 1972 年《公约》有关的另一个潜在问题是两个公约之间可能存在重叠。实际上,当最初考虑 1972 年《公约》时,人们认为非物质文化遗产应该包括在其范围内(与文化和自然遗产一起);然而,这个想法在最终版本之前被删除了。换句话说,当时认识到遗产这三个方面之间的密切联系。在过去 30 年中,随着 1972 年《公约》案文附带的"操作指南"各种修订,以及在《世界遗产名录》①中列入文化和自然财产的标准,这一事实变得更加清晰。两个公约之间重叠的复杂情况可以由菲律宾山脉的水稻梯田进行说明:梯田本身于 1995 年被列入世界文化遗产名录,而"伊富高的哈德哈德(Hudhud)颂歌"——他们种植水稻的妇女歌曲——在 2001 年被分别公认为世界非物质文化遗产的杰作。② 这样,水稻梯田的有形和无形价值已经由教科文组织确定和承认,尽管是在单独的公约下被承认的。

一旦选择政策工具类型,这项工作最具挑战性的就是起草一个既具有足够的包容性又有可行性的非物质文化遗产定义。为了实现这一目标,有必要确定优先保护领域并努力消除潜在的利益冲突。还必须考虑与非物质文化遗产有关的其他政府间组织的工作,特别是传统(通常是地方和土著)知识,并避免可能的重叠。例如,自 20 世纪 80 年代以来,世界知识产权组织一直积极参与传统知识、遗传资源和民间文学艺术。③ 联合国环境规划署(环境署)一直致力于在 1992 年《生物多样性公约》第 8(j)条④以及相关的获取和惠益分享问题框架内保护当地和土著人民的知识、做法和创新。

---

① 特别是 1992 年、1998 年和 2000 年通过的"操作指南"的修订。

② 这些现已根据 2003 年《公约》第 31 条的"过渡性条款"纳入非物质文化遗产代表名单。

③ WIPO 开展了九次实况调查(1998 年—1999 年),以便确定传统知识持有者和其他新受益者的知识产权需求和期望。此外,2000 年 8 月在 WIPO 大会上成立了知识产权与遗传资源,传统知识和民间文学艺术政府间委员会。

④ 其内容如下:"遵守国家立法,尊重、保存和维护体现与保护和持续使用生物多样性有关的传统生活方式的土著和地方社区的知识、创新和做法,并在批准和参与下促进其更广泛的应用。这些知识、创新和做法的持有者,并鼓励公平分享利用这些知识所产生的利益。"

2001 年,粮食及农业组织(粮农组织)通过了一项条约,①明确承认当地和土著农民的作用和他们在保护和开发此类资源方面的传统知识。另一项相关的国际条约是 1994 年世界贸易组织(WTO)《关贸总协定》乌拉圭回合中《与贸易有关的知识产权协定》(TRIPS),旨在协调适用于贸易的知识产权。②虽然不直接关注非物质文化遗产,关贸总协定乌拉圭回合中与贸易有关的知识产权协定的某些方面可能被视为有利于保护传统知识。③ 因此,其他政府间组织的业务工作以及国际条约产生的现有权利和义务都需要加以考虑。因此,为了避免与其他政府间机构,特别是与其他条约文本的重叠,从而清楚地区分,教科文组织试图管理这个问题的领域应该非常明确,并且拟议文书的范围也应该很明确。所以,决定采用"文化"方法进行保护,并由世界知识产权组织推进用于"传统文化表现"的知识产权保护。

二、起草 2003 年《公约》的进程

教科文组织大会在 2001 年第 30 届会议上决定着手起草保卫非物质文化遗产的国际标准制定工具。④ 限制性起草小组(RDG)于 2002 年举行了两次会议,编撰非物质文化遗产保护公约初稿。另一次旨在澄清与未来"公约"案文有关术语的专家会议也在此时举行,⑤这表明,鉴于缺乏有用的先例,国际上规范非物质文化遗产的任务非常具有挑战性。一旦《公约》草案初稿准备就绪,《公约》谈判的政府间阶段于 2002 年底开始,一直持续到 2003 年 6 月。⑥

政府间会议的主要讨论重点是:保卫的一般方法和原则以及保卫机制。所探讨的与这些问题相关的方面包括:明确界定"保卫"一词的重要性,并将其与"保护"区别开来;需要在各个层面提高非物质文化遗产的意识("可见

---

① 《粮食和农业植物遗传资源国际协定》(2001 年)。

② 与贸易有关的《知识产权协定》,《世界贸易组织关贸总协定》附件 1C(1994 年)。

③ 这些措施包括采取措施保护公众健康和营养,促进对社会经济和技术发展至关重要的部门的公共利益,这些部门可用于保护传统医学知识以及一系列其他传统形式的知识与创新:第 8(a)和(b)条。

④ 在 30C/Res. 25 第 2(a)(ii)段中,教科文组织大会请总干事研究"通过新的标准制定文书在国际上进行管理的可取性,保护传统文化和民俗学"。Blake 的初步研究,开发了一种新的标准制定工具(注释 46)就是这样的结果。

⑤ 2002 年 6 月 10 日至 12 日在巴黎举行的非物质文化遗产词汇编写国际专家会议。参见Wim van Zanten 编辑的词汇表,非物质文化遗产(注释 15)。

⑥ 2002 年 9 月,2003 年 2 月至 3 月和 2003 年 6 月举行会议。

性");非物质文化遗产"振兴"概念的重要性(而不是恢复已经'死'的传统);非物质文化遗产的跨边界特征;文化遗产的有形和无形要素之间的复杂关系;以及在这一领域尊重人权的重要性。国家清单被视为保护进程的基础,同时也是一个有效的国际合作和援助系统,以支持资源较少的国家履行《公约》规定的义务。有争议的问题包括是否明确提及土著人民或仅将其文化遗产视为属于非物质文化遗产的更广泛主题,以及是否在《公约》中明确提及语言。尽管大多数代表团认为必须建立国际名录机制,但对于避免非物质文化遗产"化石性"的需要以及谁应该将非物质文化遗产列入这些清单都成为值得考虑的问题,比如,只有缔约国参与,还是其他参与者也可加入?①

第五节 2003 年《保卫非物质文化遗产公约》

2003 年 10 月 17 日,教科文组织大会通过了 2003 年《保卫非物质文化遗产公约》,并于 2006 年 4 月 20 日生效。② 一旦有 50 个《公约》缔约方,非物质文化遗产委员会中监督公约执行的国家成员(根据第 5 条设立)从 18 个增加到 24 个。现在有 161 个《公约》缔约方,在教科文组织的六个区域中分配得很好。这是《公约》实施的七年内已经确保的高数字,表明国际社会接受公约目标。③

一、条约案文的简要说明

正如已经指出的那样,该《公约》的总体模式是 1972 年《世界遗产公约》,因此基本机构和机制与该《公约》相似。然而,这些适应了非物质文化遗产极其不同的需求和特征,因此与该模式存在明显差异。《公约》案文的结构如下:第一部分阐述了《公约》的宗旨,术语的定义(特别是"非物质文化遗产"和"保卫")及与其他国际文书的关系(第 1 条至第 3 条)。第二部分(第 4 条至第 10 条)涉及《公约》各组织,即作为其主权机构的缔约国大会和

---

① 最后,保留了缔约国在确定和保卫非物质文化遗产方面的突出作用。这符合其他文化遗产公约对国家主权的严格保留。

② 2006 年 1 月 20 日,罗马尼亚收到了第 34 条公约要求《公约》生效(三个月内)的第 30 次批准。

③ 截至 2010 年 4 月,http://www.unesco.org/culture.

保卫非物质文化遗产政府间委员会,以确保全面执行《公约》。第三部分(第11 条至第 15 条)专门用于在国家层面采取措施,以确保非物质文化遗产保护,特别是未列入清单的非物质文化遗产。第四部分(第 15 条至第 18 条)涉及在国际层面保卫非物质文化遗产并建立两个国际名单——人类非物质文化遗产代表名单和需要紧急保护的非物质文化遗产名单——根据非物质文化遗产委员会制定的标准进行,并将其记录在册。有关国际合作和援助的规定载于第五部分(第 19 条至第 24 条),认识到保卫非物质文化遗产是一个需要国际团结的事项,这种团结不仅仅是个别国家在其管辖范围内的行动。设立非物质文化遗产基金以支持缔约方的保卫活动和《公约》的总体实施以及基金的各种形式载于第六部分(第 25 条至第 28 条)。第七部分(第 29 条至第 30 条)规定了报告制度,第八部分(第 31 条)包括过渡条款,允许在《公约》生效之前将所宣称的"代表作"①纳入代表名单。最后条款载于第九部分(第 32 条至第 38 条)。

当然,序言部分包括国际社会对起草本公约目标的一些见解。例如,通过在第 2 段中提及这些文书,明确了保卫非物质文化遗产的人权方面的重要性。此外,第 3 段中建立了保卫非物质文化遗产可持续发展和创造性多样性之间的联系。土著社区在非物质文化遗产方面发挥的特殊作用也在这里得到注意(第 7 段),尽管这是整个《公约》中唯一提及的地方;遗憾的是,妇女所发挥的核心作用根本没有被提及。② 第 5 段提到的对非物质文化遗产的威胁引用了诸如"恶化,消失和破坏"等明显的威胁,还有其他诸如"全球化和社会变革"等……非物质文化遗产特有的"不耐受现象"。鉴于大多数这些威胁与社会问题有关,保卫非物质文化遗产与保护该遗产的人类保管人的权利及其生活方式之间的直接联系是明确的。重要的是,保卫非物质文化遗产的国际合作理由在第 6 段中作为"国际社会的普遍意愿和共同关切"提出,其作为"人类非物质文化遗产"的性质排在第二位。这样做的结果是,将重点从主导《世界遗产公约》中"人类共同遗产"的概念转向保护和捍卫第 7 段所提及的《普遍兴趣》。

第 1 条规定的公约宗旨是:(1)保卫非物质文化遗产;(2)确保尊重非物

---

① 2001 年、2003 年和 2005 年,在《人类口述和非物质文化遗产代表作》计划中宣布了 90 件非物质文化遗产代表作。参见 2001 年 6 月,联合国教科文组织文化部门以及 2001 年、2003 年和 2005 年非物质文化部门宣言。

② 与处理可持续发展的不同方面,特别是环境保护的若干条约和其他文书形成对比。

质文化遗产;(3)提高地方、国家和国际层面对非物质文化遗产重要性认识,从而确保相互理解;(4)提供国际合作和援助。有人认为,最后的目的是多余的,因为它基本上表达了这种条约制度通常所依据的国际合作原则。但是,也可以说它有助于强调《公约》第五部分(关于国际合作和援助)所发挥的中心地位,许多起草者认为这对于《公约》的总体成功至关重要,因为花有限的人力、财力和技术资源来保护它,这反映了世界范围内保护遗产的一般义务。

制定非物质文化遗产定义并明确文书范围的问题被证明是谈判 2003 年《公约》最具挑战性的方面之一。① 因为这是一个非常新的国际监管领域所选择的定义,对于缔约国承担义务的性质和范围至关重要。根据第 2 条第(1)款:

"非物质文化遗产"是指实践、表征、表达、知识、技能以及与之相关的工具、物品、文物和文化空间——社区、群体以及在某些情况下个人认为是其文化的一部分遗产。这种代代相传的非物质文化遗产不断由社区和群体重新创造,以响应其环境与自然和历史的互动,并为他们提供一种认同感和连续性,从而促进对文化多样性的尊重和人的创造力。为本公约的目的,将仅考虑与现有国际人权文书相符的非物质文化遗产,以及社区、群体和个人之间相互尊重以及可持续发展的要求。

"充分考虑与现有国际人权文书相符的非物质文化遗产"附带条件值得注意。由于有一些传统文化习俗明显违反国际人权标准,例如,杀害女婴、仪式强奸、强迫婚姻、部落疤痕和切割女性生殖器官,因此限制非物质文化遗产可用于 2003 年《公约》的内容很重要。然而,由于非物质文化遗产很多是针对性别的,因此很难确定这是否构成对一种性别或另一种性别的歧视,因此制定非物质文化遗产在该公约国际清单上登记的标准方面存在一些困难。② 非物质文化遗产领域在第 2 条第(2)款中为:上文第 1 段所界定的"非物质文化遗产"尤其体现在以下领域:(1)口头传统和表达,包括作为非物质文化遗产载体的语言;(2)表演艺术;(3)社会实践、仪式和节日活动;(4)有关自然和宇宙的知识和做法;(5)传统工艺。

---

① 在第 2(1)和(2)条中。

② 参见 Janet Blake 和 Nasserali Azimi,《非物质文化遗产中的妇女与性别》;Toshiyuku Kono, Julia Cornett,《2003 年公约和人权兼容要求分析》,《保卫非物质文化遗产—挑战》;[英]珍妮特·布莱克(艺术与法律研究所,2007 年)编辑的方法分别在第 143—174 页和第 175—199 页。

从（非详尽的）清单中可以看出，非物质文化遗产①的领域覆盖了很大范围，将一系列非物质文化遗产例子包括进去显然比较笨拙。这里值得一提的是有关非物质文化遗产这些领域的两个有趣点。首先，部分提到"口头传统和表达，包括语言作为非物质文化遗产的载体"，但它避免直接提及语言本身作为非物质文化遗产的领域。通过这种方式，可以在非物质文化遗产的 2003 年《公约》项目所建立的国际（代表）名单上登记，其中语言是主要的核心要素。

例如，根据《公约》第 19 条提出的一些国际援助请求具有强大的语言成分，并有助于深入了解如何将本公约用于保护濒危语言。② 例如，巴西的提案有一个直接关注要传播的非物质文化遗产，即三个亚马逊土著人的神话和传统游戏。这被视为直接落入语言保护和振兴的总体战略之中。因此，尽管《公约》考虑围绕少数民族语言和语言权利的问题具有极端敏感性，避免将语言本身作为保护对象包括在内，但它可以间接地帮助保护它们。非物质文化遗产的另一个潜在领域显然是宗教和灵性，但这再次被成员国拒绝为一个过于敏感的问题。因此，既定宗教在这里没有提及，但有关自然的一些精神信仰（如萨满教信仰）可以包括在（3）部分中。

第 2 条第 3 款将《公约》中的"保卫"定义如下：

"保卫"是旨在确保非物质文化遗产可行性的措施，包括识别、记录、研究、保存、保护、促进、加强、传播，特别是通过正规和非正规教育，以及振兴遗产的各个方面。

列入这一术语的定义是一种有趣的方法（以及文化遗产文书的新方法），它表明了这一"保卫"概念对整个《公约》的重要性。通过在此提供明确的术语定义，就可以更简单地起草之后有关国家和国际保卫活动、政策和计划的文章。保卫在这里被视为一个全面的概念，不仅包括经典的"保护"行动——如识别和库存——还包括提供非物质文化遗产可以继续创建、维护和传输的条件。反过来，这意味着文化社区自身继续有能力做到这一点，即社区是非物质文化遗产存在的重要背景，而非物质文化遗产是本《公约》的核心，而不是遗产本身。通过这种方式，非物质文化遗产的保护是一种更依赖于环境的方法，它考虑了非物质文化遗产制定所在的更广泛人类、社会

①　意大利和比利时希望将传统美食添加到此清单中，也可以添加其他可能的域名。
②　例如，三个土著社区的语言文件（巴西）和通过在萨哈（雅库特）共和国（俄罗斯联邦）的紧凑结算场所进行公共教育能力建设来保护 Yukagir 语言和口头传统。

和文化背景。为实现这一目标而采取的措施（政府将采取的措施）包括确保社区（团体和个人）的经济、社会和文化权利，使其能够创造、维护和传播非物质文化遗产。①

　　该《公约》起草者面临的一个棘手问题是确定它与处理这一遗产方面的其他国际条约有何关联，特别是知识产权领域的条约。《公约》试图通过明确指出其中的任何内容都不应改变 1972 年《公约》的地位或降低其保护水平来解决重叠的危险，它也不应影响缔约方在知识产权或使用生物和生态资源领域任何文书所产生的权利和义务。② 2003 年《公约》与其他条约（包括现在的 2005 年《保护和促进文化表达多样性公约》）之间的关系尚未完全解决，需要条约机构进一步审议。根据《公约》设立了两个条约机构：作为《公约》主权机构的缔约国大会和负责监督大部分公约执行工作的非物质遗产委员会。③ 在政府间进行广泛辩论关于委员会职能的谈判及其主要职能已经确定。④ 重要的是，公共机构、私人机构、在非物质文化遗产领域具有公认能力的私人以及在这一领域具有公认能力的非政府组织需要参与委员会会议。⑤ 但是，还强调，任何此类参与都应该是临时性的。在这一领域，准备《公约》草案案文的专家希望比协商公约最后文本的会员国代表走得更远，表明他们希望保留高度主权。⑥《公约》的业务指南（下文讨论）使执行工作更接近起草者在这一领域的意图。

　　根据《公约》，将建立两个世界遗传名录——一个非物质文化遗产代表名单和一个急需保护的非物质文化遗产名单。⑦ 在这里，我们再次看到坚持保留国家主权。要求在任何一份清单上登记的请求仅由"有关缔约国"提

---

　　① 关于《公约》下"保护"的严格评估，参见非物质文化遗产 R ard Kurin，《保护 2003 年教科文组织公约中的非物质文化遗产：重要评价》，载《国际博物馆》第 221—222 卷，2004 年，第 66—77 页。

　　② 第 3 条卢斯卡斯 Lixinski，非物质文化遗产的国际法（牛津大学出版社，2013 年版），在第 37 页指出，"[T]他 2003 年公约所创建的系统的意思是，从一开始，到其他制度配套可以由其他专门机构创建。对互补性的承诺尤其适用于知识产权保护，知识产权保护现在仍在由世界知识产权组织制定。"

　　③ 缔约国大会和保卫非物质文化遗产政府间委员会（"委员会"）分别根据第 4 条和第 5 条设立。

　　④ 委员会的主要职能（如第 7 条所述）是：促进《公约》的目标并鼓励其实施；为在保卫非物质文化遗产方面建立最佳做法提供指导作用；编制业务指示，以协助缔约国执行《公约》；准备并向大会提交使用基金资源的计划；确定非物质文化遗产在名单上的铭文标准；应缔约国要求，根据这些标准记录非物质文化遗产；并审查缔约国提出的国际援助请求。

　　⑤ 参见 2003 年《公约》第 8（1）和 9（1）条。

　　⑥ Kuruk，《文化遗产，传统知识和土著权利》（n＝40）。

　　⑦ 参见 2003 年《公约》第 16（2）条和第 17（2）条。

出,并且不允许非国家行为者直接向委员会提出请求。例如,在与有关缔约国协商后,委员会本身可根据客观标准登记一项非物质文化遗产项目,这是极为紧迫的情况。

全体大会 2008 年第二届会议①通过了一部分《公约》初步运行要求,采纳了对人类非物质文化遗产代表名单和急需保护的非物质文化遗产名录登记的标准。这些标准有一些共同的要素,即该要素应满足《公约》中给出的非物质文化遗产的定义,它已被纳入第 11 条和第 12 条所界定的国家非物质文化遗产清单,并尽可能广泛地参与社区、团体和相关个人(如果适用)已获得提名,并获得自愿、事先和知情的同意。如果妥善处理,最后一项标准将有助于降低提名过程中国家主权的程度,但实际上很难确定这种同意在多大程度上是自由给予的,并且是以充分知情的方式。此外,表示同意的人是有关社区的代表。这个领域需要更多地考虑,而且在许多情况下,当前的定期报告框架无法确保报告缔约方提供足够的信息和/或可靠的答复。人类非物质文化遗产代表名单的铭记标准包括:铭记将有助于提高对非物质文化遗产重要性的认识;鼓励对话;反映全世界的文化多样性,证明人类的创造力。急需保护的非物质文化遗产名录登记的其他标准包括,尽管各方利益相关方和行动者作出了努力,但其面临的风险仍然存在风险,并且面临严重威胁,因此如果不立即采取保护措施,就无法生存。

关于人类非物质文化遗产代表名单标准,有趣的是,没有列入任何要求符合国际人权标准的具体标准,尽管可能有人认为(从两个名单中)要求所列要素必须符合《公约》关于非物质文化的定义,而遗产可以被视为涵盖这一要求。② 在这两种情况下,提名缔约方必须再次列入已列入的要素,这突出了《公约》对非物质文化遗产清单的重视,这是有效保护的先决条件。还必须制定保护措施(由《公约》界定),以保护和促进人类非物质文化遗产代表名单和急需保护的非物质文化遗产名录的内容;就急需保护的非物质文化遗产名录而言,还有一项要求是,它们使社区、团体或相关个人(如果适用)能够继续实施和传播该要素。1972 年《公约》(甚至是代表作计划)的一

---

① 大会在第二届会议上通过了一些业务指示草案教科文组织文件,这些内容见当前版本的"业务指南:实施保卫非物质文化遗产公约的业务指令"第 1 段和第 2 段,通过在其第三次会议(巴黎,2010 年 6 月)在其第二届会议(巴黎,2008 年 6 月 16 至 19 日),由公约缔约方大会修改。

② 社区参与保卫非物质文化遗产专家会议(日本东京,2006 年 3 月 13 日至 15 日)。这次会议准备了一套初步的人类非物质文化遗产代表名单标准,其中包括非物质文化遗产委员会未采纳的明确人权"门槛"标准。

个重要的概念性背离是删除了对"未决"或"特殊"价值概念作为列入标准的任何提及。这旨在通过列名程序避免建立非物质文化遗产等级——这是非物质文化遗产所代表的性质及其文化意义,应该由本《公约》来庆祝和保护。就急需保护的非物质文化遗产名录而言,制定保障措施以便继续实施和传播非物质文化遗产的要求是一个核心要求:特别是要通过为急需保护的非物质文化遗产名录标题要素建立报告系统进行监测。虽然这些标准鼓励社区参与,但提名只能由要素所在地的缔约方提出,而不能来自社区、群体、个人或第三国。但是委员会可以列出它认为非常迫切需要在未经有关缔约国同意的情况下立即进行保护的非物质文化遗产,尽管需要与该国进行协商。① 此外,与 1972 年《公约》的情况不同,要素不必要在录入急需保护的非物质文化遗产名录之前,首先应在人类非物质文化遗产代表名单上录入。

设立一个为执行《公约》提供稳定财务安排的基金是《公约》的核心,因为它要求国际社会明确承诺保卫非物质文化遗产,并表明会员国的团结一致。有关于设立基金、基金的性质以及可以利用的资源和缔约国捐款水平的规定都在《公约》中有所体现。② 缔约国的强制性捐款应统一根据所有缔约方至少每两年征收一次。在任何情况下,它们都不应超过缔约国对教科文组织经常预算捐款的 1% 。委员会在 2007 年成都非物质文化遗产委员会会议上也详细说明了这些规定的实施情况。③

《公约》的另一个核心特征是由委员会监管的非物质文化遗产保护国际合作和援助制度。可以获得国际援助的主要目的是保护急需保护的非物质文化遗产名录上的遗产,编制国家清单,支持在国家、分区域和区域各级保卫非物质文化遗产的计划、项目和活动。④ 国际援助请求只能由非物质文化遗产"在其领土内"出现的国家缔约国提出,因为领土关联被视为《公约》需要充分考虑。⑤ 例如,这可以防止另一个国家对有关非物质文化遗产提出主张请求。但是,还规定两个或两个以上缔约国提出联合请求,以确认大多数非物质文化遗产具有跨境性质,因此往往有一个以上的缔约国在其保护方

---

① 参见 2003 年《公约》第 17(3)条。Craig Forrest,《国际法和文化遗产保护(注释 9)》,第 380 页。

② 参见 2003 年《公约》第六部分(第 25 条—28 条)。

③ 2007 年 5 月 23 日至 27 日举行了委员会特别会议,会上就《公约》的执行作出了若干重要决定。UNESCO Doc ITH/07/1. EXT. COM/CONF. 202/Decisions.

④ 参见 2003 年《公约》第 20 条。

⑤ 参见 2003 年《公约》第 23(1)条。

面具有地域利益。①

当然,这些与国际保卫非物质文化遗产有关的规定以及为实现这一目标而提供的国际合作和援助必须通过一些国家一级保障的制度来抵消。列入制度的一项基本原则是,任何未列入国际名单的非物质文化遗产都应受益于提高对其重要性的认识以及其所在缔约国的保护需要。因此,国家保护的规定②应被视为根据《公约》确立的保障框架的核心,并且缔约方有义务"采取必要措施,确保保护其领土内存在的非物质文化遗产"。③ 一般而言,国家保护措施涉及旨在确保非物质文化遗产持续可行性的措施。其中包括非物质文化遗产的识别、记录、研究、保存、保护、促进、增强、振兴和传播(特别是通过非正规手段)等措施。④ 这里强调"社区、群体和有关的非政府组织参与"⑤到这些保护活动中。实际上,本节的最后条款明确要求缔约方确保"社区,群体以及在某些情况下个人参与创造、维护和传播此类遗产,并积极参与管理"。⑥ 这是文化遗产文书的重大发展,不仅明确承认文化社区的需要,而且还有权直接参与保护进程。⑦ 使用清单作为识别和后续保护的核心工具具有重要意义,要求缔约方编制一份或多份非物质文化遗产清单并定期更新这些清单。⑧ 缔约方还应通过一项促进非物质文化遗产在社会中发挥作用的政策⑨将其纳入规划方案,指定一个或多个主管机构保卫非物质文化遗产。所列出的进一步措施涉及教育和培训,非物质文化遗产的传播,非物质文化遗产管理的能力建设,在尊重习惯做法的同时提供进入非物质文化遗产的途径,以及建立记录非物质文化遗产的机构。⑩

第七部分(第 29 条和第 30 条)建立了一个报告制度,缔约方向委员会报告为执行《公约》而采取的立法、监管和其他措施。过渡条款包含在第八部分(第 31 条)中,该条款规定根据"人类口述和非物质文化遗产代表作"计

---

① 参见 2003 年《公约》第 23(3)条。

② 第三部分,艺术 11—15 条。

③ 参见 2003 年《公约》第 11 条(a)款。

④ 参见 2003 年《公约》第 2(3)条对"保护"的定义所述。

⑤ 参见 2003 年《公约》第 11(b)条。

⑥ 参见 2003 年《公约》第 15 条。

⑦ 有趣的是,自 1998 年以来对 1972 年《公约》操作指南的修订中我们也越来越认识当地社区在管理和保护财产方面的作用。

⑧ 参见 2003 年《公约》第 12(1)条。

⑨ 类似的规定载于 1972 年《公约》第 5(a)条。

⑩ 参见 2003 年《公约》第 13 条和第 14 条。

划宣布的项目将在"人类非物质文化遗产代表名录"生效之前纳入《公约》中。因此,人类非物质文化遗产代表名单继承了所有直到 2005 年才宣布的口头和非物质文化遗产杰作,①这使其成为 90 个元素的初步基础。然而,应该记住,这些项目是根据"口头和非物质文化遗产"的不同定义宣布的,并使用了与 2003 年《公约》非常不同的标准,因此不一定符合对非物质文化遗产的理解。此外,有些非物质文化遗产位于非公约缔约方的会员国境内。最后条款载于第九部分(第 32 条至第 40 条),除其他外,涉及以下方面:批准、接受和核准;加入;生效;联邦或非统一宪法制度;谴责和修正案。这些主要是标准规定。

缔约国大会第一次会议是根据第 4 条设立的公约主权机构,于 2006 年 6 月举行,主要任务是选举政府间委员会前 18 个会员国,他们来自 30 个于 2006 年 1 月 20 日成为的非物质文化遗产("委员会")缔约国。② 第 6(1)条要求委员会成员应反映"地域分配公平",在教科文组织③六个区域集团中每个选择两个国家,其余六个在类似基础上进行选择。委员会的另一项任务是确定缔约国对非物质文化遗产基金捐款的统一百分比。委员会第一届会议于 2006 年 11 月 18 日至 19 日在阿尔及尔举行,其主要任务是按照第 7 条(e)款的要求编制公约运行指南初稿。④ 当然,这是一项至关重要的任务,因为它对公约运作的最初几年定位产生了重大影响。当然,一旦获得更多的公约运作经验,运行指南可以在未来更新,但预计这种情况不会近几年发生。

迄今为止通过的《运行指南》⑤涉及以下问题:在人类非物质文化遗产代表名单中纳入"人类口述和非物质文化遗产代表作"的项目;向急需保护的非物质文化遗产名录和人类非物质文化遗产代表名单提交提名和评估提名的标准;选择作为最佳做法的计划、项目和活动的选择标准;国际援助请求的资格和选择标准;提交多国档案;非物质文化遗产基金的资源和使用准

---

① 2001 年、2003 年和 2005 年之前有三轮宣布。

② 阿尔及利亚,毛里求斯,日本,加蓬,巴拿马,中国,中非共和国,拉脱维亚,立陶宛,白俄罗斯,叙利亚,韩国,塞舌尔,阿拉伯联合酋长国,马里,蒙古国,克罗地亚,埃及,阿曼,多米尼加,印度,越南,秘鲁,巴基斯坦,不丹,尼日利亚,冰岛,墨西哥,塞内加尔和罗马尼亚。

③ 这些是:阿拉伯国家,非洲国家,亚太地区,拉丁美洲和加勒比,西欧以及中欧和东欧。

④ ITH/06/1. COM/CONF. 204 /决定。现在已经有九届非物质文化遗产委员会会议,第十届会议将于 2015 年 11 月在温得和克(纳米比亚)举行。

⑤ 业务指令。

则；社区、群体和适用的个人以及专家、专业中心和研究机构以及非政府组织参与执行《公约》的情况；提高对非物质文化遗产的认识；使用公约徽标；向非物质文化遗产委员会缔约国报告公约的执行情况以及急需保护的非物质文化遗产名录上所列要素的状况。委员会在这些运行指南中提出的一些问题已被证明是非常敏感和复杂的，其中一些最具挑战性的问题包括：如何实现人类非物质文化遗产代表名单中的"代表性"；是否应将与人权有关的标准用于选择列名要素，如果是，应如何做；为了公约的目的，应该如何理解"社区"、"群体"和"个人"这些术语，以及社区和群体如何参与识别、盘点和保卫非物质文化遗产的过程（尤其是第 12 条和第 15 条要求），缔约方可以确保①非政府专家在执行方面的作用，特别是在向非物质文化遗产委员会提供咨询意见和评估提名档案方面的作用，以及非政府组织的认可，从而向大会提供咨询意见和咨询组织的选择。

二、国际清单的运作

急需保护的非物质文化遗产名录于 2009 年在阿布扎比举行的非物质文化遗产委员会第四届会议上产生，尽管有社区或相关团体努力，但其中包含了生存能力受到威胁的因素。② 迄今为止的 38 个要素中包括：传统毡毯制作（吉尔吉斯斯坦）；书法（蒙古国）；陶器陶艺（博茨瓦纳）；传统的纺织技术和建造木桥的技术（中国）；土著神圣的森林传统和实践（肯尼亚）；集体捕鱼仪式（马里）；维持社会和宇宙秩序的土著仪式（巴西）；文化空间（拉脱维亚）；和传统史诗（蒙古国）。非物质文化遗产委员会一直在考虑缔约方定期报告有关急需保护的非物质文化遗产名录上所列元素保护策略的有效性：铭文的主要目的是确保有效的保护，最终目标是能够将元素从急需保护的非物质文化遗产名录转移到人类非物质文化遗产代表名单。③ 总而言之，可

---

① 第 15 条规定："在非物质文化遗产保护活动的框架内，各缔约国应努力确保社区、群体以及酌情创造，维护和传播此类遗产的个人尽可能广泛地参与，让他们积极参与管理。"

② 通过在该清单上列入一个要素，国家承诺实施具体的保障措施，并可能有资格从为此目的设立的基金获得财政援助。

③ 尽管委员会可能会要求更频繁的报告，但通常希望缔约方向委员会提交关于急需保护的非物质文化遗产名录要素状况的四年期报告。此类报告的例子包括白俄罗斯关于为确保保护 2009 年"紧急保护名单"中列出的"卡利亚特沙皇仪式（圣诞沙皇）"所采取措施的结果的年度报告（UNESCO Doc ITH/11/6。COM/CONF.206/11）和巴西关于 2011 年题为"紧急保护名单"的"Yaokwa, Enawene Nawe 人民维持社会和宇宙秩序仪式"的报告（UNESCO Doc ITH/13/8）. COM/6. b），http://www. unesco. org/culture/ich/index. php? lg = en&pg = 00460。

以说急需保护的非物质文化遗产名录目的是让缔约方集中精力制定和实施这些濒危元素的保护行动计划。虽然截至目前他们的成功情况好坏参半，但有些因素已经从失踪的边缘被拯救出来，现在已经准备好将一两个元素列入人类非物质文化遗产代表名单中。①

在某种程度上，人类非物质文化遗产代表名单已经实现了目标，即在其上题写各种各样的元素庆祝非物质文化遗产的全球多样性。仅举几例，314 内容包括：探戈（阿根廷和乌拉圭）；建造和驾驶 lenj 船的技能和诀窍（伊朗）；通过算盘（中国）进行数学计算的知识和实践；宗教游行（若干缔约方，包括哥伦比亚，比利时和克罗地亚）；丝绸工艺和蕾丝制作（中国和塞浦路斯）；传统的土著舞蹈（日本）；神圣的房子每七年一次进行重新结顶仪式（马里）；土著值得记忆的地方和生活传统（墨西哥）；口哨语言（西班牙加那利群岛）；影子木偶剧院（土耳其和印度尼西亚）；社会文化空间（匈牙利和爱沙尼亚）；萨满教仪式（越南）；灌溉者法庭（西班牙）；季节性聚会/牧民节日（摩洛哥和马里）；亚马逊土著人民的传统文化习俗和相关的生态知识（厄瓜多尔和秘鲁）。然而，人类非物质文化遗产代表名单及其潜概念一直饱受批评。② 对于许多缔约方而言，人类非物质文化遗产代表名单确实有机会展示其"杰出的"非物质文化遗产元素：这表明对人类非物质文化遗产代表名单的基本概念缺乏了解，即它应该反映世界各地（有时是世俗的）非物质文化遗产元素的多样性。希望随着时间的推移，这种观点将发生变化，缔约方将更好地理解本清单所依据的不同哲学与 1972 年《公约》世界遗产名录的理念。人类非物质文化遗产代表名单列表的另一个方面向委员会和教科文组织提出了挑战，一些地区（特别是东南亚和西亚）倾向于采用一种竞争性的形式，其中一个缔约方以其名义进入了与区域共享的非物质文化遗产。不幸的是，2003 年《公约》明确承认了许多非物质文化遗产的跨国性质并鼓励

---

① 2009 年急需保护的非物质遗产名录登记时，"Mongol Biyelgee（蒙古族传统民间舞蹈）"元素几乎绝迹，此后采取的措施似乎成功地防止了它的消失。虽然自 2009 年以来在"Mijikenda"神圣森林中"与 Kayas 相关的传统和做法"采取的保护措施相对成功，但委员会尚未作出决定将其列入第 9 号文件。会议于 2014 年 11 月在巴黎举行。

② 一些会员国在条约谈判期间表示关切，它将成为非物质文化遗产的"热门游行"，而不是履行其作为代表名单的预期作用。参见［美］珍妮特·布莱克，关于 2003 年教科文组织《保卫非物质文化遗产公约》的评注（第 41 页），第 79 页。

多个国家加入其中。① 这是一次重大的背离，是接受文化跨越国际现实的国际法的一个不同寻常的例子。边界并且不能局限于一个国家。② 这也符合文化社区及其遗产的利益可能挑战纯粹的"国家主义"问题的一般方法。由于国家应如何对待移民和侨民的遗产和语言问题仍然是一个敏感问题，③ 2003 年《公约》的运作有可能为这一领域的国际法发展提供信息，甚至有助于其发展。

尽管存在上述困难，缔约方仍热烈欢迎向人类非物质文化遗产代表名单提出多国提名的可能性，现在有 19 种此类铭文，其中包括现在以不同地理区域的 13 个缔约方的名义命名为猎鹰的文化习俗，他们与马里和布基纳法索赛诺夫（Senufo）社区的巴莱风（Balafon）有关。④ 同样值得注意的是，在某些情况下，多国铭文的缔约方没有任何其他铭文，这表明这为他们提供了一个在这一领域获得认可并发展其能力和经验的重要机会。⑤ 多国文字经常促进次区域和国际合作以保护他们：拉脱维亚、爱沙尼亚和立陶宛现在在歌舞节上享有密切的次区域合作，而秘鲁和厄瓜多尔政府合作确定萨帕拉人（Zapara）的口头遗产和传统，并加强对亚马逊及其承载者及其相关环境中这种脆弱的非物质文化遗产的理解和保护。在这种合作框架中发现的主要因素是：在非物质文化遗产保护方面交流信息和经验；共享共有元素的文档；合作开发清查方法；举办联合研讨会和讲习班；⑥ 显然，由于不同地区（和次地区）具有共同的社会、文化、经济和环境特征以及共享的非物质文化遗产要素，因此鼓励这种区域合作框架具有很大的实际意义。迄今为止，多国铭

---

① 大会在其第二届会议上通过了一些业务指示草案。教科文组织文件 1. EXT. COM 6. 教科文组织文件 1. EXT. COM 6. 这些内容见当前版本的"业务指南：实施保护非物质文化保卫非物质文化遗产公约的业务指令"第 1 和第 2 段，通过在其第三次会议（巴黎，2010 年 6 月）在其第二届会议（巴黎，2008 年 6 月 16—19 日），由公约缔约方大会修改。第 13—16 段。

② 《保护野生动物移栖物种公约》（波恩，1979 年）[19 ILM 15(1980)]是这种方法的另一个罕见例子。

③ 第九章更详细地讨论了侨民及其文化遗产的问题。

④ 为了鼓励多国提名进入拉丁美洲和加拿大国家，并试图避免一方以其名义列入另一缔约方视为自己的要素的进一步问题，并且这些提名是促进国际合作的重要机制，委员会决定建立了一个在线资源，缔约国可以通过该资源宣布其提名要素的意图，其他缔约国可以了解在拟订多国提名方面的合作机会。参见 UNESCO Doc ITH/12/7. COM /。

⑤ 例如，巴基斯坦是 Nowrouz 分子的提名缔约方之一，目前正在与区域国家合作，将提名猎鹰至入侵国家的名单。

⑥ 在中非次区域（加蓬、喀麦隆、刚果和赤道几内亚）的四个国家之间建立一个专业人士、社区和专业知识中心网络，这是一个共同的土族社区非政府组织，也是一个有趣的举措。另一个区域网络是国际游牧文明研究所（哈萨克斯坦、吉尔吉斯斯坦、蒙古国和土耳其）。

文证明是确保这一点的最有效手段之一。① 也可以找到不属于同一地区的缔约方之间的双边和多边合作的例子,例如,这种合作存在于非洲和巴西共同遗产。

迄今为止,2003 年《公约》下列最令人失望的一个方面是成员国在条约最后谈判期间提出的最佳做法登记册(BPR):这是那些国家的回应。我觉得人类非物质文化遗产代表名单和急需保护的非物质文化遗产名录的模式无法实现他们希望的国际上市体系。其主要目的是承认最佳保护措施,以便传播这些措施并鼓励其他缔约方采用类似的方法。如果成功,这肯定会对《公约》的有效性作出重大贡献。不幸的是,到目前为止,缔约方过于专注于将其非物质文化遗产刻在人类非物质文化遗产代表名单上并且没有提交足够数量的最佳做法登记册提名。希望这一点在未来有所改善,缔约方满足了他们对人类非物质文化遗产代表名单铭文的最初热情,以及在实际情况下开展的更多实践得到了这种认可。② 截至目前,以下最佳实践已经在国际层面于 2009 年至 2014 年间得到认可:普索(Pusol)教育项目传统文化学校博物馆中心(西班牙);印度尼西亚巴提克(Batik)的学校教育和培训与北加浪岸(Pekalongan)(印度尼西亚)的巴提克博物馆合作;并保护玻利维亚、智利和秘鲁的艾马拉社区的非物质文化遗产;培养多样性的计划:保护法兰德斯(比利时)的传统游戏;要求国家非物质文化遗产计划(巴西)的项目;范丹戈(Fandango)的生活博物馆(巴西);在西班牙塞维利亚的莫隆德拉弗龙特拉(西班牙)振兴传统石灰制作工艺;舞蹈之家(Táncház)方法:匈牙利传播非物质文化遗产的模型(匈牙利);培养未来几代福建木偶学员的策略(中国);土著艺术中心及其对保护维拉克鲁斯(墨西哥)托托纳克(Totonac)人非物质文化遗产的贡献;在生物圈保护区中清点非物质文化遗产的方法:蒙塞尼的经验(西班牙);保护钟琴文化:保护、传播、交流和提高认识(比利时)。

值得注意的是,西班牙有三个,比利时和巴西均有两个最佳实践:这不仅反映了这些国家实施战略的质量,而且重要的是,他们重视与其他国家分享这一经验。西班牙是拥有最多样化人类非物质文化遗产代表名单铭文国家之一,也许并非巧合,再次标志着采用了重视非物质文化遗产多样性并对"公约"精神作出良好反应的方法。

---

① 这种合作始于拟订提名文件的阶段,实际上不必为此增添这一要素。

② 项目或计划通常必须已经存在五年左右,才能考虑在最佳做法上登记。

第六节　实施中的演变：性别和社区参与

正是通过公约的持续运作以及在国内由相关部门、在国际由条约机构的应用，一些挑战和潜在反应才变得更加清楚。1972 年《世界遗产公约》的经验表明，即使经过 30 多年的运作，世界遗产委员会仍在对其"操作指南"进行重大修改。事实上，这些准则①的最新变化之一是相当激进的，压制了文化和自然列名标准之间的区别，因此现在已经引入了所有财产属性统一标准。我们可以期待 2003 年《公约》实施"操作指南"的类似演变并已经看到了这种情况。一旦最初的指令（2008 年）落实到位，那么公约缔约方可以通过非物质文化遗产委员会处理实施过程所引发的公约未充分解决的问题。同样，如果认为指南本身不如希望的那样运作，或者遇到最初没有预料到的新情况，那么指南本身也会进行修订。我们可以找到这个过程已经发生或正在进行的案例，下面将分析其中两个，即非物质文化遗产保护的性别动态，以及社区参与。

一、非物质文化遗产保护的性别动态

关于如何解决非物质文化遗产的性别动态及其在 2003 年《公约》框架内的保护这一尚未解决的问题是最近公认的难题。直到最近，关于性别平等和非物质文化遗产的讨论还很少，而且大多数公约机制和相关文件，表格和评估都是"性别盲"。② 这很可能反映了缔约国的紧张情绪，《公约》的非物质文化遗产委员会和教科文组织本身进入一个有必要处理非物质文化遗产要素的舞台——其中一些可能已经在人类非物质文化遗产代表名单上登记——这可能对非歧视原则构成挑战。③ 由于许多传统文化以某种方式似乎破坏了性别平等的人权概念，因此可以理解的是，如果这样的测试严格执

---

① 于 2006 年推出。

② 目前，提名文件（针对人类非物质文化遗产代表名单，急需保护的非物质文化遗产名录，国际援助或最佳实践登记册）不要求提供有关性别平等和非物质文化遗产要素之间联系的任何信息。缔约方提交的定期报告也是如此，尽管有些人已开始对此发表评论。

③ 第 2(1) 条明确要求"为本公约的目的，将仅考虑与现有国际人权文书相符的非物质文化遗产"。

行,那么大部分非物质文化遗产可能被排除在《公约》的范围之外。然而,最近人们普遍认为,非物质文化遗产委员会最好明确界定限制所在的位置,以排除明显违反普遍人权标准的非物质文化遗产。① 委员会鼓励文化社区参与对话,寻找从实践中删除歧视因素的方法,如果他们希望将歧视作为公约一部分列入非物质文化遗产。② 这种方法将认识传统文化习俗具有内在的灵活性,有能力发展以满足当前的需求,性别平等是其中之一。

非物质文化遗产的性别动态形式很多、各种各样,性别本身应该被视为一种重要的多样性形式。例如,在来自越南的传统歌曲中,进行了性别角色互换,女性媒介承担传统的"男性"角色及服饰,而男性媒介承担传统的"女性"角色、衣着和行为。不幸的是,为了向人类非物质文化遗产代表名单提名,它已被简化为表演艺术,其更具颠覆性的性别角色已被删除,究竟在公约框架内如何才能令人满意地解决性别问题受到质疑。③ 日本的坂东玉三郎(扮演女性角色的男性表演者)在歌舞伎剧院反串以创造特定的坂东玉三郎性别角色。④ 秘鲁的塔奎勒(Taquile)展示了明显的基于性别的分工,仅用于男性的踏板织机和针头制作具有西班牙殖民影响力的服装,如裤子和帽子,以及仅由女性用来制作传统服装的平织机,如毯子。⑤ 其他不仅仅是由一种性别来实践和/或表演,而且也代表着一个狭窄的年龄乐队,如鲁文年龄组仪式(Leuven Age Group Ritual)(比利时),仅涉及年龄在40至50岁之间的男性。⑥ 在某些情况下,女性传统上参与在男性专属活动中的次要角色,但随着时间的推移成为从业者。在伊朗,女性已经开始进入传统的全男性领域,在公共茶馆中表演纳卡里诗歌。因此,性别角色在整个非物质文化遗产中普遍存在,从业者往往只是男性或女性,这本身并不构成歧视或性别不平等的形式,但值得更充分地考虑其含义。重要的是,非物质文化遗产的

---

① Torggler 和 Sediakina-Rivière,评估教科文组织的标准制定工作(第33页)。应该记住,《公约》第2(1)条明确要求"为了本公约的目的,只考虑与现有国际人权文书相符的非物质文化遗产"。

② Farida Shaheed(联合国文化权利特别报告员)在其关于文化遗产和人权的报告中强调了就此类问题建立民主社会对话的至关重要性。人权理事会,文化权利领域独立专家报告,Farida Shaheed,人权理事会第十七届会议议程项目3,2011年3月21日[联合国文件A/HR/C/17/38]。

③ Barley Norton,《越南现代音乐与媒体的歌曲》(伊利诺伊大学出版社,2009年版),第155—189页。

④ Katherine Mezur, Beautiful Boys/Outlaw Bodies:设计歌舞伎女性形象(Palgrave Macmillan, 2005)。

⑤ 正如秘鲁在2012年报告周期提交给非物质文化遗产委员会的定期报告中所指出的那样。

⑥ 这在比利时2013年报告周期提交给非物质文化遗产委员会的定期报告中有所描述。

传播通常是一种性别化的活动，①我们需要了解这对于某些非物质文化遗产元素的未来可行性及其应如何得到保护意味着什么。例如，值得考虑的是，性别约束的态度是否可能导致传播问题以及如何解决这些问题。②

然而，在解决非物质文化遗产中这种性别角色多样化问题时，建议谨慎行事，因为很容易对性别问题作出错误的文化约束假设。③ 不恰当地施加不合适的性别角色和价值观可能会破坏与一个人的文化期望和不同的性别系统，这些对于传播和保护某些非物质文化遗产元素可能至关重要。同样重要的是，性别应该在其他社会权力关系的背景下来看待，归因于一种或另一种生理性别的差异实际上是他们在社会结构中的地位和对他们的期望的结果。因此，基于性别的非物质文化遗产保护观点是通过分析当前的社会关系和权力体系从而理解特定环境下的实践和活动。在对非物质文化遗产进行性别分析时，应牢记社区对性别平衡的理解，同时铭记社区内各种各样声音的重要性。④

为履行联合国全球性别平等优先计划的责任，教科文组织正在将性别观点纳入其文化公约。关于 2003 年《公约》，这个问题是如何将性别问题纳入相关政策、立法、发展规划、保障计划和方案等的主流。⑤ 在 2013 年第八次会议上，非物质文化遗产委员会通过了一项决定，修订所有相关文件和表格（包括业务指令，定期报告格式和提名文件），以包括针对性别的指导和问题。⑥ 其中决定修改所有相关文件和表格（包括业务指示、定期报告的格式和申报文件），包括性别特异指导和问题。2014 年 9 月在土耳其举行的一次专家会议上，提出了一项关于性别平等的阶段草案，用于"操作指南"，⑦该草

---

① 例如，科特迪瓦曼戈罗的陶器艺术已经由女性传播给女孩几个世纪。

② 有些因素可能仍然可行，因为它们的传播性别较不明显，或者因为它随着时间的推移从单性别改变为更开放的传播形式。

③ Oyewumi 认为，当前对性别作为普遍和永恒的社会范畴的使用必须与欧洲/美国文化的全球主导地位和支撑西方知识体系的生物决定论意识形态相关联。参见 Oyeronke Oyewumi，《妇女的发明：使西方性别话语具有非洲意义》，明尼苏达大学出版社，1997 年版。同样，Marilyn Strathern 在《性别的礼物》（1988 年）中采用女权主义的方法来论证巴布亚妇女并没有被剥削的思想，而是性别的定义与西方不同。

④ Madhavi Sunder，《Cultural Dissent》，Stanford Law Review，vol 54（2001），p 495，UC Davis Legal Studies Research Paper No 113.

⑤ 教科文组织，《性别平等——遗产与创造力》，教科文组织，2014 年版。2003 年《公约》在此处讨论：珍妮特布莱克，《性别与非物质文化遗产》，第 49—59 页。

⑥ 参见决定 8. COM 5c。

⑦ 通过教科文组织非物质文化遗产秘书处的电子邮件传达的信息。

案要求各国促进非物质文化遗产对更大的性别平等和消除基于性别的歧视的贡献,同时承认社区通过非物质文化遗产传递他们对性别的价值观、规范和期望,因此它是社区成员性别认同形成的特权环境。① 委员会尚未审议这些内容,但他们给出了指南在该领域发展可能的暗示。但是,应该提到的是,性别需要被广泛纳入指南的其他段落之中,这些段落涉及提名文件、定期报告、社区参与等。

二、社区参与

正如关于性别和非物质文化遗产的讨论所表明的那样,需要听取社区内部的各种声音,以便实现真正的参与式保护措施。② 然而,制定这种以社区为基础的非物质文化遗产保护战略仍处于起步阶段,③这是非物质文化遗产委员会起草指南的另一个重要领域。在公约谈判时,教科文组织的一些会员国不愿意使用"社区"这一术语,并使他们在确定非物质文化遗产以及实施和设计保护措施方面享有如此高度的参与。实际上,尽管在整个条款的实施过程中社区参与的要求具有横向特征,但公约案文中没有对该术语进行定义。鉴于非物质文化遗产已融入社区(和其他群体)的日常生活,作为公共政策的官方保护将不可避免地直接干预社区内发生的社会和文化过程。此外,《公约》关于社区参与的规定提出了关于该遗产"所有权"以及获得官方承认过程的重要问题。保卫非物质文化遗产可以为国家和社区提供机会,使我们为遗产赋予价值的过程民主化,为当地人民和社区赋予更大的作用。④库鲁克(Kuruk)认为在 2003 年《公约》中明确提及社区参与保卫非物质文化遗产——基于协商原则——作为一个潜在的平衡因素,因为 2003 年

---

① 为此,鼓励缔约方:利用非物质文化遗产的潜力,为最佳实现性别平等的对话创造共同空间;促进非物质文化遗产在成员可能不具有相同性别概念的社区和群体之间建立相互尊重方面可发挥的重要作用;促进科学研究和研究方法(包括社区自身的研究方法),以了解特定非物质文化遗产表达中性别角色的多样性;在规划、管理和实施保障措施方面确保性别平等,涉及社会所有成员的不同观点。

② Madhavi Sunder,"文化异议"(注释 138)。

③ 正如 Harriet Deacon 和 Chiara Bartolotto 所指出的那样,"绘制前进的方向:与非物质文化遗产公约有关的非物质文化遗产研究的现有研究和未来方向",2003 年第一届非物质文化遗产研究人员论坛报告《国际非物质文化遗产研究中心亚太地区(IRCI)》(2010 年版)第 31—41 页,第 39 页:"尽管《公约》文本承认社会行动者的新角色,但在不同国家,对'参与'和'社区'概念的解释差异很大,取决于文化,政治和制度框架。"

④ 正如执事和比兹利在《保护非物质文化遗产价值》(注释 11)中明确指出的那样,赋予遗产重要性通常是一个非常有争议的问题。

《公约》倾向于给人一种印象,即国家对其境内发现的非物质文化遗产拥有专有权。[1] 它明确地回应了人权方面的问题的要求,呼吁各国确保社区参与非物质文化遗产[2]的定义、识别、盘点和管理。

但是,2003 年《公约》的案文没有具体说明这些社区如何能够有效地影响政府政策,因为除非国家邀请他们这样做,否则他们不能采取自己的保护措施或阻止他们反对国家赞助的计划。李辛斯基(Lixinski)指出,确保社区真正有效参与"公约"运作的机制很薄弱,[3]尽管条约中的这种做法非常重要,[4]而且起草者在这方面的意图也是如此。[5] 此外,社区的参与也是如此。根据《公约》,大多数情况仅限于在国家层面采取行动[6]——识别和盘点非物质文化遗产、设计和执行保护和管理行动等——并且他们参与的也是在国际方面的,例如,人类非物质文化遗产代表名单和亟须保护的非物质文化遗产名录的文件,仅限于咨询需要以及表达自愿、事先和知情的同意证明。对执行《公约》的"操作指南"的修订已开始朝着确定和保卫非物质文化遗产更有效的社区参与方向发展。重要的是,这些新指令具有削弱《公约》[7]规定的国家特权的作用,特别是在决定哪些应被确定为国际保护和国际承认的非物质文化遗产方面。2010 年,批准了关于提高非物质文化遗产意识的新指南,根据李辛斯基的说法,"提高社区参与的强有力形式",尽管它们指的是公约中显然良性和无威胁的方面,但可以当作一个"后门",通过它来强化观点……更有效的社区参与手段落入了该系统。[8] 因此,他指出,该公约目前

---

① Kuruk,《文化遗产,传统知识和土著权利》(第 40 页)第 126 页提请注意"给予国家决定哪些文化财产值得保护的唯一权利所构成的危险"(根据世界遗产公约)……赋予每个国家主观规定文化财产的范围和内容的权利,包括将财产排除在国家以外的其他人可能发现更具文化价值的保护的权利。

② 2003 年《公约》第 11(b)和 15 条。

③ Lucas Lixinski,《选择遗产:艺术,政治与认同的相互作用》,载《欧洲国际法杂志》第 22 卷第 1 期,2011 年版,第 81—100 页。

④ 第 15 条呼吁缔约方确保"尽可能广泛地参与创建、维护和传播此类遗产的社区、群体和个人,并使其积极参与其管理"。

⑤ Blake,2003 年教科文组织公约评论(第 118 页)的第 76 页指出:"大多数政府间专家希望认识到社区和其他团体在实施和管理保卫非物质文化遗产的措施方面发挥的重要作用。"

⑥ Lixinski,《国际法中的非物质文化遗产》(注释 85),第 53 页。

⑦ Kuruk,《文化遗产,传统知识和土著权利》(注释 40)指出,教科文组织会员国在其条约制定方面一般大力保存对其领土上文化遗产的主权。

⑧ Lixinski,《国际法中的非物质文化遗产》(注释 85),第 54 页。《保卫非物质文化遗产公约》缔约国大会,第三届会议(教科文组织总部,2010 年 6 月 22 日至 24 日),第 3. GA 5 号决议,教科文组织 Doc ITH/10/3. GA/CONF. 201/RESOLUTIONS,2010 年 6 月 24 日第 100-102 段。

正在开发两个不同的应用层次,即当事方保留控制权的国际列表机制,以及其他保护活动上,在此类活动中操作指南转移至进一步采取以社区为导向的方法,远离政府间谈判者采用的原始"以国家为中心"的方法。"指南"第三章①规定了各国确保参与执行《公约》的准则。②

参见第 11 条(b)款,并遵循第 15 条精神,鼓励缔约国"在社区、群体,并适时创造、维护和传播非物质文化遗产的个人以及专家之间建立有效和互补的合作、专业知识中心和研究机构"。③ 此处列入专家和研究机构的意义重大,因为公约的原始专家草案载有一条款,允许非政府专家通过科学委员会(如环境条约的模式)提供更多的投入。④ 这一规定在政府间谈判阶段从条约案文中删除,因为成员国希望保留对由缔约国的指定代表(特别是非物质文化遗产委员会)组成的理事机构给予它们的直接控制。⑤ 因此,这是政府间谈判者未列入最终条约案文的主题的一个例子,原因有多种,现在缔约方在非物质文化遗产委员会论坛中通过修订指南重新审议。

以下段落的内容更具指示性,鼓励缔约方建立一个咨询机构或协调机制,以促进社区、群体和适用的个人以及专家、专业中心和研究机构的参与,特别是在保护活动中。提到的活动包括:查明和界定其领土上存在的非物质文化遗产的不同要素;制定库存;制定和实施方案,项目和活动;并准备列入名单的提名文件。最后一项活动很有意思,因为它表明缔约方不应主导非物质文化遗产提名过程。如果缔约方认真对待这一指南,那将大大有助于确保社区有意义地参与保护和提名非物质文化遗产的各个阶段。尽管很重要,但考虑到这里使用的劝告性语言,缔约国在多大程度上允许参与非物质文化遗产要素的识别和定义是完全自由的。

一项重要的保障行动是缔约国采取措施,使社区、群体和个人(如适用)认识其非物质文化遗产的价值,并在这些社区中宣传《公约》,使这些遗产的承担者可以充分受益于其措施:这将有助于为当地社区验证非物质文化遗

---

① 参见操作指令(注释 91)。

② 第 79—89 段涉及"社区、群体和适用的个人以及专家、专业中心和研究机构的参与"。

③ 参见业务指南(注释 91),第 76 段。

④ 该条款载于《保卫非物质文化遗产国际公约》第一初稿第 10 条之二。教科文组织文件 CLT-2002/CONF.203/3,巴黎,2002 年 7 月 26 日。这是 RDG 最初提交政府间专家的版本。它呼吁建立一个科学委员会,以"就(委员会)审议的科学和技术方面提供咨询意见"。

⑤ 正如 Lixinski 在《选择遗产:艺术,政治和身份的相互作用》(第 148 页)正确地指出,缺乏对《公约》运作的专业知识是一个严重的缺点。

产,他们可能将其视为当代社会的消极而不是积极的力量。此外,缔约方还被要求采取适当措施,建设社区、群体和个人(如适用)的能力,使他们能够充分有效地参与这一进程。① 委员会可咨询"专家、专业知识中心和研究机构,以及活跃在《公约》所涵盖领域的区域中心和具有非物质文化遗产领域公认能力的私人",并保持互动对话。② 有可能为《公约》决策过程中的专家提供更多的代表性,否则,这只是一个政府间的决策过程。鼓励缔约方采取进一步行动以加强社区参与,包括促进获取其中开展的研究成果(同时促进对管理获取的做法的尊重);建立社区、专家、专业中心和研究机构网络,以制定联合办法;并与另一个国家的非物质文化遗产有关机构分享相关文件。③

社区和政府机构之间潜在的摩擦点是提名哪些要素进入国际名录。向人类非物质文化遗产代表名单提名时选择的非物质文化遗产很容易成为国家主导的过程,完全排除了社区及其愿望。④ "指南"⑤中规定的最相关(这里)非物质文化遗产五个题词标准要求:该要素是在社区、群体或相关个人(如果适用)及其自愿、事先和知情的同意(标准 R.4)尽可能广泛参与的情况下提名的。对于选择计划、项目或活动(根据第 18 条的规定),提议国应证明"计划、项目或活动的执行已经或将由社区、群体参与,或者如果可行,由那些自愿、事先和知情的个体参与;如果选择了他们的计划、项目或活动,他们愿意在实践传播中合作。"⑥委员会为非物质文化遗产保护提供财政或其他援助的标准(根据第 19 条的规定,包括有关社区、群体和/或个人参与编写请求,并将参与执行拟议的活动,以及尽可能广泛的评估和后续行动。如果我们把所有这些提及社区参与和参与实施公约及一般的非物质文化遗产保护起来,这些综合后就是一种相当全面的方法,如果得到缔约方的密切关注,将使《公约》有点模糊的社区参与概念更为具体。这些案例首先说明了 2003 年《公约》灵活模式的重要性,该模式使其能够对新的理解和新情况作出回应,这一特征对于不断发展的遗产方面尤其必要,仍然有一个相对有

---

① 第 80—82 段。

② 第 84 和 89 段。

③ 第 86—88 段。

④ Bahar Aykan 简明扼要地说,参与式遗产管理的参与程度如何? 具体参见《保护 Alevi Semah 仪式作为非物质文化遗产的政治》,载《国际文化财产期刊》第 20 卷第 4 期,2013 年,第 381—406 页。

⑤ 如第 2 段所述。

⑥ 第 7 段,第 5 页和第 7 页。

限的理解。实际上,这也指出了该条约的另一个重要方面,因为它本身就是国际社会学习过程的一部分,而且"操作指南"和"国家实践"随着时间的演变应该对它们本身作出重要贡献。我们了解该领域的监管需求以便于更好地保卫非物质文化遗产。

可以将条约案文中未明确处理的某些问题纳入其实施的另一种方式是通过缔约方将其纳入其本国的执行措施。一个有趣的例子涉及将语言作为非物质文化遗产处理。在政府间谈判期间,这是一个激烈辩论的问题,一些会员国强烈支持将语言纳入非物质文化遗产和其他领域,同样有力地拒绝这一想法。① 对许多多语种国家,特别是那些国家语言被视为统一因素的国家,将语言视为非物质文化遗产的形式可能是一个极其敏感的问题。人们仍然担心,对少数民族语言给予过多重视可能最终导致他们脱离国家。② 最终,在将非物质文化遗产的第一个领域描述为"口头表达和语言作为载体"的措辞中找到了妥协。对"非物质文化遗产"(强调)避免了包括语言本身作为非物质文化遗产。③ 然而,值得注意的是,一些缔约方,其中大多在拉丁美洲和非洲,现在把语言作为非物质文化遗产的一个领域。因此,这一举措将条约的重点转向一些成员国在谈判最终草案时希望避免的主题。随着时间的推移,观察这种做法在多大程度上改变了语言与非物质文化遗产之间的关系的方式将会很有趣。此外,这个问题在语言政策如何影响非物质文化遗产和非物质文化遗产保护现实与《公约》所表明的非物质文化遗产领域之间的更广泛比较方面值得更充分考虑。值得研究的另一个相关问题涉及文献和记录对口头文化传统的影响:文件是否增强了传统传播方式受到威胁或以某种方式扭曲口头形式的可行性? 这也涉及行使缔约方的普遍问题:改变非物质文化遗产要素的形式(例如,使其对年轻人更具吸引力)必然会对该要素的原创性构成威胁,并可能对其产生扭曲或稀释。或者它是一种积极的进化,表明了非物质文化遗产的适应能力,因而也是一种文化力量。④

国家实践如何巧妙地改变或至少增加《公约》的基本概念的另一个有趣

① Blake,2003 年教科文组织公约评论(第 118 页),第 37 页。参见 Rieks Smeets,《语言作为非物质文化遗产的载体》,载《国际博物馆》第 221—222 卷,2004 年,第 156—165 页。

② Susan Wright,《语言和权力:较少使用的语言和欧洲法律中语言权利辩论的背景》,载《国际多元文化社会期刊》第 3 卷第 1 期,2001 年,第 44—54 页。

③ 第 2(2)(a)条。

④ 立陶宛在 2013 年向非物质文化遗产委员会提交的定期报告中提出了这一问题。

例子是缔约方在为国家清查时确定非物质文化遗产时所采用的领域。虽然第 2 条第(2)款规定的域名通常用作这些域名的基础,但通常也会找到当地特定的增加或排除。因此,在埃及,其他领域包括民间西拉、保护装置(在口头表达下列出)和预防邪恶行为的做法(在社会实践中)。韩国长期以来一直在对非物质文化遗产进行盘点,其使用的领域与《公约》的内容有某种程度的重叠,①其中包括上述要素所需技术的显著附加领域或对制造或修理相关设备至关重要的任何技术。秘鲁的库存制作领域包括土著语言和口头传统,传统政治机构、民族医学、民族植物学、美食,以及与这种文化习俗直接相关的文化空间。同样,在为清点设计的标准中,我们发现与人类非物质文化遗产代表名单的运行指南(有时也包括亟须保护的非物质文化遗产名录)中列出的整体相似性,但具有当地特征。墨西哥使用的标准提供了一个值得注意的例子,它们分为以下两套:(1)制定和结构的一般标准(14 个要素);(2)社区参与的一般标准(三个要素)。与其他一些缔约方的标准一样,蒙古国标准包括非物质文化遗产承载者的具体标准,以便给予他们特别认可,这是一个重大的转变,以及环境在维护传统生计和民俗的独特性方面的作用。最后一个标准是全新的。在韩国,这些是完全不同的,包括三个主要类别,每个类别都有详细的子要素:遗产价值、传播能力和传输环境。在这些标准中对传输的重要性特别值得注意。印度尼西亚采取的方法是采用一套一般标准,然后是进一步的技术标准(涉及生存能力、对社区的重要性、可接受性、真实性、代表部落和少数民族等)和行政标准(与地理区域、社区和地方有关)要实现的政府支持,数据的完整性和文化类别的代表性。由于巴西的清单是围绕文化参考的关键概念构建的,因此这是持票人社区进行选择实施,他们决定哪些要求最重要且最具代表性:只有这些要素才会包含在清单中。

▎第七节　结论

判断教科文组织《保卫非物质文化遗产公约》(2003 年)的一个指标是迄今为止获得批准的数量。自 2003 年通过以来,批准速度相对较高,甚至与 1972 年《世界遗产公约》相比也是有利的,该《公约》在 2014 年 8 月之前获得

---

① 即戏剧、舞蹈、手工艺,其他仪式,如娱乐活动、武术和美食。

了 191 个缔约国确认,^①一般被视为教科文组织最成功的国际条约。这似乎是该公约成功的良好指标,它是当时的条约,在采用时是对国际社会成员需求作出的回应。然而,对于评估一项处理遗产形式的公约来说,这可能是一种过于量化的方法,这种遗产既是社区和个人文化特征的基本要素,也在确保发展战略的可持续性方面发挥着重要作用。因此,有必要设法找到一种更为定性的评价手段,充分考虑《公约》能多大程度在国际和国家两个层面对主要目的作出反应。

如果我们希望在国际上评估 2003 年《公约》的影响,我们需要研究其对国际决策的影响,特别是在制定文化政策,实施可持续发展议程和支持土著权利等领域。《公约》可能已经开始对国际法其他相关领域(如人权和环境法)的发展产生影响,这也是判断其总体影响和有效性的一个重要因素:第四章和第九章详细涉及这些领域,表明迄今为止 2003 年《公约》产生的影响,并可能在未来发生。同样重要的是,非物质文化遗产的国际清单在多大程度上促进了这种遗产的"可见度"的增加以及我们对非物质文化遗产的特征、范围和可能领域的理解。虽然如上所述,对人类非物质文化遗产代表名单列名程序进行了合理的批评,但不可否认的是,大大提高了遗产这方面的知名度,甚至引入了许多社区、个人甚至国家的存在。提高了对保护非物质文化遗产及其意义的认识。至于人类非物质文化遗产代表名单是否有效地回应了文化多样性的价值,换句话说,它对世界非物质文化遗产总体的真正"代表性"有多远,我们必须承认,截至目前,这还没有完全成功。委员会需要开展工作以改进缔约方的记录。

然而,国家层面,在制定立法、行政、财政和其他措施以及实施第三部分^②所需文化和其他政策时,应该感受到"公约"最重要的影响。通过内部审查国家实践来评估公约对于确定和保卫非物质文化遗产的新范式,以及根本上的重点转移作出何等贡献,重要转移涉及向非国家行为者(遗产承担者、非政府组织、文化和其他民间社会组织等)以及地方政府当局分配重要性及新角色。随着时间的推移,有可能确定"国家"遗产概念的转变,从纯粹

---

① 2003 年《公约》在 2014 年 5 月 15 日之前确保了 161 个缔约国,与 2001 年的《保护水下文化遗产公约》相比非常高,例如,截至 2014 年 4 月 28 日有 48 个缔约国。有关 2003 年公约批准情况的信息可通过以下方式获取:http://www.unesco.org/culture/非物质文化遗产/index.php? lg = en&pg = 00024。有关《世界遗产公约》的信息可在以下网址查阅:http://whc.unesco.org/en/statesparties 以及 2001 年公约:http://www.unesco.org/eri/la/convention.asp? KO = 13520&language = E&order = alpha。

② 更详细地讨论了这一点:[英]珍妮特·布莱克,《实施教科文组织非物质遗产公约七年——蜜月期或七年痒》,载《国际文化财产期刊》第 21 卷第 3 期,2014 年版,第 291—304 页。

的国家驱动的概念转向更具包容性的概念,更符合参与的要求和文化社区的人权。对公约成功的有益检验是审查缔约方如何有效地使社区、群体和个人参与上述活动。在评估公约对国家系统的影响时,应考虑的其他问题包括实施的程度导致制定新的国家政策战略,以促进非物质文化遗产在社会中的作用,并按案文要求将非物质文化遗产纳入规划和发展方案。

如果我们看一下政策环境,就有可能看到几个缔约方在过去十年中已经开始将非物质文化遗产作为国家发展规划中的优先行动方针。[1] 缔约方正在各种不同的社会、文化、政治、地理和环境背景下实施公约,鉴于本公约的性质及其对缔约方的要求,这对不同国家选择政策方针和措施的范围和多样性具有重大影响。考虑独特的政府级别,联邦国家在建立一致且均匀分布的非物质文化遗产保障体制方面面临着特殊挑战:例如,阿根廷包括24个自治省,而且国家负责促进联邦非物质文化遗产政策,每个省保留在自己的领土内实施这些能力的能力。与塞浦路斯一样,地方当局可能在保卫非物质文化遗产要素及其更广泛的物质和社会环境方面发挥关键作用,在一些国家,我们看到保障职能转变为社区一级的群体(如巴西和比利时)。这种方法的多样性以及传统上集中管理遗产的程度已经下放到"较低"的社会和政治层面,这是公约在若干缔约方中产生的显著影响,这些缔约方肯定会更广泛地影响未来的文化遗产保护。在缔约方中也可以观察到非物质文化遗产的传统社区一级管理仍在运作,如一些非洲国家在习惯规则和"黑色字母"法律之间进行调整。

鉴于其通行的劝诫和"软法"方式,对2003年《公约》的批评主要是它缺乏"法律效力"。[2] 一方面,这种批评当然是合理的,因为在条约中几乎很难找到对缔约方施加严格的义务,以管理他们对这一遗产的行为,甚至对创建和实践该遗产的社区、团体和个人,以及对任何人来说,这是他们身份的关键部分。另一方面,事实证明,2003年《公约》在实现提高对这一遗产保护政策的认识和促进其发展的双重目标方面是成功的,并且可以认为条约的基础是更明确和更强有力的义务(对缔约方采取较少激励措施的可能性很小)。至少,不是以该条约采取的整体形式,而是应该采用其广泛的文化方法来保卫非物质文化遗产。

---

[1] 非物质文化遗产被纳入发展规划,例如,越南2010年—2020年文化发展战略和蒙古国2008年"支持基于千年发展目标的综合国家发展战略"。

[2] Lixinski,《国际法中的非物质文化遗产》(注释85),第56页。

第六章

文化遗产：文化表现形式的多样性

第一节 引言

文化多样性不是为了倡导某种价值观而强加给国际社会的一种人为解释，而是一个事实。世界范围内和国家层面上存在着种类繁多的文化类型，以语言、民族或其他差异化因素呈现。在过去的二十年中，这种文化的多样性以及对其的管理和推广，已经成为一个主要的社会关注点，关系着社会内部和不同社会之间不断增多的社会规范。此外，交流的全球化和不同社会对彼此更大的接受程度使我们越来越意识到这种多样性。随着本地社区、原住民和其他边缘化群体在政治舞台上的出现，社会内部出现了新的多样性形式。这对如何建立一种经济、政治、法律和文化秩序提出了挑战，这种秩序鼓励不同文化和民族在相互理解、尊重和平等的基础上进行交流。保护文化遗产的目的之一就是确保所有文化都有足够的空间和表现形式。

联合国教科文组织（UNESCO）是一直以来解决这些问题的主要国际论坛，《保护和促进文化表现形式多样性公约》（Convention on the Protection and Promotion of the Diversity of Cultural Expressions）（2005 年）①（即 2005 年《公约》）是教科文组织通过的一系列文化公约之一。虽然 2005 年《公约》是本章主要讨论的文化遗产条约，但它绝不是与广泛的文化多样性领域有关的唯一条约，我们可以将其视为（联合国）对该问题的一个具体方面作出的回应。如下文所述，2003 年《保卫非物质文化遗产公约》也是以保护文化多样性的某些方面为前提的，联合国教科文组织通过的 1970 年、1972 年、2001 年

---

① 联合国教科文组织（于 2005 年巴黎）第 33 届大会通过《保护和促进文化表现形式多样性公约》，2015 年 2 月 17 日，来源于网址：http://www. unesco. org/new/en/culture/themes/cultural-diversity/diversity-of-cultural-expressions/the-convention/convention-text/.

和 2003 年①《公约》都在保护文化多样性的不同方面发挥了作用。然而，2005 年《公约》不是上述公约意义上的"文化遗产保护"文件，也不是直接面向人权/文化权利的文本。事实上，所有试图理解和解释本文件的人都面临一个问题：不能立即明确该文件的主要目的。

正如下面的引言部分所述，该条约反映了文化多样性概念中许多相矛盾的方面，因此，它可以被视为一份具有复杂目的和特点的文件：它是一项人权条约，与贸易相关的协定，知识产权协定还是三者皆有？在某种程度上，正如下文所述，2005 年《公约》这种复杂的特征是由其旨在保护的对象的复杂性所致。然而，联合国教科文组织（UNESCO）起草和通过该条约的速度以及该条约所处的政治背景也是该条约性质和目的不确定性的潜在因素。

┃ 第二节 相关背景问题

一、确定文化多样性

首先，文化多样性作为 2005 年《公约》的基本概念和具体目标，其概念需要明确。当然，最基本的概念是文化种类的完整性，Claude Lévi-Strauss 的观点可作为理解这一概念的起点，他认为文化多样性的保护不应被简单地定义为将文化保持其现有的形式："多样性本身需要被保护，而非每个时期都要为多样性披上可见的外衣。"②这一观点类似于生物多样性的概念，其前提是物种多样性（及其遗传标记）的整体价值，而不是任何特定物种的保存：每个物种除了对生物多样性的贡献之外，没有任何特定的价值，且所有物种都具有同等的价值。然而，文化多样性并不是一个简单的概念，而是一个对国际秩序带来潜在挑战的概念，也是一个值得鼓励的价值观。联合国教科文组织 2009 年的《世界报告》③中明确指出，"这'抓住一切'一词的含义随其变化而变化"，有些人认为这是一个积极观点，它提出了分享世界上每一种文化的财富，有些人则将文化差异视为冲突的根源。因此，最根本的挑战

---

① 为分别防止文化财产的非法贸易和贩运、世界文化遗产和自然遗产的保护、水下文化遗产的保护和非物质文化遗产的保护。

② Claud Lévi-Strauss, *Race and History* (Paris: UNESCO, 1952).

③ UNESCO, *World Cultural Report—Investing in Cultural Diversity and Intercultural Dialogue* (Paris: UNESCO, 2009) in the General Introduction at p. 1.

是提出"一个统一的文化多样性愿景,以证明其对国际社会的行动有利,而非一种威胁"。尽管这可能更多地涉及人权领域而非文化遗产法,但我们仍然认为,保护文化多样性本身并非没有风险,作为一个需要规制的对象,它对国际社会提出了挑战。

我们还应该注意到,国际社会寻求保护文化多样性绝不是一个新的出发点。1947 年联合国教科文组织章程的起草者呼吁保护"本组织成员国文化和教育体系的丰富多样性"。① 1966 年联合国教科文组织《国际文化合作原则宣言》明确了"每种文化都有尊严和价值,必须得到尊重和保护"。该文件还将国际文化合作的目标设定为"使每个人都能获得知识……并且致力于丰富文化生活"。② 世界文化的财富在于其多样性和不同文化之间存在和不断深入的交流。纵使每种文化都有自己的根源,但在与其他文化交流时也必须能够发展。最近的一份国际(政策)文件——《1982 年墨西哥宣言》③明确指出了文化认同与文化多样性之间的联系,并指出,在国际上,承认文化多样性的价值的呼吁可以被视为是维护"所有文化的平等和尊严"以及每个人确认和维护自己文化认同的权利。④ 国际社会承认这一权利方式是确保将非法移走的文物归还原籍国(根据 1970 年《教科文组织公约》或 1995 年《国际统一私法协会公约》)。同样,保护所有文化的平等权可能涉及通过对贸易和其他保护主义措施设置障碍而受到保护的权利,以及平等进入国际文化市场的权利。当然,规制该领域的主要国际文件是联合国教科文组织于 2001 年通过的《世界文化多样性宣言》。在该文件中,文化多样性被认为是"人类的共同遗产",应该得到承认和肯定,以造福现在和未来的后代。⑤并且,文件明确保护文化多样性是一项道德义务,与维护人类尊严密不可分,这意味着保护文化多样性是保护人权所必需的。

阿巴杜里(Appadurai)指出,在国际文化政策制定过程中,文化多样性的理念已经转变为规范的"元叙事"(meta narrative),通过这种叙事方式审视文化,将其看作"为更大国家或跨国政治服务过程中有意识调用文化差异。⑥

---

① 第 1 条第 3 款。

② 第 1 条。

③ Mexico City Declaration on Cultural Policies(World Conference on Cultural Policies,1982).

④ 第六段。

⑤ 序言。

⑥ Arjun Appadurai,*Modernity at Large:Cultural Dimensions of Globalization* (Minneapolis:University of Minnesota Press,1996)at p. 15.

在这个多元叙述中不难看到 2005 年《公约》的立场。为了更清楚地了解 2005 年《公约》相对于文化多样性的整体定位，有必要考虑其运作的各个领域。这将有助于阐释这一概念的广度以及《公约》只作用于其中某些领域这一事实。这些领域包括（个人、群体甚至国家）文化认同的形成、语言多样性（包括文化生产和网络空间）、生物多样性、保证文化多元化和民主价值的基础、文化间的交流、媒体以及文化遗产方面。其中，文化认同、语言多样性、文化间交流和媒体都在一定程度上与 2005 年《公约》框架有关，当然，也属于文化遗产领域。此外，文化多样性与可持续发展之间的关系是《公约》的一个关键问题，这显然是在自 20 世纪 90 年代以来由不同形式的全球化所主导的国际背景下运作的。鉴于它们作为《公约》制定背景的重大意义，这两个领域将在下面的小节中进行更详细地阐述。

二、全球化与文化表现形式的多样性

近几十年来，全球化致使世界范围内社会和经济的相互依赖性不断增强，不仅是国家与其经济之间的相互依赖，而且是不同社会和文化群体之间的相互依赖。全球化既具有多向性，又具有多维性，[1]由经济、社会、政治、技术和文化领域之间相互联系和相互依赖的复杂网络构成。因此，它对当今世界的物质、社会、经济和文化生活的影响与日俱增。[2] 全球化也被描述为资本、商品、知识、信息、思想、人、信仰等几乎所有现代生活特征的"潮流"。[3]

这一现象显然为文化参与（包括文化社群的跨境交流）提供了机会，这也对本地社区和当地居民的身份造成了挑战，当地居民的生计也可能由于武装冲突、快速城市化、环境退化等全球性挑战而受到冲击。全球化造成了本地社区和欠发达国家发展机遇和资源的不均衡性，从而使得上述问题更加严峻。这就导致了一种不公平的情形，希瓦（Shiva）把这种情形称作"种族隔离"。[4]因此，文化表现形式的多样性是各国家和地区面对这些全球性挑战

---

① UNESCO, *World Cultural Report* (n 4).

② UNESCO, *Second Round Table of Ministers of Culture: Cultural Diversity: Challenges of the Marketplace*, Paris, 11-12 December 2000.

③ 参见：Creative Economy, Creativity, Cultural Statistics, and Cultural Capital by Tyler Cowen, Ruth Towse, and David Throsby in *A Handbook of Cultural Economics* Edited by Ruth Towse(Cheltenham: Edward Elgar, 2011) at p. 120-65.

④ Vandana Shiva, Ecological Balance in an Era of Globalization, in Global Ethics and the Environment Edited by Nicholas Low(London and New York: Routledge, 2000), p. 47-65.

可以依赖的重要资源。这种多样性可以帮助他们刺激经济增长,促进(非经济性)人类发展,还可以作为环境知识的储备库,甚至可以作为地区的标志从而增强地区的实力。这甚至可以使最边缘化的个人和群体参与和受益于发展进程,并使发展更好响应当地需求和特点。

文化生产的全球化趋势赋予事物和观念新的意义,使其表现出在文化产品、商品和服务方面的本土化和/或文化独特性。① 因此,遗产的这一方面正朝着对全球化至关重要的国际议程迈进,特别对于集中物质、人才和资源,以及贫困和社会排斥等问题。因此,国际上对开发和保护文化多样性的兴趣与日俱增,这也促成了教科文组织 2005 年《公约》的诞生,该《公约》旨在为全球市场上的各种文化产品提供更多保护。为了实现这一目标,文化政策需要通过国家和地方两个层面的文化产业,创造有利于生产和传播多样化文化产品和服务的条件。这就需要发展多种多样的文化表现新形式,同时这也对各国和全球构成了严重挑战。上述举措对于一些国家,特别是因文化多元性而产生许多复杂问题的国家来说,是相当困难的。例如,尽管批准 2005 年《公约》的国际方面具有明显优势,②但迄今为止,伊朗在批准该公约的问题上还没有达成国家层面的共识。

三、文化多样性与发展

文化多样性与 1998 年《斯德哥尔摩宣言和行动计划》正式承认的发展进程也有重要联系。③ 此外,文化多样性也是减贫和实现可持续发展不可或缺的资产。教科文组织文化部长圆桌会议在 2003 年《公约》前发布的《伊斯坦布尔宣言》(2002 年)④重申了这一点的重要性,同时也直接将其与文化遗产联系起来,"由此而产生的文化多样性,非物质文化遗产是可持续发展与和平的保障"。同样,2005 年《公约》在序言中强调了文化多样性与人类发展之间的关系:"文化多样性创造了一个丰富多样的世界,它增加了人类可

---

① Antonio A Arantes, Diversity, Heritage and Cultural Practices, Theory Culture Society, Vol. 4 (2007), p. 290-6.

② Janet Blake, The Legal and Political Context of UNESCO's 2005 Convention on theDiversity of Cultural Expressions—Will it be Good for Iran?, Iranian Review of Foreign Affairs, Vol. 1, No. 3 (2010), p. 63-84.

③ 文化政策促进发展政府间会议通过的《文化政策促进发展行动计划》(斯德哥尔摩,1998 年 4 月 2 日)。

④ 2002 年 9 月教科文组织在伊斯坦布尔举行的文化部长圆桌会议最终公报第 7 段。

以选择的范围,培养了人类的能力和价值观,因此是社会、人民和国家可持续发展的主要动力。"①它进一步将公约置于更广泛的国家和国际发展框架内,具有战略意义。② 通过对这些文化商品、服务和活动的交流、转让和观察,以及它们所带来的文化多样性,它们获得了经济价值,被推销出去,从而可以促进经济发展。③ 这些商品和服务的双重经济和文化特性很重要,"文化活动、商品和服务都具有经济和文化性质,它们传达身份、价值和意义,因此它们不仅仅具有商业价值"。④

目前看来,参与式以及利益相关者的参与是实现可持续发展的前提条件。2009 年联合国教科文组织《世界报告》中指出,文化多样性可以发挥重要作用:"承认文化多样性有助于确保发展与和平的主动权属于有关人民。"⑤因此,必须将尊重文化多样性纳入包括教育、科学、卫生、环境、旅游以及与创意产业有关的各部门的发展政策中。然而,将支持文化多样性原则纳入公共政策仍然是许多国家面临的一个重大挑战,也是全面实施 2005 年《公约》将带来的挑战。其中一个非常重要但考虑相对较少的方面便是公私合作关系的作用。作为确保人类可持续发展的一个关键因素,保护和促进文化多样性不能只依靠政府或市场力量:为了实现这一点,必须在政府机构和社会各利益攸关方之间建立合作关系,不仅限于私营企业。这不仅是各国的内部问题,也需要建立全球伙伴关系,将国际组织、网络以及与公共部门和私营部门的合作结合起来。2005 年《公约》的一个显著创新点是,它强调了建立这种合作关系的必要性,以及探索这些合作关系可能产生的潜在协同效应。

四、人权层面

世界文化与发展委员会报告(1995 年)中也提到文化产品和服务及其多样性与人权价值之间的联系。⑥ 报告强调,发展不仅应被视为获得商品和服

---

① 第 4 段。

② 它强调"必须将文化作为战略要素纳入国家和国际发展政策以及国际发展合作"(第 7 段)。

③ Patricio Jeretic, Culture, Medium of Development, in *Culture and Development: A Response to the Challenges of the Future?* (Paris: UNESCO, 2010) [Doc CLT/2010/PI/152] at p.26-7.

④ 序言第 19 段。

⑤ Preface by Françoise Rivière, Assistant Director-General for Culture of UNESCO to UNESCO(n 4).

⑥ Report of the World Commission on Culture and Development presented to UNESCO General Conference in 1995, published as: World Commission on Culture and Development, *Our Creative Diversity* (Paris: UNESCO, 1996).

务的一种手段,而且还应被视为一种概念,它包括选择一种充分、令人满意、有价值的共同生活方式的机会。该报告之后也回应了以人权为基础的发展方针,这种发展方式将提高人们的生活能力作为基本目标,①"发展不仅包括获得商品和服务,而且还包括选择一个全面、令人满意和有价值的共同生活方式的机会,以及所有人类生存方式整体的繁荣"。②对于本章所讨论的主题,该报告继续指出,"甚至那些被狭隘的传统观念所强调的商品和服务也被重视,因为它们可以让我们自由地选择我们珍惜的生活方式"。③虽然文件中没有明确指出,但有一项建议认为,某些商品和服务(特别是 2005 年《公约》主题的文化产品和服务)在人权发展方面发挥了特殊作用,否则人权的发展可能是毫无结果的。在此处,文化不仅仅被看作是物质进步的一种手段:当把"发展"理解为人类存在的所有形式和整体的繁荣时,文化就是"发展"的实际目标。④因此,2005 年《公约》中人权方面的核心就是文化的双重性,既在发展中具有"深远的作用",又作为一个"理想的目标,赋予存在以意义"。⑤

除了处于可持续发展政策中心地位之外,文化多样性还与保护文化身份以及保护人权的基本目标——人的尊严——密不可分。2005 年《公约》序言强调"文化多样性对于充分实现人权和基本自由的重要性",将《公约》置于人权范围内,作为其法律和政治背景之一。联合国文化权利特别报告员沙希德(Shaheed)用下述语句描述了文化多样性的重要性:"每个人都有多重复杂身份,这使其成为一个独特的存在,同时使其成为共享文化社会的一部分……多重文化身份包括但不限于与种族、语言和宗教信仰有关的问题,

---

① Arjun Appadurai, The Capacity to Aspire: Culture and the Terms of Recognition, in *Culture and Public Action* Edited by Vijayendra Rao and Michael Walton (The World Bank and Stanford University Press, 2004) p. 58-84. See also: United Nations Development Programme, *Human Development Report* (New York: United Nations, 1994).

② Report of the World Commission on Culture and Development (n 24) at p. 15.

③ Lourdes Arizpe, The Intellectual History of Culture and Development Institutions, in *Culture and Public Action* edited by Vijayendra Rao and Michael Walton (The World Bank and Stanford University Press, 2004) p. 163-85 puts this well at p. 164, Culture is not embedded in development, but ... development is embedded in culture. For more on such ideas and their relationship to human (cultural) rights, see: UNDP, *Cultural Liberty in Today's World* (New York: UNDP, 2004).

④ Report of the World Commission on Culture and Development (n 24) at p. 23.

⑤ 第六段。

其既与私人生活有关,又与公共生活领域有关,是文化多样性的一个组成部分。"①她还清楚地阐明了国家有义务发展和保护文化多样性,这也是 2005 年《公约》的重要部分:"各国有责任履行尊重、保护和兑现这些权利的义务,创造一个有利于文化多样性发展和享受文化权利的环境。"②许多文化表达在身份形成方面有这种作用,因此应该保护它们不被盗用和误用,不应仅仅将其作为商品,而是作为身份的载体。在对这个问题的经济分析中,比克西(Bicksei)和她的同事研究了"文化载体"的效用,并将与文化产品有关的经济活动对身份的影响作为考量因素,以确定哪些文化产品需要额外的法律保护。他们指出,"外部文化复制者和外部消费者"会对"文化载体"的身份和尊严产生负面影响"。③ 他们还确定了三大文化产品类别:外部消费对文化载体的效用没有负面影响的产品;外部消费对文化载体效用没有影响的产品(范围很窄);外部消费对文化载体效用有负面的产品(如宗教仪式和传统萨摩亚文身(traditional Samoan *tatau* tattoos)。④ 这也发挥了布朗的限制性规定,在这种情况下,重要的是能够将有关经济正义的主张与有关尊重文化因素的主张分开。⑤

多年来,经济发达国家与发展中国家之间存在的差距一直是全球政策制定讨论的基础。⑥ 文化专家和参与国际文化政策制定者开始逐渐强调,经济欠发达的国家也可以是文化丰富的国家。因此,2003 年《保卫非物质文化遗产公约》和 2005 年《公约》共同代表着我们对过去二十年文化与发展关系的思考方式的修正。然而,在国际层面上,在这一领域中我们仍然缺乏概念的明确性,同时也缺乏衡量我们在该领域所取得进展的工具。虽然有许多

① Human Rights Council, Report of the independent expert in the feld of cultural rights(Farida Shaheed) submitted pursuant to resolution 10/23 of the Human Rights Council, adopted at the 14th Session of the Human Rights Council, 22 March 2010 [Doc A/HRC/14/36] at para 23.

② Human Rights Council, Report of the independent expert in the feld of cultural rights(Farida Shaheed)(n 30)at para 30.

③ Mariana Bicksei, Kilian Bizer, and Zulia Gubaydullina, Protection of Cultural Goods—Economics of Identity, *International Journal of Cultural Property*, Vol. 19, No. 1(2012), p. 97-118 at p. 99.

④ Bicksei, Bizer, and Gubaydullina, Protection of Cultural Goods—Economics of Identity(n 32). 在第 108 页得出结论:"当文化产品是文化不可分割的组成部分,文化载体的基本身份因此受到影响时,文化产品的保护价值将得到证实。"

⑤ Michael Brown, Who Owns Native Culture?(Harvard University Press, 2003)at p. 234.

⑥ Mike Van Graan, Culture and Development: A Response to the Challenges of the Future, in Culture and Development: A Response to the Challenges of the Future?(Paris: UNESCO, 2010)[Doc CLT/2010/PI/152] at p. 15-18.

衡量经济成就的指标,但我们仍在寻找适合评估/衡量文化发展的,尤其是评估文化领域(经济)潜力的指标。事实上,执行 2005 年《公约》的挑战之一也是制定这类指标,这可能是该公约未来的重要贡献之一。① 国际社会(可能通过教科文组织及其统计中心)必须制定一套指标,清楚地反映文化层面的发展以及社会是关键参与者而非政府这一事实。②

此外,在与人权问题密切相关的问题上,③2005 年《公约》第 38 条还涉及知识产权问题,这很具有合理性,因为其主题是"由个人、团体和社会的创造力④产生的文化表达"(强调补充)。《公约》在序言中指出知识产权对于维持文化创意者的重要性,以及"承认所有文化的平等尊严"的要求也必然包含知识产权问题。其他与 2005 年《公约》有关的人权问题⑤包括保护和发展一种文化的权利,这种文化回应了缔约方的要求,创造一种鼓励个人和团体创造、生产、传播并能接触到自己文化表达的环境。⑥ 为实现《公约》保护和促进文化表现形式多样性的目标,鼓励"社会的积极参与"为文化生活参与权提供了有力的支撑。⑦ 2005 年《公约》还建议,不仅要支持特定的人权,而且要建立"民主、宽容、社会公正和人民与文化之间相互尊重的框架",使得文化多样性在这一框架内可以发挥作用。⑧ 这直接将民主、社会正义和文化多元主义与文化多样性的价值联系起来,是对人权价值有力且直接的支持。《公约》还通过呼吁国际合作与团结将社会正义这一概念进一步提升到国际层面,特别是通过"加强发展中国家的能力……保护和提升文化表现形式的多样性"。⑨ 这里提到的国际团结是有意义的,因为它响应了支持所谓"第三代"人权的概念,特别是发展权。

---

① 由于不同国家(甚至国家内部不同文化群体)的文化特色,确定合适的文化发展指标是一项颇具挑战性的任务。教科文组织文化统计框架(蒙特利尔:教科文组织,统计研究所,2009 年)试图使用标准化的定义和分类来为统计测量目的定义文化,并以此促进跨国比较研究。

② Mike Van Graan, Culture and Development(n 35) at p. 15.

③ 《经济、社会和文化权利国际公约》(1966 年)第 15 条规定了知识产权构成人权的一部分。

④ 参见 2005 年《公约》序言第 16 段。

⑤ 参见 2005 年《公约》序言第 13 段重申,"思想、表达和信息的自由以及媒体的多样性,使社会中的文化表达蓬勃发展"。

⑥ 参见 2005 年《公约》第 7 条。

⑦ 参见 2005 年《公约》第 11 条。

⑧ 序言第 4 段。

⑨ 第 1 条第(9)项呼吁缔约各方"本着伙伴精神加强国际合作和团结,特别是加强发展中国家的能力,以保护和提升文化表达的多样性"。

第三节 文化多样性与发展的国际合作

遗憾的是,消极态度仍然阻碍着国际文化合作的发展,因此,文化合作往往仍处于发展合作的边缘。例如,文化经常被认为是发展的障碍,或者是发展中国家无法"承担"的奢侈品。① 正如 2005 年《公约》明确指出的,为了实现这一目标,不仅需要公共部门,而且需要在民间和私营企业中开展先进的文化合作。这一国际文化条约是落实国际文化合作的一种尝试,因为它使这两类参与者都发挥了中心作用,并明确要求在国家和国际层面进行有效的公共/私营部门/民间社会合作。②

一、保护和促进文化多样性

2005 年《公约》属于教科文组织在文化领域通过的公约,③该公约是国际文化政策制定进程的一部分。2005 年《公约》和 2003 年《保卫非物质文化遗产公约》一样,都继承了 2001 年《文化多样性宣言》的特点。然而,我们必须明确这些文书间的差别,这有助于我们了解 2005 年《公约》的本质和宗旨。2003 年《保卫非物质文化遗产公约》的诞生源于将保护文化多样性视为

---

① Mary Douglas,Traditional Culture—Let's Hear No More about It,in *Culture and Public Action* Edited by Vijayendra Rao and Michael Walton(The World Bank and Stanford University Press,2004)在第 88 页中对这一观点进行了激烈的反驳,指出:"没有所谓的'传统文化'……在任何时候,社会文化都具有共同的意义,因此,它是一个动态的、不断发展的事实。"

② 参见《公约》第 11 条。公约第 6、7、12、15 和 19 条均为相关条款。

③ Universal Copyright Convention(1952)6 UST 2731,25 UNTS 1341(as revised 1971);Convention for the Protection of Cultural Property in the Event of Armed Conflict with Regulations for the Execution of the Convention,The Hague,14 May 1954 [249 UNTS 240;First Hague Protocol 249 UNTS 358]. Protocol to the Convention for the Protection of Cultural Property in the Event of Armed Conflict 1954,The Hague,14 May 1954 [249 UNTS 358];Convention on the Means of Prohibiting and preventing the Illicit Import,Export and Transfer of Ownership of Cultural Property(UNESCO,1970)[823 UNTS 231];UNESCO Convention on the World Cultural and Natural Heritage(1972)[1037 UNTS 151;27 UST 37;11 ILM 1358(1972)];Convention on the Protection of the Underwater Cultural Heritage(UNESCO,Paris,2 November 2001)[41 ILM 40];and the Convention for the Safeguarding of Intangible Cultural Heritage(UNESCO,17 November 2003)[2368 UNTS 3].

一种价值观理念,以及 2001 年《宣言》中以人权为导向的理念。① 相比之下,2005 年《公约》特别回应了对文化政策的呼吁,即"创造有利于文化产业生产和传播多样化的文化产品和服务的条件,使得文化产业有能力在地方和全球范围内立足"。② 此外,还指出了"当前全球文化产品和服务的流动和交流不平衡",并呼吁加强国际合作,使发展中国家建设可行的、有竞争力的文化产业。③

因此,我们应当理解为上述两个公约相互补充,共同保护文化多样性的重要部分。也可以理解为两个公约分别代表 2001 年《宣言》中所载的文化多样性价值的内部(2003 年《公约》)和外部(2005 年《公约》)两个层面。尽管它们有着共同的根源,内容可能会有重叠,但它们却主要解决《宣言》遗留问题的不同方面。如今,非物质文化元素逐渐被认为是文化遗产的重要方面,保护它们直接有利于实现高水平的文化多样性。同时,《公约》的代表名单④也反映了缔约方内部和国际上文化多样性的范围。2005 年《公约》还涉及人类创造力的产物,即文化产品这种文化表现形式,⑤以及向公众传播的文化产品和服务。通过支持当地的生产和分销能力,确保一个公平公正的国际市场,使文化表现形式的多样性在这个市场中可以得到保护。另一个直接源于 2001 年《宣言》的文件是教科文组织《关于提倡和使用多语种和普及网络空间的建议》(2003 年)。⑥该文件旨在为所有语言的网络空间使用者创造一个"水平播放平台",无论是在技术层面还是更广泛的层面。这可能与实现 2005 年《公约》的目标有关,因为互联网越来越成为文化产品和服务的主要市场。遗憾的是,公平进入网络空间问题尚未得到应有的重视,2005 年《公约》的未来执行可以促进该领域的有用性发展。

然而,2005 年《公约》所倡导的"文化多样性"概念与 2001 年《宣言》有所不同,也不那么直截了当。虽然它重申了"文化多样性是人类的决定性特

---

① 2001 年《宣言》相关行动计划第 6、8、9 和 10 条以及第 12 段是教科文组织 2005 年 10 月 20 日大会第 33 届会议通过的《保护文化内容和艺术表现形式多样性公约》的依据。

② 2001 年《宣言》第 9 条。

③ 参见 2005 年《公约》第 10 条。

④ 参见 2005 年《公约》第 16 条。人类非物质文化遗产代表名单。

⑤ 这些创作源于具有价值并且拥有知识产权的人类活动/劳动。

⑥ Recommendation concerning the Promotion and Use of Multilingualism and Universal Access to Cyberspace(2003).

征"和"人类的共同遗产,应该为所有人的利益而得到珍惜和保护",①但这一文件的实际主题不是文化本身的多样性,而是文化表达的多样性。这是了解 2005 年《公约》具体目标的关键,例如,它与 2003 年《保卫非物质文化遗产公约》相反:后者涉及没有实体形式的文化习俗和表达,2005 年《公约》则涉及的是文化产品、商品和服务。这一区别显然对解释 2005 年《公约》及其目的有重要影响。2005 年《公约》主要涉及作为全球文化市场一部分的人类劳动和创造力的成果。因此,2005 年《公约》可以置于"创造力"的大标题下,并与这种创造力的成果,即文化产品、商品和服务相关联。虽然这些产品并不都是知识产权的直接保护对象,但它们具有上述的经济和文化双重特征,通常被视为经济价值对其整体价值至关重要的商品。从 2005 年《公约》的观点来看,这是一把双刃剑,因为尽管这些文化产品有助于可持续性发展,但它们的经济特性也可能使它们受到国际贸易规则的控制,因为国际贸易规则的基本前提对这些文化产品是不利的。

二、国际贸易规则的"文化例外"

因此,中心问题是确保以文化表现为依托的国际贸易(如《公约》所规定的)在公平基础上进行,使创造这些产品、货物和服务的社会受益,而不损害其特有的文化特征。最后一点是中心要点,因为这个领域内的许多努力都是为了确保对这类产品、货物和服务提供一种"文化例外",它们并不作为经济商品(根据《关贸总协定》和其他贸易协定)②进行贸易,无须考虑文化特征及其影响。这反映了教科文组织的某些成员国,如法国和加拿大所采取的一种坚定的哲学立场。在过去 15 年至 20 年里,它们一直在世界贸易组织(WTO)内努力要求对文化产品和服务给予与公共卫生同样的例外待遇。③正如布里(Burri)所指出:联合国教科文组织(UNESCO,2005)《公约》旨在为这种高度制度化的经济监管提供一种平衡,并满足各国追求的非经济目标,

---

① 参见 2005 年《公约》序言第 2 段和第 3 段。

② The General Agreement on Tariffs and Trade(GATT)(World Trade Organization,1994)[1867 UNTS 187;33 ILM 1153(1994)],the General Agreement on Trade in Services(GATS)(World Trade Organization,1994)[1869 UNTS 183;33 ILM 1167(1994)],and the Agreement on Trade-related Aspects of Intellectual Property Rights(World Trade Organization,1994)[33 ILM81(1994)] of the World Trade Organization(WTO) are the main ones of relevance here.

③ 关于一般例外情况,《关贸总协定》第 20 条列举了一些世贸组织成员可以豁免的具体事例,例如,采取违反关贸总协定但对保护人类、动物或植物的生命或健康必要的政策措施[(b)段落]。

特别是在文化领域。① 事实上,教科文组织通过 2005 年《公约》的速度之快(2003 年至 2005 年)在很大程度上是由于许多会员国强烈要求通过这项条约来支持文化例外。② 然而,不应忽略这样一个事实,即它也获得了会员国极快的批准,在其通过后的五年内获得 130 个批准;这表明《条约》在起草时确实回应了会员国的关切,特别在是全球化和多边贸易规则对其文化产业的负面影响方面。

1994 年 4 月建立世贸组织的《关贸总协定》(GATT)的《马拉喀什协定》也作为附件列入了《与贸易有关的知识产权协定》(TRIPS)。在随后的几年里,知识产权的全球传播开始对文化表达的多样性逐步产生负面影响;对文化产业实施著作权法导致文化作品沦为简单的商品,并在麦克米伦所谓的"版权促进聚合"③过程中发挥主导作用。极具讽刺意味的是,捍卫创造性、文化自决和个人言论自由④的人权导致了一种制度的产生,这种制度现在使全球多媒体公司有机会作为"文化过滤者"对文化产品市场进行支配(和垄断)。⑤ 因此,2005 年《公约》正处于两种截然不同的保护文化多样性的方法"战场"之间:一种基于自由放任资本主义的市场导向方法,即认为市场能够自我调节并提供必要的保护,国家对产品的有限干预权和专有权;另一种方法基于干预主义,国家通过税收激励、⑥配额制度⑦和电影制作的直接资金支持,⑧创

---

① Mira Burri,The UNESCO Convention on Cultural Diversity:An Appraisal Five Years after its Entry into Force,International Journal of Cultural Property,Vol. 20,No. 4(2013),p. 357-80. See also:Mary E. Footer and Christophe Beat Graber,Trade Liberalization and Cultural Policy,Journal of International Economic Law,Vol. 3(2000),p. 115.

② 还有人认为,法国在第一届和第二届政府间谈判期间对于 2003 年《保卫非物质文化遗产公约》态度的转变(从冷淡到全力支持)很可能是与教科文组织达成协议的结果。如果法国支持《2003 年公约》,将加快起草《2005 年公约》的进程。

③ F Macmillan,The UNESCO Convention as a New Incentive to Protect Cultural Diversity,in Protection of Cultural Diversity from a European and International Perspective edited by P. van den Bossche and H. Schneider,Maastricht Series in Human Rights(Belgium:Intersentia Publishing,2008),p. 163-92.

④ 《公民权利和政治权利国际公约》第 15 条(c)款所涉及的版权。

⑤ Macmillan,The UNESCO Convention as a New Incentive(n 59)at p. 166.

⑥ 例如,在巴西,所有视听产品均享受 100% 的免税,而在英国,电影制作成本最高可扣除 1500 万欧元。

⑦ 韩国曾要求,在一年 365 天中的 146 天内对本地生产的飞行管理系统进行筛选;在美国的压力下,这一比例在 2006 年降至 73 天;值得注意的是,韩国飞行管理系统的市场份额在这之后大幅下降,从 2007 年的 50% 降至 20%。资料来源:Toshiyuku Kono 在亚洲/太平洋动画文化与产业促进文化多样性区域研讨会上的演讲(日本东京,2008 年 7 月 16 日至 18 日)。

⑧ 瑞典向瑞典电影研究所(Swedish Film Institute)征收 10% 的消费税。为资助国家电影摄影中心(Centre national ale de la Cinematographie),法国征收电影票特别税和 2% 的 DVD 销售税。

造有利于本国文化产品的环境。前者最接近地反映了世贸组织根据其主要协议所采取的做法,①而后者则更接近于法国和加拿大以及其他国家所倡导的《与贸易有关的知识产权协定》(TRIPS)中的"文化例外"做法。2005 年《公约》反映了后一种观点,即各国有权采取旨在维持和发展国内文化产品和服务生产的措施。此外,它规定了各国制定自己文化政策的权利,不受国外机构的限制。《公约》的基本立场是承认文化产品和服务作为身份、价值和意义载体的特殊性质。通过加强国际合作和团结,目标是促进所有国家的文化表达。因此,《公约》对发展中国家给予优惠待遇以纠正目前国际市场的不平衡,②提供国际合作,应对文化产品和服务受到严重威胁的情况,③在《公约》实施过程中设立文化多样性基金,④尤其是为发展中国家提供财政支持。

文化和经济活动领域的其他重要条约(除采用纯"文化"方式的 2003 年《保卫非物质文化遗产公约》外)是《关贸总协定》(GATT)/《服务贸易总协定》(GATS)⑤和世贸组织《与贸易有关的知识产权协定》(TRIPS)。2005 年《公约》与这些条约之间可能产生积极或者消极的相互作用。⑥ 例如,如果2005 年《公约》为文化产品和/或工业提供某些形式的保护,这将与《关贸总协定》(GATT)和《服务贸易总协定》(GATS)中世贸组织的基本原则相冲突,即逐步开放商业交流,限制国民待遇,"最惠国待遇"条款。因此,其目标、范围、基本援助原则和能力建设都经过精心构建,以免与现有贸易协定发生冲突。尽管与《与贸易有关的知识产权协定》(TRIPS)有关的问题可能较少,但在版权输出国和版权输入国之间找到平衡点仍然是一个挑战;保护版权进口国的合法利益(包括其文化利益)仍然较为困难。然而,目前国际文化政策领域存在着一个不甚明确的监管空间,人权和世贸组织法律在其中产生冲突,⑦这些法律领域的冲突仍需要进一步的概念化和通过谈判来解决。遗

---

① GATT/GATS and TRIPS treaties of the WTO(n 55).

② 参见 2005 年《公约》第 16 条。

③ 参见 2005 年《公约》第 17 条

④ 参见 2005 年《公约》第 18 条。

⑤ 相关条款是《关贸总协定》第 19 条,该条(1)旨在"逐步实现更高程度的贸易自由化";(2)指出,自由化进程应在适当尊重国家政策目标和成员国发展水平的情况下进行。

⑥ 参见第 20 条。

⑦ 参见 Michael Hahn, A Clash of Cultures? Te UNESCO Diversity Convention and International Trade Law, Journal of International Economic Law, Vol. 9, No. 3 (2006), p. 515-52, http://jiel. oxfordjourn-als. org/content/early/2006/08/20/jiel. jgl021. full. pdf. ,于 2015 年 2 月 17 日访问。

憾的是,2005 年《公约》没能充分说明"在一个支离破碎的规则体系中,未来导向的文书如何能够保护和促进文化多样性",因为它没有涵盖解决世贸组织案件争议的框架。即使它试图这样做,TRIPS 也很难进行修改以适应这一需要。① 再加上条约中对知识产权的涉及不甚充分(在序言中,而不是实质性条款中),这使得 2005 年《公约》没有能力应对经济全球化对文化产业所造成的损害。

事实上,2005 年《公约》中的"文化多样性"已成为一种替代方法,旨在支持例外文化(适用于 TRIPS)作为保护文化产品和服务的一种手段。依萨(Isar)指出:"从'例外'到'多样性'的转变,使法国的外交能够接触到更广泛的文化承诺和国际关系中的焦虑。"②这一观点在 2001 年《文化多样性宣言》题为《文化产品和服务:独一无二的商品》的文章中得到了清晰表达,该文章指出:"当今经济技术的变革开创了创造和创新的广阔前景,必须特别注意创造性作品供给的多样性,适当承认作者和艺术家的权利,以及文化产品的特殊性,以及服务,作为身份、价值和意义的载体,不能仅仅将其视为商品或消费品(重点强调)。"③

因此,2005 年《公约》的主要目标是使各国政府为保护本国生产的文化产品和服务而采取的政策措施合法化。这里的目标是培养当代文化生产的活力,而不是发挥保护主义的作用。正如阿耶特(Aylett)在这个问题上所指出的,"就政策而言,文化活动一直是一种糟糕的关系。从政府的角度来看,这反映了将文化利益转化为数量可观的经济回报的困难"。④ 因此,2005 年《公约》旨在提供一种国际文化治理形式,在打造一个更公平的国际文化市场的同时,保护人权和文化多样性。为了实现这一目标,《公约》呼吁各国本着伙伴关系精神加强国际合作和团结,⑤特别是要增强发展中国家的能力,

---

① Burri,The UNESCO Convention on Cultural Diversity(n 57)第 359 页指出,第 20 条中的"违反法律"条款包含一个"相当矛盾的表述(其中)不涉及修改其他现有条约下各方的权利和义务"。参见第 360 页。

② Yudhishthir Raj Isar,Cultural diversity,*Teory*,*Culture & Society*,Vol. 23,Nos. 2-3(2006),p. 372-375.

③ 第 8 条。

④ Holly Aylett, An International Instrument for International Cultural Policy: The Challenge of UNESCO's Convention on the Protection and Promotion of the Diversity of Cultural Expressions 2005,*International Journal of Cultural Studies*,Vol. 13(2010),p. 355-373.

⑤ 因此,回顾联合国大会《发展权利宣言》GA Res 41/128,annex,41 UN GAOR Supp(No 53)at 186,UN Doc A/41/53(1986)。

以保护和促进文化表现形式的多样性。① 这对一些国家和公司的市场主导地位提出了挑战，这的确让人想起了第三代"团结"权利：因此，在2001年的《宣言》和随后的立法过程中，"人类文化多样性的权利"是否正在逐渐具体化，值得考虑。此外，本公约的总体做法②将意味着向当代发展议程的重大转变，即文化与经济、社会、环境和教育具有同等优先地位。为实现这一目标，《公约》的核心内容是要求各缔约方纠正市场运作方式并调整贸易不对称的现状。③ 这是为了给少数民族文化争取一个更公平的地位，这些少数民族文化目前在文化交流中被更占主导地位的文化霸权所排斥或削弱。④ 实现这一目标的另一个必要因素是，在适用2005年《公约》时，应更加注意相关的人权规定。迄今为止，2005年《公约》是解决当代的创造性活动和国际公平性问题最为详尽的国际条约。

三、国际文化政策问题

正如我们所见，2005年《公约》是为应对日益增长的经济和文化全球化而制定的，并提出了许多与国际和国家文化政策制定有关的问题。在这种背景下，虽然许多艺术、工艺品和媒体产品仍然具有民族性，但越来越多部门的文化产品正通过跨国通信网络传播并成功地实现"去地域化"。因此，文化政策不能再作为纯粹的国内事务来处理，不能再由各国政府来执行；相反，它们的发展和实施都需要国际合作。当寻求建立一个旨在保护国家、生产者和消费者利益的国际政策框架，并为文化产品、商品和服务本身提供尽可能有效的保护时，某些核心问题需要解决。

首先，鉴于当代文化市场的跨国性质，有必要在全球范围内找到公共利益和私人利益之间的平衡点，即"公共利益的共同点"。⑤ 目前全球文化市场的不平衡性造成了"中心"国家和"边缘"国家之间的对立，需要通过给予所有人更平等的机会来解决。这里所涉及的问题反映了国际经济和文化决策方面的巨大鸿沟，一方面是提高市场效率的目标（通过关贸总协定和对市场力量的依赖）；另一方面是《里约热内卢宣言》（1992年）所要求的对国际贸易制度公平性更广泛的考虑。其次，第二个挑战是，如何平衡私人行动自由

---

① 参见2005年《公约》第1条第3款。

② 特别是在第12条、第14条、第16条和第17条中。

③ 参见2005年《公约》第16条。

④ Aylett, An International Instrument for International Cultural Policy(n 75) at p. 364.

⑤ Report of the World Commission on Culture and Development(n 24).

（包括私营部门本身）与公众对国际和国家监管的需要？这不仅是使世界各地的文化产业和生产者能够平等进入市场的问题，还有解决进入视听产业的不平等问题，特别是全世界数百万人由于技术、语言或教育原因而产生的不平等问题。① 此外，还有一个更具哲理性的问题：目前，许多文化已经商品化，沦为市场上交易的商品，如何才能正确地评价创意过程？因此，该条约的一个重要目的是通过加强、更新和扩大内生生产，使文化产品和服务的创造者更有价值，并允许文化产品在目前面临压力的国家内更有效地流通。因此，该条约的一个重要目的是通过提升、更新和扩大内生生产，使文化产品和服务的创造者更有价值，并使文化产品在当前面临压力的国家内更有效地流通。

2005 年《公约》是教科文组织对上述问题的回应，教科文组织在起草过程中面临的一个主要问题是如何在解决这样一个商业敏感领域问题的同时，与教科文组织在文化遗产领域的其他条约②保持一致。为了实现这一目标，需要在现有的国际法背景下发展一种新的文化方法，以管理优先考虑商业因素的领域。因此，2005 年《公约》被赋予了纯粹的文化目标，其不改变各国在现有贸易条约下的权利或义务。如上所述，这种方法既有优点也有缺点。《公约》旨在重新确立各国制定自己的文化政策的主权权利；承认文化产品和服务作为身份、价值和意义的载体的特殊性；加强国际合作与团结以促进国家的文化表现形式。

最有可能属于 2005 年《公约》中"文化多样性表现形式"的文化遗产类型包括：书籍、电影、音乐、艺术品和手工艺品。可以看出，这个清单中的许多项已经包含在知识产权规则中，毫无疑问，知识产权制度与实现 2005 年《公约》的目标高度相关。在《公约》最后谈判阶段编写的一份情况说明中，知识产权组织表明了这一目的的接近性，指出，"知识产权受到国际文件的保护，鼓励创造，促进文化产业，并有利于保护和传播独特的文化产品和服务"。然而，该委员会的评论表示，《公约》内容似乎并未授予社区或其他法

---

① 自 1994 年《北美自由贸易协定》（NAFTA）签订以来，在巴西、墨西哥和阿根廷上映的电影中，约 70% 是美国进口的。参见 Nestor Garcia Canclini, Cultural Policy and Globalization, in *World Culture Report* Edited by UNESCO（Paris：UNESCO，1999）。

② 特别是 1952 年《世界版权公约》（1971 年修订本）；1970 年《关于禁止和防止非法进出口文化财产和非法转让其所有权的方法的公约》、1972 年《世界遗产公约》以及 2003 年《保卫非物质文化遗产公约》。

人对标的物可强制执行的财产权利。①《公约》更倾向于使用各种方法支持国内文化产业,以使它们能够蓬勃发展并具有国际竞争力。尽管如此,2005年《公约》与知识产权条约之间仍有可能发生冲突,特别是在它给予发展中国家的优惠待遇方面。此外,在知识产权条约中的"国民待遇",即外国公民在另一个国家寻求知识产权保护,其保护水平与该国国民相同,也可能与2005年《公约》的某些规定相冲突。②出于这些和其他原因,毫无疑问,在执行《公约》方面与 WIPO 进行合作是必要的,例如,WIPO 的专业知识有助于解决因其鼓励的公私伙伴关系而产生的任何知识产权相关问题。③ 工艺品为该问题提供了一个例证:在处理传统手工艺品时,重要的是要考虑经济、社会以及文化方面,并采用动态的适应方法,而不是静态的保护方法。因此,经济问题的解决方式包括使用出口关税和在世界海关组织内为手工艺品设立一个特别类目。④

第四节　2005 年《保护和促进文化表现形式多样性公约》

一、基本术语

首先,在讨论本《公约》的条款并了解其对制定国家和国际文化政策的影响时,需要了解其中引用的一些关键术语。⑤ 这在本《公约》中尤其重要,鉴于其文化和经济的混合性质,本条约使用的术语具有相当的技术性和特殊含义,而在其他文化遗产条约中则没有。除此之外,这些术语还反映着文化理论和法律两个截然不同的理论。这需要跨学科的思维,准确解释其最基本术语(即"文化表现形式的多样性")所带来的困难也很好地说明了这个问题。在这里,必须充分认识这一概念与更广泛的"文化多样性"概念之间的区别,这需要对"文化表现形式"一词有清晰的理解。《公约》对"文化多

---

① WIPO, *Information Note Provided by the Secretariat of the World Intellectual Property Organization* (*WIPO*), Geneva, 12 November 2004 at p. 4-5.

② WIPO, *Information Note Provided by the Secretariat* (n 84) at p. 6.

③ 参见 2005 年《公约》第 18 条。

④ 据估计,手工制品占世界贸易总额的 5% 至 6%,因此具有重要的经济意义,特别是对许多发展中国家而言。

⑤ 这些关键术语的定义在第 4 条。

样性"作了一般性的解释,即"群体和社会的文化以多种方式表达",但接着解释了更广泛的含义:"文化多样性不仅表现在人类文化遗产通过各种丰富多彩的文化表现形式得到表达、弘扬和传承的各种方式上,而且还表现在使用各种手段和技术所进行的艺术创作、生产、传播、销售和分配的各种方式上。"①

"文化表现形式"是具有"文化内容"(源自或表达文化身份的象征意义、艺术维度和文化价值)的个人、团体和社会的创造性的表达,并通过"文化产业"(文化产品或服务的生产和分销手段)进行传播。此外,其他重要术语还包括"文化活动、商品和服务",即向公众传达文化表达的手段。值得注意的是,文化表现形式的商业价值在该公约中并不重要。当文化表现形式为活动、商品和服务(如图书馆、档案馆、博物馆)时,它们不一定遵循文化产业的逻辑。"文化资本"的概念是指文化产品与创造力之间的关系,与自然资源类似,它可以是社会、民族甚至整个人类的资本。②

与一般的文化遗产文件一样,在本公约中,"保护"一词并没有知识产权法律中的含义:这里指采取旨在保护、保障和加强被保护主体的措施。③ 当它与"提升"的概念结合在一起时,意味着需要在全球化和其他市场力量的压力下,仍然保持文化表现形式的活力。《公约》采用的核心理念是"文化价值链",即文化政策和措施(创造、生产、传播、分配和获得文化活动、商品和服务)之间的"链接"。《公约》采用的核心理念是"文化价值链",这一核心理念贯穿《公约》的保护理念。"文化价值链"由五个环节组成,每个环节都需要文化政策和措施的参与(文化活动、商品和服务的创造、生产、传播、分配和获取)。这些环节以及为他们制定的政策措施如下:(1)创造:应向艺术家、创造者、工匠等人提供资助,使他们能够通过资助制度创作新的作品,资助制度可包括经费安排和地方、区域或国家一级的方案;(2)生产:支持生产平台的创建和使用,支持愿意做文化企业家的艺术家和希望扩大文化产业活动的当地企业;(3)分布和传播:应提供支持和机会,使艺术作品在国家和国际两级的市场和公共机构中得到传播;(4)获得多样化的文化表达:这需要社会更多地参与文化生活,以提高生活的整体质量(通过提供信息、提高

---

① 参见 2005 年《公约》第 4 条第 1 款。

② 它根植于表达、产品、技术、语言、遗产、景观等。

③ 2005 年《公约》的第 4 条第 7 款将名词"保护"定义为"保存、保障和加强文化表现形式多样性而采取措施"。将动词"保护"定义为"采取这类措施"。

对文化表达的可获得性的认识、提供对文化表达的实际接触等)。

二、《公约》的目标

任何国际条约的序言都表明了签订该《公约》的政治和法律背景,并突出了其主要目的。[①] 这里提出了一个文化多样性的概念(就本条约而言),即"体现在民族和/或社会的特性和文化表现的独特性和多样性"(重点强调)。这就在文化形式多样性的基本概念中增加了独特性,也就是说,它们对创建、维护和实施它们的文化社区具有特殊的重要性。这反映了一种以人权为导向的观点,它揭示了文化表现形式与文化身份之间的关系,提醒我们文化形式的整体多样性可能是人类的价值,每一种文化表现形式本身也可以在身份形成中发挥作用。文化多样性对充分实现人权的重要性也得到了强调,重点在思想、表达和信息自由以及新闻媒介的多样性,这为文化表现形式的繁荣提供了有利的环境。序言提出的一个中心观点是文化活动、商品和服务的经济和文化双重性质,因此不能认为他们仅仅具有商业价值。这一立场突出了文化和基于贸易的两种文化表现形式规范方法之间的根本差异,而知识产权方法介于两者之间。因此,在制度方面,教科文组织支持前者,世贸组织支持后者,而世界知识产权组织(WIPO)则介于两者之间。这里要指出的最后一个背景问题是,尽管全球化进程和通信技术有其积极的一面,但它们也增加了富国和穷国之间不平衡的风险。如前所述,在这一领域,国际社会有更多的努力空间来提供平等使用通信技术的机会。[②]

2005 年《公约》的主要目的当然是保护和促进文化表现形式的多样性,并鼓励各级(地方、国家和国际)遵守。[③] 本《公约》还重申了文化与发展对所有国家(包括国内和国际)的重要性。[④] 这些广泛的目标与更具体的目标相结合,即允许文化以互惠互利的方式自由互动,同时确保世界上更广泛、更平等的文化交流。本《公约》还承认文化活动、货物和服务的独特性质,承认它们的重要性不仅是出于经济原因,而且是出于身份和其他价值。决定《公约》之后的实质性条款的一个既定目标是重申各国制定自己文化政策的主权。[⑤] 最

---

① Akehurst's Modern Introduction to International Law, edited by Peter Malanczuk 7th revised edn (London: Routledge, 1997).

② 根据联合国教科文组织 2003 年《关于多语言和普遍进入网络空间的建议》。

③ 目的见 2005 年《公约》第 1 条。

④ 有关这方面的更多信息,请参见下面关于 2005 年《公约》第 13 条的讨论。

⑤ 其结果是,各国的义务(第 7 条)列在关于其主权权利的条款之后(第 6 条)。

后,根据 2001 年《宣言》的呼吁,《公约》旨在本着伙伴关系精神加强国际合作和团结,特别是增强发展中国家在这一领域的行动能力。值得注意的是这一目标的措辞,特别是引用"本着伙伴精神团结一致"呼应联合国大会《关于团结发展权利宣言》(1986 年)①的措辞,提醒我们发展中国家在该公约谈判中具有影响力。

该《公约》列出了所依据的一套指导性原则,这对于一项文化遗产文书来说,是很不寻常的。② 在许多方面,这为上述目标提供了一系列得到法律承认的原则,从而反映和增加了这些目标的分量,而有关的义务和权利则可以以这些原则为基础。尊重人权和基本自由的原则是任何保护和促进文化多样性的行动③所必不可少的,同时,《公约》不应成为任何人侵犯国际公认人权的理由。④ 所有文化(包括属于少数群体和土著人民的文化)获得平等尊严和尊重的原则强调了以人权为导向,该原则作为保护和促进文化表现形式多样性的基础。⑤ 另一项与人权有关的原则是平等获得来自世界各地丰富多样的文化表现形式,其双重目的是加强文化多样性和鼓励文化间相互理解。⑥ 与"第三代"人权有关的原则是国际团结与合作原则,其宗旨是使所有国家能够创造和加强包括文化产业在内的文化表达方式。各国在采取措施和政策主权原则也得到确认,并作为本公约的一项基本和平衡原则。在发展方面,"经济和文化发展相辅相成原则"阐明了《公约》的一个重要哲学立场,也是作为国际条约文本基础的一项新增补充原则。它所依据的观点是,既然文化是发展的主要动力,那么文化方面的发展应该同经济发展一样重要。《公约》还提到可持续发展的原则,其基本观点是文化多样性是个人和社会的资源。最后,《公约》还提出政策制定的开放性和公平性的原则,这又是一种企图平衡相互冲突的目标的尝试,这些目标是为保护国家文化

---

① United Nations General Assembly, Declaration on the Right to Development(n 76).

② 参见 2005 年《公约》第 2 条。

③ 例如,注意到保障言论、信息和交流自由以及个人选择文化表达方式的能力的重要性。

④ 这是对人权机构所采取的立场的回应,正如作为特别程序授权持有人的七位联合国专家所说:"任何人不得以文化多样性为借口侵犯国际法所保障的人权或限制他们的权利。"联合国专家在 2010 年 5 月 21 日世界文化多样性促进对话与发展日的发言中指出,人权领域是有效开展跨文化对话的必要工具。

⑤ 教科文组织关于国际文化合作原则的宣言(1966 年)在第 1 条第(1)款中提出了类似的主张:"每种文化都有尊严和价值,必须得到尊重和保护。"

⑥ 这在一定程度上可以看作是对文化和文化遗产获取权的回应,文化遗产是参与文化生活权的一个要素。

多样性和促进对其他文化的开放而采取的措施。

三、国家权利

如上所述，各国在本《公约》框架内制定自己文化政策的主权受到了强烈保护。因此，在这种情况下，应了解缔约方的任何义务。本《公约》所表达的权利和义务在国际和国家两个层面上运作，其目的是考虑个别国家的情况、管辖权和社会背景。在这方面，可以确定两种基本方法，即为发展中国家提供优惠待遇；在适当顾及人权的情况下，主张各国有权采取适当措施促进文化表现形式的多样性。[①] 这一条约再次重申了对国家主权的保留，[②]确认他们有权制定和执行自己的文化政策，并采取自己的措施来保护其领土内文化表达的多样性。但是，这种广泛自由裁量权与政策措施都应符合《公约》的规定而不违背缔约方所负的任何义务。[③] 从更积极的意义上说，《公约》确立了一种文化管理形式，管制个人和机构利益攸关方之间的互动，而上述措施应有助于实现《公约》的这种目标和目的。[④]

缔约国的特别权利是其可以选择在国家层面采取措施的权利。[⑤] 对各国执行下列行动没有严格的要求，但期望各国采取下列措施，使它们的行动符合《公约》的目标和精神。但是，可以根据自己的政策、法律、经济、政治和文化情况决定是否这样做，这一点对不愿意过多发展文化多元化的国家来说尤为重要。第一项措施将通过提供创造、生产、传播、分销和享受所有国内文化活动、商品和服务的机会，加强国内文化表现形式的生产链。此外，这些措施还可以为独立国内文化产业和非正规部门提供机会，使其能够获得文化活动、商品和服务的生产、传播和分销手段。未来还将为这些文化活动提供公共财政支助。此外，应鼓励非营利组织以及公共和私营机构、艺术家和其他文化专业人员发展和促进思想、文化表现形式等的自由交流及其创造性和创业精神。这些措施可以在很大程度上促进文化参与和国内生产链的民主化，但同时也假定各群体和个人有较高的文化多元性和表达自己文化的自由。其他建议还包括酌情建立和支持公共机构，培养和支持艺术家和其他参与文化表现形式创作的主体。由于对这些措施如何实现的规定

① 尽管其不是一项人权条约，但它包含了许多人权发挥重要作用的要素。
② 参见 2005 年《公约》第 5 条第 1 款。
③ 参见 2005 年《公约》第 5 条第 2 款。
④ 参见 2005 年《公约》第 9 条(a)款建立的四年一次的报告制度是监测的一种手段。
⑤ 参见 2005 年《公约》第 6 条。

较少,大多数国家将更容易接受。最后,《公约》再次以文化多元化制度为前提,鼓励缔约方通过公共服务广播等加强媒体的多样性。

四、国家义务

如上所述,文化决策领域的上述权利由缔约方承担的一系列义务加以平衡。然而,应当指出的是,相关条款①应与第 6 条②一起阅读,这表明各国对制定自己的文化政策主权的保留特别强烈。此外,可以断言,只有两个条款明确规定了对缔约方具有约束力的义务,但即便这两个条款在起草时也相当含糊。③ 缔约方应努力营造一种环境,鼓励个人和社会群体:(1)创造、制作、传播、分发和获得本国的文化表现形式;(2)在国内以及从其他国家获得不同的文化表现形式。④在实施(1)部分时,应适当注意妇女以及各种社会群体,包括少数群体和土著人民的特殊情况和需要,这再次为这一义务规定了明确的人权框架。此外,艺术家和参与创作过程的其他人,包括文化社区和支持其工作的组织作出的重要贡献,以及他们在培养文化表现形式多样性方面的中心作用,都应得到承认。这进一步说明了在采取这些措施时需要考虑的广泛的行动者和利益相关者,更重要的是民众的中心作用。如果文化表现形式"有灭绝的危险、受到严重威胁或需要紧急保护",⑤缔约方应"采取一切适当措施"保护和保存它们,并向政府间委员会⑥报告所采取的措施。这些措施可能包括立即采取短期紧急措施,加强或修订现有的政策和措施,或制定新的政策和措施。但是,应当指出,首先由当事方自己决定是否存在这种特殊情况,这是对国家主权的进一步保留。值得注意的是,2003年《公约》⑦中的国际非物质文化遗产名录首次使用了"急需保护"一词,再次强调 2005 年《公约》和《保卫非物质文化遗产公约》的共同特点和渊源。

---

① 参见 2005 年《公约》第 7 条和第 8 条。

② 参见 Intergovernmental Committee for the Protection and Promotion of the Diversity of Cultural Expressions, First Extraordinary Session, Paris, UNESCO Headquarters, 24-27 June 2008—Item 3 of the Provisional Agenda [Doc CE/08/1. EXT. IGC/3] at p. 2.

③ Burri, The UNESCO Convention on Cultural Diversity (n 57). She suggests that the only really binding provisions are found in Art 16 (on preferential treatment for developing countries) and Art 17 (obliging international cooperation in situations of serious threat to cultural expressions).

④ 参见 2005 年《公约》第 7 条。

⑤ 参见 2005 年《公约》第 8 条。

⑥ 根据第 23 条设立。第 17 条涵盖了关于迫切需要保护的文化表现形式的国际合作。

⑦ 1972 年《世界遗产公约》的濒危世界遗产清单使用了不同的术语,反映了遗产的不同性质和该公约的不同导向。

当然,有必要对缔约方为执行《公约》而采取的行动进行一些监督,特别是对于给予缔约方如此多自由裁量权的条约而言。为了确保信息共享和透明度,缔约方必须每四年向教科文组织提交一次报告,提供为执行《公约》而在国家和国际层面所采取措施的适当信息。此外,还要分享和交流有关保护和促进文化表现形式多样性的信息。① 这一点很有意思,因为它区分了报告制度(主要是为了监测缔约方的业绩)和信息共享,例如,信息共享的主要目的是通过分享最佳做法来提高这一业绩。这也承认了这一监管领域的新兴性,各国和其他利益攸关方需要从经验中吸取教训。文化遗产领域的公约通常会包含一项条款(环境保护条约也类似),该条款通常旨在通过教育和公众意识计划等促进公众对文化多样性表达重要性的理解和提升。② 尽管这些规定往往被置于国家一级保障措施中"主要"义务的末尾,但它们极为重要,在某些情况下,可能是有效执行其余措施的关键。③ 为了强调该条约在国际层面的重要性,各缔约方还需要与其他缔约方以及国际和区域组织合作,采取教育和提高认知的行动。④

五、民间团体在 2005 年《公约》中的作用

根据为《公约》政府间委员会编写的背景文件,⑤民间团体应理解为"国家和市场领域之外的自发组织,即一组或多或少不属于政府间委员会的正式组织或团体"。民间团体是一个非常广泛的概念,它超越了非政府组织,可以包括地方、国家或国际层面的基金会、慈善机构、组织、艺术家和制作人的合作团体、艺术或文学协会等。从以上角度理解,民间团体为支持公共利益而提供广泛的服务和行动,包括监测政府政策及其执行情况:这样,它就有可能在相关领域产生积极影响。在 2005 年《公约》中,民间团体主要关注一方面是国家的作用;另一方面是市场相对于公民和整个社会的作用,充当两者之间的"缓冲区",能够遏制两者的过度行为。民间团体的这一作用贯

---

① 参见 2005 年《公约》第 9 条(a)款和(c)款。

② 参见 2005 年《公约》第 10 条第(a)款。

③ Lucas Lixinski 也提出了类似的观点,参见 Selecting Heritage, Te Interplay of Art, Politics and Identity, *European Journal of International Law*, Vol. 22, No. 1(2011), p. 81-100 中涉及 2003 年《公约》第 13 条的类似规定。

④ 参见 2005 年《公约》第 10 条(c)款。

⑤ 参见 Intergovernmental Committee for the Protection and Promotion of the Diversity of Cultural Expressions, First Extraordinary Session, Paris, UNESCO Headquarters, 24-27 June 2008—Item 5 of the Provisional Agenda [Doc CE/08/1. EXT. IGC/5], Annex I at p. 1。

穿于 2005 年《公约》的整个文本(含蓄地和明确地),《公约》明确承认了民间团体在保护和促进文化表现形式多样性方面的基本作用,并鼓励民间团体为实现本公约目标而努力。①

在区域和国际合作框架内,《公约》鼓励缔约方加强与民间团体、非政府组织和私营部门之间的伙伴关系,以提升文化表现形式的多样性。② 后项规定包含两个特殊方面,即国家层面以外的伙伴关系,以及将私营部门纳入这一范畴。当然,后者在商业活动领域中是有意义的,但在一项文化遗产公约中,这仍然是不寻常且创新的,它标志着一种潜在、更广泛的发展,即在遗产保护方面纳入更广泛的利益相关者。③ 在非营利组织的作用④以及社会团体、文化社区和组织的贡献方面,⑤《公约》也更含蓄地提到其他地方的民间团体。本公约为民间团体设想的具体作用包括:提升公众共识和地方对国家文化政策的"所有权";加强和改善发展方案的影响,例如,利用地方知识;为发展问题提供创新的设想/解决办法;提供专业知识和能力建设,特别是在公共部门能力薄弱的情况下;提高公共透明度和改进问责制度。这反映了民间团体可以发挥的各种作用,包括民间团体可以融入地方社区,民间团体具备地方、区域和/或中央政府机构所不具备的能力,以及民间团体在确保程序人权方面具有的关键地位。

尽管 2003 年的《保卫非物质文化遗产公约》直接呼吁缔约方确保"社区、团体和……个人"参与非物质文化遗产的识别、清查和保护,⑥但这一作用更为有限,因为它适用于这些社区、团体和与他们自己的非物质文化遗产有关的个人和实体。相比之下,2005 年《公约》是第一个提到民间团体(和其他行动者)在实现公约本身目标方面的作用的文化遗产公约。2005 年《公约》关于第 11 条的操作指南明确规定了"民间团体"的范围,该指南规定:"就本公约而言,民间团体是指非政府组织、非营利组织、文化部门和相关部门的专业人员,以及支持艺术家和文化团体工作的团体。"⑦委员会可就具体

---

① 参见 2005 年《公约》第 11 条。

② 参见 2005 年《公约》第 12 条(c)款。

③ 2003 年《保卫非物质文化遗产公约》中社区的突出作用以及《欧洲委员会文化遗产对社会的价值框架公约》(Faro,2006)[CETS 199]中所采用的"遗产社区"的概念进一步证明了这一点。

④ 参见 2005 年《公约》第 6、15 和 19 条。

⑤ 参见 2005 年《公约》第 7 条。

⑥ 参见 2005 年《公约》第 11、12 和 15 条。

⑦ 参见 2005 年《公约》第 3 段,http://www.unesco.org/new/en/culture/themes/cultural-diversity/diversity-of-cultural-expressions/the-convention/operational-guidelines,于 2014 年 10 月 31 日访问。

问题征求这些组织(和个人)的意见,不论其是否经认可参加委员会会议。①布里(Burri)强调了给予非政府组织空间的重要性,他指出,由于对国家主权的高度保留,2005 年《公约》的管理制度还缺少一些重要内容,因此"正是由于国家主导的文化标准化政策,才出现了文化同质化"。②民间团体组织在执行公约时可能向缔约方提供的支持包括制定和执行文化政策,并允许妇女、少数民族人士和土著人民等群体发表意见,通过发起、建立或与海外公共和私营部门以及民间社会建立创新的伙伴关系,在地方、国家和国际各级进行建设和促进合作发展。③他们支持委员会的另一项任务是"以互动的方式与各缔约方保持对话,使其对执行《公约》作出积极贡献",④再次强调了他们在实施《公约》时的中心地位。

六、可持续发展与 2005 年《公约》

本《公约》的一个创新方面是要求将文化纳入各级发展政策,创造有利于可持续发展的条件,并在本框架内保护和提升文化表现形式的多样性。⑤这就产生了将文化纳入各级(即地方、国家和国际)发展政策的承诺,也是第一次在国际条约中出现这种承诺。这反映了在国际层面上认识到文化在上述发展中作用的新高度。⑥尽管 2003 年《公约》序言部分也暗示了这一点,⑦但该条约的实质性条款没有明确规定这种义务,将其列入本《公约》就成为国际文化和发展决策制定中的"规则改变者"。

鉴于文化遗产条约中该条款作为实质性条款相对新颖,有人提出了一个问题,即采取什么办法和措施来实施这项条款。托洛斯比(Throsby)提出了一系列原则,旨在实现一种可操作的方法,以确保所设想的文化可持续发展。⑧第一,根据代际公平原则,发展决不能损害后代获得文化资源和满足文化需求的能力。第二,代际公平发展必须在公平和非歧视的基础上

---

① 关于第 11 条的操作指南第 8 段依据第 23 条第 7 款。
② Burri,'The UNESCO Convention on Cultural Diversity'(n 57)at p 359.
③ 关于第 11 条的操作指南第 6 段。
④ 关于第 11 条的操作指南第 6 段。
⑤ 参见 2005 年《公约》第 13 条。
⑥ World Conference on Culture and Development,*Our Creative Diversity*(n 24).
⑦ 参见 2005 年《公约》第 2 段提到"非物质文化遗产作为文化多样性的主要源泉和可持续发展的保证的重要性"。
⑧ David Throsby,Culture in Sustainable Development:Insights for the Future Implementation of Article 13,Information Document Presented to UNESCO at p. 4 [Doc CE/08? Trosby/Art. 13,January 2008].

为社会所有成员(特别是最贫穷的成员)提供公平的文化生产、参与和享受的机会。第三,应承认多样性对经济、社会和文化发展进程以及实现可持续发展的价值。还必须注意预防原则,在面临可能导致文化遗产或有价值的文化习俗不可逆转性丧失的时刻,必须采取规避风险的立场。第四,相互关联性原则表明,需要对经济、社会、文化和环境系统采取整体办法。①

如果我们将文化产业概念化为围绕主要艺术和文化产品的核心部分而建立的"同心圆",我们就会发现,要支持文化产业更多的商业化运作,就必须为创意艺术家和艺术组织营造一个健康繁荣的环境。② 因此,确保可持续发展的政策将在增加商业文化企业经济贡献的同时,保持当地文化生态系统的和谐。第13条的操作指南规定了缔约方在履行这一义务时可以采取的一系列行动,包括为发挥创造能力而提供必要的条件,同时特别注意不利条件和/或边缘化的群体和地区;促进发展可行的文化产业,特别是在地方一级经营的微型、小型和中型企业;鼓励对必要的物质、制度和法律基础设施的长期投资;提高地方主要利益攸关方,包括地方政府对文化可持续发展重要性的认识;在地方文化组织中建设可持续发展的能力(预算、技术和人力);促进社会所有成员持续公平地获得创造和生产文化产品的机会、活动和服务;与政府、民众和文化部门的代表协商,并邀请他们参加文化部门发展政策和措施的设计。

七、国际合作与援助框架

在许多方面,2005年《公约》的核心在于国际层面,其主要目标之一是确定和发展国际合作(和团结)的新安排。③ 根据《公约》建立的国际合作框架主要目标如下:通过为所有人创造一个公平竞争的环境,使所有国家都能接触到彼此文化表现形式的多样性;支持发展中国家建立在国际文化市场上具有竞争力的文化产业;加强面临工业化国家文化产品和服务竞争的发展中国家的生产和/或分销能力,以打击商业、文化、社会等方面的竞争政府倾

---

① 这些措施是对《联合国环境与发展会议最后宣言》(1992年,里约热内卢)中所表示的公认的可持续发展要素作出的回应,并作出某些调整以满足文化部门的需要。因此,相互关联性原则类似于通常与环境可持续发展有关的一体化原则。

② David Throsby, Culture in Sustainable Development(n 134).

③ 参见2005年《公约》序言和第1条第1款,第2条第4款,第12、13、14、15和16条。

销;鼓励缔约方发展公营部门、私营部门和民间社会之间的国际伙伴关系(通过发展资金、技术转让、优惠待遇、对文化机构的支持等手段);设立发展基金表明缔约国对这一进程的承诺。这些主要载于五个条款,其中第13条(关于可持续发展)已经讨论过。

关于促进文化部门国际合作的规定相对简单,要求缔约方促进文化政策对话,通过国际文化交流和分享最佳方案加强公共部门的战略管理能力,并鼓励合作生产和共同分配协议。① 一项具有挑战性的要求是加强与民间社团、非政府组织和私营部门的伙伴关系,以提升文化表现形式的多样性。② 虽然它不要求缔约方在尚未建立这种伙伴关系的地方鼓励这种伙伴关系,但它仍然要求缔约方帮助发展这种伙伴关系,这将不可避免地把更多的重点从国家驱动行动转移到非政府部门发起的行动上。从长远来看,这也会促成新的伙伴关系。这一节的主要规定涉及国际发展合作,其目标是支持可持续发展和减贫合作,以促进有活力的文化部门的出现。在实施这一规定时,应考虑发展中国家的特殊需要,这再次表明了代际公平在国际层面的重要性。

为实现这一规定而制定的措施数量表明了这一规定的中心地位,在此对这些措施作一个概述。③ 国际合作应通过各种措施加强发展中国家的文化产业,例如,提高其文化生产和分销能力,更好地进入全球市场和分销网络,鼓励发达国家和发展中国家在音乐、电影和其他行业开展适当形式的合作。能力建设显然也是这种合作的一个中心因素,要通过交流信息、经验和专门知识以及培训发展中国家的公共和私营部门人力资源来实现。为一项文化遗产条约设想的这种能力建设范围之广和技术性之广令人惊讶。④ 另一个合作领域是技术和专门知识的转让,特别是在文化产业和企业领域。⑤ 这不仅是文化遗产条约中的一项共同规定,也是环境条约中的常见规定,⑥

---

① 参见2005年《公约》第12条a款,b款,d款和e款。
② 参见2005年《公约》第12条c款。
③ 参见2005年《公约》第14条a款第1—5项,和d款第1—3项。
④ 参见2005年《公约》第14条b款。涉及战略和管理能力、政策制定和执行、文化表现形式的推广和传播、中小微企业发展、技术使用、技能开发和转让。
⑤ 参见2005年《公约》第14条c款。1972年《世界遗产公约》第23条建议提供国际援助,目的是:"在文化和自然遗产的识别、保护、展示和恢复方面培训各级官员和专家。"2003年《保卫非物质文化遗产公约》第21(f)条规定了"设备和专门知识的供应",这一点更接近这一规定。
⑥ 例如,UN Framework Convention on Climate Change(1992)[1771 UNTS 107]。

反映了本《公约》涉及的某些领域的技术方面。尽管国际文化多样性基金①的设立在其他文化遗产国际援助框架中有先例,但是,与 2003 年《保卫非物质文化遗产公约》类似,②国际文化遗产国际援助框架中还提到提供发展援助以激发和支持创造力,以及在基金上提供低息贷款、赠款和其他资助机制,这也在一定程度上反映了向基金提供的捐款是自愿的,③以及这种援助的潜在受助人的不同性质。鉴于这些伙伴关系的预期性质,提倡公私部门以及非形式组织之间和内部建立伙伴关系作为国际合作形式的规定一项创新,这一点在本条中得到了明确承认。因此,有必要在本操作指南和主要原则中④对这种伙伴关系作出如下定义:

(1)伙伴关系是来自社会不同部分的两个或多个组织,如政府当局(地方和国家一级)和当局(区域和国际一级)以及包括私营部门在内的民众之间的自愿合作,媒体、学术界、艺术家和艺术团体等,其中风险和收益由合作伙伴共同承担,运作方式,如决策或资源分配,由各方集体商定。

(2)成功伙伴关系的主要原则包括公平、透明、互利、责任和互补。

这种伙伴关系的目的是与发展中国家合作,通过基础设施和人力资源开发、制定政策和文化交流,以提高它们实现《公约》主要目标的能力并满足其实际需要。所设想的伙伴关系的创新性在于,在政府间框架之外建立这种国际联系,例如,在发达国家的私营部门与发展中国家的非营利组织或公共机构之间建立这种联系:这种类型的联系在国际条约框架内通常不受鼓励。毫无疑问,这是 2005 年《公约》一种全新的变化。⑤ 这项规定要求各缔约方及其执行机构向他们可能不熟悉的行动者敞开大门,并携手合作。作为文化遗产国际合作中一种未经尝试的方式,准则详细规定了确定发展中国家需要、确定适当伙伴以及建立、维持和审查这种伙伴关系的做法。⑥ 从长期来看,这种合作形式会产生积极的附带影响,有助于更清楚地确定私营部门和公共部门之间哪些类型的合作是有益的。在许多国家,这是一个新的问题,不仅对《公约》的运作,而且对其他遗产条约,特别是 2003 年《保卫

---

① 第 18 条。

② 该条约第 21 条(g)款允许"其他形式的金融和技术援助,包括酌情提供低息贷款和捐款"。

③ 第 18 条第 3 款。

④ 第 15 条操作指南第 3 段和第 4 段。

⑤ 2003 年《保卫非物质文化遗产公约》,例如,鼓励在次区域和区域两级建立社区、专家、专门知识中心和研究机构网络(根据《公约》定期报告表 B.5 节)。

⑥ 第 15 条操作指南第 6 段和第 7 段。

非物质文化遗产公约》，都具有重要意义。

鉴于 2005 年《公约》的基本理念，向发展中国家，特别是文化产品和服务①提供优惠待遇对实现其目标至关重要。为了实现这一目标，发达国家必须将优惠待遇给予发展中国家的艺术家和其他文化专业人员以及从业者，以及发展中国家的文化产品和服务。这项规定的目的是纠正有利于发展中国家的权力和准入不平衡，以创造更公平的国际文化交流。发达国家显然有责任通过其国家政策和其他措施，以及通过多边、区域和双边框架和机制，使发展中国家发挥积极作用，并让发展中国家清楚地表达自己的需要和优先事项。② 此外，它被设定具有文化和贸易两个维度。③ 这种做法是值得注意的，因为它不允许发达国家仅仅将这一要求列入对外关系的范畴，但它也要求发达国家在其内部决策和措施中根据这一要求采取行动。这将意味着，例如，采取有利于发达国家传播源自发展中国家的文化活动、商品和服务的积极行动，可以视为对发达国家文化产业享有主导地位的挑战，通过知识产权规则创造垄断，并利用贸易规则将其文化产品和服务"倾销"到发展中国家市场。

自 2005 年《公约》生效以来的头五年，可以确定各缔约国的做法的某些趋势。④ 首先，国际合作领域中开展的活动的广泛程度反映了《公约》本身的重大外部导向。一些国家在实施艺术家和其他文化专业人员流动管理条例时，对发展中国家提供了明确的优惠待遇，例如，科威特免除外国艺术家作品参加在科威特举行的国际活动关税。⑤ 其次，附件三概述了安道尔为促进国际艺术交流而实施的一个题为"艺术营项目"的具体项目，将其作为一个范例。⑥ 这是本公约引人注目的一个方面，使它有别于其他文化遗产条约，即将国际合作作为大多数人的发展的基础。就 2005 年《公约》而言，这超出

① 参见 2005 年《公约》第 16 条。第 16 条的操作指南明确规定，第 16 条应就整个公约加以解释和适用。缔约方应寻求与《公约》所有相关条款和各项业务准则的互补和协同作用（第 1.2 段）。

② 参见 2005 年《公约》第 16 条操作指南第 2.2 段和 2.3 段。

③ 参见 2005 年《公约》第 16 条操作指南第 3 部分。关于贸易："3.4.1 缔约方可利用属于贸易领域的多边、区域和双边框架和机制，在文化领域实施优惠待遇。"

④ Intergovernmental Committee for the Protection and Promotion of the Diversity of Cultural Expressions, Seventh Ordinary Session, Paris, UNESCO Headquarters, 10-14 December 2012, Item 4 of the provisional agenda: Strategic and action-oriented analytical summary of the quadrennial periodic reports [UNESCO Doc CE/13/7. IGC/5, Paris, 18 November 2013].

⑤ 保护和促进文化表现形式多样性政府间委员会（n153）。参见第三部分（第 16—22 段）涉及"国际合作和优惠待遇"，这一提法见第 21 段。

⑥ 保护和促进文化表现形式多样性政府间委员会（n153），第 22 段。

了 1972 年和 2003 年《公约》所规定的广泛合作和援助框架,其中包括鼓励缔约方在各种行动者之间建立和促进国际伙伴关系,并为此制定项目和方案。如上文所述,这种合作的技术转让因素是一个新的因素。此外,各方已开始执行双边和多边协定,以促进文化商品和服务的流动以及艺术家和文化创造者的流动。① 这反映了一个事实,即国际合作涉及《公约》所设想的一个基础广泛的行动者网络。

在内部,针对"文化价值链"中的每一个环节(文化活动、商品和服务的创造、生产、传播、分配和获得),已经采取了各种政策和行动。② 2013 年缔约方报告的绝大多数措施都基于支持文化政策目标,包括艺术创作;文化生产;分销和/或传播;以及参与和/或享受文化生活。因此,《公约》所倡导的价值链方法似乎越来越得到缔约方的承认和实施。③ 为实现这些目标而采取的措施包括向艺术家和创作者提供财政和其他形式的法律和社会支持、培训和能力建设(如创业技能)、支持生产基础设施和公司、发展营销和分销促进文化产品和服务的出口。例如,据报告,针对个别艺术家和艺术制作或交付组织的措施是大多数缔约方为执行《公约》而制定的政策重要组成部分。④ 文化产品得到各种方式的支持,包括通过在荷兰每年价值 440 万美元的文化创业计划(2012 年—2016 年),支持艺术和设计、新媒体、电影发行、公共图书馆,支持生产和文化艺术项目而在多哥(Togo)成立数字化文化援助基金(FAC),以及基础设施的建设和改造。⑤ 为了更好地鼓励文化产品和服务的分配,政府已作出努力:通过资金和补贴促进国内和国际市场准入;支持或组织诸如"市场"、"博览会"、"节日"或"年"等宣传活动;建立地方或国家计划,以建设分销和/或销售能力;发展地方分配机制;促进国内文化产品和服务出口。⑥

文化和艺术教育(在正规和非正规环境中)是最普遍的措施,旨在增加

---

① Burri,The UNESCO Convention on Cultural Diversity(n 57).

② 保护和促进文化表现形式多样性政府间委员会(N 153)第一部分(第 2—21 段)关于"文化政策和措施"的报告。

③ 保护和促进文化表现形式多样性政府间委员会(n153),第 5 段。

④ 这些缔约方是阿尔巴尼亚、安道尔、亚美尼亚、孟加拉国、波斯尼亚和黑塞哥维那、柬埔寨、中国(艺术品收藏)、科特迪瓦、埃及、几内亚、科威特、荷兰、塞尔维亚和联合王国。保护和促进文化表现形式多样性政府间委员会(N 153)第 6 段。措施包括提供财政和财政支持、举办展览会和艺术节、建立艺术家培育机构等。

⑤ 保护和促进文化表现形式多样性政府间委员会(n153),第 12 段。

⑥ 保护和促进文化表现形式多样性政府间委员会(n153),第 13 段。

文化参与和/或享受,并将其与文化参与计划紧密联系起来,纳入一个特定的优先领域。其他行动包括提升特定个人和社会群体(如青年、妇女、社会弱势群体、残疾人、老年人)参与程度,允许农村地区获得文化服务和商品,数字文化产品和海外文化产品。① 参照《公约》第 13 条有关可持续发展的要求,缔约国采取的大多数措施旨在提供长期的经济、社会和文化利益,并在某些情况下处理对特定区域或处境不利群体的公平公正问题。实现这一目标的主要手段可分为以下几类:将文化纳入国家总体发展规划;采取协助创意产业可持续发展的措施;实施确保各区域或少数群体得到公平待遇战略;以及开展教育和培训活动。② 这将表明,该《公约》既着眼于针对上述产业链各个阶段的内部政策发展,又着眼于各种利益攸关方,这些利益攸关方的活动对发展地方和国家文化产业以及加强它们在当地市场和国际上的存在感是必要的。

▎ 第五节 结论

近几十年来,对文化遗产的监管已经超越了教科文组织的能力范围,现在已经成为一门广泛的学科,其他全球机构,特别是世贸组织和知识产权组织可以在其中发挥重要作用,但并不总是有益的作用。这导致了规则碎片化、多个领域发生冲突、参与者和涉众范围较大。据布里(Burri)说,这使得"他们之间有意义的交流和以解决问题为导向的前瞻性思维变得困难"。③根据一种观点,2005 年《公约》可以被看作解决这一困境的尝试,也可以被看作希望将辩论从世贸组织(在那里人们发现很难确保文化上的例外)转移到联合国教科文组织(人们认为更容易实现目标)国家"论坛跳跃"例子。无论对此持何种立场,它都是一份创新的条约,有可能对未来的文化遗产政策和立法产生影响,并可能调整各行动者之间的关系,特别是公共/私营和政府/民众之间的关系,以规范文化产业和文化商品、服务和活动。然而为了实现这一结果,人们作出了牺牲,因为缺乏有约束力的义务和实质性的不完全

---

① 保护和促进文化表现形式多样性政府间委员会(n153),第 14—15 段。

② 保护和促进文化表现形式多样性政府间委员会(n153),第 23 段。

③ Mira Burri, The International Law of Culture: Prospects and Challenges, *International Journal of Cultural Property*, Vol. 19, No. 4(2014), p. 579-81.

性,特别是在与其他管制制度的相互作用方面。例如,该条约的通过在很大程度上是对经济全球化进程和世贸组织中出现多边贸易规则的回应,这些规则破坏了全世界的文化多样性。尽管它在短时间内获得了数量可观的参与方,但布里(Burri)认为,它并未对 WTO 机制产生任何实质影响,反而维护了"贸易与文化的现状"。① 此外,该条约没能成功地处理保护文化表现形式多样性的知识产权问题。在《与贸易有关的知识产权协议》(TRIPS)通过后的几年里,知识产权的全球覆盖对文化表达的多样性产生了越来越大的破坏性影响,使文化作品沦为简单的"商品",并导致少数占主导地位的参与者基于版权进行垄断。遗憾的是,知识产权规则与《公约》主题高度相关,但除了序言中提到的以外,《公约》其他地方并没有明确规定知识产权规则。这一领域未来实践的发展至关重要,可能会与世界知识产权组织(WIPO)进行合作。② 但是,也有可能说,它可能产生的影响是缓慢的、渐进的,而且随着时间的推移,它将有助于改变双方目前根深蒂固的态度。③ 事实上,该《公约》所能作出的贡献之一是,将"文化表达的多样性"的概念超越贸易与文化辩论的狭隘共识,并鼓励各国和其他行动者发展创新的文化决策方法。毫无疑问,《公约》建立了"文化多样性",并将其作为一项全球公共产品加以推广,以便通过具体的国际合作形式加以实现。它还把通过文化领域的国际合作实现可持续发展作为一项全球政策目标。

---

① Burri,The UNESCO Convention on Cultural Diversity(n 57) at p. 362.

② 第七章讨论保护传统文化表达和民俗的知识产权保护方法,包括 WIPO 正在进行的工作。

③ 允许对关贸总协定第 20 条 a 款作出更广泛的解释,为基于公共道德而违反贸易规则的措施辩护。

第七章
文化遗产与知识产权法

　　本章将讨论知识产权规则对传统知识和文化表现形式（两者均为非物质文化遗产）的保护问题。我们将探讨使用知识产权规则保护文化遗产的可能性以及这种保护方式可能会遇到的困难。正如第五章对非物质文化遗产保护制度发展的历史回顾所述，至少20年来，此类活动的主旨是建立一个以知识产权为基础的非物质文化遗产保护制度。最终，教科文组织决定，文化遗产的保护必须使用一种更加广泛的文化方法，因为知识产权保护只能对遗产本身及其文化社区所需的有限方面作出回应，即保护遗产不失真和不受不正当的商业剥削，保护社区文化遗产的道德和经济利益。然而，这项决定并不否认将这种形式的保护继续扩大到非物质文化遗产其他方面的重要性，这些方面包括受到这种滥用和剥削的威胁，以及可从使用知识产权保护中获益。事实上，正如在第五章所述，2003年《保卫非物质文化遗产公约》的一些缔约国将其国家保护工作的基础建立在知识产权方法上（这一点在太平洋地区尤其如此，他们与阿拉伯国家一道，为此制定了自己的知识产权示范法），并且教科文组织最近也将与世界知识产权组织（WIPO）就保卫非物质文化遗产的知识产权方面进行合作列入议程。

　　尽管这些方法在某种程度上可以看作是互补的，是"一枚硬币的两面"，但同时它们之间也存在着重要的差异，为了有效地保护传统文化、文化表现形式以及非物质文化遗产，我们需要重视这些差异。① 同样，如果我们将主要利益相关者分为非物质文化遗产保护和知识产权保护，我们可以看到这两种方法之间的差异，在前一种分类中，有许多利益相关方（人类、国家、国家人口、地方人口、传统持有者等），主要是传统知识的拥有者（如果确定）对

---

　　① Miranda Forsyth, Lifting the Lid on "the Community": Who Has the Right to Control Access to Traditional Knowledge and Expressions of Culture, *International Journal of Cultural Property*, Vol. 19, No. 1 (2012), p. 1-31. 其中对此进行了研究，涉及萨摩亚大陶（Samoan tatau）（文身）瓦努阿图（Vanuatu）的潜水传统。

保护措施有主要发言权。理解知识产权和文化方法的不同基础的另一种方式是,除受到知识产权保护外,前者将传统文化(知识和表现形式)视为人类共同遗产的一部分,属于公共领域。而后者主张国家对文化遗产的管辖权,并将保护工作视为"共同关注的问题"。① 在此基础上,几个发展中国家制定了获取和惠益分享国际制度,使获取和社区使用受一定条件的约束。

第一节　知识产权规则的正当性

一、国际知识产权规则的特点

知识产权规则主要基于通过保护经济权利来鼓励创造创新的经济需要,这种方法在适用于适当的主题和适当的社会和文化背景时,显然是非常有益的。如果将这种方法应用于适当的主题和适当的社会文化背景中,可以带来很高的效益。例如,它们往往对鼓励社会经济发展所必需的创造性活动至关重要。"发展过程中最重要的就是鼓励国家和土著的作品创造"这种鼓励不仅需要创造者的承认,而且还需要为他们的创造性活动提供奖励。② 然而,正如下文所述,知识产权规则所依据的前提与许多传统文化的需要,以及创造和维护知识产权社会的需要相矛盾。此外,知识产权规则本质上是个人主义的,其潜在价值高度重视作者和创新的核心概念;这些是"以欧洲为中心的",与许多原住民和地方社会的价值体系格格不入。③ 对文化遗产的滥用和盗用以及对知识产权规则不加考虑的应用引起了一些问题,包括:在海外工厂复制传统工艺,从而损害传统拥有者及其社区的文化和经济利益;不承认集体(而非个人)对文化遗产的所有权(以及相关的集体权利);未能保护生产者群体的经济利益;尊重文化遗产的神圣和秘密性,特别是原住民的文化遗产。

---

① Graham Dutfeld, *Intellectual Property*, *Biogenic Resources and Traditional Knowledge* (London and Stirling, VA: Earthscan, 2004) notes that the UN Convention on Biological Diversity(1992)采用了后种方式。

② Shahid Alikhan, Role of Copyright in the Cultural and Economic Development of Developing Countries: The Asian Experience, *Copyright Bulletin*, Vol. XXX, No. 4(1996)3-20 at p. 5.

③ *Statement of the Bellagio Conference on Cultural Agency/Cultural Authority*, Bellagio(1993)('Bellagio Declaration'). 认为当代知识产权法是围绕"作者是个人、孤独和原创作者"的概念构建的。

二、著作权保护

著作权法是知识产权保护的一种形式,在保护传统文化表现形式(以前称为"民间文学艺术")方面应用最为广泛,目前仍在国家法律和区域示范法中使用。事实上,许多传统文化形式会被商业利益所利用,对于持有这些文化的社会来说,充分认识它们在商业开发中的创造性投入是一项核心需求。[①] 著作权制度所提供的另一项重要保护体现在它们所保护的道德权利中。这些是著作权法所规定的非经济权利,与《伯尔尼公约》和1982年示范条款(1982 Model Provisions)(二者均在下文讨论)所规定的来源属性和完整性有关。这些权利包括保存作品完整性的权利、撤回或泄露作品的权利以及被承认为作品作者的权利。这似乎回应了人们对传统文化来源(社区和/或地理位置)在被利用时应得到正确归属的愿望,以及对完整性(保持其原始状态)进行尊重和保护的期望。

然而,传统意义上的著作权制度的某些特征使其不适合对文化遗产进行保护。[②] 著作权对这类遗产的保护面临着一些挑战:甚至对著作权保护至关重要的所有权概念也与其适用的文化不相容:习惯法通常不包括任何与著作权规则所依据的财产法律概念等同的明确所有权。例如,在土著人的习俗中,社会对其文化遗产的控制是由一个复杂的义务系统管理的,在这个系统内,艺术家按照严格的传统规则进行活动,对作品的管理类似于监护关系。在这种关系中所讨论的文化表现形式不是商品或财产,而是影响社会的价值观和相互关系的代表。[③] 另一个基本概念,即"艺术和文学作品"作为著作权保护的主体,对于许多需要这种保护的传统文化来说是不合适的,因为它只涉及形式而不涉及支撑起它们的思想(秘诀、祖传知识、制作方式

---

① Patrick J O'Keefe, Cultural Agency/Cultural Authority: Politics and Poetics of Intellectual Property in the Post-colonial Era, International Journal of Cultural Property, Vol. 4, No 2(1995), p. 383 中引用了本土人民的一些声明,这些声明主张对他们的传统知识和其他非物质文化遗产进行知识产权保护,例如, Mataatua Declaration on Cultural and Intellectual Property Rights of Indigenous Peoples。

② Mihály Ficsor, 1967, 1982 and 1984: Attempts to Provide International Protection for Folklore by Intellectual Property Rights, in report of the UNESCO-WIPO World Forum on the Protection of Folklore ('Phuket Report'), Phuket, Thailand, 8-10 April 1997(UNESCO-WIPO, 1998) p. 213-216: "著作权法似乎不是保护民间文学艺术的正确手段。"

③ Ficsor, 1967, 1982 and 1984: Attempts to Provide International Protection for Folklore(n 6) at para 26: "事实上,土著居民根本不从财产的角度来看待他们的遗产——也就是说,所有者的东西被用于获取经济利益——但是从社区和个人责任的角度来看……对土著人民来说,遗产是一束关系,而不是一束经济权利。"

等)。因此,著作权保护的一项基本要求是将有关文化遗产简化为物质或"固定"的形式。对于只存在于文化社区的集体和个人记忆中的文化,例如,音乐、舞蹈、歌曲、诗歌、故事、技术、仪式等,这种制度显然会使著作权保护成为一种完全不适当的机制。虽然这些都可以被记录下来,他们的录音录像也会受著作权保护,但这并不能真正满足文化遗产继续通过传统方式传播的需要,也不能满足文化界继续实践、表演和传播的需要。

著作权制度要求被保护作品具有"独创性",这一要求不适用于大多数传统文化,因为传统文化的本质是在家庭和社会之间,以传统知识和实践为基础经过几代人的发展而形成的。一个相关的问题是衍生作品或作品的转换,因为大量的传统文化表达方式是通过不断地复制和适应而在很长一段时间内发展起来的,这意味着它们在某种意义上都是衍生的。传统的著作权制度要求有唯一的可识别作者(或作者团队),这妨碍了著作权制度在文化遗产范围内的应用。这对于遗产来说是很困难的,在文化遗产中作者身份主要是一种集体的创造力,往往很难确定作者的身份。因此,虽然在某些传统文化表现形式的情况下,可以确定一个作者,但这通常与这一系列遗产的基本特征相矛盾。在集体拥有权利的情况下,如果不容易确定所涉集团的所有成员,这就产生了进一步的问题,即谁可以为"作品"的转印和复制等目的授权,以及在什么情况下授权等问题。

著作权保护期限也不适用于对传统文化进行保护。著作权保护期限通常在作者去世后延长 25 年至 70 年。在此期间之后,受保护的对象将成为公共文化。这对于许多传统文化来说相当不利,因为这个保护期限较短(对于一种可能具有古代起源并代代相传的文化遗产而言),且有些文化遗产只能由一群特定的人或具有某些专业知识的人操作。考虑许多传统文化对社会,特别是本地社区所具有的巨大的宗教、社会和文化意义,必须永远对这些文化给予保护,以防止它在一段时间后进入公共领域。①

此外,根据著作权法授予的权利主体是唯一的作者。对传统文化遗产的排他性权利概念是一个与社区习俗不相容的概念。这一点在土著和部落民族中尤为明显,他们的习俗涉及群体或社区对传统艺术和文化的所有权。

----

① Ficsor,1967,1982 and 1984:Attempts to Provide International Protection for Folklore(n 6)指出,刚果、加纳和斯里兰卡关于保护民间文学艺术的立法明确规定保护是永久的。

正如戴斯(Daes)所指出的,[①]如果其他人愿意的话,他们随时可以分享。著作权的保护有一个例外,即合理使用的例外,这被视为根据著作权规则所进行的公平交易。在这种情况下,一个神圣的符号可以作为一个新的艺术作品的"灵感",而不需要任何特定社区的授权。虽然这种鼓励和培养创造力的初衷是可取的,但神圣的象征被这样使用时,这一例外制度对许多文化社区是有害的。有人建议,可以将工业设计方法(见下文)拓展著作权立法,也许更容易将传统材料(如仅在某一地理位置发现的一种黏土或芦苇)与风格相结合,作为一种形式的保护来抵制仿制品。[②]

三、工业产权

这套知识产权还可以对某些值得注意的传统文化形式和表现形式(TCEs)提供有限的保护。商标保护[③]可以用来确保 TCEs 的正确归属、防止失真、补偿使用。与著作权保护不同,其优势是没有任何限制期限。然而,它们只适用于 TCEs 的商业开发,因此不能解决违背文化起源社区意愿而对文化遗产进行盗用和商品化的问题。商标法主要适用于消费者对商品和服务的来源产生混淆,或者存在错误的商品归属的情况。它不能解决 TCEs 商业剥削时的一个主要问题,即文化表达严重扭曲问题。此外,商品化的问题可能更加严重,因为文化社区可能抵制对其文化遗产任何形式的商业化,而商标保护不会阻止这种商业化。

工业设计保护可以为传统符号和艺术主题以及氏族部落名称提供一些额外的保护。然而,它的期限是有限的(往往只有 15 年),对于特定精神或文化意义的设计来说,保护设计的完整性比保护其商业价值更为重要,此时工业设计保护可能是不足的。而一种可能有效的工业产权形式是原产地名

---

① Erica-Irene Daes, Protection of the Heritage of Indigenous People(New York and Geneva: UN, 1997)at paras 24 and 25. 参见 Erica-Irene Daes, Study on the Protection of the Cultural and Intellectual Property of Indigenous Peoples, Special Rapporteur of the Sub-Commission on Prevention of Discrimination and Protection of Minorities and Chairperson of the Working Group on Indigenous Populations, UN Doc E/CN. 4/Sub. 2/1993/28, 28 July 1993.

② Marc Denhez, Follow-up to the 1989 Recommendation on the Safeguarding of Traditional Culture and Folklore, in Phuket Report(n 6)at p. 195.

③ 规制商标和工业设计的主要国际条约是建立巴黎同盟的《保护工业产权巴黎公约》(1983年)(于 1900 年、1911 年、1925 年、1934 年、1958 年和 1967 年进行修改, 1979 年修订)[21 UST 1583, 828 UNTS 305]。

称,①它表明产品的地理来源,就像对名酒一样,可以用来验证其真实性。这些地理指标可用于保护典型的本土或者文化社群的产品(如食品、纺织品、陶瓷等),对小规模生产者和耕种者来说尤其有效。然而,这种保护的作用仅限于文化社群可以接受对其经济剥削的情况。也许更适当的工业保护是将其扩大到商业秘密层面:在工业中,如同在本土和地方社群中一样,保护"专门知识"和商业秘密是一项挑战,这是通过保护这类信息的机密来实现的。按照这一方法,当地居民可以保守部分传统知识的秘密,除非是在规定了保密性、合理使用以及经济补偿的强制许可的情况下。商业秘密只有在具有商业化潜力的情况下才能得到保护,因此,它也不能保护一个社区由于精神或文化原因不愿为人所知的知识和信息。

四、专利保护

在诸如药用植物、农业方法和遗传资源等领域,人们已经开始考虑为保护传统知识(往往是本土知识)而使用专利。专利权人在专利有效期内对其申请的知识产权的商业利用具有法律垄断地位,专利所有人可以通过特许权协议予以同意使用。专利受《巴黎公约》②国际监管,该公约没有规定任何可在国际上强制执行的专利权,而是规定了在国家立法中适用的标准。遗憾的是,在国际贸易协定的批准和促进下,通过专利对生物多样性成分主张所有权被视为对传统知识的一大威胁。

此外,对专利的颁发也有某些要求,这些要求将限制专利持有人对传统知识的保护。首先,专利只适用于能够证明"新颖性"的对象,这种新颖性与传统知识的特征是矛盾的,传统知识是经过几代人(即使不是几千年)发展和传播的。在这种情况下,展示"创造性步骤"的进一步要求(通常在实验室研究的专利申请中展示)即便不是不可能,也是困难的。③ 事实上,"发明人"的概念本身就是与这种知识相关的外来概念。即使新颖性并不总是传统知识专利的基础,它也足以证明该申请者是第一个通过一些实验室测试和化

---

① 管辖原产地名称的主要国际条约是在斯德哥尔摩(1967 年)修订并于 1979 年修订的《保护原产地名称和 TEIR 国际注册里斯本协定》(1958 年)(里斯本联盟)[923 UNTS 205]。

② 《保护工业产权巴黎公约》(1967 年修订,1971 年修订)。

③ 其中一个例子是美国对实验室获得的印楝种子衍生物授予的专利,这种衍生物在印度作为一种天然杀虫剂使用了几个世纪(但没有资格获得专利)。

学公式证明化合物(如姜黄)有效性的人。① 除此之外,世界各地的专利局在调查申请时可能不够谨慎,可能在没有证明真正新颖性或创新步骤的情况下授予专利。胡迪亚(Hoodia)和印度楝树②的案例很好地说明了围绕生物实体及其相关知识的专利申请的一些问题。生长在印度的印楝树有许多宝贵的特性,在世界范围内拥有约 150 项专利,其中 40 项是美国专利,大多数是以公共领域传统知识为基础的。对于欧洲专利局就印楝树产生的印楝油的杀菌作用申请的专利,印度政府以不涉及任何创造性为由,成功地推翻了该专利。胡迪亚(Hoodia)是一种植物,被卡拉哈里(Kalahari)的一些桑(布须曼人)族人们用来抑制食欲以延长在沙漠中的狩猎时间。南非科学和工业研究理事会(CSIR)得知这一特性后,对胡迪亚的某些化合物申请了专利并将其开发成一种商业药物。在一个国际非政府组织和一个桑族组织的压力下,该机构于 2003 年签订了一项利益分享协议,为桑族人民建立了一个信托基金。

专利权授予个人或公司(法人),而不是文化团体或人民。事实上,许多传统知识都无法追溯到特定的群体或社区,即使它满足了专利的标准,传统知识的持有者也不太可能支付申请专利所需的巨额费用。同样,专利知识授予的权利有限期限也会出现问题,专利知识到期后进入公共领域。因此,即便持有人希望利用专利将传统知识商业化,专利既不利于保护人们希望保密的传统知识,③也不适合保护大多数传统知识。虽然传统知识的专利持有人不能阻止社区继续使用该知识,④但他们担心必须分享该知识得到商业利用后的经济利益。⑤此外,未经这些社区的同意,外部人士和公司能够为明显基于当地和土著传统知识的“创新”申请专利,这样的问题仍然存在。与此相关的许多问题在于专利规则的应用,而不是规则本身:理论上,专利可

---

① 使用印楝作为杀菌剂的最新技术,例如,不仅是传统知识本身,还包括生产可作为商业产品销售的印楝衍生物所需的工业过程。Dutfeld, Intellectual Property, Biogenic Resources and Traditional Knowledge(n 2).

② 两个案例均在 Dutfeld, Intellectual Property, Biogenic Resources and Traditional Knowledge(n 2) at p. 52-53 中讨论。

③ 一个例外可能是将传统知识作为技术应用于实际问题(如捕捞)的可能性,因为这一类别可以包括任何有用、系统和有组织地解决特定问题的知识。

④ 例如,印度许多农民仍然继续将印楝种子作为杀虫剂。

⑤ GS Nijar,《知识产权和世贸组织:破坏生物多样性和本土知识体系》,提交给芝加哥大学 1999 年—2000 年第二届区域世界学术讨论会的论文,2000 年 1 月,在第 2 页指出,“75% 的植物为规定提供活性成分离子药物被研究人员发现是因为它们在传统医学中的应用,世界经济的 40% 是基于生物产品和工艺”。

以保护传统知识持有者或商业企业利用该知识所获得的利益,但实际上,这些主体的贫困和边缘化往往使这一目标很难实现。对于本土知识的专利实施,一项要求是证明这些知识在申请时已获得本土社区自愿、事先和知情的同意。①

商业秘密保护②或许是对此类知识的一种保护形式,因为商业秘密传统上是不可申请专利的知识产权,可以应用于包括传统在内的广泛信息。在美洲开发银行的支持下,厄瓜多尔的公司一直试图通过这条路线保护其传统知识。Ecociencia,一个非政府组织,记录了六个本土群体的传统知识,并将其登记在一个封闭的数据库中(在检查它是否在公共领域或由其他社区持有之后)。截至 2003 年,共有 800 项传统知识通过这种形式登记。因此,持有商业秘密的社区可以通过保证利益共享的标准化合同向感兴趣的公司披露。③ 然而,商业秘密保护受到上述有关传统文化表现形式的限制。

知识产权规则基本上将所有知识视为公共领域中的内容,除非可以通过专利或其他知识产权权利提供保护。此外,许多国家(包括美国和日本)不承认无文件证明的传统知识为先验技术,从而使其很难受到专利保护。④这种情况对这些知识的拥有者来说是极不利的,因为知识产权往往是有利于那些利用传统知识获取商业利益的人。事实上,希瓦(Shiva)将富人和强权对世界资源的占领描述为一种"环境种族隔离",其中知识产权法发挥了一定作用。⑤《与贸易有关的知识产权协定》(下文讨论)有效地将知识产权制度建立的这一私人领域扩展到所有世贸组织成员国的领土上,因为这些规定对成员国是强制性的。此外,世贸组织成员国没有对等义务承认其他

---

① 参见 the later discussion on traditional knowledge and UN Convention on Biological Diversity (1992)[1760 UNTS 79;31 ILM 818(1992)]。

② 被《巴黎公约》(第 10 条之二)和《与贸易有关的知识产权协定》(第 39 条)确认为打击不正当竞争的措施。

③ 参见 Dutfield,Intellectual Property,Biogenic Resources and Traditional Knowledge(n 2)at p. 105-106。

④ Dutfield,知识产权,生物资源和传统知识(N 2)在第 50 页引用了后来被推翻的授予密西西比大学医学中心的姜黄伤口愈合特性专利的案例,但只有当印度政府生产编辑出版文献以证明现有技术的存在。参见《姜黄专利:印度胜诉》,载《商业热线》,1998 年 10 月 16 日。

⑤ Vandana Shiva,Ecological Balance in an Era of Globalization,in Global Ethics and the Environment edited by Nicholas Low(London and New York:Routledge,1999)p. 47-69.

国家的公共领域。① 在国家实行向公众提供传统知识的政策时,必须能够保护传统知识不被私有化,并确保从任何商业剥削中获得的经济利益由传统知识拥有者自己享受。达特费尔德(Dutfield)精确地问道:如果世贸组织成员国中的土著居民必须接受不能从中受益的专利,为什么他们自己的知识相关制度不应该受到其他人的尊重? 他继续指出,实际上,"一种知识产权体系得到普及和优先考虑,其他所有体系都被排除在外"。② 除了使用习惯和参与者的主导地位,没有其他的原因,他们从当前的安排中受益,并选择了这个系统而不是其他替代系统。作为回应,达特费尔德主张基于习惯规则而不是知识产权规则创建其他私有领域,因为不尊重这些习惯规则是知识产权系统在规制传统知识时的主要问题。③

这并不否认著作权、工业产权和专利规则的某些方面对传统文化表达和知识要素的保护作用。尽管这些措施是有价值的,但它们所提供的保护是零散的,不足以构成新的国际文件所需要的完整体系。由于这些原因,越来越多的人考虑基于知识产权保护中使用的概念,它们可以对传统文化表现形式和知识提供特殊保护。在国家立法和/或国际保护中为这种独特做法提出的一些要素包括:

——通过合同或立法承认传统的所有权形式;

——在改进现有知识产权系统时考虑知识产权人的习惯规则;

——建立一个获得国际认可的机构,以确定有权控制传统文化表现形式并从中获得经济利益的"作者"(在著作权方面);

——禁止以非传统方式使用、贬低、破坏或残害式剥削秘方;

——有义务尊重传统文化的来源地和其他道德权利,如禁止扭曲等;

——就任何商业剥削向传统技术和知识拥有者支付经济补偿,包括对未经授权的剥削的惩罚性赔偿;

——在与传统知识的利用有关的专利申请中,要求事先获得持有者的

---

① Manuela Carniero da Cunha, The Role of UNESCO in the Defense of Traditional Knowledge, in Safeguarding Traditional Cultures: A Global Assessment Edited by Peter Seitel(Washington DC: Smithsonian Institution,2001) p. 143-148 at p. 146:"因此,一个国家几代人以来一直属于公共领域的知识,可能会在另一个国家私有化并享有知识产权。不仅原产国被排除在其利益之外,而且具有补充讽刺意味的是,《与贸易有关的知识产权协定》要求原产国履行这一知识产权。由于这些规定,原本属于国家公有领域的东西,现在又变成了私有财产。"

② Dutfield,Intellectual Property,Biogenic Resources and Traditional Knowledge(n 2)at p. 59.

③ Dutfield,Intellectual Property,Biogenic Resources and Traditional Knowledge(n 2)at p. 7.

知情同意；

——制定原则，根据这些原则，即使秘方也可以在持有者希望的地方记录下来；

——开发传统知识数据库（对秘密知识有适当的保护），以供国家专利局用于判断现有技术的存在与否。①

第二节 适用于传统文化和知识的知识产权规则

一、传统文化表达

1. 基于条约的保护

与国际财产保护不同方面有关的若干国际条约也可适用于保护传统文化的表达，但这些条约的范围和作用一般有限。首先，联合国教科文组织（UNESCO）和世界知识产权组织（WIPO）共同组织的《世界版权公约》（1952年缔结，1971年修订）规定，通过应用版权规则保护文学和艺术作品。其次，通过实施第2条第3款所预见的国民待遇可以用来保护这类表达。然而，如上所述，用以保护这类财产的版权规则的价值是有限的。世界知识产权组织（WIPO）的《伯尔尼公约》（1967年和1971年修订版）规定了协调各方著作权规则及其主题的国际标准，对"文学和艺术作品"作出了相对广泛的定义，②允许其涵盖许多传统文化表达。该公约的保护基于最低标准，即国家提供的版权保护不应低于公约和国家处理（第5条）中规定的标准。公约通过"邻接权"对文艺作品的表演者加以保护。③ 此外，作者的道德权利也得到

---

① 例如，印度启动了一项计划，创建其传统知识的数字数据库，使其他国家的专利局能够访问这些数据库，以防止外国公司为印度传统医疗疗法申请专利。这将花费100万美元，比在外国法庭上竞争专利的费用要低得多。参见 KS Jayaraman, 'Greens Persuade Europe to Revoke Patent on Neem Tree', *Nature*, Vol. 405 (2000), p. 266-267。

② 它涵盖了"科学和文学艺术领域内的一切作品，不论其表现方式或形式如何"，包括"戏剧或戏剧音乐作品、舞蹈艺术作品……图画、油画、建筑、雕塑、雕刻及版画"（第1(1)条）。

③ 《伯尔尼公约》第11条涵盖了戏剧、音乐作品作者的许可权，包括表演权。

了一定程度的保护,以满足其人格不受歪曲的需要。①

最重要的是,《伯尔尼公约》为伯尔尼联盟某国国民的"身份不明作者的未发表作品"提供了国际保护的可能性。② 因此,这可以适用于传统的文化表达方式,而版权规则通常不能这样做。然而,迄今为止,只有一个国家(印度)向世界知识产权组织提交了一份通知,指定国家当局保护身份不明作者的未出版作品。当事人可以决定一件作品在被授予版权保护之前是否必须以物理形式加以"固定",③这是很重要的一点,因为在口头文化表达经常以稍有不同的形式重复且在不断进化的情况下,要求加以固定显然存在问题。1971 年《公约》修正案还允许缔约国指定一个主管当局,以负责民俗的许可、使用和保护。如果一个国家已经制定了专门保护民俗的立法,而截至目前还没有几个国家制定过这样的立法,那么负责民俗的当局就可以执行这项立法。

《世界知识产权组织版权条约》(1996 年)④是在《伯尔尼公约》⑤框架内进一步缔结的协定,仅适用于该公约的缔约方。因此,我们应该从这个角度来理解它对保护传统文化表达的意义。在序言中,它承认"有必要引入新的国际规则,并澄清对某些现有规则的解释,以便为新的经济、社会、文化和经济发展所提出的问题提供充分的解决办法"。通过声明"版权保护延伸到表达,而不是思想",⑥重申了版权保护的局限性,即仅延伸到艺术和文学表达,而不是传统文化表达的基础技能和诀窍。总的来说,除了通过有关强制执行所授予权利的规定更好地执行现有权利外,它似乎没有为民间文学艺术作品额外保护,包括根据《伯尔尼公约》第 15 条第 4 款授予的民间文学艺术表达权利。

根据《罗马公约》(1961 年)规定,对录音制品的表演者和制作者提供保

　　① 《伯尔尼公约》第 6 条之二第 1 款规定:"不受作者财产权的影响,甚至在上述财产权转让之后,作者仍保有主张对其作品的著作者身份的权利,并享有反对对上述作品进行任何歪曲或割裂或有损于作者声誉的其他损害的权利。"

　　② 《伯尔尼公约》第 15 条第 4 款(a)项规定:"对作者的身份不明但有充分理由假定该作者是本联盟某一成员国国民的未发表作品,该国法律有权指定主管当局代表该作者并据此维护和行使作者在本联盟各成员国内的权利。"

　　③ 参见《伯尔尼公约》第 2 条。

　　④ 1996 年 12 月 2 日至 20 日由世界知识产权组织外交会议通过。

　　⑤ 参见《伯尔尼公约》第 20 条。根据第 1 条第 1 款和第 2 款,本条约中的任何规定均不减损《伯尔尼公约》缔约方的现有义务。

　　⑥ 参见《伯尔尼公约》第 2 条。

护。通过行使"邻接权",可以保护一定的民间文学艺术作品。然而,它所适用的"表演者"是指那些表演文学或艺术作品的人,因此他们并不是传统文化从业者。① 另外,由于《罗马公约》规定了最低标准,②缔约方可以在国民待遇的基础上,将传统文化表现形式的表演者纳入其中,包括外国表演者。通过这种方法,当传统的故事、舞蹈、器乐、歌曲等在现场演出时,对表演者的保护就扩展到了表演者本身,许多国家已经有此规定。然而,该条约不能防止未经授权的表演或固定传统文化形式,因此其提供的是一种间接的保护。《世界知识产权组织表演和录音制品条约》(1996 年)拟与《罗马公约》一起适用。③ 其对"表演者"的定义与《罗马公约》中的定义类似,但在所涵盖的表演类型中,还添加了大量的"民俗表达"。该条约对缔约国国民和符合《罗马公约》资格标准的其他缔约国国民提供保护。④ 表演者(被认定为固定现场表演的表演者)的道德权利不受任何歪曲、损害或其他对他/她的表现有损名誉的修改。⑤ 这种精神权利的期限至少直到表演者去世后所授予的经济权利结束,同时,至少持续到表演形式固定下来的 50 年。⑥ 表演者还被授予其非固定表演的经济权利,⑦以及授权直接或间接复制其固定在录音带上的表演并向公众提供这些固定表演的原件和副本的专有权利。⑧

世界贸易组织(WTO)的《与贸易有关的知识产权协定》建立在《伯尔尼公约》和《巴黎公约》所载实质性义务的基础上,⑨其关于版权、邻接权利和国民待遇的规定广泛适用于传统文化和民俗。然而,在判断《与贸易有关的知识产权协定》对传统文化和民俗的影响时,我们应记住,其目标是协调

---

① 《罗马公约》第 3(a)条将"表演者"定义为"演员、歌手、音乐家、舞者以及其他表演、演唱、传递、朗诵、演奏或以其他方式表演文学或艺术作品的人"。

② 参见《罗马公约》第 7 条第 1 款。

③ 其任何规定均不减损该公约缔约方的义务,也不应以任何方式影响文学和艺术作品的版权保护(第 1 条第 1 款和第 2 款)。

④ 参见《罗马公约》第 3 条。其他缔约国国民的国民待遇根据第 4 条"关于本条约中特别授予的专有权"得到保证。

⑤ 参见《罗马公约》第 5 条第 1 款和第 2 款。

⑥ 参见《罗马公约》第 17 条。

⑦ 参见《罗马公约》第 6 条。

⑧ 参见《罗马公约》第 7 条和第 8 条。

⑨ 第一部分阐述了一般原则,特别是国民待遇原则;第二部分论述了不同类型的知识产权,如版权、商标、地理标志、工业设计、专利和商业秘密。

适用于贸易的知识产权标准以鼓励国际贸易并为其提供更安全的基础。[①]《与贸易有关的知识产权协定》提供的版权和邻接权利的保护程度,基本上取决于《伯尔尼公约》和《罗马公约》所提供的经济权利,而《罗马公约》具有降低民间文学艺术作品可获得的保护作用。[②] 此外,只有在实现《与贸易有关的知识产权协定》目标的情况下,财产权利才能得到保护,而非为了保护本身。

因此,会员国必须确立《伯尔尼公约》规定的经济权利,将该立法适用于《巴黎公约》第 2 条规定的作品中,并且尊重国籍待遇条款。表演者的某些邻接权受《与贸易有关的知识产权协定》保护,[③]允许他们在未经授权的情况下防止以下行为:固定和复制其未固定的表演以及向公众播放和传播其现场表演。授予的保护期为 50 年,自表演或其固定之日起计算。《与贸易有关的知识产权协定》的主要优点之一是,它要求世贸组织成员国向与版权、邻接权和工业产权有关的经济权利持有人提供各种执行手段,以确保这些权利。[④] 然而,由于著作权法的这一方面对于文化遗产创作者具有重要意义,因此,未能保护作者的精神权利在保护民间文学艺术作品方面造成了巨大的空白。因此就不难理解,为什么保护民间文学艺术作品和传统知识的国家通常将其活动集中在知识产权组织内部而非世贸组织内部。[⑤]

我们应当记住,这些条约规则主要旨在协调不同立法体系中的知识产权机制,大多数知识产权保护实际上是根据国家立法实施的。大多数工业化国家传统上都将民间文学艺术作品置于公共领域,并且超出了知识产权规则的范围。因此,即使是知识产权也很难为其提供哪怕是有限的保护。因此,就传统文化而言,在这些国家中存在着"立法空白",使其落入公共领域,面临着扭曲、挪用等多重威胁。相比之下,通过应用版权规则,发展中国

---

① 因渴望减少国际贸易中的被扭曲与障碍,认为必须提高知识产权有效和充分的保护,并应同时确保知识产权实施中的措施和程序其本身不成为国际贸易中的障碍(序言)。

② 就版权而言,成员国必须遵守《伯尔尼公约》第 1 条—21 条,但涉及作者道德权利的第 6 条之二除外。

③ 第 14 条中未提及《罗马公约》。

④ 参见《与贸易有关的知识产权协定》第三部分。

⑤ 这方面的例外情况包括一些国家要求审查关于遗传资源专利的第 23 条第 3 款(b)。一项建议是在第 71 条第 1 款允许的审查程序下共同处理传统知识和民俗。

家通常更积极地将法律保护延伸到文化/民俗。① 这类立法受到若干区域性文书的影响,包括发展中国家的《突尼斯版权示范法》(1976 年)和非洲知识产权组织的《非洲知识产权公约(班吉文本)》(1977 年)。②

具有讽刺意味的是,随着 2003 年《保卫非物质文化遗产公约》的通过,鉴于该公约没有对非物质文化遗产使用知识产权方法进行保护,而导致使用知识产权方法对非物质文化遗产进行保护得以复苏,这就要求联合国教科文组织和世界知识产权组织在这一领域再次加强合作。③

例如,需要进一步考虑的一个领域是国家非物质文化遗产名录中秘密的非物质文化遗产(ICH)要素(包括传统知识)的处理(2003 年《公约》要求作为国家保障措施)。然而,阿拉贡(Aragon)对知识产权和文化遗产方法在国家法律中日益广泛的应用发出了警告,这是基于她所认为的"欧美人对人类作为独立的创造性实体的假设,其表现性作品可能是可转让的商业资产"。她指出,尽管版权规则假定作者是原创作品的创作者,而文化遗产方法则嵌入了群体所有权的概念,但由于无形财产的范围遍布全世界,这些方法在实践中在全球范围内进行了混合。这主要是由于"全球南部国家"政府试图使用版权方法来保护"国家"非物质文化遗产元素,并在战略上努力将创意产业转变为收入来源。④ 对这些国家而言,通过区域艺术和传统知识表达的非物质文化遗产似乎为经济发展提供了更容易获得的资源,比目前大量开采和开发的自然资源(如森林)还多。

---

① 20 世纪 70 年代—90 年代通过的此类立法的非详尽清单包括:突尼斯(1966 年和 1994 年);玻利维亚(1968 年和 1992 年);智利(1970 年);伊朗(1970 年);摩洛哥(1970 年);阿尔及利亚(1973 年);塞内加尔(1973 年);肯尼亚(1975 年和 1989 年);马里(1977 年);布隆迪(1978 年);科特迪瓦(1978 年);斯里兰卡(1979 年);巴巴多斯(1982 年);喀麦隆(1982 年);哥伦比亚(1982 年);刚果(1982 年);马达加斯加(1982 年);卢旺达(1983 年);贝宁(1984 年);布基纳法索(1984 年);中非共和国(1985 年);加纳(1985 年);多米尼加共和国(1986 年);扎伊尔(1986 年);印度尼西亚(1987 年);尼日利亚(1988 年和 1992 年);莱索托(1989 年);马拉维(1989 年);安哥拉(1990 年);多哥(1991 年);尼日尔(1993 年);巴拿马(1994 年)。

② 这一区域文书具有重大影响,特别是致力于文学和艺术财产的附件七(1999 年修订)。其采用了两种保护方法:版权和文化遗产保护。

③ 请参考第五章查看更多信息。

④ 阿拉贡在《国家版权文化? 知识产权民族主义》第 273 页指出,在这一过程中,他们"对其声称代表利益的当地生产者和受众的复杂经济利益、观点和创造性过程的关注度令人惊讶地微乎其微"。她以 2002 年印度尼西亚版权法为例,作为对旅游的回应,将国家版权扩展到许多流行的非物质文化遗产(如神话、歌曲、史诗、手工艺品、舞蹈、书法等)。然而,有趣的是,艺术家们不愿意使用这项法律赋予他们的权利,他们更关心的是后代如何看待他们和他们不受欢迎的当地艺术,而非从支付使用他们版权的外部获得的任何经济利益。

　　一些国家立法保护"民俗作品",因此将其视为《版权法》的标准主体,而另一些则更广泛地称之为"民俗"。中国和智利的立法遵循示范条款的模式,专门针对保护"民俗表达"。阿尔及利亚和摩洛哥对保护主体的定义与《伯尔尼公约》第 15 条第 4 款中给出的定义非常一致。在其他情况下,立法将"民俗"与"文学艺术作品"(著作权法的经典主题)区分开来,并指出其特殊性。例如,它是一种代代相传的传统文化遗产;它是非个人创造者的产物,并不具有社区或其他团体成员的身份。一些非洲和太平洋国家的立法,[①]在其定义中包括了传统知识方面,例如,与生产药品或纺织品和农业技术有关的专门知识。

　　虽然上述知识产权条约规则可以对传统文化表现形式及其表演者提供一些保护,但由于知识产权框架本身不太适合既有形式的遗产需要,因此这种保护非常有限。所以,通过知识产权规则保护民间文学艺术作品的大部分工作都集中在开发自成一格的方法上,这也是下一节的主题。

　　2. 发展独特保护模式的尝试

　　在国际上,为当时被理解为"民俗"[②]的东西提供保护的最早尝试很大程度上依赖于知识产权方法,特别是版权,尽管存在一些调整。当然,如果商业化(基于版权保护)反映了相关文化群体的意愿并对其有利,那么它不一定是一种消极的现象。然而,不幸的是,相关文化群体的利益经常被忽视,被市场化的文化表达经常在此过程中被扭曲。[③] 由于新技术的开发和对民间文学艺术作品的挖掘和传播的新手段的出现,这种滥用现象越来越普遍;同时,由于非殖民化和当地土著群体越来越强烈的需求,人们对这种利用也越来越敏感。

　　1967 年《伯尔尼公约》修订期间,[④]出现了通过使用《版权法》来规定对民俗表达的国际保护的第一次尝试,并增加了一篇新的文章,尽管它没有对

---

①　例如,卢旺达、贝宁和塞舌尔。

②　在这篇历史评论中,"民俗"这一术语是用来描述这个时期的艺术术语。随后,它便被认为不适当且存在潜在的贬损。

③　Ficsor,《1967 年,1982 年和 1984 年:民俗的国际保护尝试》第 215 页指出,"民俗在不适当尊重其起源社区的文化和经济利益的情况下被商业化。并且,为了更好地适应市场需求,它经常被扭曲或毁坏。与此同时,开发和维护它的社区的剥削也并未得到回报"。

④　1967 年于斯德哥尔摩修订《伯尔尼保护文学和艺术作品公约》外交会议期间。

民俗有什么特别的参考,却为保护民俗提供了指导方针。① 1976 年,教科文组织通过了关于发展中国家的《突尼斯版权示范法》,其中有一条专门用于保护民俗的具体条款(第 6 条),也提出了保护手工艺品的规定,反映了手工艺品对许多发展中国家的重要性。② 1977 年,非洲知识产权组织通过了《关于非洲知识产权的公约》(1991 年修订的班吉文本),附件七中的一部分致力于保护民俗。值得注意的是,对于非洲地区来说,这并不奇怪,它指的是由社区而不是由单一作者创造的民俗。③ 此时在教科文组织内部,玻利维亚政府于 1973 年提出一项请求,要求审议《世界版权公约》(1952 年通过,1971年修订)中保护大众艺术的《附加议定书》。作为回应,1977 年,教科文组织成立了一个民俗法律保护专家委员会,负责全面审查与民俗保护有关的所有问题。直到 20 世纪 80 年代中期,教科文组织与世界知识产权组织密切合作,制定了一个法律保护"民俗表达"的国际框架,并鼓励会员国为此目的采用知识产权规则。

1982 年,教科文组织和世界知识产权组织联合通过了《示范条款》(1982年),旨在为"民俗表达"这一相对有限的类别提供知识产权类型保护。④ 这些措施旨在提供一个特有的保护制度,使知识产权规则更好地适应保护主体和相关文化界的需要。示范条款的一个基本观点是,由于民俗是社会身份的一部分,因此应保护它不受损失、偏见性扭曲、非法占有和非法剥削。我们不难发现对民俗的保护,从传统的个人主义知识产权规则转变为承认基于社区的需求和权利的规则。民俗表达被理解为由一个社区创造(或采用),并由它发展和维护了一代又一代。此外,它与集体发展或个人创作无关,⑤只要反映了社会的传统艺术期望即可。此外,还有一个重要的独特原则,即创建和维护民俗表达的社区应当可以对其进行自由使用和开发,而无

① 1967 年和 1971 年《斯德哥尔摩和巴黎法案》第 15(4)(a)条规定:"如果未出版的作品的作者身份不明,但有充分理由认为作者是本联盟国家的国民,则在该国立法时应指定代表本联盟国家的主管当局。在本联盟国家中,作者应有权保护和执行其权利。"

② 《突尼斯版权示范法》第 1(2)(ix)节根据版权规则保护"应用艺术作品,无论是手工艺品还是工业规模的作品"。此时,各国通过了基于版权机制的国家立法,以保护民俗的表达,包括 1967 年的巴布亚新几内亚和突尼斯;1968 年的玻利维亚;1970 年的智利和摩洛哥;1973 年的阿尔及利亚和塞内加尔;1975 年的肯尼亚。

③ 非洲联盟(以前的非洲国家组织)是国际上承认集体权利的主要推动者之一,特别是在传统生态知识方面。此外,《非洲人权和人民权利宪章》(1981 年班吉)的标题也说明了非洲地区适用的不同权利概念。

④ 这一术语后来被用于世界知识产权组织最近的工作(自 2000 年以来)中的"传统文化表达"。

⑤ 这与传统的知识产权规则存在明显不同。

须经过授权。这些"民俗表达"被定义为"产品",包含了传统艺术遗产的特征元素,分为口头表达、音乐表达、行动表达和融入有形物体的表达。重要的是,对于民俗表达来说,只需将最终类别简化为物理形式。然而,由于它们也被视为人类的共同遗产,因此它们可以自由地为所有人提供适当的社会用途。因此,这种保护仅针对有害的歪曲、讹传或伪造来源:该保护制度主要旨在规范民俗表达的商业开发,并确保文化界享有收入。

确保这一点的最佳方式是,保护民俗表达不受"非法剥削和其他有害行为"[①]的影响,并事先获得社区知情同意方可供外来者使用。某些例外情况是允许的,例如,用于教育目的。可识别的民俗表达应通过引用其起源的社区和/或地理位置来确认其来源。如不遵守承认来源、未经授权使用、欺骗(或"冒充")和歪曲使用等罪行将得到处理[②]和制裁。[③] 处理示范条款与其他形式保护之间的关系需按照这种方式,即任何其他法律和国际条约的条款以及示范条款都应当在两种框架内得到保护。因此,这将允许民间文学艺术作品享受版权法、表演者权和其他邻接权法、工业产权法、文化遗产法等规定的保护。对外国民俗表达的保护是根据互惠原则或国际条约和其他协定规定的,旨在为建立区域和国际保护制度奠定基础。随后,一份关于民间文学艺术作品的国际保护条约草案出台了。然而,由于缺乏在国家层面上对其进行保护的经验,尤其是在适用示范条款方面的经验,当时制定国际条约被认为为时过早。此外,这个问题尤其复杂,它提出了一系列关于通过这一条约的基本问题和具体问题,包括:许多原产国缺乏切实可行的保护民俗表达的机制;哪个国家的当局有权授权使用民俗表达;如果一个国家加入了条约,而另一个国家没有加入条约,该怎么办;以及如何就共享的民俗表达组织区域合作。

1978 年,世界知识产权组织和教科文组织正式商定了一项保护民俗的双轨办法,即教科文组织将从跨学科的角度来研究这个问题,[④]而世界知识产权组织将继续探索源自知识产权规则的保护手段。1984 年上述条约草案未获得通过后,[⑤]教科文组织与世界知识产权组织的正式合作告一段

---

① "非法剥削"是指"任何违反授权用途的超出传统习惯的商业利用"(第 3 节)。

② 参见 1982 年《示范条款》第 6 节。违反第一项和最后两项行为构成标题中提到的"其他有害行为"。

③ 在 1982 年《示范条款》第 7 节(扣押和其他诉讼)和第 8 节(民事救济)中。

④ 换言之,解决诸如民俗的定义、鉴定、保存、保存、推广和保护等问题。

⑤ 参见《条约草案》。本条约将赋予各缔约方保护民间传说的义务。它被反对保护社区文化表达的工业化国家所拒绝。

落。1989 年教科文组织在这一领域的工作使《关于传统文化和民俗的建议》得到通过。该文件反映了教科文组织与世界知识产权组织就上述双轨安排所采取的做法。它还代表了第一个直接保护传统文化和民俗（可以理解为包括传统知识）的国际文件。① 因此该文件是建议文本而非条约，规定了会员国应当通过立法、行政或其他方式采用的一般原则。它的缺点就是并不具约束力，但是，该文件为愿意这样做的国家出台即时政策和立法发展铺平了道路，更是为这一领域的未来法律发展奠定了坚实基础。它所采用的方法是跨学科的，并解决了民俗的定义、鉴定、保存和利用等问题。

上述建议在 1989 年大会第 29 届会议上获得了通过。在序言中提到的重要考虑因素中，"传统文化和民俗学的经济、文化和政治重要性、其在人民历史中的作用以及其在当代文化中的地位"被认为是保护文化界自身的需要，以及保护它创造或保持的任何文化传统的需要。它面临着"多种因素"的威胁，这是一种开放式方案，需要我们考虑未来社会和经济因素（如技术进步）变化带来的新危险。② "民俗"的定义具有"活文化"的特征，正确地强调了它的动态性和不断演变的特征。但是，它的焦点很狭窄，没有考虑创造和维持它的社会、文化和智力背景，对传统知识和土著遗产的参考意义也十分有限。③

该建议分为六个主要实质性部分：识别、保存、维护、传播、保护和国际合作。倒数第二部分讨论了民俗的知识产权保护。它是构成"智力创造力的表现"，无论是个人的还是集体的，都应该受到类似于其他智力产品的保护。④ 知识产权保护的作用和目的是"作为促进这些表达进一步发展、维护和传播的一种必不可少的手段"。由此可见，1989 年建议是在试

---

① 这是 1982 年成立的民俗保护专家委员会和 1985 年在巴黎召开的民俗保护政府专家委员会会议所开展的工作的高潮，该会议对保护民俗的范围进行了跨学科研究。在 1987 年大会决定编写案文之后，在那一年成立了一个由政府专家组成的特别委员会，以编写最终草案。

② 1972 年《世界遗产公约》序言采取了类似的做法，指出这些遗址"不仅受到传统衰败原因的破坏性威胁，而且受到加剧局势的社会和经济条件变化的威胁"。

③ "民俗（或传统和流行文化）是一个文化群体基于传统的创作的总和，由群体或个人表达，反映了一个群体在反映其社会和文化身份方面的期望；其标准和价值是通过口头、模仿或其他方式传递；包括语言、文学、音乐、舞蹈、游戏、神话、仪式、风俗、手工艺品、建筑和其他艺术形式。"

④ 第 F(a)节写道："关于'知识产权'方面：会员国应注意教科文组织和知识产权组织在知识产权方面的重要工作，同时认识到这项工作只涉及民俗保护的一个方面，而且在一系列保护民俗的领域采取相应的行动是迫在眉睫的。"

图建立一种制度,在该制度下,民俗的创作者和解释者将以与版权所有者同等的方式受到对待。此外,每次公开利用他国民俗表达时,应注意保护其涉及的附属于它们的经济或精神权利。值得注意的一点是,尽管知识产权有助于保护该遗产,但它们只能对防止不当使用和剥削提供有限的保护。[①] 然而,这是许多国家为了保障传统文化遗产的物质表现形式的创造者的经济权利而赞成的一种做法。其他与民俗有关的权利类别已经受保护,并应继续受保护,包括基于隐私和保密而保护作为传统传播者的告密者;确保收集的材料得到妥善保存,以保护收藏者的利益;保护材料不受故意或其他滥用。

针对该建议的一个主要批评是,它在很大程度上倾向于一种"保护"的观点,这种观点是根据科学研究人员和政府官员的需要而设计的。对与知识产权相关的权利的另一种批评是,它并没有解决传统持有者(或其社区)授权特定地使用其遗产的权利问题,这是他们对遗产控制的核心。[②] 另一个非常巨大的差距是,对于使用和利用其知识的持有人充分、事先和知情的同意,缺乏具体的要求;相反,对科学界采用道德准则的呼声则相当微弱。而且,这里我们不难发现文本的研究者的导向性问题。该建议在民俗保密问题上所采取的立场也是有问题的,因为它明确假定所有的民俗都可以而且应该广泛传播,以提高人们对其价值的认识。尽管这是一种有效的保护方法,但必须承认的是,某些民俗领域的性质是保密的,我们必须保护其保密性。为了确保传统上出于精神或文化原因保密的民俗的保密性,我们应扩大对告密者隐私的保护。该建议的另一个显著缺点是对传统知识的引用非常有限,而传统文化在其价值观、专有技术和创造力中往往发挥着非常重要的作用。

二、传统知识

传统知识也被称为"本土"和/或"当地"知识,是文化遗产的一个重要组成部分,同样也是并未得到足够保护的一个领域。例如,如上所述,1989

---

① 保护非物质文化遗产的知识产权方法的局限性在但书中指出,"这项工作只涉及民俗保护的一个方面,在一系列保护民俗的领域内采取单独行动的必要性是紧迫的"。

② 确保这一点是一项艰巨的任务,因为授权程序必然会因不同文化共同体而有所不同,而且有些文化共同体可能会完全拒绝透露授权机构是谁。世界知识产权组织正在其修订的关于民间文学艺术作品的规定和2014年提交审议的关于传统知识的条款草案中对此进行审议。请参阅下面的更多内容。

年建议中几乎将其忽略,而1982年的示范条款仅限于民俗的艺术表达,根本不涉及传统知识。国际法的一个领域充分认识到了传统知识的作用和重要性,这一领域与生物多样性有关,特别是与土著人民的传统知识和环境可持续做法有关。此外,1992年《里约宣言》的第21号议程中呼吁承认土著人民的价值观、传统知识和资源管理做法。20世纪90年代末以前,这一进程的社会和文化层面一直都被大大忽视了,从20世纪90年代末开始,人们才正确地认识到可持续发展与特定社会文化概念相适应的重要性。

然而不幸的是,评论员和决策者都认为传统知识是同质性的,而忽视了群体动态的复杂性。他们倾向于将文化的理想化观点(例如,在世界知识产权组织的文书和1992年《联合国生物多样性公约》中)视为"前现代社会特征的同质化和非个体化集体所持有的知识"。然而,正如沃夫格莱姆(Wolfgram)所指出的,无论是假定的集体知识,还是他们应该持有的无实体知识,都没有任何本体论的现实形成,正如它们所做的那样,是"一种同义反复的、相互加强的意识形态表征"。由于对"社区"的误述,有可能采取(出于最佳意图)破坏社区内现有的社会和监管结构的方法,甚至可能导致社区内的冲突。举个不适当假设的危险例子,喀拉拉邦(Kerala)的阿育吠陀(Ayurvedic)药学从业者不符合在法律保护领域中假定的私人与公共以及个人与集体的二分法。个体从业者或者通过限制获取其知识(将他们的创新视为秘密),或者通过广泛的披露和传播来提高知名度从而确保利润。因此,无论是社会背景还是保护方法都不符合特有的保护框架的预期。

除此之外,重点在于了解,尽管土著人民是一个重要群体,但这种知识的传统持有者不仅限于此,还包括其他当地社区,如渔民和农民。事实上,许多被认为是土著人传统知识的特征,也普遍适用于非土著社会所持有的传统知识。首先,它是由社区产生的,通常是由收集来的,且习惯法通常规范其在持有者所属的社区内外的接触和使用。① 它是代代相传的口头传播,因此通常没有书面文件来证明,而且具有特定的地点和文化。它是动态的,以创新、适应和实验为基础,这对于理解传统知识至关重要:它的"传统"特征并不意味着它在某种程度上是静态的,而意味着它是一种已经被世代相

---

① 事实上,存在着类似于知识产权制度的习惯性制度,这些制度控制着传统知识的获取和使用。

传的知识形式。① 传统(如信仰和知识)是不断演变的、是动态的,传统知识的"传统"特征不在于其时代,而在于其被获取和使用的方式。② 正如杜菲尔德(Dutfield)所指出的:"学习和分享知识的社会过程是每一本土文化所独有的,是其'传统性'的核心所在。"这些知识构成了决策和生存战略的基础,是通常被边缘化群体社会资本的一个关键要素,反映了他们的社会关系和社会文化价值以及他们看待世界的方式。

传统知识是一个综合性的概念,其要素主要是文化的性质,但与传统知识相比,"文化"的概念并不是一个艺术或美学的建构,而是一个特定社会的整个生活方式。它包括"文化"元素,如灵性、精神知识、伦理和道德价值观;舞蹈、仪式和仪式表演及实践;音乐;语言;名称、故事、传统和口头叙述;具有文化意义的地方、不动产和相关知识;科学、农业、技术和生态知识以及相关技能;符号和视觉构图(设计)。传统知识的定义往往强调其与"国际知识体系"和"西方"或"科学"知识体系的区别。然而,这种差异可能更多地在于它的使用方式,而不在于它是如何被创造出来的,因为理论上的"科学"知识与实践是分开的,但传统社会并不区分两者。③ 然而,我们不能假设传统知识总是本土的、非正式的,大部分知识实际上是经验的、系统的,通过它们与自然环境的相互作用而世代相传,并提供一个基于经验的分类和资源管理系统。显然,它还包括更正式的知识系统,如印度的阿育吠陀卫生系统。④ 例如,世界科学会议(1999 年)承认了传统知识的经验特征,会议认为传统知识是一种文化遗产,需要保护、研究和推广,并呼吁公平分享其开发带来的利益。通过采取了一种保护传统知识和保护知识产权持有者利益的方法,即以一种有趣的方式将知识产权和更广泛的文化保护战略混合在一起。这是非常合适的,因为土著人和当地的社区要继续创造和发展他们的知识,他

① Madhavi Sunder,《传统知识的发明》,载《法律与当代问题》第 70 卷,2007 年,第 97—124 页,其中第 106 页指出了这样一个悖论:"传统知识"和"公共领域"等概念的使用现在正成为将穷人的知识理解为知识产权形式的障碍,因为人们认为这种知识是静态的,没有任何创新。

② Russel l Barsh,《土著人的知识和生物多样性,土著人的环境和领土》,Darrel Posey 编辑的《生物多样性的文化和精神价值》(IT 出版物/UNEP,1999 年版),第 73 页"传统知识的'传统'不在于其古旧性而在于其获得和使用方式。换言之,学习和分享知识的社会过程,是每一本土文化所独有的,是其'传统性'的核心所在"。

③ David Warren,"在农业发展中使用本土知识",世界银行第 127 号讨论文件(1997 年):"本土知识与大学、研究机构和私营企业产生的国际知识体系形成对比。它是地方一级农业、卫生保健、食品加工、教育、自然资源管理决策的基础。"

④ 关于阿育吠陀医学作为一个科学系统的更多信息,参见沃尔夫格拉姆《阿育吠陀的外文本化》。

们自己和他们的生活方式都必须得以持续。① 除此之外,要实现这一目标,就意味着要重视这一知识本身,保护开发和传播知识的人类、文化和社会背景,并提供各种保护机制,包括知识产权规则。

上述的世贸组织《与贸易有关的知识产权协定》旨在协调适用于贸易的知识产权标准,并为其提供更安全的基础,② 也与传统知识的知识产权保护有关。它所保护的权利显然是私人权利,因此,传统社会的知识、观念和创新被它们视为一种普遍持有的知识,并不在其保护制度范围内。此外,与版权制度一样,知识产权保护只授予具有工业应用的产品和与贸易有关的创新。因此,大多数与公共领域的传统知识相关的创新都被视为本地使用,并被排除在《与贸易有关的知识产权协定》之外。③ 从本质上讲,《与贸易有关的知识产权协定》的基本观点并不承认以传统知识形式出现的世代相传且集体持有的创新。此外,该协定没有明确提及知识转让,也没有对土著人民和当地居民的知识和工业知识作出任何区分。它所提供的权利显然旨在为商业实体而非当地社区带来利益:最重要的是,大多数情况下,土著和当地社区本身并不像商业实体那样把这些知识主要视为商业资产。④ 值得注意的是,尽管土著人民和其他持有传统知识的社区多年来一直在呼吁尊重其受到商业开发的经济权利,这是对未经其事先知情同意而经常发生的剥削行为的回应,但这并不一定意味着,如果他们有其他保护剥削行为的途径,他们就会选择以此种方式被剥削。

《与贸易有关的知识产权协定》中也提到专利的期限、范围和实施,其规定专利的有效期自申请之日起不少于 20 年。专利还受该协定中的一般实施条例的约束。⑤ 该协定要求成员国通过专利、自生保护或两者的结合,对植

---

① 1999 年 2 月 15 日至 19 日在新喀里多尼亚努美亚举行的《保护太平洋传统知识和土著文化表达宣言》中对"土著知识"的定义非常明确:"传统知识和文化表达是为太平洋土著人民的身体和精神福祉而创造、获得和启发(应用、固有和抽象)的任何知识或任何表达。这类知识和表达的性质和使用从一代传到下一代,以加强、保护和保持太平洋土著人民的身份、福祉和权利(强调补充)。"

② 它写道(序言):"希望减少国际贸易的扭曲和阻碍,并考虑到需要促进对知识产权的有效和充分保护,并确保实施知识产权的措施和程序不会使中小企业成为国际贸易的障碍。"

③ GS Nijar,《知识产权和世贸组织:破坏生物多样性和本土知识系统》(n19)认为,《与贸易有关的知识产权协定》旨在以牺牲第三世界人民和生产者为代价,增加跨国公司的权利。

④ 然而,世界组织的一些成员国辩称,协议中的任何内容都不妨碍他们实施支持中央商务区目标的国家立法和措施,包括通过自成一格的制度来保护传统知识。

⑤ 它们是一般执行义务(第 41 条)、民事和行政程序和救济(第 42 条—49 条)、临时措施(第 50 条)、与边境措施有关的特殊要求(第 51 条—60 条)和刑事程序(第 61 条)。

物品种给予保护,①并允许申请微生物专利。因此,该协定赋予了成员国知识产权立法的义务,通过将专利扩展到"改良的"生命形式和植物品种来复制工业化国家的制度。② 这可能对于文化共同体对植根于植物品种中的传统知识的控制起到了不利作用,在多数情况下,这些传统知识是在当地传统知识基础上经过几个世纪逐步演变更改的结果。为了应对这些压力,一些发展中国家进行了立法,以规范生物资源的获取和保护本土知识体系;其中包括保护植物品种的特有规则以及相关的本土植物育种习俗及做法。然而,应当注意的是,在制定保护传统知识系统的特有立法时,成员国没有违反其在《与贸易有关的知识产权协定》规定的义务。因为它只规定了最低限度的义务,因而可以根据国家立法建立更广泛的保护。例如,作为对世贸组织要求制定独特的、新形式的知识产权保护的回应,第三世界网络(槟城)颁布了一项关于社区知识产权的示范法。

因此,《与贸易有关的知识产权协定》对保护传统知识并未起到利好作用。例如,该协定明确认识到需要开发和使用本土技术来保护和可持续利用生物多样性。③ 此外,协定的目标指出,应以有利于社会和经济福利的方式保护知识产权。④ 还可以采取措施保护公共卫生和营养,促进对社会经济和技术发展至关重要部门的公共利益,⑤可想而知,这种例外可以用来保护传统医学知识以及其他形式的传统知识和相关创新。此外,如果专利的商业利用被视为违背公共秩序和社会公德,则允许当事人拒绝专利,那些社区拥有与生命形式有关的重要传统知识国家可以借此保护它。⑥ 然而,似乎大多数缔约国都认为这只是基于个案基础的规则,而非适用于所有专利,比如,植物品种及其相关知识的一般例外。未经同意不得披露和获取未经披露的信息,但前提是该信息是保密的,因而具有商业价值,并且已采取合理措施保密。⑦ 该规定可以保护由持有者保密的传统知识,尽管其商业价值是

---

① 第27(3)(b)条允许下列专利性除外:"除微生物以外的动植物,以及除非生物和微生物工艺外的动植物生产的基本生物工艺。但是,成员国应规定通过专利、有效的独特保护制度或其任何组合保护植物品种。"

② Nijar,《知识产权与世界贸易组织》第5页指出,"这意味着西方工业化国家知识产权的主导模式是全球化的"。

③ 参见《与贸易有关的知识产权协定》第18条第4款。

④ 参见《与贸易有关的知识产权协定》第7(1)条。

⑤ 参见《与贸易有关的知识产权协定》第8(1)和(2)条。

⑥ 参见《与贸易有关的知识产权协定》第27(2)条。

⑦ 参见《与贸易有关的知识产权协定》第39(2)条。

以它的秘密性质为基础的规定会限制其适用的信息范围,但最神圣的知识并不在其中。

《联合国生物多样性公约》是一项国际条约,对保护绝大多数与环境有关的传统知识作出了潜在的重要贡献。在涉及遗传资源的条款中,可以看出本条约目的是在遗传资源丰富的发展中国家(以及相关知识)和需要确保获得这些资源的发达国家之间达成妥协。当然,这种获取必须以某些原则为基础,而人类共同遗产原则(在文化遗产条约中所使用的意义上)是不适当的,因为它将使这些资源和知识处于一个不受保护的公共领域,在该领域,所有人都可以自由获取这些资源和知识。除了控制获得遗传资源的安排外,生物多样性公约还包含一项关键条款,它规定了各缔约方尊重"本土和当地知识、创新和实践"和保护其持有人权利的责任。[①] 尽管条约文本没有详细规定各缔约国为确保这一点需要采取哪些行动,但条约框架内缔结了两项重要文书以确保这一点。其中《波恩准则》(2002 年),虽然基于自愿原则,但仍体现了第 8(j)条的精神,以及《名古屋议定书》(2010 年),该议定书强调了土著和当地人口对其遗传资源和传统知识的要求,并建立了相应机制,主要通过获取和惠益分享(ABS)协定来防止其被挪用。

斯瑞纳维斯(Srinavas)已经指出了这类获取和惠益分享协定的弱点,如未能执行与事先知情同意(PIC)有关的规范,以及普遍不承认当地和土著社区在这方面的权利和主张。虽然在《联合国生物多样性公约》中,没有对事先知情同意作出明确的定义或对获取和惠益分享协定内容的解释,但《波恩准则》和《名古屋议定书》都对其内容和应用提供了详细的指导。《波恩准则》规定了事先知情同意制度的工作原理和预期要素。《名古屋议定书》旨在更加清晰地了解获取和惠益分享制度:如果实施得当,[②]将有助于解决有关获取和惠益分享制度的一些突出问题、惯例和实践的作用以及习惯议定书在获取和惠益分享制度中的运作。除了获取和惠益分享之外,斯瑞纳维斯(Srinavas)还提出了"传统知识共享"的方法,这种方法不仅保护了传统知识持有者和其他利益相关者的纯经济利益,还确保尊重其他价值观,包括精神价值观。在这种方法中,传统知识共享是一个普众领域(而不是公共领

---

① 第 8(j)条:"依照国家立法,尊重、保存和维持土著和地方社区体现传统生活方式而与生物多样性的保护和持久使用相关的知识、创新和做法并促进其广泛应用,由此等知识、创新和做法的拥有者认可和参与其事并鼓励公平地分享因利用此等知识、创新和做法而获得的惠益。"

② 斯利那瓦在《保护传统知识持有者的利益》中指出,截至目前,该议定书的实施还不完整。

域),可以对其访问进行管制和限制:他提倡可能使用开源许可方法(类似于互联网环境中应用的许可方法),以鼓励缺乏技术资源的社区进行有益的创新。用于管理获取传统知识和公平利益分享的社区协定可以作为额外的工具,以确保社区的传统知识的非商业价值得到尊重。这种方法的设计,一方面,是为了解决土著和当地社区无法负担将其知识产权置于公共领域(无限制访问)的困境;但另一方面,使用知识产权保护其利益——从本质上说是一种防止挪用的商业化战略——很可能导致对其价值观的漠视和知识的商品化。①

第三节 基于特有保护方法的新知识产权条约

如我们所见,在 1982 年《示范条款》和随后的审议中,教科文组织和世界知识产权组织共同努力的一个目标是制定一个知识产权条约,采用特有的或专门调整的方法来保护传统文化表达和民俗。该文件基本上涉及以下要素:确定这些表述的具体内容;②确定"所有人"对这些表述的权利(尽管"所有人"本身的确定可能存在问题);③以及规范国内外的剥削行为。作为建立特有保护制度的基础,必须确定一系列可能涉及的最基本权利,④包括精神权利和经济权利(如示范条款中规定的);承认传统(习惯)形式的集体所有制和集体署名;防止未经授权将神圣和文化意义重大的符号和文字注册为商标;要求在使用传统知识的专利中提供事先知情同意的证明;并永久提供相关的知识产权保护;待开发的特有权利可以采取防御性保护的形式,包括专利申请人披露传统知识来源的要求,建立传统知识的现有技术数据库等(如印度对传统知识数字图书馆所做的那样)以及利用国家立法建立具有民事或刑事补救措施的挪用制度(如停止使用传统知识或向持有人支付赔偿的义务)。所有上述内容都以某种形式应用于下文讨论的知识产权组

---

① 关于知识产权和知识产权商品化(作为 ICH 的一部分)的更多问题,参见 Paolo D Farah 和 Riccardo Tremolada,《非物质文化遗产商品化的可取性:知识产权的不良角色》,载《跨国争端》。

② 这方面的一个困难是制定能够识别几个区域国家之间共享的传统文化表达和民间传说的标准。

③ 在这种情况下,通常是一个文化共同体,它是相关传统的持有者。

④ 与《伯尔尼公约》和《罗马公约》规定最低保护标准的方式类似。

织关于民间文学艺术作品和传统知识的新草案文本中。

自 20 世纪 90 年代末以来,世界知识产权组织一直在研究如何定义这一领域的关键术语,即"传统文化表达"和"传统知识"。这一界定方法具有人为的性质:尽管政府间委员会的职权范围将这两个与遗产有关的问题分为民间文学艺术作品和传统知识两个不同的类别,但事实上,这种划分并不总是那么明确,而且它们之间的联系非常密切。① 此外,虽然土著人民经常呼吁他们在艺术品(如土著设计)、音乐和传统植物知识方面的精神和经济权利应得到更好的保护,但是知识产权制度始终是一种较为狭窄且专门的遗产保护方法。因此,知识产权公约将始终要求对这一遗产采取更广泛的"文化"方法(如 2003 年《保卫非物质文化遗产公约》)。所以,在知识产权的基础上,始终需要对这一遗产采取更广泛的"文化"方法(如 2003 年《保卫非物质文化遗产公约》)。另外,值得注意的是,未来达成处理知识产权问题的国际条约可能性,是教科文组织会员国在谈判 2003 年《保卫非物质文化遗产公约》时的一个重大关切,因其希望避免潜在的重叠。该公约第 3 条论述了它与其他国际文件(特别是指知识产权文件)的关系,并试图防止在这方面出现任何问题。然而,这一问题尚未最终得到解决,随着世界知识产权组织在遗传资源和传统知识方面的工作有可能导致新的国际条约(以及其他一些关于民间文学艺术作品的文件的可能性)的出现,确保 2003 年《公约》与世界知识产权组织的努力相协调仍然是一个重要问题。

1998 年,世界知识产权组织成立了一个全球知识产权问题部门,以解决为土著人民等新受益者设计适当的知识产权和保护"民俗表达"的问题。② 2000 年秋,世界知识产权组织大会商定成立一个政府间知识产权和遗传资源、传统知识和民俗委员会。委员会讨论的主要议题涉及以下三个领域中产生的知识产权问题:获得遗传资源和利益分享;保护传统知识,无论是否与这些资源有关;以及民俗表达的保护。当然,最后两个与本章的主题密切

---

① 修订条文中关于"与传统知识保护互补"一般原则的评注如下:"这一原则认识到传统知识的内容或实质是不可分割的,对于许多社区来说,这是严格意义上的(传统知识)和民间文学艺术作品/民俗表达……委员会已确立的审议民间文学艺术作品/民俗表达和传统知识的法律保护的方法,与先前讨论的一样,是与传统背景相一致和尊重的,其中,民间文学艺术作品/民俗表达也通常被视为整体文化认同的组成部分,但同时这种方法又是严格的、单独的。"

② 世界知识产权组织简报文件将其宗旨描述为:"对快速变化的世界中知识产权制度所面临挑战的回应……呼吁积极探索新的方式,使知识产权制度能够继续为世界不同人口的社会、文化和经济进步提供引擎。"

相关。每一主题都跨越了知识产权法的传统分支,所以它们很难落入任何现有知识产权组织机构的职权范围,因而有必要建立一个新的政府间委员会来处理这些问题。在此框架内,自 2000 年以来,一个比 1982 年《示范条款》中规定得更为深远的特有制度正在酝酿之中,其目的是为传统知识和民俗表达提供适当的知识产权保护。要实现这一点,需要制定具体的新措施,以保护传统知识,使其超越知识产权制度中确立的现有权利。

这一政府间委员会工作的长期目标之一是未来制定一项新的国际条约,以解决遗传资源、传统知识和民间传说的知识产权相关问题。目前为止,这项工作促成了政府间委员会于 2014 年通过的《保护传统文化表现形式的修订条文》(第 2 版)和《保护传统知识的条款草案》(第 2 版)的制定,并商定下届会议中将这两个文本转交世界知识产权组织大会审议。[①] 在2014 年的讨论中,民间文学艺术作品、传统知识和遗传资源的主题领域被视为包含"交叉要素"。鉴于这两份文件(下文中讨论)目前为草案形式,且包含许多替代性阅读资料,此处对它们的考虑是比较整体的,并不能反映它们可能采用的最终形式。[②] 此外,需要注意的是部分文本在需要提出备选词语的情况下是保留的,在其他情况下,笔者对文本进行了总结以便阅读。

一、世界知识产权组织《保护传统文化表现形式的修订条文》(第 2 版)

文件中提出了制定规则的一些目标,表明了起草者认为的保护民间文学艺术作品面临的一些主要挑战和协议的重要目的,包括:向受益人(可能是当地社区、土著人民等)提供手段,以防止滥用和贬损使用他们的民间文学艺术作品,以控制他们的民间文学艺术作品(及其改编)在其习惯背景之外的使用方式,促进公平分享其在使用过程中产生的利益,并鼓励传统的创造力和创新;防止未经授权使用民间文学艺术作品;促进知识和艺术自由、研究等,以双方商定的公平和公平的条款为基础,并事先得到受益人的知情同意;以及确保第三方已经获得的权利、法律确定性和可获取的公共领域。[③]术语缺乏清晰性给这一领域的发展带来了不便,再加上使用术语的多样性,

---

① 第 28 届会议于 2014 年 7 月 7 日至 9 日举行。

② 为了清楚起见,也有必要对本文中出现的几种替代读物中的一种作出自由选择。

③ 在使用术语时,"公共领域"是指:"本质上不受某些国家立法中规定和执行的知识产权或相关形式保护的有形或无形的物质。例如,情况可能是这样的,问题的标的不具备国家知识产权保护条件,或者,视情况而定,保护期届满的。"

大大增加了一个本已具有挑战性的问题的复杂性，即对民间文学艺术作品（或民俗表达）应用传统的知识产权规则。"传统文化表达"在"术语的使用"中是指"任何形式的艺术和文学、创造性和其他精神表达，有形或无形，或其组合，如动作、①材料、②音乐和声音、③口头④和书面的（及其改编的），无论其体现、表达或说明的形式如何（可能以书面/编撰、口头或其他形式存在）。五种类型的民间文学艺术作品（即行动、材料、音乐、声音和语言）中的前四种都有脚注，列出了可能采取的形式。这些内容很有趣，因为它大大扩大了我们对知识产权保护主题的期望，令人想到了 2003 年《保卫非物质文化遗产公约》涉及的领域。⑤ 此外，还规定了一些将民间文学艺术作品作为保护对象的资格标准，这些标准同样包含了 2003 年《公约》中使人联想到《保卫非物质文化遗产公约》的几个要素：（1）它们由土著和当地社区共同创造、表达和维护；（2）它们与文化界的文化和/或社会特性和文化遗产有着明显的联系；（3）不论是否连续地代代相传；（4）使用期限由当事方确定，但不得少于 50 年；（5）是创造性智力活动的结果；（6）是/可能是动态的、进化的。⑥

迄今为止，界定本文书所提供保护的受益人也十分具有挑战性，有关这一问题的规定草案包含以下几种备选方案：

如有关规定，创建、表达、维护、使用和/或发展主题/传统文化表达，作为其集体文化或社会身份的一部分，符合本文书规定的资格标准或国家法律确定的资格标准。

或者更简洁的备选方案，如保护的受益人是土著人民和当地社区，或由国家法律确定。

由此可见，确定受益人，甚至决定使用这一术语⑦将是极其困难的，这里

---

① "例如，舞蹈、MAS 作品、戏剧、仪式、圣地和游乐场的仪式、游戏和传统运动/体育和传统游戏、木偶表演以及其他固定或不固定的表演。""MAS 作品"是指特立尼达狂欢节的 MAS 乐队，受版权保护。这一脚注的正文载于知识产权组织文件（N 147）第 4 页注 4。

② "例如，艺术、手工艺品、仪式面具或服装、手工地毯、建筑、有形的精神形态和神圣的地方的物质表达。"

③ "如歌曲、节奏和器乐，表达仪式的歌曲。"

④ "如故事、史诗、传说、通俗故事、诗歌、谜语等叙述；文字、符号、名称、符号等。"

⑤ 根据 2003 年《保卫非物质文化遗产公约》第 2(2) 条的规定，该领域包括：（1）口头传统和表达方式，包括作为非物质文化遗产载体的语言；（2）表演艺术；（3）社会习俗、仪式和节日活动；（4）与自然遗产有关的知识和实践；（5）传统工艺。

⑥ 它们特别令人想起 2003 年《保卫非物质文化遗产公约》代表名单上的铭文标准。见第 5 章。

⑦ "受益人"、"保护的受益人"或其他尚未提出的条款。

涉及一些关键问题。① 土著社区（如果明确提及）是被归类为"民族"还是仅仅是"土著和当地社区"这一总称的一部分？这一点很重要，因为如果使用"民族"一词，则表明他们是国际法下自决权的主体。②

　　文件还规定了受益人（应受到各缔约国保护）的各项权利以及各国应鼓励使用者采取的行动。③ 受益人的权利包括：创建、维护、控制和发展其民间文学艺术作品；④防止未经授权泄露和固定以及未经授权使用秘密和/或受保护的民间文学艺术作品；⑤基于事先和知情同意、批准、参与或双方同意的条款，授权或拒绝访问和使用民间文学艺术作品；防止与货物和服务有关的民间文学艺术作品的任何虚假或具有误导性的使用建议由受益人背书或与受益人有联系；禁止任何歪曲或损伤民间文学艺术作品或以其他方式冒犯、贬损或削弱其对受益人的文化意义的使用或修改行为。⑥ 应鼓励用户采取的行动是：（1）将民间文学艺术作品归于受益人；（2）根据事先知情同意或批准、参与和共同商定的条款，向受益人提供因使用受保护的民间文学艺术作品而产生的公平和公平的利益/补偿份额；（3）使用/利用知识的方式应尊重受益人的文化规范和做法，以及与民间文学艺术作品相关的道德权利的不可剥夺性。⑦ 文件还对由受益人维护但仍对公众开放的民间文学艺术作品作出了规定（尽管不是广为人知、神圣或秘密的）。在这种情况下，缔约国应确保/鼓励使用者基于事先知情同意或批准和参与以及双方同意的条款，承认作品来源于受益人，并向受益人提供公平的补偿/使用其作品获得的利益份额，除非受益人另有决定或该作品不能确认归属。⑧ 与任何此类国际知识产权规则一样，通常指定一个国家机构来管理协议的条款。就这套条款草

---

①　下面讨论的《关于传统知识的条款草案》在术语上也有同样的困难。

②　《联合国土著人民权利宣言》（UN Declaration on the Rights of Indigenous Peoples）（2007 年）中使用了这一术语，这很可能是谈判本文本经历了一个长期的过程的一个主要原因（联合国经济社会理事会（ECOSOC）于 1994 年通过了第一版草案）。

③　在关于资格标准、保护/保障的第 3 条草案中。

④　在草案文本中，这些被通篇称为"受保护的"民间文学艺术作品。

⑤　使用包括：固定；复制；公开演出；翻译或改编；向公众提供或传播；分发；除传统用途外的任何商业用途以及获取或行使知识产权。

⑥　参见《保护传统文化表现形式的修订条文》第 3.1 条草案。

⑦　参见《保护传统文化表现形式的修订条文》第 3.2 条草案。

⑧　参见《保护传统文化表现形式的修订条文》第 3.3 条草案。

案而言,有四个备选案文,①从纯粹由国家驱动的条款②到试图平衡国家利益和受益群体利益的条款(第一个备选案文)。③ 最后的替代方案将由世界知识产权组织指定适当的权威机构,这可能意味着谈判代表对就任何其他替代方案达成一致并不乐观。

　　缔约国应当对民间文学艺术作品保护采取适当的限制和例外,④只要这些限制和例外的结果是:尽可能确认受益人;不冒犯或贬损受益人;符合合理使用/交易/惯例;不与受益人对传统文化表达方式的正常使用相冲突;在兼顾第三人合法利益的同时,不得无理损害受益人的合法利益。本条草案的第二备选案文还提到必须"符合公平做法"。允许这种例外在平衡受益人与其他第三方的利益方面发挥重要作用,是这种制度中的一个必要因素。然而,至关重要的是,这些措施必须受到足够的限制,以保护受益人的基本利益。允许特定豁免,例如,以非商业性学习、教学和研究目的(根据国家制定的协议),用于非商业性保存、展示、研究和在档案馆、图书馆、博物馆或其他文化场所展示民间文学艺术作品,创作受传统文化表现形式启发、基于传统文化表现形式或借鉴传统文化表现形式的原创作品。最后一个例外很有趣,因为它强烈地反映了知识产权规则的精神,这些规则的主要目的是鼓励创造性。此外,公共文化机构将其用于"非商业文化遗产或其他公共利益、研究和展示目的",以及合法地从受益人以外的来源和/或受益人社区以外的已知来源获得民间文学艺术作品的使用/利用都是允许的。最后两项强调,修订条款的目的是防止征用和不当使用目前由受益群体控制的民间文学艺术作品。此外,对于已经受知识产权(著作权、商标权、专利权、工业设计权)保护的作品,该规定不禁止其允许的行为。

　　如上所述,传统上根据知识产权规则处理权利期限的方式通常与民间文学艺术作品不兼容。修订条款建议,缔约国应与受益人协商,将期限定为只要传统文化表现形式符合/满足本文件规定的保护资格标准。文件允许他们决定保护民间文学艺术作品不受"任何歪曲、残害或其他修改或侵犯,

---

① 根据关于权利/利益的管理的第 4 条草案下的第 4.1 条草案。

② 第三备选案文第 41 条:"成员国/缔约方可根据本国法律设立一个主管当局,管理根据本文书规定的权利/利益。"

③ 其内容如下:"成员国/缔约国可/应设立/任命一个或多个主管当局,根据本国法律并在不损害传统文化表达权持有人/所有人根据其习惯议定书、谅解、法律和惯例管理其权利/利益的情况下事先获得与传统文化表达方式持有人/所有人的知情同意或批准和参与。"

④ 关于备选案文 1 的例外和限制的第 5 条草案。

但以损害受益人或其所属地区的名誉或形象为目的的行为"应无限期进行。①

关于其他国际文书,缔约国的执行应"以相互支持的其他现有国际协定的方式",不应削弱或消灭土著或地方社区现在拥有或将来可能获得的权利。② 一项条款再次回顾了2003年《保卫非物质文化遗产公约》的做法,该条款要求缔约方在涉及土著和当地社区的情况下,在处理跨境民间文学艺术作品方面进行合作。③ 此外,提到能力建设和提高认识也使人想起2003年《公约》的做法,④虽然被列为最后一条草案,但这是一个潜在的重要做法:除此,委员会呼吁缔约方"为土著人民和当地社区提供必要的资源,并与他们联合起来",在其社区内制定能力建设项目,其重点是制定适当的机制和方法,在土著人民和地方社区的充分和有效参与下加以发展。它承认了在政府机构和在有关社区内进行有效能力建设的根本重要性,更重要的是,必须为此制定适当的材料和方法。⑤ 其他条款草案涉及权益管理(第4条)、手续(第7条)、制裁、补救和行使权利(第8条)、过渡措施(第9条)和国民待遇(第11条)。

修订后的条款要求采取灵活的做法,因为各种各样的法律机制可以实现有效和适当的保护,而在原则层面上过于狭隘或僵化的做法却可能限制有效的保护。该种保护应符合特技教育的传统特征,即其集体性、社区性和代际性;它们与一个社区的文化和社会身份、完整性、信仰、精神和价值观的关系;它们往往是宗教和文化表达的载体;以及它们在社区中不断发展的特征。此外还应注意,在实践中,民间文学艺术作品并不总是在有明确界限的可识别"社区"内创建。由于这些条款草案涉及防止第三方在传统背景之外滥用这种材料的具体法律保护手段,因而并没有对习惯法、议定书以及土著人民和其他地方社区的做法强加定义或类别。此外,所提供的保护不应妨碍有关社区根据其习惯法和惯例对民间文学艺术作品的使用、发展、交流、传播。如果社区认同这种表达方式的使用以及由此产生的任何修改,则在发展和维持传统文化形式表达的社区中,进行文化在当代的利用不应视为

---

① 参见《保护传统文化表现形式的修订条文》第6.1条和第6.2条。
② 参见《保护传统文化表现形式的修订条文》第10条。
③ 参见《保护传统文化表现形式的修订条文》第12条。
④ 参见《保护传统文化表现形式的修订条文》第13和第14条。
⑤ 参见《保护传统文化表现形式的修订条文》第10.2条。回顾了《联合国土著人民权利宣言》(UN Declaration on the Rights of Indigenous Peoples)(2007年)中采取的做法。

扭曲。

二、世界知识产权组织《保护传统知识的条款草案》(第2版)

关于保护遗传资源(其衍生物)和传统知识,知识产权组织编写了一份谈判文本,供政府间委员会2012年夏季会议辩论。另外,这里审查的条款草案是为保护传统知识而拟定的,重要的一点是,这些条款草案是在上述关于民间文学艺术作品的修订条款的委员会同一届会议上通过的。因此,传统知识在某种程度上与遗传资源问题是脱节的,尽管被放在一个单独的文本中,但却与民间文学艺术作品结合在一起。这不无原因,与遗传资源有关的法律问题是相当技术性的,一般属于知识产权保护的领域,①而如本章所承认的,如果将民间文学艺术作品视为当地和土著社区文化遗产的组成部分,则民间文学艺术作品和传统知识之间是一个共同体。如果我们审视后一种关系,就会明白在这种情况下,"文化"不应被视为一种主要的艺术或审美结构,而应被视为一个特定社会的整个生活方式,包括技术和诀窍、语言、价值观、仪式、宗教和精神信仰、符号和性别关系等方面。此外,"传统"因素并非一成不变的,因为传统(如信仰和知识)在不断演变,而且是动态的。因此,传统知识的传统特征不是其古老性,而是其获得和使用的方式。② 我们还必须认识到,传统的知识拥有者不仅限于土著人民,还包括其他当地社区,如渔民和农民。为了更好地理解传统知识的性质及其价值,条款草案载有以下声明,在此值得引用:

……传统知识的整体的、独特的性质及其内在的价值,包括其社会、精神、经济、知识、科学、生态、技术、商业、教育和文化价值,承认传统知识体系是不断创新和独特的智力和创造性生活的框架,对土著人民和地方社区根本上具有内在的重要性,与其他知识体系具有同等的科学价值。③

这不仅阐明了传统知识作为其保护(其主要目的)基础的价值,而且还作为传统知识定义的一种形式。所讨论的传统知识的价值主要是针对这些社区的,其范围很广泛,包括"社会、精神、经济、知识、科学、生态、技术、商业、教育和文化"。传统知识后来被定义为具有以下基本特征:它是由土著

---

① 例如,《联合国生物多样性公约》(1992年)概述的权利和义务。

② Graham Dutfield,《公共和私人领域》(N 110)第274页指出:"学习和分享知识的社会过程是每一种土著文化所特有的,是其'传统性'的核心所在。许多此类知识实际上是相当新的,但它具有社会意义和法律性质,完全不同于土著人民从定居者和工业化社会获得的知识。"

③ 草案序言,原则(1)。

和地方社区在集体背景下创建和保持的;它与土著和地方社区的文化和(或)社会特性和文化遗产直接相关(有显著联系);它代代相传,无论是否连续;它可能以法典化、口头或其他形式存在;并且(或)可能是动态的和不断发展的。①

　　下一项原则(认识和尊重)中在人权层面提出了保护传统知识的要求,这项原则要求尊重传统知识体系和"保护和维护这些体系的传统知识拥有者的尊严、文化完整性和精神价值"。② 以下原则体现了该文件的一个主要目的,即促进、支持、保护(和尊重)传统知识体系,特别是通过"鼓励这些知识体系的保管人来保护其知识系统"。我们再次看到,其所采取的方法的两个关键点:第一,传统知识本身是创造性过程和创新的结果;第二,保护这种知识的创造者的权利对其持续生存至关重要。③ 另一个相关的方法是需要"承认一个充满活力的公共领域和知识体系的价值,所有人都可以使用,这对创造力和创新是必不可少的",以及接下来,需要对公共领域进行保护和加强。④ 这表明了一个基本立场,即传统知识作为一种共同持有的知识(至少在那些习惯性获取知识的人中)传统上以公共领域的形式存在,而经典的知识产权规则往往会将这些知识从公共领域中"封闭"出来,并对其产生私有的垄断权。因此,保护持有者群体和知识本身的利益必须涵盖保护这一传统公共领域的方式,这一传统公共领域可能被视为一种"第三领域",其位于由知识产权创造的私有领域和由许多法律制度为非知识产权保护的知识营造的完全开放和可访问的公共领域之间。⑤ 在鼓励"记录和保存传统知识,鼓励披露、学习和使用传统知识"的原则中,寻求对传统知识的习惯性控制与允许更广泛地使用传统知识之间的平衡,只要它符合习惯规则/规范、传统知识持有人的事先知情同意、双方商定的条款等。⑥ 关于传统知识和公

---

① 第1条草案。这些要素与2003年《保卫非物质文化遗产公约》第2(1)条中对"非物质文化遗产"的理解也密切一致。值得注意的是,它作为文化遗产的特征在这里得到了明确的表述。

② 草案序言,原则(ii);备选案文。

③ 这一点在第6条原则中得到了进一步的体现,该原则指出,"对传统知识的保护应有助于促进创新,有助于知识的转让和传播,从而使传统知识的拥有者和使用者互惠互利,并以一种有利于社会和经济福利以及权利和义务的平衡方式"。

④ 草案序言,原则(5)。

⑤ 根据术语的使用,"公共领域"是指"根据其性质,不受或可能不受既定知识产权或相关形式保护的无形物质,由使用的国家的法律保护"的领域。例如,如果所涉标的物不符合国家层面的知识产权保护的先决条件,或者视情况而定,如果以前的任何保护期限已经届满,就可能出现这种情况。

⑥ 序言草案,原则(9)进一步指出,条款草案不应"限制受益人在传统和习惯背景下,在社区内部和社区之间产生、习惯使用、传播、交流和发展传统知识"。

共领域,需要注意的另一个问题是,在许多传统社区,传统知识的持有者和/或部落首领发挥着知识保管人的作用,并对其承担责任,即使知识被置于可能有问题的公共领域。

本文件所述的前四项政策目标与经修订的规定非常相似。① 其中主要的新附加的内容是最后一段,该段规定了文书的目标,即"防止"给予传统知识(或与遗传资源有关的传统知识)错误的知识产权/专利权。当然,正如我们以前看到的那样,传统知识面临的主要挑战是授予专利权,从而有效地形成对土著和地方社区几代人甚至几千年来共同拥有的知识的私人垄断。因此,在任何保护传统知识的文书中,这都是一项重要的目的声明。② 如果传统知识不局限于、归属于某一特定土著或当地社区、或由特定土著或当地社区主张,则缔约国可指定一个国家当局作为所提供保护的利益/受益人的保管人。③ 受益人各自的权利(应受到当事方的保护)和当事方应鼓励使用者采取的行动在接下来的条文中得到了列举。第一,为保护受益人④对土著或地方社区内神圣、秘密或密切持有的传统知识的权利,缔约国应确保受益人拥有采取措施的专属和集体权利:创造、维持、控制和发展其传统知识;防止未经授权披露、使用或以其他方式使用保密的传统知识;在事先知情同意的基础上,授权或拒绝获取、使用和/或使用传统知识;并通过知识产权申请中的披露机制获取其传统知识的情况。⑤ 最后一项[在下文(4)中也有体现]极为重要,因为传统知识持有人极有可能不知道某一大型跨国公司在海外专利局对其传统知识的某方面申请专利;他们防止这种知识产权主张的能力(其中许多主张将与本条款草案背道而驰)在很大程度上取决于其是否得知这种存在披露机制。应鼓励传统知识的合法使用者采取某些措施,包括:(1)将有关传统知识归属于受益人;(2)根据事先知情同意或批准、参与和共同商定的条件,向受益人公平、公正地分享使用传统知识所产生的惠益/补偿;(3)以尊重受益人的文化习惯和做法以及与受保护的传统知识有关的不可

① 即向受益人(可能是当地社区、土著人民等)提供防止盗用/滥用/未经授权使用/不公平和不公平使用传统知识的手段,控制其传统知识的使用方式超出传统和习惯范围,促进在事先获得知情同意或批准(和/或公平和公平的补偿)的情况下公平分享因使用而产生的利益,并鼓励基于传统的创造力和创新。

② 传统知识专利的颁发见第4条(见下文)。

③ 草案第2.2条。

④ 参见草案第3.1条(a)(i)—(iv)的保护范围。

⑤ 根据国内法和国际法律义务,这些可能(应)要求提供证据,证明遵守事先知情同意或批准以及参与和利益分享的要求。

剥夺、不可分割和不可描述的道德权利的方式使用(利用)知识。① 文件也对仍然由受益人保存并公开提供(尽管不是广为人知的、神圣的或秘密的)的传统知识作出了规定。在这种情况下,缔约国应确保/鼓励用户:(1)将受益人列为传统知识的来源并予以承认,除非受益人另有决定或传统知识不属于某一特定土著或当地社区;(2)根据双方商定的条件,向受益人提供公平和公正的补偿/分享其使用/利用所产生的惠益;(3)以尊重受益人的文化规范和做法及其相关道德权利的方式使用/利用传统知识;(4)通过应用知识产权中的披露机制获知对其传统知识的获取(见上文评述)。

文件建议采取一系列积极主动的"补充措施",以加强这些条款草案另外规定的更为标准的与知识产权有关的保护,其中包括:开发用于保护传统知识的国家传统知识数据库;建立、交换和传播遗传资源和相关传统知识数据库,并获取这些数据库;提供反对措施,允许第三方对专利的有效性提出争议(通过提交先前技术);鼓励制定和使用自愿行为守则;阻止他人未经受益人同意,以违反公平商业惯例的方式,合法地披露、获取或使用受益人控制范围内的信息(只要传统知识是秘密的、有价值的,就采取合理步骤防止未经授权的披露)。② 另一项拟议的措施可能在编撰与传统知识有关的口头信息和发展传统知识数据库③方面产生一定问题,因为这类知识的秘密和/或神圣性质可能与社区发生冲突。

还提出了一种通过涉及与传统知识有关的发明、工艺或产品的专利(和植物品种)授予知识产权申请的披露机制。④ 所需信息包括申请人"收集或接收"知识的国家(或原籍国,如果有所不同)。还应说明是否已获得事先知情同意或批准,以及是否参与获取和使用。⑤ 然而,不遵守披露的并会获得专利赋予的任何权利,尽管根据国家法律可能适用包括刑事制裁在内的其他制裁手段。这一问题仍在讨论中,文件中还提出了一个备选草案,根据该草案,除了在披露"对新颖性、创造性步骤或实现的专利性标准具有重大意义"的情况下,将不会要求披露。这样一种提法将大大缩小该条款的范围,并意味着在

---

① 草案第3.1(b)(ⅱ)条仅载于备选案文。第4条之二草案涉及"披露要求"的细节。

② 第3条之二草案。这里的"价值"大概指的是上面列出的传统知识的价值。

③ 与跨界传统知识数据库合作,并向国家知识产权局提供信息。第3条之二第6款草案载有一项重要的但书,即"知识产权局应当确保这些信息是保密的,除非在审查专利申请期间这些信息被称为现有技术"。

④ 草案关于"披露要求"的第4条之二。

⑤ 草案第4条之二第1款。

这些具体情况下,只需向社区通报专利和植物品种权的申请情况。

与民间文学艺术作品的情况一样,有必要对条款草案中提供的保护规定一些例外和/或限制,以便使这一制度既可行,又能为基础广泛的知识产权组织成员国集团接受。特殊例外情况通常与民间文学艺术作品类似,增加了"在国家紧急情况或其他极端紧急情况下"的规定。① 这种例外/限制只能适用于传统知识,这些传统知识并不是神圣的、秘密的或在土著或当地社区内以其他方式密切持有,并且需要事先获得他们的知情同意(或类似同意)。此外,还应满足某些特定要求,其与民间文学艺术作品的要求几乎完全相同。② 无法确定专属知识产权的情况也适用于独立创造的(受益人群体以外的)传统知识使用,这些传统知识来自受益人以外的来源,或通过合法手段在受益人群体之外被知晓。③ 此外,如果传统知识源于印刷出版物,经一个或多个传统知识持有人事先知情同意或批准并参与,以及双方商定的获取和利益分享条款和/或公平和公正的补偿,则不能将其视为盗用或滥用。④ 上述情况是对传统知识使用者的重要保障,反映了必要的利益平衡,同时也有助于通过进一步澄清将适用这种保护的情况,加强对传统知识的保护。

对于在一个以上缔约国领土内发现的传统知识的处理,也作出了类似的规定(与经修订的关于民间文学艺术作品的规定类似):在这种情况下,缔约国应努力酌情在土著社区和有关地方社区的参与下合作执行本文书的条款。⑤ 虽然这是一项"软"规定,但对于表明共享传统知识的缔约方之间进行跨境合作的可取性很重要。正如执行 2003 年《保卫非物质文化遗产公约》的经验所表明的那样,为这种合作提供一个框架是非常有益的,可能导致缔约国采取一些本来不会采取的联合行动。⑥ 条款草案中有关制裁、补救和行使权利(第 4 条)、权利/利益管理(第 5 条)、保护/权利期限(第 7 条)、手续(第 8 条),过渡措施(第 9 条)、与其他国际协定的关系(第 10 条)和国民待遇(第 11 条)的其他规定。

---

① 参见草案第 6.3(3)条。

② 在可能的情况下,应承认受益人的使用:不冒犯或贬损受益人;符合公平做法;不与受益人对传统知识的正常使用相冲突;考虑到第三方的合法利益,不会不合理地损害受益人的合法利益。

③ 参见草案第 6.4 条。

④ 参见草案第 6.5 条。

⑤ 参见草案第 12 条。

⑥ 在共享非物质文化遗产方面的合作案例见第五章,例如,包含共享非物质文化遗产的亚马逊(秘鲁和厄瓜多尔)土著民族的跨境萨帕拉(Zápara)传统。

第八章
文化遗产和人权

第一节　引言

　　本章旨在阐明文化遗产的国际保护与人权法之间的明确联系。我们在这里了解到,过去对于一个地方和/或国家社区的文化(和其他)意义、它的历史意义,以及最重要的是,作为个人和群体身份建设的核心要素,其外在价值值得保护。为了进一步校验这种提议,有必要确定与这一讨论有关的人权,这些人权主要是文化权利,但也可能包括其他对文化遗产的创造、实践、享受、制定和获得来说必不可少的人权。首先,检验了人权与文化遗产之间存在的关系基础,它们在一定程度上表明人权如何成为保护文化遗产的理由。其次,将参照现有文书分析国际文化遗产保护的一些主要方法,以及这些文书如何反映文化遗产保护的人权方面。最近关于保护文化多样性和保卫非物质文化遗产的讨论比以往更直接地将人权问题置于文化遗产保护的前沿。例如,保护文化多样性现在被认为是全人类的一项权利,[①]而保卫非物质文化遗产现在使各国有责任确保其生存能力。[②] 这反过来又意味着承认有关社区在其实践和维护中享有广泛的社会和文化权利。然而,如果认为只有在这些领域才能找到两者之间的联系,那就错了。

---

　　① 参见《文化多样性国际宣言》(教科文组织,2001 年)第 1 条,http://portal. unesco. org/en/ev. php-URL_ID = 13179&URL_DO = DO_ TOPIC&URL_SECTION = 201. html,于 2015 年 2 月 23 日访问,文件中指出:"这种(文化)多样性体现在构成人类的群体和社会的独特性和多元性。作为交流、创新和创造力的源泉,文化多样性对于人类来说是必不可少的,就像生物多样性对于自然一样。从这个意义上说,它是人类的共同遗产,应该为今世后代的利益得到承认和肯定(强调补充)。"2005 年《文化表现形式多样性公约》在序言第 2 段指出:"文化多样性构成了人类的共同遗产,应当为所有人的利益而加以珍惜和保护。"
　　② 《保卫非物质文化遗产公约》(教科文组织,2003 年 11 月 17 日)第 1 条[2368 UNTS 3]规定了该公约的宗旨。

人权与文化遗产之间有着密切的联系,因为它们有共同的目标和特点。例如,一个有趣的共同特征是可以在它们的时间特征中找到。我们认为遗产(其内容、解释和表述)是根据当前的需求来选择的,同时,留给一个想象的未来,①因此,过去服务于当前的需求以及未出生的后代的需求。② 同样,人权不仅是关于改善我们的现状,而且在更深的意义上,是关于创造条件,使我们能够成为我们希望成为的那种人,成为我们希望生活的那种社会的人;③此外,人权也关心为后代的利益提供积极的遗产。在这两种情况下,他们的抱负都反映了人类的一种愿望,即发展我们的能力,④了解我们是谁,以及我们在这个世界上的位置。正如格莱姆(Graham)和霍华德(Howard)所指出,遗产可以被理解为"非常有选择性的(元素)……成为当下的文化、政治和经济资源"。⑤ 换句话说,文化遗产可以被理解为一种资源,使个人和社会能够发展他们或明或暗希望传给后代的能力。就文化遗产法的演变而言,这一观点反映了从 1972 年《世界遗产公约》所提倡的"人类文化遗产"观念,转变为更重视"社区、团体和……个人",如同 2003 年《保卫非物质文化遗产公约》第 15 条规定。这一点在《欧洲理事会法罗公约》(2005 年)⑥得到了确认,其中将文化遗产定义为"从过去继承的一组资源,这些资源是人们独立于所有权之外所确定的,是他们不断发展的价值观念、信仰、知识和传统的反映和表达"。因此,自联合国大会 1986 年通过的一项"团结一致"的发展

① Brian Graham and Peter Howard, Introduction: Heritage and Identity, in The Ashgate Research Companion to Heritage and Identity edited by Brian Graham and Peter Howard(Aldershot, UK: Ashgate Publishing, 2008) p. 1-18 at p. 2.

② David Lowenthal, The Heritage Crusade and the Spoils of History (Cambridge University Press, 1996).

③ Jack Donnelly, Universal Human Rights in Theory and Practice, 2nd edn (Cornell University Press, 2003).

④ Vijayendra Rao 和 Michael Walton,《文化与公共行动导论》,Vijayendra Rao 和 Michael Walton(世界银行和斯坦福大学出版社,2004 年)在第 4 页将文化描述为"关注身份、愿望、象征交换、协调,以及服务于关系目的的结构和实践,如种族、仪式、遗产(强调)"。关于能力的概念,参见 Arjun Appadurai,《追求的能力:文化和认可的术语》,Vijayendra Rao 和 Michael Walton 编辑的《文化和公共行为》,世界银行和斯坦福大学出版社,2004 年版,第 58~84 页。

⑤ Brian Graham and Peter Howard, Introduction: Heritage and Identity(n 3) at p. 2.

⑥ The Council of Europe Framework Convention on the Value of Cultural Heritage for Society(Faro, 27/10/2005)[CETS No 199]将文化遗产定义为"从过去继承的一组资源,这些资源是人们独立于所有权之外所确定的,是他们不断发展的价值观念、信仰、知识和传统的反映和表达。它包括人与地方通过时间的相互作用而产生的环境的所有方面"[第 2(a)条]。

权以来,①我们可以发现文化遗产保护和人权之间存在着进一步的直接关系。文化遗产条约制定方面的最新进展认为,文化遗产(2003 年《保卫非物质文化遗产公约》)是人们生活中活生生的、充满活力的现实,与人类发展直接相关。② 2005 年《公约》要求缔约方创造一种环境,鼓励个人和社会团体创造、生产、传播、分发和获得自己的文化表达,从而更加明确地支持文化发展的权利(以及对其他经济、社会和知识产权的保障)。③

人权问题一直是许多文化遗产保护工作的核心问题,尽管这种关系没有得到明确说明,它不仅适用于非物质的遗产,也适用于有形的遗产。因此,世界遗产委员会和教科文组织秘书处越来越鼓励地方社区团体更多地参与这些档案的编制及其有关的管理计划。人们现在也接受,地方社区团体应该得到因场地保护而失去权利的补偿,并应适当分享从保护和管理场地中获得的利益。④ 2011 年 3 月,⑤人权理事会通过了一份关于文化遗产使用权和享有权的报告,该报告首次正式认可了文化遗产是人权的一个适当主题。报告一开始就对人权与文化遗产保护的关系作了如下表述:"正如国际法和实践所反映,保护/保障文化遗产的需要是一个人权问题。文化遗产不仅本身很重要,而且与人的维度有关,特别是对个人和社区及其身份和发展过程的意义。"⑥然而,这一断言立即提出了需要在此解决的问题,其中包括以下问题,哪些文化遗产值得保护?谁来定义文化遗产及其意义?个人和社区能在多大程度上参与文化遗产的解释和保护?他们能在多大程度上接触并享受它?如何解决文化遗产的冲突和利益冲突?文化遗产权可能受到哪些限制?在本报告中,莎荷德(Shaheed)阐述了这项权利的范围和内容,以及各国为履行其支持、保护和促进领土上各种文化遗产的使用权利和享受权的义务所需要采取的措施种类。重要的是,她还针对文化遗产的不

① 1986 年 12 月 4 日联合国大会第 41/128 号决议通过的《联合国发展权利宣言》。
② 20 世纪 90 年代初,教科文组织正式指出,"有必要强调文化遗产对社区的作用,因为文化遗产是人民的一种生活文化,对文化遗产的保护"应被视为多层面发展的主要资产之一"。参见教科文组织第三个中期计划(1990—1995 年)[Doc 25C/4]第 215 段。
③ 参见 2003 年《保卫非物质文化遗产公约》第 7 条。
④ Sophia Labadi, World Heritage: Challenges for the Millennium (Paris: World Heritage Centre, UNESCO,2007).
⑤ 人权理事会,文化权利领域独立专家 Farida Shaheed 的报告,人权理事会第十七届会议议程项目 3,2011 年 3 月 21 日[联合国文件 A/HR/C/17/38]。在第 4 段,她指出:"国际法和实践表明,保护/保障文化遗产的需要是一个人权问题。文化遗产不仅本身很重要,而且与它的人文维度有关,尤其是它对个人和社区的意义,以及它们的身份和发展过程。"
⑥ Human Rights Council,Report of the Independent Expert(n 13) at para 1.

同利益相关者——从国家及其机构到地方社区和企业——以及他们各自的权利和责任。

然而,保护文化遗产国际法①并没有充分响应人权的要求,尽管近年来为使国际文化遗产条约具有更强的人权倾向而作出了种种努力。这一进程中的关键因素是,文化社区更密切地参与管理、保护和保障的各个方面,包括重要的是确定哪些应该被视为遗产。这种参与性方法确实可以理解为使遗产实践民主化的一种关键手段,鉴于民主在现代人权制度中的基本作用,这也是以人权为基础的遗产管理和保护方法的重要基础。然而,在文化遗产条约②中,国家主权对国家政策制定的强烈保留极大地限制了它们能够真正反映基于人权的做法程度。的确,人权法能够干预通常属于国家主权的领域,在国际立法中是一种反常现象。③ 因此,必须清楚地认识到哪些人权有助于保护遗产以及不同社区、群体和个人对其遗产的权利,因为我们可能不得不依靠人权而非文化遗产法律予以保护。

第二节 文化遗产与人权之间的一些关键概念

一、文化遗产在文化认同建构中的作用

在任何关于人权的讨论中,文化遗产最相关的方面之一是它在地方社区、区域或国家一级的文化认同建设中发挥的核心作用。与这一讨论高度相关的是,需要注意文化身份的保存对于人类尊严的核心所在幸福感和自

---

① 广义上理解为涉及保护、保存和保障的所有行动,包括赋予其社会和政治价值。

② Paul Kuruk, Cultural Heritage, Traditional Knowledge and Indigenous Rights: An Analysis of the Convention for the Safeguarding of Intangible Cultural Heritage, Macquarie Journal of International and Comparative Law, Vol. 1(2004), p. 111-134.

③ Martin Dixon, Textbook on International Law, 3rd edn, reprinted (Blackwell Books, 1998). See also: Ana Filipa Vrdoljak, Human Rights and Cultural Heritage in International Law, in International Law and Common Goods—Normative Perspectives on Human Rights, Culture and Nature edited by Federico Lenzerini and Ana Filipa Vrdoljak(Hart Publishing, 2014) p. 139-73 at p. 142. at p. 152, 她指出:the Convention for the Safeguarding of Intangible Cultural Heritage(UNESCO, 17 November 2003) [2368 UNTS 3] 采用了一种分裂的方法,其中序言和目的表明文化和遗产对社区和个人的重要性,但实质性的文章仍然强烈支持国家利益。

尊来说往往是至关重要的。因此,维护文化认同可以说是人权本身的核心。① 那么,文化身份权包括哪些内容呢? 从本质上讲,文化认同权是指单独选择一个人的文化认同或与他人共同选择一个人的文化认同的权利,除此以外,它包括每个文化群体保存、发展和维护自己特定文化的权利,不受异质文化影响的权利,以及积极区别对待少数民族,支持他们参与更广泛的社区文化生活的权利。在这方面应该记住,每个人都可以归因于一种或多种文化特征。此外,任何社区或团体都不应该把自己的文化身份强加给不想认同自己的个人,因此自我认同也是文化身份权的一个重要方面。不仅对个人本身,而且就其所属的国家或其他社区而言,尊重文化特性的权利日益被视为具有根本的重要性。②

因此,文化遗产在身份建设工作中的作用体现在几个层面上,即个人(可能具有多重身份)、社会群体、社区③和人民或国家的作用。甚至有可能断言,人类的普遍认同——如人类的身份——基于世界遗产名录"杰出"文化财产的共同遗产,或者不同文化遗产多样性的价值。因此,这表明人权与文化遗产(通过身份概念联系在一起)的另一个有趣的共同特征是,它们可能同时具有普遍性和特殊性。当然,在这最后一个层次上,许多国际文化遗产法是主权国家创造的、以国际合作原则为基础的实证主义运作制度。

"民族"的本质是无形的,是一种心理归属感,其中文化遗产和语言的双重因素是其重要组成部分。④安德森(Anderson)⑤将民族国家作为一个"想象共同体"进一步研究,想象共同体是一个经常使用前现代民族身份和象征主

---

① Eugene Kamenka, Human Rights: Peoples' Rights' in The Rights of Peoples edited by James Crawford(Oxford: Clarendon Press, 1988)at p. 127-140 解释这种关系如下:"认同感对人类的重要性,是通过习俗和传统,历史证明,宗教……对大多数人来说,[这种认同感]对他们的尊严和自信至关重要,是构成人权概念本身部分基础的价值观念。"

② 最常见的框架是关于单一国家内文化少数群体和土著人民的权利。

③ 在这里,一个社会群体可能是基于性别的,具有共同的文化元素,而一个社区通常是一个更大的实体,基于语言、种族和/或宗教信仰。

④ William Connor,"一个国家是国家,是地州,是族群,是……" ch 7 in Nationalism Edited by John Hutchinson and Anthony D. Smith(Oxford University Press, 1994) p. 34-36.

⑤ Benedict Anderson, Imagined Communities, in Nationalism Edited by John Hutchinson and Anthony D. Smith(Oxford University Press, 1994) p. 89-95.

义的政治共同体。[1] 建立在与过去神话联系基础上国家建设的一个范例是（后奥斯曼）现代土耳其共和国与古代安纳托利亚和赫梯人的认同，并伴随着对波斯文字的排斥。由于国际法是建立在民族国家基础上的一个体系，[2]因此保存国家的文化身份（无论是真实的还是想象的）对其持续生存至关重要。现代国家是一个领土实体，在这个实体中，人民和土地通过共享的景观、历史和记忆团结在一起。在这一点上，一个国家及其人民的文化遗产可以看作一个国家的象征景观。[3] 国际文化遗产条约也反映了文化遗产在建设国家认同中的组成作用。[4]

　　文化遗产对国家、民族和其他文化群体的身份的重要性是国际上保护文化遗产的主要理由之一。1968 年教科文组织关于公共工程[5]危害文化财产的建议强调了这一点，将文化财产描述为"过去不同传统和精神成就的产物和见证"，因此是世界人民性格的一个重要因素。[6] 因此，它应该作为一种"人们可以通过它获得自己尊严意识"的工具加以保存。教科文组织 1970年的《关于禁止和防止非法进出口文化财产和非法转让其所有权的方法的公约》还提到了有关文化财产对其所属人民（即原籍国）身份的重要性。[7]

　　由于保障人的尊严是一个基本概念，人权是以这个概念为基础的，因

---

① Eric Hobsbawn, The Nation as an Invented Tradition ch 12 in Nationalism Edited by John Hutchinson and Anthony D. Smith(Oxford University Press, 1994) p. 76-82. 这种建立在与过去神话联系基础上的国家建设的一个很好的例子是，将（后奥斯曼 post-Ottoman）现代土耳其共和国，1923 年由穆斯塔法·凯末尔·阿塔特·勒克（Mustafa Kemal Ataturk）与古代安纳托利亚（Anatolia）和赫梯人（Hittite）建立起来。事实上，塞尔柱（Seljuks）和公元前 10 世纪在安纳托利亚（Anatolia）定居的奥斯曼人（Ottomans）和公元前 3000 年居住在该地区的古代赫梯人（Hittite）之间没有历史或考古上的联系。

② 这是一个由各国制定的法律制度，它取决于各国是否同意受其义务的约束而具有可行性。Akehurst's Modern Introduction to International Law edited by Peter Malanczuk, 7th revised edn(Routledge, 1997) at p. 3.

③ Anthony D. Smith, The Origins of Nations' ch 22 in Nationalism edited by John Hutchinson and Anthony D. Smith(Oxford University Press, 1994) p. 147-154. 这一事实在许多（如果不是大多数的话）国家文化遗产立法中得到了明确的体现，而且往往也体现在一个国家的宪法中。Vrdoljak, Human Rights and Cultural Heritage in International Law(n 17) notes at p. 142 写道："每一个国家都试图通过一种独特的文化身份来界定自己，这种文化身份是由其对文化财产的无可争议的占有构成的。"

④ the Preamble to the Convention on the Means of Prohibiting and preventing the Illicit Import, Export and Transfer of Ownership of Cultural Property(UNESCO, 1970)[823 UNTS 231] notes that："文化财产是文明和民族文化的基本要素之一。"

⑤ 1968 年 11 月 19 日教科文组织大会通过。

⑥ 参见《关于保护公共或私人工程危害的文化财产的建议》序言。

⑦ Convention on Preventing the Illicit Import, Export and Transfer of Ownership of Cultural Property(n 26) in the Preamble.

此,从某种意义上说,这应该被看作一项人权以及一个纯粹的"文化遗产"问题。然而,在这一主张的人权背景下缺少任何明确的陈述,①普罗特(Prott)警告说,由于文化认同概念及其与"人"或"社区"的关系的复杂性,这是一个具有挑战性的立法领域。② 关于民族文化认同的这一权利的表达方式如下。必须在各国人民自决权的框架内审议各国人民的文化发展(不论是少数民族还是多数民族),这是一项基本权利,如果没有这项权利,其他人权就不能真正享有。因此,当我们把个人的文化认同权利与一个民族的自决权利结合起来时,③就意味着存在某种保护和表达一个民族(或国家)文化认同的权利。④ 因此,我们拥有:(1)文化团体(包括一个民族团体)成员保存、发展和维持他们自己的特定文化和文化遗产的权利;(2)其他国家尊重这种身份的权利。

文化认同问题的复杂性,以及授予文化认同权的含义,可以通过支撑文化遗产保护的原则之间明显冲突进行阐释。例如,"额尔金大理石"(从雅典帕台农神庙移走的建筑特色)对希腊作为一个国家和民族的身份具有重要的象征意义,同时也被视为人类共同遗产的一部分。因此,我们有一个民族同其文化遗产建立特殊关系的具体权利,同时也有所有人平等享受人类文化遗产的权利。当考虑保护特定群体的特殊利益场所时,这一点就更加清楚了。这可以被视为某种归属于土著和少数民族群体的"特殊地位"权利(如发展自己文化的权利),他们的文化甚至生存受到威胁。即使来自该集团以外的人也对保护该集团感兴趣,情况仍然如此。以澳大利亚卡卡杜国家公园的土著岩石艺术为例,该公园在1972年被联合国教科文组织列为世

---

① 《阿尔及尔宣言》(1976年)是各国人民与文化身份相关的唯一直接表达权利的文件,该宣言是由国际和人权律师私人协会制作的一份不具约束力的文书。它包含以下潜在权利:(1)尊重文化身份的权利(第19条);(2)人民不受外来文化影响的权利(第15条)。有关更多信息,请参见:Lyndel V. Prott,'Cultural Rights as Peoples' Rights in International Law',in The Rights of Peoples Edited by James Crawford(Oxford:Clarendon Press,1988)at p. 93-106。

② Prott,'Cultural Rights as Peoples' Rights'(n 30)at p. 97 写道:"'文化认同'的概念是困难的,其原因与'人民'的概念很难完全相同:很难想出任何令人满意的关于人民的定义不使用某种形式的文化标准。同样,很难想出任何文化的概念……在其定义中不需要使用'人'(或'群体'或'社区'或其他同义词)的概念。"

③ 《公民权利和政治权利以及经济、社会和文化权利国际公约》(the International Covenants on Civil and Political Rights and Economic,Social and Cultural Rights)(1966年)第1条规定,自决权被视为人权的最基本要素,是其他人权可以得到适当保障的必要条件。

④ 仍然有可能设想这种权利是根据附加于作为上述人民或民族成员的个人的权利而制定的,就像《公民权利和政治权利国际公约》第27条所指的文化少数群体的"成员"一样。

界文化遗产。① 在这里,直到最近,岩石艺术仍然是一种可以追溯到几千年前的传统。由于岩石艺术的丰富性和传统性,它对人类有着普遍的意义,而对澳大利亚土著居民也有着巨大的特殊意义,对他们来说,岩石艺术象征着他们文化身份的独特性和价值。

二、多样性的概念

尊重个人和人类尊严的概念在一定程度上意味着尊重文化差异,尽管在人权标准方面实现普遍主义的渴望导致未能认识到不同制度之间存在的真正多样性。② 面对同质化的文化影响,全球化造成了如何保护弱势群体的文化传统和身份的困境。最近国际社会认识到文化多样性的价值,并同时需要将其作为实现可持续发展的一个重要因素加以保护,这一问题得到了强调。③ 世界各国人民的文化多样性被认为是人类④的普遍遗产,人类文化的重要性类似于生物多样性对世界生态的重要性。因此,任何通过文化灭绝或对文化权利的简单忽视而造成的独特文化的损失或破坏,都是全人类的损失。1966 年联合国教科文组织《国际文化合作宣言》⑤正式承认"每种文化都有尊严和价值,必须得到尊重和保护",这也是对文化多样性价值的承认。同样,1982 年的《墨西哥城宣言》⑥宣称,在国际上承认文化多样性的价值可以被视为主张"所有文化的平等和尊严",以及每个人确认和维护自己文化特征的权利。国际社会保障这一权利的方法是确保将非法转移的文

---

① 教科文组织《世界文化和自然遗产公约》(1972 年)[1037 UNTS 151;27 科大 37;11 ILM 1358(1972)]。

② Lyndel V. Prott,《相互理解文化权利》,Halina Niec 编辑的《文化权利与错误》(巴黎,教科文组织,1998 年版),第 161—175 页。《非洲人权和人民权利宪章》(1981 年 7 月 27 日)于 1981 年 6 月 27 日通过。[非统组织文件 CAB/ LEG/67/3 rev. 5,21 ILM 58(1982),1986 年 10 月 21 日生效]是人权文书区域多样性的一个有趣的例子。案文以权利和义务的方式表达,后者包括个人维护和加强非洲文化价值的义务。(第 29 条第 7 款)序言提道:"他们的历史传统的美德和非洲文明的价值应该激发和体现他们对人权和人民权利概念的反思。"

③ 第 3 段的序言指出:"考虑非物质文化遗产作为文化多样性的主要源泉和可持续发展的保证的重要性。"

④ 《世界文化多样性宣言》(教科文组织,2001 年)。Vrdoljak,《国际法中的人权和文化遗产》(17 年)第 139 页。她继续断言,文化与人权的联系并没有像人们担心的那样导致国际法的分裂,反而显示出国际体系中存在的不稳定和弱点,并成为"一种可能有助于重新表述价值观和追求的共同利益,使公民与一个国家和个人在国际社会中有联系的国家"。(见第 141 页)。

⑤ 教科文组织关于国际文化合作原则的宣言(1966 年)第 5 条第 61 款,教科文组织第 28 C/ Res 5.61 号文件(1966 年 11 月 16 日),第 1 条。

⑥ 《世界文化政策会议宣言》(MONDIACULT),墨西哥城,1982 年。

化艺术品归还原籍国。

最近的发展表明,人们更加重视文化多样性作为一种共同的利益,这一点佛蒂杰克(Vrdoljak)认为是"融入一种新的人文主义,在此之中,文化的保护越来越多地通过人权的棱镜被概念化",并发现教科文组织《文化多样性宣言》明确表达了保护文化多样性与人权之间的联系。① 他指出,"捍卫文化多样性是一项道德上的必要条件,与尊重人类尊严是不可分割的",并要求承诺人权和基本自由,特别是土著人民和少数民族的权利。② 尊重个人尊严的必要性在某种程度上意味着尊重文化差异,当然,这可以用文化多样性本身作为一种价值来表达。在 2003 年《保卫非物质文化遗产公约》谈判筹备过程中通过的《伊斯坦布尔宣言》(2002 年)提到了"非物质文化遗产的多种表现形式构成了人民和社区文化认同的基本来源……这是保护文化多样性的一个重要因素"。③ 因此,在这方面,保护文化特性与保护有关人民和社区的有关文化遗产直接有关。由于该宣言紧接在 2003 年《公约》通过之前,它明确地将保卫非物质文化遗产与人权标准④联系起来,因此代表了文化身份权与文化遗产保护法之间迄今最密切的联系。它对非物质文化遗产的定义予以承认,提出这种遗产为"社区和群体,在某些情况下,还为个人"提供了"认同感和连续性"。⑤

三、土著居民和侨民的遗产

尽管这里讨论的其余部分有许多(如果不是全部的话)与之相关,但将土著居民遗产视为一种特殊情况是恰当的。⑥ 这里需要指出的一个初步和基本要点是,"文化遗产"的类别本身对土著居民来说并不是一个有意义的类别,例如,对土著居民来说,自然和文化因素甚至有形和无形因素都没有

① 参见《世界文化多样性宣言》,2001 年第 1 期。
② 参见《文化多样性宣言》第 4 条。
③ 《非物质文化遗产:文化多样性的一面镜子》,第三届文化部长圆桌会议宣言,伊斯坦布尔,2002 年 9 月 16 日至 17 日,第 1 段。
④ 它使引用的第一段序言人权仪器,特别是《世界人权宣言》(1948 年)[(联合国大会决议 217(三),联合国文档 A/810 第 71 页(1948 年)],公民权利和政治权利国际公约》(1966 年)(联合国大会决议 2200A(第二十一章),21 日联合国政府增刊(第 16 号)52 页;999 联合国条约集 171 和 1057 联合国条约集 407;《国际劳工法》第 368 号(1967 年)和《经济、社会及文化权利国际盟约》(1966 年)联合国大会决议 2200A(第二十一章),第 21 号联合国法律事务高级专员(第 16 号),第 49 号;993 单元 3;6 ILM 360(1967)]。
⑤ 参见《文化多样性宣言》第 2 条(1)。
⑥ 下面将对此进行更详细的讨论。

区别。正如达斯(Daes)(1997)①在报告中阐明的,土著居民群体的"遗产"是一个比国际法通常所赋予的更广泛的概念,保护土著居民遗产要求将其视为一个单一的、完整的整体,与整个社区有关,由该社区永久且无异化地享有:

（它包括）属于一个民族独特身份的一切……国际法认为是创造性地生产人类思想和工艺的所有东西,如歌曲、故事、科学知识和艺术品。它还包括来自过去和自然的遗产,如人类遗骸、景观的自然特征,以及与一个民族长期联系在一起的自然产生的动植物物种。

因此,许多文化遗产理论和法律都是建立在不适合本土遗产的前提之上。人权(和知识产权)法的理论个人主义也是如此,它否认集体拥有的权利存在。罗温斯(Lowenthal)②在谈到土著居民要求特别待遇的基础时指出,虽然土著居民的许多土地和资源要求是以"先到"的概念为基础的,但实际上"后来者要求"并不比其他身份更不合时宜;他们强迫的身份是新建构的……所有祖先的根最终都是相同的年龄……为了抵御陌生人和新来者,当地人坚持说他们一直都在那里"。当然,这绝不否认世界各地土著居民的历史经历,即被后来的欧洲移民剥夺、边缘化、强行同化和以各种方式虐待。③ 罗温斯(Lowenthal)的声明最后一部分抓住了关键点——土著居民声明"是第一",以此作为对这种入侵行为的辩护,正是因为剥夺他们土地和遗产(有时甚至是自己的孩子)的历史经历,国际社会越来越接受保护自身利益并抵消世代歧视的特殊权利需求。土著居民应该受到特别待遇,包括与他们的遗产、圣地、秘密知识、人类遗骸等有关的待遇,因为他们在长期居住的国家中受主流社会的盘剥。恢复文化遗产,确保他们获得这些遗产,尊重他们与之有关的习惯法,甚至恢复土地权利,都是恢复过程中的一部分。

关于土著遗产的某些具体问题应在此提出。首先,正如《联合国土著人民权利宣言》(UN,2007 年)④明确指出的那样,遗产与土地权利、自然资源

---

① Erica-Irene Daes,《保护土著人民的遗产》(日内瓦/纽约:联合国,1997 年)。

② Lowenthal,《遗产十字军东征》(第四卷)第 182 页。

③ S James Anaya,《国际法中的原住民》(牛津大学出版社,1996 年版)。

④ 第 12 条第 1 款规定,"原住民有权表现、实践、发展和传授其精神和宗教传统、习俗和仪式;有权维护、保护其宗教和文化网站,并有权以隐私方式访问这些网站;使用和控制宗教仪式用品的权利;以及归还其遗体的权利"(重点补充)。

控制和自决等问题密不可分。① 这些主张经常被用来要求归还过去被"欧洲"科学家移走的文物。土著居民的工艺品、岩石艺术和人类遗骸往往具有相当大的考古和(或)文化重要性,同时也是他们个人身份和宗教制度的核心。② 一些司法管辖区试图解决基于遗产的土著身份与社会其他阶层的科学和文化利益之间的冲突。③《美国土著居民坟墓和遣返法》(1991 年)在这方面尤为突出,它是第一部将土著价值纳入其框架下的此类立法,见证了美国博物馆以及印第安部落墓地大量的宗教仪式和文化产物的遣返。④

　　由博物馆保管的人类遗骸问题——通常是土著居民的遗骸——给存放这些遗骸的博物馆馆长造成了道德困境。⑤ 英国博物馆协会的道德行为准则(2002 年)试图解决科学与人类及其价值观之间的冲突。该组织呼吁博物馆及其工作人员"敏感地处理遗体,尊重原籍社区的信仰",并要求他们在所有交易中"承认所有人的人性"。⑥ 然而,这仍然是一个棘手的问题,而且首先突出了与有关土著居民社区进行对话和真正参与的必要性。

　　国际社会承认"具有普遍意义的"文化遗产所造成的困境在土著居民遗产方面尤其严重。例如,澳大利亚的卡卡杜国家公园(如上所述)被列为世界遗产,因此被认为对所有人和国家都具有普遍意义。与此同时,这里发现的岩石艺术与他们数千年的祖先有着直接的联系,因此,对澳大利亚土著居民来说,这里同时也是一个具有巨大精神意义的地方,象征着他们独特而具体的文化身份。因此,在这里,土著居民享有进入圣地的权利,甚至可能是

---

① 　关于文化遗产,第 31 条规定:"原住民有权维护、控制、保护和发展他们的文化遗产,传统知识和秩序——传统文化的表达式,以及表现的科学,技术和文化,包括人类和遗传资源、种子、药品、知识属性的动植物、口头传统、文学、设计、运动和传统游戏和视觉和表演艺术。他们也有权维护、控制、保护和发展他们对这些文化遗产、传统知识和传统文化表达的知识产权。"

② 　参见 Dean B. Suagee,《历史保护中的部落声音:神圣的风景、跨文化的桥梁和共同点》,载《佛蒙特州法律评论》,第 21 卷(1996 年),第 145 页;Laurajane Smith,《空手势? 遗产和认可的政治》,参见 Hilaine Silverman 和 D. Fairchild Ruggles 编辑的《文化遗产和人权》(施普林格科学、商业和媒体,2007 年),第 159—171 页。

③ 　《文化权利与错误》中的伊丽莎白·埃瓦特(Elizabeth Evatt),哈利娜·尼奇(Halina Niec)编辑,教科文组织,1998 年版,第 57—80 页。

④ 　William S Logan Brian Graham 和 Peter Howard,《文化多样性、遗产和人权》,Ashgate 出版社,2008 年版,第 439—454 页。

⑤ 　Laurajane Smith,《空洞的手势?》;参见 Gordon L Pullar,《齐克塔穆特与科学家:五十年的世界观冲突》,载《英属哥伦比亚大学法律评论特刊》第 119 卷,第 125—131 页。

⑥ 　博物馆协会,行为守则(伦敦: HMSO),分别载于第 6.16 及 7.7 段。

保守秘密和禁止他人进入圣地①的权利,与国际法所规定的全人类保护和享受这一遗产的权利相违背。2007 年的《联合国宣言》在序言中提出了一个有趣的尝试,试图在这种情况下取得平衡,即"各国人民都对构成人类共同遗产的文明和文化的多样性和丰富性作出了贡献"。

关于散居,正如欧斯尔(Orser,2007 年)指出的,历史见证了自第一次人类迁徙以来,大量人口在广袤的土地上转移,最近的迁徙导致了全球文化的交汇,这让那些关心散居文化权利的人面临了有趣的困境,因为他们对原籍国文化遗产宣称所有权。赛尔博曼(Silberman)②指出了这一现实的根本意义:"我们生活在一个运动、移民、文化流离失所以及创造新的文化形式的时代,我认为,将深刻改变连贯的民族叙事的传统遗产概念。"这反映在一些关于文化多样性问题的国际讨论中。例如,教科文组织在讨论多语言制和保护母语③时,如何将语言权利扩大到侨民的问题引起了许多辩论,最终仍未解决。这种讨论提出了一些严重和困难的问题,涉及一个国家干涉另一个国家内政的权利,涉及分享其文化遗产的散居侨民的权利。目前,新形成的侨民主要由流离失所者、难民和经济移民组成。因此,他们也享有特定的文化和遗产的人权,这些人权受到这些阶层的特殊地位文书的保护。例如,《保护所有移徙工人及其家庭成员权利国际公约》明确保护移徙工人的文化权利,规定如下:(1)缔约国应确保尊重移徙工人及其家庭成员的文化特征,不应阻止他们与其原籍国保持文化联系。(2)缔约国可采取适当措施,协助和鼓励这方面的努力。④

由于每个散居海外的人在他们的祖国和他们所接纳的国家都有文化遗

---

① 威廉·洛根(William S. Logan),《封闭潘多拉魔盒:文化遗产保护中的人权难题》(Closing Pandora's Box:Human Rights Condoblues in Cultural Heritage and Human Rights),希拉里·西尔弗曼(Hilaine Silverman)和德·费尔奇尔德(D. Fairchild Ruggles)编辑(Springer Science,Business and Media,2007 年),第 33—52 页,描述了米拉土地所有者和澳大利亚政府在该地区颁发铀矿开采许可证,以及教科文组织(第 47—48 页)参与这一争端。

② Neil Silberman,《遗产解释和人权:记录多样性、表达身份或建立普遍原则?》,该文为 2010 年 11 月在奥斯陆举行的国际古迹遗址理事会年会上提交的论文。

③ 2008 年 2 月 21 日国际母语日,在巴黎联合国教科文组织举办的促进多语言使用的标准制定工具信息研讨会上。

④ 第 31 条。此外,第 7 条规定了不歧视人权(包括与文化遗产有关的权利)的原则:缔约国承担,按照国际公约关于人权,尊重并确保所有农民工和他们的家庭成员在其领土或受其管辖的权利为本公约没有任何形式的区别,如性、种族、色彩、语言、宗教、国籍、民族或社会出身、国籍、年龄、经济地位、财产、婚姻状况、出生或其他状况。《保护所有移徙工人及其家庭成员权利国际公约》(1990 年)[联合国文件 A/RES/45/158;2220 单元 93;30 ILM 1517(1991)]。

产,因此出现了其他突出的问题。例如,当涉及在他们(以及他们的祖先)原籍国管理和使用土地和财产的决策时,侨民成员应该拥有权利吗? 如果是,这些权利是什么? 此外,例如,定居在新西兰的侨民成员是否就毛利人的土地和文化财产或其抵达前的任何其他遗产获得权利?[①] 就流离失所者而言,他们的遗产是在他们留下的土地和历史上,还是在他们现在居住的新的土地和历史上? 当然,这在许多国家的眼里引起了关于移徙者最初的忠诚问题,反映出一般人对少数民族的忠诚感到不安。[②] 这些问题远远超出了如何对待文化遗产和海外侨民权利的简单问题,而触及了构成"国家"文化遗产的核心,以及谁与之有利害关系。值得注意的是,2003 年《保卫非物质文化遗产公约》允许将跨界列入非物质文化遗产代表性名录,从而认识到文化边界与国家边界并不总是协调一致。

四、排斥和故意破坏遗产

尽管文化遗产在国家和/或地方身份建设中的构成作用具有许多积极的社会和政治成果,它还可以支持一个国家内不公平的权利关系,在这个国家,主流文化群体[③]将自己对共同文化遗产的看法强加给社会上所有其他人。虽然联合国大会拒绝将"文化灭绝"列入《UDHR》(1948)草案,但在处理保护人类文化遗产问题时,这是一个重要的术语。权利是遗产建设的核心,而社区在如何用象征一个群体的身份而排斥另一群体的符号表现权利上,经常发生冲突。有时,一些文化或宗教团体可能对同一地点声称拥有"归属",就会导致剥夺某些群体进入遗产地点的权利。这种排斥对被排斥的文化群体影响很大。这方面的一个主要例子涉及耶路撒冷的圣地(阿拉伯语中的Beit ur-moghaddas),其中包括一些犹太人、基督徒和穆斯林的圣地。[④] 这三个宗教社区都曾被排斥在圣地之外,社区间的冲突也曾因它们而不时爆发。

---

① Charles E. Orser, Jr,《跨国侨民与遗产权》,文化遗产与人权,由 Hilaine Silverman 和 D. Fairchild Ruggles 编辑(斯普林格科学、商业与媒体,2007 年版),第 92—105 页。

② 这里应该指出《公民权利和政治权利国际公约》,第 27 条的赋予少数群体的权利适用于任何有关群体的长期存在,并不需要国家承认少数群体。参见 Rhona K. Smith,《国际人权教科书》(第三版),牛津大学出版社,2007 年版,第 306 页。

③ 无论在数量上是否占多数。

④ 这些是:犹太人第二圣殿的西墙,基督徒的圣墓(耶稣的坟墓),以及岩石圆顶(穆罕默德夜间旅行的地方)和穆斯林的阿克萨清真寺。Rana PB Singh,《遗产的争论:宗教的持久重要性》,Brian Graham 和 Peter Howard 编辑的《遗产与身份的阿什盖特研究伙伴》(Aldershot, UK:Ashgate Publishing, 2008),第 125—142 页。参见 Keith Whitelam,《以色列的发明:巴勒斯坦历史的沉默》(伦敦:Routledge 出版社,1998 年版)。

在印度,印度教徒和穆斯林之间的宗教间的类似紧张关系不仅导致排斥,而且还破坏了文化遗产的物质结构。阿约提亚(北方邦)的巴布里清真寺是沙巴布尔(Shah Babur)于 1528 年建造,1992 年被 VHP 党激进的印度教徒摧毁。这种破坏行为导致穆斯林和印度教徒之间发生极其严重的冲突,造成许多人死亡。[①] 同样具有腐蚀性的宗教和政治意识形态混合也构成了这样令人发指行为的核心,即塔利班在 2001 年摧毁巴米扬大佛(阿富汗),以反对"描绘人类形式"。更重要的是,他们希望消除阿富汗存在前伊斯兰文化的物质证据,这是一项旨在将阿富汗历史与其佛教历史分开的政治行动。[②] 这一行动为教科文组织通过《关于故意破坏文化遗产的宣言》提供了动力。[③]

在最严重的社区间冲突中,文化遗产可用作战争武器,《海牙公约》(教科文组织,1954 年)明确承认防止这种蓄意破坏行为的人权方面。[④] 2006 年 2 月轰炸了萨马拉(伊拉克)的 Al-Askari 清真寺,一个对什叶派具有重大神圣意义的地方,它成为破坏具有特殊宗教和文化重要性的遗址案例。反过来,这又导致了逊尼派清真寺遭到报复性袭击。同样发生在武装冲突时期,我们看到塞族部队破坏了清真寺和重要的历史古迹,如 1993 年波斯尼亚莫斯塔尔的奥斯曼桥,这是一个极具象征意义的地方,因为这座 16 世纪的桥梁与基督教和穆斯林社区有关联。他们还摧毁了档案,其中载有确认该地区穆斯林人口的文化(和宗教)身份信息。通过这些行动,塞族人试图消除对该地区穆斯林存在的任何历史记忆,因此我们可以明确地将其视为种族灭绝运动的一部分。[⑤] 在种族灭绝运动中采取的其他行动是改变传统的地名甚至

---

① Nandini Rao 和 C. Rammanohar Reddy,《Aydohya,印刷媒体和社群主义》,Robert Layton、Peter G. Stone 和 Julian Thomas 编辑的《文化财产的破坏与保护》(伦敦,劳特里奇出版社,2001 年版),第 139—155 页。

② Francesco Francioni and Federico Lenzerini,《巴米扬大佛的毁灭与国际法》,载《欧洲国际法杂志》2003 年第 14 期,第 619 页。

③ 在第一段序言中,它在第二部分中将"故意破坏"定义为:"旨在摧毁全部或部分文化遗产,从而损害其完整性的行为,其方式构成违反国际法或对人道原则和公众良知的指令的无理违法行为,在后一种情况下迄今为止因为这些行为尚未受到国际法基本原则的约束。"

④ 序言说:"铭记文化遗产是社区、团体和个人的文化特征以及社会凝聚力的一个重要组成部分,因此有意破坏文化遗产可能对人的尊严和人权产生不利后果。"

⑤ Patrick J. Boylan,《武装冲突时期的文化保护概念:从十字军东征到新千年》,Neil Brodie 和 Kathryn Walker Tubb 编辑的《非法古物-文化盗窃和考古灭绝》,第 43—108 页;欧洲委员会,克罗地亚和波斯尼亚-黑塞哥维那文化遗产的战争损害,第四次提交给文化和教育委员会的信息报告(斯特拉斯堡:欧洲委员会,1993 年)[6999 号文件]。参见 Francesco Francioni,《文化,遗产和人权:简介》,由 Francesco Francioni 和 Martin Scheinin 编辑的文化人权(海牙:Martinus Nijhoff,2008 年版),第 1—16 页。

姓氏,以反映新的主流文化,并消除以前不同种族和/或文化的所有痕迹。土著人民的家庭和地名经常被其土地上的新殖民者改变,这一事实清楚地表明了行动的人权方面。问题的核心是这样一个事实,即这种宗教和文化遗产对于一个社区的文化实践,甚至作为一个文化群体的继续存在,往往是必不可少的。

五、违反人权的文化遗产

文化遗产有可能导致侵犯人权行为的另一种情况是传统文化习俗违反了人权标准。因此,虽然主要的人权案文强烈主张普遍标准,[①]但这些普遍标准与文化遗产有关的人权的核心文化相对主义之间仍然存在着明显冲突,因为相对主义的论点本身就以文化差异为基础。[②] 这是人权理论中一个非常复杂的问题,并不是一个可以在这里详细探讨的问题。然而,简要地复述一些主要论点和对它们的潜在反应似乎是恰当的。2003 年《公约》认识到这一潜在的困难,即只有符合普遍人权的非物质文化遗产才能被界定为符合《公约》宗旨的非物质文化遗产。[③]

从这个角度可以看到大量的传统文化实践,而要决定一种文化表现属于"人权线"的哪一边并不总是容易的。当然,诸如杀害女婴或同类相食等行为显然是侵犯人权的行为,但其他涉及诸如性别隔离仪式或由享有高度特权的精英掌握秘密知识的行为则难以判断。此外,这些案例还提出了一个非常敏感的问题,即应该由谁来决定这一问题——是只有文化社区本身延续了这种做法,还是某些外部机构?[④] 处理这些案件时,需要考虑到这种做法对社区所有成员更广泛的社会影响,特别是正在发挥作用的权利关系。[⑤] 在作出决定

---

① 《联合国宪章》,旧金山,1945 年 6 月 26 日[(1945) ATS 1;59 Stat 1031;TS 993;3 Bevans 1153]承诺该组织促进"普遍尊重和遵守所有人的人权和基本自由,不受种族、性别、语言或宗教歧视";1948 年的《世界人权宣言》宣称自己是"所有人民和国家的共同成就标准"。

② 这一点由 Rodolfo Stavenhagen 简洁地表达,《文化权利:社会科学视角》,Halina Niec 编辑的《文化权利与错误》,联合国教科文组织出版社,1998 年版,第 1—20 页:"强调文化价值观的多样性与当今世界人权思想的主要推动力背道而驰,它将人权的普遍性作为人权大厦的基本基础。"

③ 根据第 2(1)条中的定义。

④ 关于这一问题的更详细的讨论,请参阅:Toshiyuku Kono 和 Julia Cornett,《2003 年公约的分析和与人权相容的要求》,由珍妮特·布莱克编辑的《保卫非物质文化遗产挑战和方法》,参见 Leicester,载 Institute《艺术与法律》,2007 年,第 143—174 页。

⑤ 我们需要能够以这样一种方式分析这种情况,即我们了解这种做法是否会导致歧视,边缘化和/或排斥社区中其他常常是下属的成员。有关该问题的更详细讨论,参见珍妮特·布莱克,《性别与非物质文化遗产》,联合国教科文组织,《性别平等:遗产与创造力》(巴黎,联合国教科文组织,2014 年版),第 49—59 页。第 5 章将更详细地讨论这个问题,并参考 ICH 的性别动态问题。

时,必须始终考虑不同声音(特别是妇女和少数群体)和文化中边缘化的可能性。① 归根结底,重要的是,必须通过社会对话,在包括文化遗产保护在内的更广泛文化政策框架内,解决个人及其社区或少数群体和占主导地位的社区之间的权利冲突。

有人断言,文化多样性(文化遗产是其中的主要组成部分)不可避免地与普遍的人权标准发生冲突。② 当然,某些文化传统,例如,强迫婚姻和身体残缺不全,是绝对不能容忍的。例如,《消除对妇女一切形式歧视公约》(1979年)认识到"定型观念、习俗和规范"可能损害妇女的利益和权利。它呼吁缔约国改变男人和女人的社会和文化行为方式,以达到消除偏见和习惯以及所有基于两性性别优劣或刻板意识的做法。③ 然而,有可能将大多数文化传统与人权标准相协调,并认为文化多样性在全球范围内的贡献比造成的伤害更大,而且有助于在不断变化和增长的过程中提供所有个人和团体都能利用的丰富经验。④ 此外,权利冲突在人权领域是常见的,⑤这些冲突通常可以通过应用一种内在的权利等级制度来解决。⑥ 当然,总会有一些陷入灰色地带的困难案例,例如涉及性别隔离的传统文化做法,在这种情况下无法确定是否存在明显的歧视。

然而,在以文化权利为基础的方法保护文化遗产时,一定要牢记唐纳利(Donnelly)的以下警告。他指出,"文化"是"基于多样的且相互竞争的过去和现在,经过有选择的借鉴才构建而成""这些借鉴在过程、意图或后果中不太中立"。此外,这里所关注的"传统文化"不再存在或并未以理想化形式存在过。因此,这可能为"文化主义"(文化相对主义)的论点开辟了道路,这些论点通过"依赖于遥远的过去"来掩盖令人不安的当代政治现实,如殖民前的非洲村庄、印第安部落和传统的伊斯兰社会。⑦ 因此,必须清楚地了解:(1)应该与歧视和损害各种社会群体甚至个人利益的文化习

---

① Madhavi Sunder,《文化异议》,载《斯坦福法律评论》第54卷,2001年版,第495页。Laurajane Smith,《遗产,性别和身份》,由Ashgate研究同伴遗产和身份编辑,由Brian Graham和Peter Howard编辑(Aldershot),英国:Ashgate Publishing,2008),第159—180页。

② Logan,《文化遗产、多样性与人权》(n.53),第439—454页。

③ 第5条。

④ Henry Steiner and Philip Alston,《法律、政治和道德中的人权》,克拉伦登出版社,1999年版,第1547页。

⑤ 如隐私权与公共利益披露之间共同冲突的私人信息。

⑥ Richard Dworkin,《法律帝国》(伦敦:丰塔纳出版社,1986年版)。

⑦ 参见Donnelly,《理论与实践中的普遍人权》(第二版)第5期,第101—102页。

俗之间划清界限;(2)如何对此类案件进行分析将让更复杂和更模糊的案例变得明晰。

第三节　适用于文化遗产的人权

一、文化与文化权利

在考虑哪些人权与文化遗产有关时,很自然首先考虑的是文化权利。在此之前,理解权利背后的"文化"概念很重要。1968 年,①联合国教科文组织的一次专家会议将文化定义为"人类的本质",文化与人权的关系毋庸置疑。最近的《弗里堡文化权利宣言》采用了类似的方法,其中指出文化"涵盖了一个人或一个群体表达的那些价值观、信仰、信念、语言、知识和艺术、传统、制度和生活方式"。赋予他们生存和发展的人性和意义(着重强调)。②为了有效确定可应用于文化遗产的文化权利,对"文化"进行了如下分类。第一类是"文化作为资本",代表着人类物质遗产的整体积累;在这种情况下,相关的文化权利是个人平等获得文化资本的权利。第二类是"作为创造性的文化"(指科学和艺术创作)以及个人自由创作其文化作品并享受道德和物质利益的相关权利。它还意味着所有人都有权充分利用这些科学和艺术创作。第三类文化观属于一种包罗万象的"人类学"观点,认为文化是特定社会群体的所有物质和精神活动以及产品总和,与其他社会群体相区别。③ 第四类是广泛支持的文化概念,参与文化生活的权利包括生活方式、语言、口头和书面文学、音乐和歌曲,非语言沟通、宗教或信仰体系、仪式和典礼、运动和游戏、生产方法或技术、自然和人为环境、食物、衣服和住所,以

---

① 《文化权利即人权》(巴黎,教科文组织,1970 年)。这次会议的最终宣言将文化视为"人类创造生活设计方式的总和……这是人类的本质……文化是一切使人能够在他的世界中起积极作用的东西"。

② 《弗里堡文化权利宣言》(人权研究所,弗里堡大学,2007 年)第 2 条。

③ Stavenhagen,《文化权利:社会科学视角》。

及艺术、风俗和传统的个体、个人团体和社区表达他们自己。① 由此,我们可以看到,支撑人类获得和享受文化遗产这一主要普遍人权的文化观,包含了我们现在所理解的非物质文化遗产和有形文化遗产的许多要素。

文化权利可以在许多不同的文书中找到,这些文书可以是国际文书或区域文书,其中载有"软法"或"硬法",②并且从人权准则开始就含蓄地体现出来。③ 它们在 1948 年《世界人权宣言》(UDHR)④中得到正式表达,后来在 1966 年《经济、社会和文化权利国际盟约》(ICESCR)第 15 条中具有条约约束力。在此,各方承认每个人都有参与文化生活的权利,并指出,要充分实现这一权利,就必须保护、发展和充分传播科学和文化,并承诺尊重科学研究和艺术创作所必需的自由。⑤ 这里所述的参与文化生活的权利应被理解为包括有权获得和享受自己和社区的文化遗产。获取和享用文化遗产是公民、社区成员和更广泛社会成员的重要特征。根据委员会的经济、社会和文化权利(CESCR),义务参与文化生活权利的尊重包括采用具体措施,旨在实现尊重每个人的权利,单独或与他人交往中或在一个社区或一组,能够接触到自己的文化和语言遗产以及他人的文化和语言遗产。⑥ 这"需要考虑个人和社区通过多种遗产表达他们的人性,赋予他们存在的意义,建立他们的世界观,并代表他们与影响生活的外部力量的接触"。⑦ 此外,参与文化生活的权利意味着个人和社区有权获得和享受对他们有意义的文化遗产,不断(重新)创造文化遗产并将其传给后代的自由应该得到保护。

这些人权(文化)被表示为普遍权利,即所有人民在任何时间、任何地点

---

① 《经济、社会和文化权利委员会》(CESCR)关于每个人参与文化生活的权利的第 21 号一般性评论(2009),《经济、社会和文化权利国际盟约》,E/C.12/GC/21 号文件。内容如下:生活方式、语言、口头和书面文学,音乐和歌曲,非语言沟通、宗教或信仰体系,仪式和典礼,运动和游戏,生产方法或技术,自然和人为环境,食物,衣服和住所和艺术,风俗和传统的个人,个人和社区团体表达自己,并建立他们的世界观代表遇到外力影响他们的生活。文化塑造和反映了个人、群体和社区的福祉和经济、社会和政治生活的价值。

② Janusz Symonides,《文化权利:被忽视的人权类别》,载《国际社会科学期刊》第 50 卷,1998年,第 559—571 页。其中包括诸如"非洲人权和人民宪章"等文书。权利(1981 年)和 1976 年提到的不具约束力的《阿尔及尔宣言》,如下所述。

③ Prott,《人民权利的文化权利》,第 97 页。

④ 第 27 条规定了主要的文化权利:(1)自由参与社区的文化生活;(2)享受科学进步的利益和个人创造力的道德和物质利益。

⑤ 第 15(1)、(2)和(3)条。

⑥ 参见 CESCR 第 21 号一般性意见,特别是第 49(d)段和第 50 段。

⑦ 人权理事会,《独立专家报告》第 6 段。

就文化所享有的权利。与此同时,人权法还规定了文化少数群体成员所享有的具体或特殊地位权利,此外,还有土著人所独有的一些权利(下面将讨论这两项权利)。在这一范例中:所有个人都享有本节规定的普世权利;少数民族文化成员享有普遍权利和特殊地位权利;土著社区的成员(假设他们是国家内的少数群体)享有普遍人权、少数群体的权利以及只有他们才享有的特殊权利。此外,1966 年的两项盟约都主张自决的权利。① 通过这一权利,"他们……自由地追求他们的经济、社会和文化发展",而这些发展与自决的政治权利相联系时,就可以理解为赋予一个民族保留和发展其文化特征的权利。② 也正是在这篇文章中,文化权利可以被理解为具有集体和个人的维度。

这一关系中的关键概念是人的尊严:③《UDHR》(1948 年)明确指出,鉴于任何个人的文化权利对人的尊严的重要性,国家有责任保障这些权利。有关文化权利的规定对文化遗产具有重要影响。④ 首先,所有国家都有消极的义务,不进行旨在破坏、改变或亵渎对一个民族的文化的实践和颁布具有重要意义的文化物品或空间⑤的行为。其次,它们还需要承担积极的义务,采取步骤保护文化群体和社区,使其免受对其继续文化特征至关重要的遗产遭到破坏或破坏的危险。当这些物品或场所对于人们文化的实践和制定是不可或缺时,这一点就更加适用了。如上所述,与文化遗产有关的权利既包括仅适用于某些社会群体的权利,也包括适用于普遍群体的权利。例如,《消除对妇女一切形式歧视公约》第 13 条规定,各国有义务确保妇女有权参加文化权利的所有方面。⑥《儿童权利公约》第 31 条对儿童适用同样的概念。⑦ 但是,一些国家批准了消除对妇女歧视委员会,但对妇女权

---

① 联合艺术。

② Halina Niec,《铸造文化权利实施基金会》,Halina Niec 编辑的《文化权利与错误》,联合国教科文组织,1998 年,第 93—106 页。

③ 经社理事会强调,"尊重和保护自由、文化遗产和文化多样性的义务是相互联系的"。参见 CESCR 第 21 号一般意见。

④ Francesco Francioni,《文化、遗产和人权:导论》(n 68),第 9 页。haheed 还指出,"没有获得和享受文化遗产,人们就无法享受文化",人权理事会《独立专家的报告》第 37 段。

⑤ 这些可能是图书馆、寺庙、市民纪念碑,或原住民的圣地。

⑥《消除对妇女一切形式歧视公约》(联合国,1979 年 12 月 18 日)。

⑦《儿童权利公约》(联合国,1990 年 9 月 2 日)。

利受文化或宗教信仰的限制有具体保留。① 1966 年的《盟约》②也保护少数民族、宗教和语言上的权利,因此各国不能禁止少数民族发展其文化,除非这种文化违反国际标准。这将为文化遗产条约的若干条款提供明确的理由。

二、少数民族的权利

如上所述,与文化遗产的识别、保护、保卫和管理密切相关的一套人(文化)权利是通过《公民权利和政治权利国际公约》第 27 条的规定赋予少数民族文化成员(民族、宗教和语言)特殊地位的权利,该权利是少数民族及土著居民特有的。由于这些不是普遍权利,我选择单独处理它们,以便明确两种权利之间应该加以区分,即普遍权利和特殊地位权利。过去,在谈到文化遗产和人权时,有一种不幸的倾向是把两者混为一谈,这是可以理解的,因为许多与人权有关的文化遗产问题涉及少数民族和贫困的遗产。

第一,关于少数民族社区的遗产及其人权,《公民权利和政治权利国际公约》第 27 条规定:在种族、宗教或语言上属于少数群体的国家,不应剥夺属于这些少数群体的人与其他群体成员共同享有自己的文化、信奉和实行自己的宗教或使用自己的语言的权利。

如果我们核查人权小组委员在起草第 27 条时进行的辩论,会看到出于本条③目的界定"少数群体"一词时,"历史联系"和"传统"概念是关键概念,且与过去传统直接相关。④ 由此我们可以理解,与共同的过去和传统的关联,提供了重要元素用以明确作为第 27 条的主题,即种族、宗教和语言少数群体,所以过去——如文化遗产所表达的那样——是享受该条授予权利的先决条件。这被视为"少数人"定义中的主观因素,有趣的是,这些主观因素是必不可少的,因为没有这些主观因素,就第 27 条而言,少数人就不

---

① Joel Richard Paul,《全球治理的文化阻力》,载《密歇根国际法杂志》第 22 卷第 1 期,2000 年,第 18 页。

② 《公民权利和政治权利国际公约》第 27 条。

③ 这个概念可以被理解为等同于文化社区的现代观念,参见《保卫非物质文化遗产公约》(教科文组织,2003 年)。

④ 防止歧视及保护少数小组委员会在第五届会议上提出了以下定义:"(1)少数群体一词仅包括拥有并希望保持稳定的种族,宗教和语言的人口中的那些非主导群体——与其他人口明显不同的抽象传统或特征;(2)此类少数群体应适当地包括一些足以保留这些传统和特征的人(补充强调)。"

能存在,也不能拥有这项权利。此外,它将创建一个非常危险的先例,如果它让政府和其他人能够基于纯粹客观标准识别"少数民族"(他们的语言、服装及烹饪传统等),而非让这一群体为自己寻求身份,就此会打开严重滥用的大门。① 同样,第27条所依据的这一基本概念与遗产的目的具有强烈的并行性:遗产对那些相信它是遗产并将其视为自己的遗产的人具有意义。

　　因此,根据第27条,少数民族、宗教和语言上的少数民族实践其文化和传统的权利得到特别支持,尽管从消极意义上说,他们"不应被剥夺这项权利"。联合国关于《在民族或族裔、宗教和语言上属于少数群体的人的权利宣言》②进一步阐明了这点,要求缔约国保护其领土内少数民族的文化认同,并鼓励为促进这种认同创造条件(第1条)。第4.2条呼吁各方"采取措施创造有利条件,使属于少数群体的人能够表达他们的特点,发展他们的文化、语言、宗教、传统和习俗"。③ 当然,创造"有利条件"的概念是一个非常广泛的概念,但在此可以确定一些最低标准,例如,允许这些社区的遗产得到承认;确保少数民族遗产继续存在;确保少数民族社区获得其遗产;让少数族裔参与影响他们遗产的政策和决策。正如弗兰西奥尼(Francioni)指出的,④这些规定还要求采取积极的义务,保护文化群体和社区,使其免受宗教或历史财产遭到毁坏或破坏的危险,而这些财产对这些社区的文化活动以及它们作为一个文化群体的继续存在是必不可少的。借此,我们声明各国的责任,至少是不干涉少数民族文化社区"享受自己文化"的能力,显然包括获得其文化遗产和继续创建和维护的能力。

三、土著居民的权利

　　土著遗产包括遗产的整体概念,涵盖"景观及与人类长期联系的、自然产生的植物和动物的自然特征",⑤这是社区永久的享有且没有异化,并形成

---

①　Patrick Thornberry,《国际法与少数民族权利》(牛津,克拉伦登出版社,1991年版)。

②　《联合国在民族或族裔、宗教和语言上属于少数群体的人的权利宣言》(联合国,1992年)。

③　此外,第4条规定,国家立法所施加的限制不能超出国际人权法所允许的范围,即各国不能禁止团体发展其文化,除非这种文化违反国际标准。

④　Francesco Francioni,《文化,遗产与人权:简介》(第68页),第9页。

⑤　联合国在代斯原住民特别报告员对"土著遗产"的定义,第280页引用了《保护土著人民遗产》(N46)。

阿娜雅(Anaya)所谓的"文化完整性"重要基础。① 对土著居民来说,他们的文化特征是集体的,因此,他们的遗产是共同的,继承自祖先并作为集体利益受到保护。《联合国土著人民权利宣言》(2007 年)也显示了土著居民遗产的广泛范围,明确指出,保护土著居民遗产不能与他们对土地权利、对自然资源的控制和自决的要求分开对待。《宣言》载有一项专门针对土著居民遗产权利的规定:土著居民有权维护、控制、保护和发展他们的文化遗产、传统知识及传统文化的表达方式,以及表现的科学、技术和文化,包括人类和遗传资源、种子、医药、知识属性的动植物,口头传统,传统文学、设计、体育、游戏、视觉和表演艺术。他们也有权维护、控制、保护和发展他们对这些文化遗产、传统知识和传统文化表现形式的知识产权。②

此外,这一遗产的广泛范围是明确的,除其他外,包括人力和遗传资源、自然因素以及与这些有关的知识。土著居民在其遗产方面享有的人权是"表现、实践、发展和传授其精神和宗教传统、习俗和仪式的权利;有权维护、保护其宗教和文化网站,并有权以隐私方式访问这些网站;使用和控制礼仪用品的权利;以及归还遗体的权利"。③ 这似乎比获得和享受(普遍)包含于文化生活权利的文化遗产权更进一步,这表明许多文化遗产保护法都是以不适合土著居民遗产的"遗产"概念为前提的。正如第七章所见,与权利相关的知识产权也是如此,因为他们不承认创造性的观念,这种观念不仅是集体的,没有明确可识别的创造者或"作者",而且也是跨越代际的。2007 年《宣言》第 1 条明确指出,"土著居民有权作为集体或个人充分享受所有人权和基本自由"(着重强调)。这种对集体权利的承认比任何其他全球人权文书所规定的都更为深入。

作为回应,国际社会最近制定了一项具体的法律战略,处理土著居民的权利,包括与其遗产有关的权利。保护土著居民的特别法律方法所依据的哲学是基于对土著居民被欧洲侵略者剥夺、边缘化、强迫同化和其他形式虐

---

① 阿纳亚,国际法中的土著民族,第 131—141 页。在第 131 页,他解释说:"从更广泛的自决价值观来看,非歧视规范超越了确保土著个人获得与其他人相同的公民和政治自由……它还维护了土著群体与其他人类部门共存的情况下保持和自由发展其文化身份的权利。"

② 参见《联合国土著人民权利宣言》(联合国,2007 年)[GA Res 61/295,UN Doc A/Res/47/1 (2007 年)]第 11 条。

③ 第 12 条。

待的历史经验认识。① 正如《联合国土著人民权利宣言》②（2007 年）序言中所承认："土著居民因其土地、领土和资源的殖民化和剥夺而遭受历史性的不公正待遇，从而使他们无法根据（特别是）自己的需要和利益行使发展权。"第 7 条主张土著居民不被强行同化或其文化不被摧毁的权利。这里提供的特殊待遇延伸到他们的遗产、圣地、秘密知识和人类遗迹等。因此，采取的行动包括恢复文化遗产，确保他们能够获得这些遗产，尊重他们与之有关的习惯法，甚至恢复土地权利，作为这一更广泛的恢复进程的一部分。③如上文所述，土著居民对其土地和文化要求的一个重要方面是所要求权利的集体性质。

迄今为止，规定保护某些人权和与土著人民遗产有关的权利的唯一具约束力的国际法是 1989 年劳工组织关于《土著和部落人民公约》。④ 在序言中，它承认"这些民族希望控制自己的机构、生活方式……保持和发展他们的身份、语言和宗教。这直接反映了土著人民保护其文化特征——包括其文化遗产和有关做法——并积极参与这方面的决策框架强烈愿望。此外，还认识到"有关人民与土地或领土的关系对其文化和精神价值的特别重要性"。⑤ 他们对这些土地所拥有的权利包括保护他们对这些土地的自然资源的权利（第 14 条和第 15 条），这些权利往往对他们的文化习俗和传统生活方式的延续至关重要。这是对集体权利的承认，比任何其他全球人权文书中所发现的集体权利走得更远。

《公约》还呼吁尊重有关人民的社会组织和土地权利转让的习惯法和惯例。土著居民遗产赔偿的重要问题是国家赔偿，包括通过赔偿让土著居民参与"未经他们自愿、事先和知情的同意或违反其法律，传统和习俗而获取

---

① 参见 Anaya，《国际法中的原住民》（第 48 号）。1989 年 6 月 27 日国际劳工组织大会第七十六届会议通过的第 169 号《本土和部落人民公约》序言［ILOLEX 第 169 号；1650 UNTS 28383］在其序言中指出，"自 1957 年以来在国际法中发生的事态发展，以及世界各地区原住民和部落民族状况的发展，使得适当采用关于这一主题的新的国际标准，以期取消早期标准的同化主义取向"。

② 参见《联合国原住民权利宣言》。

③ 将原住民价值观纳入其保护框架的国家立法的一个重要例子是美国的原住民 Graves 和《遣返法案》（1991 年）。由于其被采用，对美国博物馆和墓地的大量仪式和文物的控制已经移交给印第安部落。

④ 参见《土著和部落人民权利公约》。然而，该条约缺乏国际社会的支持，未能获得许多国家的批准，这使得 2007 年的《联合国宣言》成为一份特别重要的文本。

⑤ 参见劳工组织关于《土著和部落人民公约》第 13 条。这种亲密关系的土地和遗产在 2007 年宣言第 25 条还强调"原住民有权维护和加强他们的独特的精神与传统拥有或占有和使用土地、领土、海域和沿海海洋和其他资源"。

的文化、知识、宗教和精神财产"。此外,缔约国"应设法通过与有关土著居民共同建立的公平、透明和有效的机制,使他们能够获得和/或遣返他们所拥有的宗教仪式物品和人体遗骸"。① 关于遗产的进一步权利如下:"土著人民有权振兴、使用、发展和向后代传播他们的历史、语言、口头传统、哲学、写作系统和文学,并有权为社区、地方和个人指定和保留他们自己的名字。"最后一个元素很有趣,因为它强调了地名和人名对于个人和社区身份的重要性。②

对保护土著人民的文化遗产最重要的规定是第 31 条,其中规定:土著居民有权维护、控制、保护和发展他们的文化遗产、传统知识及传统文化的表达方式,以及表现的科学、技术和文化,包括人类和遗传资源、种子、医药、知识属性的动植物,口头传统,传统文学、设计、体育、游戏、视觉和表演艺术。他们也有权维护、控制、保护和发展他们对这些文化遗产、传统知识和传统文化表现形式的知识产权。

我们在这里再次看到,通常被理解为文化遗产的东西与自然环境资源及其相关知识有着密不可分的联系,因此,当"遗产"被应用于土著居民时,它是一个广泛而全面的概念。该条约要求加强和促进"手工艺品、农村和以社区为基础的工业……有关民族的传统活动,如狩猎、捕鱼、采集③等"和涉及文化创意和非物质文化遗产等方面。保护和维护本地遗产之间的联系和惯例制度框架,被公认在土著居民权利的"推广,开发和维护他们的体制结构和独特的习俗、灵性、传统、过程、实践,在它们存在的情况下,司法系统或海关的",④只要这些是符合国际人权标准。被国际边界划分的土著居民"有权保持和发展接触、关系和合作,包括为精神、文化、政治、经济和社会目的进行的活动"。这项规定接受跨界土著居民遗产跨越国界的现实,并建议有关国家不应在这种接触的方式上设置障碍,不论是实际的跨界接触还是通过其他形式的通信。⑤

---

① 参见《土著和部落人民公约》第 11 条(2)。
② 参见《土著和部落人民公约》第 12 条(1)。
③ 参见《土著和部落人民公约》第 23 条(1)。
④ 参见《土著和部落人民公约》第 34 条。
⑤ 玻利维亚和厄瓜多尔共同提名的联合国教科文组织 2003 年《萨帕塔人民口头文化非物质文化遗产公约》代表名录就是这种跨界遗产的一个例子。

┃ 第四节　与文化遗产有关的人权特征

对人权的一种普遍误解是,良好的道德必然会产生法律上的人权。我们很容易作出这样的假设,或许,就文化遗产而言,这是一个特别有吸引力的假设。然而,我们应该谨慎地防止假定某一文化遗产或习俗的生存在道义上是正确的,否则就会自动产生某些人权。权利必须通过法律上可接受的途径而不是简单的鼓掌来创造。① 正如人权理论家提醒我们的那样,"我们今天所知道的人权是律师的权利,而不是哲学家的权利"。② 它是一个积极的、可执行的权利体系,包括权利持有人、收件人(被分配职责/责任的各方)和关注自由、保护和利益的范围。在本节中,介绍了这一制度的主要内容,因为它适用于文化遗产,并侧重于文化权利。

一、权利的享有人

传统上认为的人权是个人和社区成员个人享有的权利(根据《公民权利和政治权利国际公约》第 27 条),但"人民"行使的、有资格享有充分国家地位的自决权除外。在大多数情况下,传统国际法意义上③的自决实际上与讨论遗产无关。然而,土著人民可能主张有限的自决权,控制其内部(如祖传土地、自然资源、政治制度、文化政策等),而不是国家的外部。因此,在几乎所有情况下,我们在这里都在考虑适用于所有人的普遍人权的个人权利持有人,以及少数群体、妇女、儿童、移民和残疾人(个人)所拥有的特殊地位权利。在此需要注意,虽然少数民族成员享有特殊的遗产权,最有可能呼吁保护和捍卫自己的遗产权利,但一个社会的所有成员是都拥有获得和享受文化遗产的权利的。然而,这些权利的逻辑包括一个集体层面,沙希德(Shaheed)最近指出:集体文化权利的存在是当今国际人权法,特别是《联合国土著人民权利宣言》的现实。此外,经济、社会和文化权利委员会在其关于人人有权受益于保护他或她的任何科学、文学或艺术作品所产生的精神和物

---

① 　prott,《文化权利的相互理解》(n 35)。
② 　James W. Nickel,《理解人权》,第二版 EDN(伦敦,布莱克·威尔出版社,2007 年版),第 7 页。
③ 　只有极少数的例外,即建立一个以独特的民族遗产为基础的新国家(如科索沃的情况)。关于一般自决权,参见安东尼奥·卡塞塞,《人民自决:法律重新评估》(剑桥大学出版社,1995 年版)。

质利益的第 17 号一般性意见［是作者（第 15 条第 8 款）和第 21 号一般性意见（第 15 段）］中，强调文化权利可以单独行使，也可以与他人或作为社区共同行使。①

她在这里所指的集体权利是一种有限的权利：与土著人民和知识产权有关的权利，这些权利传统上给予集体和个人版权保护。然而，在现实中，支持文化权利也意味着确保一种文化，特别是少数民族文化的生存，但这是基于这些文化对个别文化拥有者的价值（从技术意义上讲）。大多数评论家认为，文化权利必须有助于保护该组织；否则，个人就无法保护自己的集体权利。② 为了实现一种更有效地解决社会所有成员人权问题的方法，政策和决策模式必须从大多数情况下严格由国家驱动的模式转变为允许包含各种不同声音的模式，也就是说具有参与性。③ 同时，还必须牢记，"社区文化遗产"并不总能满足所有成员的需要和愿望。例如，史密斯（Smith）明确表示，"传统是性别决定的，因为它往往是'男性化的'，并讲述了一个主要以男性为中心的故事，提倡男性化……过去和现在的愿景"。④ 我们应该特别谨慎地假定，遗产所创造的特性是积极的，并赋予有关社区的所有成员（包括国家社区）以权利。⑤ 因此，这意味着参与性办法还需要考虑社区内（或其他方面）的民主程度，并设法确保尽可能多的声音被听到。

沙希德（Shaheed）指出，根据个人和群体在特定文化遗产方面的不同利益，获得和享受文化遗产的程度可能不同。⑥ 如果我们希望确保以人权为基础的方法来保护文化遗产，这一观察结果将对决策产生深远影响。例如，地方

---

① 人权理事会，《根据人权理事会第 10/23 号决议提交的文化权利领域独立专家报告（Farida Shaheed）》，人权理事会第十四届会议于 2010 年 3 月 22 日通过［Doc. A/HRC/14/35］。经济、社会和文化权利委员会第 21 号总评第 7 段支持这样的观点："所有土著人民……有权作为一个集体或个人充分享受所有人权和基本自由。"

② 人权委员会在其对《公民权利和政治权利国际公约》第 27 条的评注中采取了这一观点，尽管它接受这样一种观点，即集体也需要存在，以保障这些权利。另见 Prott，《文化权利作为人民的国际法权利》第 167 页（N 30）。

③ Antonio A Arantes，《多样性、遗产和文化实践》，载《理论文化协会》第 24 卷，2007 年，第 290—296 页。

④ Laurajane Smith，《遗产、性别和身份》，第 159 页。

⑤ 女性主义考古学越来越注重重新发现和改写考古学史，以反映女性在考古学中所起的重要作用。参见 Lynn Meskell，《身份考古学》，载 Ian Hodder 主编的《今日考古学理论》，政治出版社，2001 年版，第 187—213 页。

⑥ 参见经济、社会和文化权利委员会第 21 号总评第 54 段："但是，可以承认不同程度的获得和享受，同时考虑到个人和社区的不同利益，这取决于他们与特定文化遗产的关系。"

和文化社区经常感到与他们的遗产的联系凌驾于任何其他利益之上,无论是国家利益还是其他利益,这一点应该得到重视。因此,应根据不同利益集团或利益相关者之间的区别,优先获得和享受文化遗产,具体如下:第一,优先考虑那些认为自己是特定文化遗产的保管者和(或)拥有者、维护和传播文化遗产的人和(或)对文化遗产负有责任的始作俑者或"来源社区"。第二,个人和(当地)社区认为有关文化遗产是更广泛社区生活的一个组成部分,但他们可能没有积极参与文化遗产的维护。第三,科学专家和艺术家。第四,大众(国家社会)谁访问别人的文化遗产。① 第五,我们可以加上国际社会(代表人类采取行动),并考虑文化遗产法、②区域或次区域社区的最新发展。

二、权利行使的范围

参与文化生活的权利,③可以概括为一种自由。这是每个人的选择,不仅是参与文化生活,而且是不参与文化生活的权利;对于某些文化团体的成员来说,后者可能是很重要的,因为他们认为该团体的规范和/或做法侵犯了他们的个人人权。④ 为保障这一权利,国家必须避免干预文化活动和/或获得文化产品和服务,并采取积极行动,确保参与和促进文化生活以及获得和保存文化产品的必要先决条件。经济、社会和文化权利委员会第21号评论指出,"一个人决定是否单独或与他人一起行使参与文化生活的权利,是一种文化选择,因此应在平等的基础上得到承认、尊重和保护"。⑤

参加和参与文化生活的权利有三个主要且相互关联的部分:(1)参与;(2)获得;(3)对文化生活的贡献。⑥ 第一,参与涉及每个人的权利(单独或

① 人权理事会,《文化权利领域独立专家的报告》第62段。

② 即根据2003年《保卫非物质文化遗产公约》和2005年《欧洲理事会法罗公约》等区域协议,区域和次区域共享文化遗产的重要性。

③ 《经济、社会、文化权利国际公约》第15条。本条保障的其他权利是:享有科学进步及其应用的利益的权利(第15条第1款第(二)项);人人有权从任何科学、文学或艺术作品所产生的精神和物质利益的保护中受益他们是作者(第15条第1款第(3)项);以及科学研究和创造性活动所必需的自由权(第15条第3款)。参见CESCR第21号一般性条款。珍妮特·布莱克,《探索文化权利和文化多样性:精选法律材料导论》(英国,艺术与法律研究所,2014年版),第55—60页。其中,进一步详细讨论了文化权利的特征。

④ 比如,选择自己配偶的权利。第22段规定,"任何人不得因其选择属于或不属于某一文化团体或群体,或从事或不从事某一文化活动而受到歧视"。

⑤ 经济、社会和文化权利委员会第21号总评,第7段。

⑥ 经济、社会和文化权利委员会第21号总评,第15段。

与他人的交往中)"的自由行动,选择他或她自己的身份,来识别与一个或多个社区或者改变选择,参加社会的政治生活,从事自己的文化习俗和语言来表达自己的选择"。① 第二,每个人都有权利寻求和发展文化知识和经验,并与他人分享,以及创造性地行动和参加创造性活动。准入的概念特别包括每个人(单独或与他人或作为一个社区)通过教育和信息了解自己和他人文化的权利,以及在适当顾及文化的情况下接受高质量教育和对文化身份培训。② 第三,对文化生活的贡献是指"每个人都有权参与创造社区的精神、物质、智力和情感表达"。③ 支持这一点的是有权参与一个人所属社区的发展,以及对行使一个人的文化权利有影响的政策和决定的定义、拟订和执行。④ 因此,第三个要素涉及自决的内在方面。

为了充分实现人人在平等和不歧视的基础上参与文化生活的权利,必须具备下列条件:(1)可用性,文化商品和服务供大家欣赏和受益于开放(如图书馆、博物馆、剧院、电影院、体育馆),各种形式的艺术,共享开放空间必不可少的文化互动,和无形的文化产品(如语言、习俗、传统、社会价值观等)组成的身份和文化多样性作出贡献;(2)可及性,这意味着个人和社区在城市和农村地区的物质和财政能力范围内,有有效和具体的机会充分而不受歧视地享受文化;(3)可接受性,使有关的个人和社区享有文化权利而采取的法律、政策、战略、方案和措施,并与之协商;(4)适应性,通过缔约国在文化生活的任何领域所采取的战略、政策、方案和措施的灵活性和相关性,以及它们对个人和社区文化多样性的尊重,使之具有适应性;(5)适当性,即以尊重个人和社区、包括少数民族和土著人民的文化和文化权利的方式实现具体的人权。⑤ 经济、社会和文化权利委员会强调,必须尽可能考虑与食物、用水、提供保健和教育服务的方式以及住房设计和建造方式等有关的文化价值。此外,他们还特别指出某些人和社区需要特别保护:妇女、儿童、老年

---

① 参见经济、社会和文化权利委员会第21号总评,第15(a)段。

② 参见经济、社会和文化权利委员会第21号总评,第15(b)段。它继续说:"每个人都有权通过任何信息或通信技术媒介了解表达和传播形式,有权遵循与使用土地、水、生物多样性、语言或特定机构等文化产品和资源有关的生活方式,有权受益于文化遗产和其他个人和社区的创造。

③ 参见经济、社会和文化权利委员会第21号总评,第15(c)段。

④ 参见教科文组织《世界文化多样性宣言》(2001年)(第5条);《弗里堡文化权利宣言》(2007年)(第7条)。

⑤ 这是对所谓的"4a计划"的回应,该计划由教育权问题特别报告员卡塔琳娜·托马塞夫斯基教授阐述的四个要素组成。

人、残疾人、少数民族、移民、土著人民和生活贫困者。① 将这一点应用于文化遗产,沙希德(Shaheed)将获得和享受文化遗产的权利描述为包括下列内容:"〔它〕包括个人和社区除其他外,了解、进入、参观、利用、维护、交流和发展的权利文化遗产,以及受益于文化遗产和他人的创造。它还包括参与文化遗产的鉴定、解释和开发以及保护/保障政策和方案的设计和实施的权利。"②

三、承担义务的性质

参与文化生活的权利要求创造一种环境,在此之中,个人、他人,或在一个社区或群体内,都可以参与自己选择的文化。因此,产生了一些可立即生效的核心义务:(1)采取立法和任何其他必要步骤,保证在享受权利时不受歧视;(2)尊重每个人认同或不认同一个或多个社区的权利;(3)在尊重人权的同时,尊重和保护每个人从事自己文化活动的权利;(4)消除妨碍或限制一人接触其本国或其他文化的任何障碍,而不存在任何歧视或任何形式的障碍;(5)允许和鼓励属于少数群体、土著居民或其他社区的人参与设计和执行影响他们的法律和政策。③

各国所承担的义务按"尊重"、"保护"和"履行"的行动加以分类。尊重人权的义务要求各国不要直接或间接地干涉有关的权利(如发展一种文化的权利)。保护义务要求各国防止第三方干涉这一权利(如保护个人对传统医学知识的道德权利)。履行这一义务要求各国采取适当措施,充分实现这一权利(如确保人人享有文化遗产),并改善享有这一权利的条件。最后,重要的是,当权利受到侵犯时,权利拥有者可以寻求补救,但这需要建立适当的机制和获得正义。由于各种利益攸关方(包括国家)之间的冲突是常见的,因此必须建立适当的程序,以公正和非歧视的方式仲裁这些事项。④ 在尊重与文化遗产有关的义务下,可以确定某些具体措施,例如,自由选择自己的文化身份、属于或不属于一个社区并使其选择得到尊重的权利;这包括不受约束的权利接受任何形式的强迫同化,能够自由地表达自己的文化身份,运用自己的文化实践和生活方式。它还涉及享有意见自由的能力,以自

---

① 参见经济、社会和文化权利委员会第 21 号总评 E 部分,第 25—39 段。

② 参见人权理事会《文化权利领域独立专家的报告》第 79 段。

③ 特别是缔约国在其文化资源,特别是与其生活方式和文化表达方式有关的文化资源的保护面临危险时,应事先获得自由和知情的同意。

④ 参见经济、社会和文化权利委员会第 21 号总评。

己选择的一种或多种语言表达的自由,以及寻求、接受和传播各种形式的信息和思想的权利,包括艺术形式,而不论任何形式的边界;创造和传播的自由。个人的,与他人联合的,或在一个社区内的或群体;①获得自己和他人的文化和语言遗产;②以知情和不受歧视的方式自由积极地参与任何可能影响其生活方式和文化权利的重要决策过程。保护的义务要求各国采取措施,防止第三方干涉行使所列权利,并采取下列措施:在战争、和平和自然灾害期间尊重和保护一切形式的文化遗产;尊重在经济发展和环境政策和方案中保护所有群体和社区(特别是最弱势和边缘化的个人和群体)的文化遗产;尊重和保护土著居民的文化产品,包括他们的文化遗产。传统知识、天然药物、民俗、仪式和其他形式的表达;通过和执行立法,禁止基于文化身份的歧视。

履行的义务可以细分为便利、促进和提供的义务。促进每个人参与文化生活的权利包括一个广泛的积极措施(金融和其他),有助于实现这一权利,如采用政策保护和促进文化多样性,以及促进获得丰富和多元化的文化表达;使属于不同文化社区的人能够自由地从事自己和他人的文化活动,并自由地选择自己的生活方式;采取适当措施或方案,支持少数民族或其他社区,包括移徙社区,努力保存其文化。促进这项权利要求各国采取有效步骤,确保适当的教育和公众对参与文化生活的权利的认识,特别是在农村和贫穷的城市地区,并考虑到少数民族和土著居民的具体情况。这包括教育和提高对尊重文化遗产和文化多样性的必要性的认识。实现这一权利要求各国在个人或社区因其无法控制的原因或无法利用其掌握的手段实现这一权利时,提供一切必要的条件,使他们能够参与文化生活。这将包括,例如,颁布适当的立法和建立有效的机制;与所有有关方面协商,将各级文化教育纳入学校课程;保证人人享有参观博物馆、图书馆、电影院、剧院、文化活动、服务和活动的权利,不因经济或任何其他身份而受到歧视。③

四、禁止歧视原则

鉴于文化遗产的性质以及创造、实践和维护文化遗产的个人、群体和社

---

① 这项义务与缔约国根据第 15 条第 3 款承担的义务"尊重科学研究和创造性活动所必需的自由"密切相关。

② 这包括有权接受关于自己和他人文化的教育。缔约国还必须尊重原住民对其文化和遗产的权利。

③ 关于这些义务的更多详情,参见经济、社会和文化权利委员会第 21 号总评,第 48—54 段。

区的多样性,在参与文化生活的权利方面实施不歧视原则具有重要意义。经济、社会、文化权利委员会讨论了在经济、社会和文化权利①方面普遍不歧视的要求,并指出,"《公约》承认不歧视和平等的原则"。② 例如,第 3 条要求各国保证男女享有《公约》所载权利的平等权利。③ 歧视是理解构成的任何区别、排斥、限制或偏好或其他处理,直接或间接地基于禁止歧视的理由和目的或效果的消除或削弱识别、享受或锻炼,平等、契约权利的。④ 它还补充说,歧视还包括煽动歧视和骚扰,并提到直接和间接歧视:前者发生在一个人由于被禁止的理由而在同等情况下比另一个人受到不太有利的待遇时(如在就业、教育或文化机构中);后者涉及的法律、政策或做法表面上看来是中立的,但对行使经济、社会和文化权利有着不成比例的影响(如入学需要出生证明)。一些个人或个人群体可能会因为一个以上被禁止的理由而面临歧视,如属于少数民族或宗教的妇女,这种"累积歧视"对需要特别考虑的个人产生特别有害的影响。

五、侵犯权利

由于国家实体或机构的直接行动,包括私营部门的实体或机构管制不足,使得有关权利可能受到侵犯。当国家阻止个人或社区接触文化生活、习俗、商品和服务,或由于国家不采取或没有采取必要措施履行其义务(如上文所述),往往就会发生这种侵犯行为。侵犯行为也可因疏忽而发生,如未

---

① 经济、社会、文化权利委员会关于"经济、社会和文化权利不歧视"的第 20 号一般性意见(第 2 条)。第 2 段。经济、社会、文化权利委员会 2009 年 11 月 2 日至 20 日第四十三届会议通过的《经济、社会、文化权利国际公约》第 2 条[UN Doc E/C. 12/GC/20]。

② 第 3 段指出:"序言强调'人人享有平等和不可剥夺的权利',而《公约》明确承认'人人'享有《公约》所规定的各种权利,例如……教育和参与文化生活。"

③ 经济、社会、文化权利委员会关于《经济、社会和文化权利国际盟约》执行中出现的实质性问题的第 16 号总评。2005 年 8 月 11 日经济、社会、文化权利委员会第三十四届会议通过[UN Doc E/C. 12/2005/4]注意到:"妇女经常被剥夺平等享有人权的权利,特别是由于传统和习俗赋予她们较低的地位,或由于公开或隐蔽的歧视。由于性别和种族等因素的交集,色彩,语言,宗教,政治和其他意见,国家或社会出身、财产、出生、或其他状况,比如年龄、种族、残疾、婚姻,难民或流动状态,导致复合劣势"(强调),许多女性体验不同形式的歧视。

④ 禁止的理由包括性别、种族、语言、种族和宗教。类似的定义见于《消除一切形式种族歧视国际公约》(联合国,1965 年)[660 UNTS 195;5 ILM 352(1966 年),再版于 21 ILM 58(1982 年)](第 1 条);消除对妇女一切形式歧视公约(联合国,1979 年)[GA Res34/180,34 UN GAOR Supp(第 46 号),第 193 页;1249 UNTS 13;19 ILM 33(1980 年)重印(第 1 条);2006 年 12 月 13 日大会第六十一届会议通过的《残疾人权利公约》(A/RES/61/106)(第 2 条)。人权事务委员会在其第 18 号总评第 6 段和第 7 段中也有类似的解释。

能采取适当步骤充分实现人人参与文化生活的权利。当一国未能采取步骤打击有害于一个人或一群人福祉的行为时,也会发生违反行为。① 此外,对参与文化生活的权利采取故意倒退的措施,也可能构成对这项权利的侵犯,除非这些措施可以通过参照《公约》规定的全部权利和充分利用最大可用资源。②

第五节 文化遗产文书中表达的人权

很自然,与保护文化遗产最直接相关的人权是《世界宣言》和1966年两个《公约》中阐明的文化权利。③ 然而,与这些权利相比,"具有文化层面"的权利的总范围要广泛得多,"文化权利"清单已经制定,其中包括多达50项或更多的潜在权利。④ 因此,当讨论相关文化遗产的权利时,完全基于文化权的清单过于限制,我们需要包含其他人权相关的文化和遗产,如受教育权、知情权、意见和言论自由的权利。与此同时,将这一讨论建立在从国际和区域文书中挑选出的一份相对有限的人权清单的基础上是有益的。普罗特(Prott)提供了一份可行的清单,其中载有与保护文化遗产直接或间接相关的十项人权和文化权利。⑤ 最后五项权利都与文化遗产有着明确而直接的联系。普罗特认为,在这些权利中,保存和发展一种文化、尊重文化特性

① 这些有害习俗包括习俗和传统,如切割女性生殖器官和巫术指控。

② 参见经济、社会和文化权利委员会第21号总评,第60—65段。

③ 参与文化生活的权利(包括知识产权)和少数民族的权利。

④ Symonides,《文化权利:被忽视的人权范畴》(n85)。1993年,当欧洲委员会要求Bridget Leander列举文化权利时,她列出了一份清单,其中包括从各种国际文书中确定的50多项潜在权利。

⑤ 这些权利是言论自由,同时还有宗教和结社自由(分别是《公民权利和政治权利国际公约》第19条和第22条);受教育权(《经济社会国际权利公约》第13条第1款);父母有权选择给予子女何种教育的权利(《经济社会国际权利公约》第13条第3款);人人参与文化生活的权利(《经济社会国际权利公约》第15条第1款);保护艺术、文学和科学作品的权利(《经济社会国际权利公约》第15条第1款);保护和发展文化的权利(1966年教科文组织《国际文化合作原则宣言》第1条第2款和1981年《非洲人权和民族权宪章》第22条第1款);尊重文化认同的权利(1976年《阿尔及尔宣言》,第19条);一个民族不受外来文化影响的权利(《阿尔及尔宣言》第15条);人民享有自己的艺术、历史和文化财富的权利(《阿尔及尔宣言》第14条)。1976年的阿尔及尔宣言本身没有法律地位;该案文作为《人民权利》的附件由James Crawford编辑(牛津:克拉伦登出版社,1988年版)。参见Prott,《作为人民的国际法权利的文化权利》(《Cultural Rights as Peoples' Rights in International Law》),第97页。

和一个民族不受外来文化影响的三项权利似乎与一个民族或文化群体的独特特性有关。另外,一个民族拥有其自己的艺术、历史和文化财富的权利以及平等享有人类共同遗产的权利,更多地涉及财产所有权问题,因此属于不同的秩序。

言论自由的第一项权利是对实践、生产和享受许多文化遗产,特别是与社会中的少数群体和土著群体有联系的文化遗产至关重要的、凌驾于一切之上的基本权利。从这个意义上说,它可以被视为国际保护和保护文化遗产不同方面的必要先决条件。受教育权是有能力参与文化生活,参与许多与文化遗产有关的创造性活动,甚至是欣赏和享受文化遗产的基本前提。此外,父母选择子女接受何种教育的权利特别涉及少数民族和土著人民接受母语和文化适当教育的权利,这种教育可促进进一步的文化发展。有趣的是,联合国教科文组织 2003 年和 2005 年的《公约》都直接提到了教育、能力建设和提高认识。特别是在 2003 年《保卫非物质文化遗产公约》[1]中发现的参考资料包括非正式的教育手段,并明确指出,在许多情况下目标群体是一个文化社区,这很可能意味着母语语言教育以及文化上适当的教育方法。

每个人参与文化生活的权利被理解为包括获得和享受自己的遗产、社区和民族遗产以及人类遗产的权利。在这方面,获得和享受文化遗产是相互依存的概念——其中一个概念暗含另一个概念。除此之外,他们被认为包括了解、理解、进入、访问、利用、维护、交流和发展文化遗产,以及受益于他人的文化遗产和创作,而不受政治、宗教、经济或物质上的阻碍。经济、社会与文化权利委员会制定了一个具体的进入概念,如果将其应用于文化遗产,则需要下列条件:(1)物质进入文化遗产并通过数字技术;(2)经济实惠的途径;(3)不分国界地寻求、接受和传播关于文化遗产的资料的权利;(4)取得决策和监测程序,包括行政和司法程序、补救办法。[2] 当然,应该这样理解,由此出发对国家的一项基本要求是保护、保存和保护不同群体、社区和人民的文化遗产的一般义务。这一点在某种程度上让人想起了早在1954 年《海牙公约》[3]中基于人权的义务,在提到"人民"而非国家以及"全人类的文化遗产"时,弗兰西奥尼(Francioni)认为"强调了它与人权的联系,并

---

① 参见 2003 年《公约》第 14 条。

② 见教育权问题特别报告员 Katarina Tomasevski 教授的报告 [UN Doc E/CN. 4/1999/49]。

③ 它在序言中指出,"对属于任何人的文化财产的破坏意味着对全人类文化遗产的破坏,因为每个人都对世界文化作出贡献"。

预示着对整个国际社会(普遍)而不是在合同基础上对个别国家承担综合义务的想法"。①

　　获得和享受的概念也一定蕴含着社区参与文化遗产的鉴定、解释和发展,以及保护/保障政策和方案的设计和实施。享受和获得文化遗产的重叠原则是不歧视,特别关注弱势群体。当然,不同的个人和社区被视为与这一遗产或多或少有直接关系,因此在这方面的权利或强或弱。应该区分:(1)认为自己是某一特定文化遗产时代的保管者/拥有者,他们保持文化遗产的活力和/或对其负责;(2)个人和社区,包括当地社区,认为有关文化遗产是社区生活的组成部分,但可能不积极参与维护;(3)科学家和艺术家;(4)公众可获得他人的文化遗产。沙希德(Shaheed)②指出,权力差异也必须加以考虑,因为它们影响个人和团体为官方保护的文化遗产的鉴定、发展和解释作出有效贡献的能力,因此,这一进程可能将他们及其遗产排除在外。因此,个人和社区参与文化遗产应包括充分尊重个人参与或不参与一个或多个社区的自由,发展其多重身份,获得其文化遗产和其他文化遗产的自由,以及致力于文化的创造。③

　　由于文化物品的保留(或归还)是参与文化生活的必要条件,以保证作为这一权利的一个基本部分的进入,教科文组织 1970 年《公约》和国际统一司法协会④的《公约》都有助于享受这一权利。2003 年《公约》强调社区、团体和个人在保护和实施文化遗产的各个方面所起的作用,从而促进了公民参与文化遗产鉴定、保护和管理的所有方面的权利。⑤ 事实上,《公民权利和政治权利国际公约》的人权背景主要涉及文化社区的经济、社会和文化权利(1966 年两公约所保障的权利),特别是发展其文化的权利,以及在整个会议期间多次提到的要求。第 164 条规定,非物质文化遗产的鉴定和保护应在相关社区、团体和/或个人的参与下进行。事实上,本《公约》的人权背景主要涉及文化社区的经济、社会和文化权利(1966 年两《公约》所保障的权利),

---

　　① Francesco Francioni,《国际文化遗产法的人的层面:导论》,载《欧洲国际法杂志》第 22 卷第 1 期,2011 年,第 9—16 页。

　　② 人权理事会,《独立专家的报告》第 6 段。

　　③ 人权理事会,《独立专家的报告》第 10 段。

　　④ 第二章将详细讨论这两个问题。

　　⑤ Francioni,The Human Dimension of International Cultural Heritage Law(n 159)在第 14 页指出:"与人权的联系,特别是与获得、表演和维护一个群体文化的权利的集体方面的联系,是 2003 年通过的《保卫非物质文化遗产公约》的成功……这项公约的质的转变在于将重点从保护文化对象转移到创造和发展'非物质'遗产的社会结构和文化进程。"

特别是发展其文化的权利,以及在整个会议期间多次提到的要求,①非物质文化遗产的认定和保护应当在相关社区、团体和/或个人的参与下进行。然而,在赤字方面,《公约》的总办法是中央集权制,其中的体制机制完全是政府间的,例如没有独立专家委员会,只有缔约国有资格为国际清单提名项目。1972 年《公约》本身在其最新的业务指导方针中正朝着这一权利的方向不断发展,目前该准则已将社区和传统持有者纳入登记财产的重要利益攸关方。同样,2005 年《公约》鼓励"民间社会积极参与",以实现其目标,即保护和促进文化表达的多样性。② 2005 年《公约》也要求创建一种环境,鼓励个人和社会群体的创造、生产、传播、分发,并获得自己的文化表达形式:③因此,它也保障文化发展权和作为其他经济、社会及知识产权的保障。这项《公约》甚至进一步回顾"文化多样性在民主、容忍、社会正义和人民与文化之间相互尊重的框架内蓬勃发展",从而在民主、社会正义和文化多元化以及文化多样性的价值之间建立了直接联系。④ 然而,正如第六章所讨论的,2005 年《公约》的方向相当混乱,它最初被设想为一项以人权为导向的条约(受到 2001 年《文化多样性宣言》的启发),但最终形式更接近于一项与贸易有关的条约。⑤

　　保护艺术、文学和科学作品的权利显然是一项与知识产权有关的权利,因此,就教科文组织的规范性活动而言,1952 年的《世界版权公约》对这一权利作出了最为密切的回应,该公约保护了艺术和文学作品的作者。⑥ 1989 年的《保护传统文化和民俗的建议》也讨论了这一遗产的知识产权方面,并设法将版权保护扩大到民俗的创作者和口译者(他们往往不属于"作者"的传统版权定义)。2005 年《公约》自然涉及知识产权问题,因为其主题是"由个人、群体和社会的创造性产生的具有文化内涵的表达方式"。在序言中,委员会注意到知识产权对维持参与文化创意的人的重要性(第 16 段)。

---

　　① 　参见《公民权利和政治权利国际公约》第 2 条第 1 款、第 11 条第 b 款、12 条和 15 条。

　　② 　参见 2005 年《公约》第 11 条。

　　③ 　参见 2005 年《公约》第 7 条。

　　④ 　此外,2005 年《保护人权与基本自由公约》的原则 1 规定:"只有在言论、信息和通信自由等人权和基本自由,以及个人选择文化表达的能力得到保障的情况下,文化多样性才能得到保障和推进。"

　　⑤ 　Elsa Stamatopoulou,《国际法中的文化权利》:《世界人权宣言》及其后第 27 条(莱顿,2007年)。

　　⑥ 　Of course, the Berne Convention for the Protection of Literary and Artistic Works, openedfor signa-ture 9 September 1886(as amended in 1914,1928,1948,1967,1971,and 1979)[25 UST1341,828 UNTS 221] discussed in Chapter 7 is another very signifcant treaty in this regard.

发展文化的权利载于教科文组织《国际文化合作原则宣言》(1966 年)和《非洲人权和人民权利宪章》。① 然而,2003 年《保卫非物质文化遗产公约》可以被视为文化遗产标准中这一权利的典型表现,因为它在整个公约案文中支持文化社区继续实践、维持和传播其传统文化的权利。此外,2005 年《文化多样性公约》要求缔约方创造一种环境,鼓励个人和团体创造、生产、传播、散布和接触他们自己的文化表现形式。② 文化遗产在文化认同建设的中心作用意味着,根据定义,旨在保护和保障这一遗产的工具也承认尊重文化认同的权利。1970 年教科文组织的《公约》承认,鉴于人民和社区对这些文物的认同,他们有必要控制其文化财产的重要部分。1972 年《世界遗产公约》在颂扬特定文化场所的全球意义的同时,也考虑到了这些场所对特定文化群体的特殊价值。尤其是那些列为相关无形价值的文化遗产。③ 2003 年《保卫非物质文化遗产公约》在其定义中明确规定了其在为社区和群体提供"认同感和连续性"方面的作用,2005 年《公约》将"文化内容"(文化表达)定义为"源自或表达文化身份"的象征、艺术或文化价值。④ 此外,2005 年《公约》序言第 16 段关于"承认所有文化的平等尊严和尊重"的要求也蕴含这一权利。发展文化权利的一个方面存在于一项有关的权利中,即一国人民享有并享受其本身的艺术、历史和文化财富的权利。1970 年《公约》的"保留主义"方法最为明确地回答了这一权利,该方法的基本立场是原籍国要求归还和(或)恢复被盗和非法出口的文化财产。⑤ 当然,1970 年《公约》和《阿尔及尔宣言》(1976 年)都是在 20 世纪 70 年代通过的,其中更明确地表达了这项权利,并非巧合。它们反映了当时的后殖民意识形态,认为在殖民统治期间被移走的文化物品的归还是重新确立民族自豪感和特性的一个重要步

---

① 分别为《国际文化合作原则宣言》第 1 条第 2 款和《非洲人权和人民权利宪章》第 22 条第 1 款。

② 参见 2005 年《文化多样性公约》第 7 条。

③ 例如,马里的班迪亚加拉遗址,1989 年根据标准 V 和标准 VII(其中一个是文化遗址,另一个是自然遗址)雕刻而成。它不仅包含一些美丽的建筑元素(房屋、粮仓、祭坛、圣所和托古纳,或公共集会场所),而且还是一个古老的社会传统空间,包括面具、宴会、仪式和涉及祖先崇拜的仪式,这些对于当地社区都具有特殊的重要性。

④ 分别为 2005 年《公约》第 2 条第 1 款和第 2 条。

⑤ 关于这一点和"文化民族主义"概念的更多信息,参见 John H. Merryman,《国家和对象》,载《国际文化财产杂志》第 3 卷,1994 年,第 61—76 页。根据 VRDOLJAK,《国际法中的人权和文化遗产》,一份初稿在其《世界人权宣言》第 27 条序言中提到,要求各国保护其领土上的文化财产不受非法出口和转让之害(教科文组织 SHC/MD/3 号文件,第 25 段)。然而,它仍然是一项高度国家导向的条约,尽管 1995 年《统法社公约》确实允许更多地承认非国家团体在获得有关遗产方面的利益,但它仍然高度以国家为中心。

骤。关于归还在武装冲突期间被盗的文化财产,也可以同佛蒂杰克(Vrdol-jak)所探讨的禁止种族灭绝的国际法强制性规范联系起来。[①]

虽然一个民族不受外来文化影响的权利[②]可以再次被视为反映了一种强烈的后殖民主义立场,但实际上教科文组织最近的各项公约对这项权利作出了最直接的反应。通过重视经常处于边缘地位的文化社区的遗产,2003 年《公约》被视为支持少数民族、宗教和语言上的少数群体成员在社区中相互享受其文化的权利。[③] 当然,这是另一种表达这里所主张的权利的方式,即不把一个占统治地位的外来文化强加给他们。这里最重要的是,要求缔约方让文化团体直接参与确定非物质文化遗产的要素以便进行清查(第12 条和第 15 条),从而削弱了国家,因此,主导文化决定什么是非物质文化遗产的权利,确定《公约》中与非物质文化遗产相关的宗旨。在 2005 年《公约》中,平等尊严和尊重所有文化的原则(原则 3)指出,"保护和促进文化表达的多样性的前提是承认所有文化的平等尊严和尊重"。因此,这是一个民族或国家不受外来文化影响的权利的先决条件。

平等享有人类共同遗产的权利载于《非洲人权和人民权利宪章》(第 22条第 2 款)。"人类共同遗产"的概念在文化遗产文书中普遍存在,尽管它在过去 50 年中有了很大的发展。例如,1954 年《海牙公约》在序言中指出,"对属于任何人的文化财产的损害,无论是什么,都意味着对人类文化遗产的损害"。1972 年《世界遗产公约》以"具有突出普遍价值"的某些财产应作为世界遗产加以保护的原则为基础。因此,这两项文书都认为保护有关文化遗产的理由是,它对全人类都具有重要性,而不是因为它本身有助于文化多样性的整体性(如 2005 年《公约》的立场)。然而,如上文所述,全球文化或遗产的概念在这里是一个矛盾的概念,因为使其具有普遍意义的东西同样也使它对一个民族或多个民族具有特别重大的意义。[④] 最近,2003 年《保卫非物质文化遗产公约》将保卫非物质文化遗产定义为"人类的共同利益",其建立的主要国际名录被称为《人类非物质文化遗产代表作名录》。相反,我们认为,人类在保护这一遗产方面的"共同利益"是建立在它对文化多样性的

①　Ana Filipa Vrdoljak,《灭绝种族和恢复原状:确保每个群体对人类的贡献》,载《欧洲国际法杂志》第 22 卷第 1 期,2011 年,第 17—47 页,她在其中指出:"通过在各种战争之后一再批准恢复文化财产,实习生国际社会含蓄地承认,没收和销毁文化遗产是国际不法行为的一个组成部分。"

②　如《阿尔及尔宣言》(1976 年)所述。

③　根据《公民权利和政治权利国际公约》第 27 条的保证。

④　例如,帕台农神庙、巨石阵和吴哥窟等列入《世界遗产名录》的文化遗产。

贡献之上,即不仅仅是对自身的贡献,而是作为更大整体的一部分。名录的"代表性"概念强调文化多样性本身被视为国际社会在文化遗产方面的一项重要价值。这份名录所依据的"代表性"概念在这里很重要,因为它反映了全球非物质文化遗产多样性的雄心,而不是反映每个元素的特殊或内在价值,也就是说,它不仅仅是杰出项目的"热销品"。①

由于人类的共同遗产(以及人类在保护文化多样性方面的相关共同利益)是一个全球性的概念,因此,享有平等享有这种遗产的权利将意味着某种意义上的国际(代内)平等,从而意味着某种形式的团结权利。因此,1972年《公约》和 2003 年《公约》(第 19 条—26 条和第 19 条—24 条)所确立的国际合作和援助原则以及 2005 年《公约》②所表达的国际合作和团结原则在这里具有相关性。

第六节 结论

从上述讨论中可以明显看出,文化遗产与人权之间存在着一种相互依存的关系。一方面,文化遗产本身对人权作出了贡献,例如在身份形成方面发挥了构成作用,并作为文化多样性的一个基本组成部分;另一方面,鉴于许多国际文化遗产法的"软法"性质以及各国在谈判文化遗产条约时保留主权管辖权的方式,人权可能是社区和个人保护和捍卫他们文化遗产最有效的途径。此外,由于现代化、全球化、旅游业等方面的压力,文化遗产与有关社区和个人之间可能会出现一定程度的脱节。这种混乱是一个重要的人权问题,需要社区和个人本身,特别是原始社区,③有权保护自己的遗产。文化遗产问题不应局限于保存和保护的技术问题,还必须涉及文化遗产在社会和人民生活中发挥的作用。

我们可以确定某些文化和其他人权已在各种文化遗产保护和保障文书中得到体现。因此,国际社会已接受这些权利为在这些条约框架内得到保障的有效权利。根据上述分析,我们可以将各国现在承认的文化权利范围

---

① 这使得它的基本理念与1972 年《公约》的《世界遗产名录》大不相同。
② 参见 2005 年《公约》第 2 条第 4 款。
③ 也就是说,那些创造了遗产的人。

扩大到《经济、社会、文化权利国际公约》和《公民权利和政治权利国际公约》①所载的一系列狭隘的具体"文化"权利之外,包括上文列举的部分或全部权利。这是人权法的一个充满活力和发展中的领域,尽管有许多理论上的挑战,但由于人们日益了解文化在发展,特别是可持续发展中所起的中心作用,这一领域将来很可能获得进一步的接受和突出地位。核查一系列国际条约是一项有益的工作,不仅限于文化遗产保护,这样可以确定这一领域未来发展的趋势。例如,联合国的《生物多样性公约》(1992 年)第 8 条第 j 款所载对当地和土著社区传统生态知识的保障,以及联合国粮农组织《植物遗传资源国际条约》(2001 年)对当地农民权利的类似承认,指出越来越多的人接受这些权利的集体性质。

在澄清这些权利的内容和性质方面需要做进一步工作,如果我们希望解决这些持续的不确定性,就需要准备研究各种各样的法律领域。重要的是,对于本书来说,随着教科文组织通过 2003 年《保卫非物质文化遗产公约》和欧洲委员会通过 2005 年《关于文化遗产的社会价值的法罗公约》,文化遗产法领域已经证明自己是此类发展富有成果之源,而且毫无疑问将继续如此。本章所述的人权与文化遗产法之间深刻的相互关系,将进一步强调文化遗产领域的发展有可能在未来慢慢渗入人权文书,反之亦然。

---

① 主要是《经济、社会、文化权利国际公约》第 15 条和《公民权利和政治权利国际公约》第 27 条。

第九章
区域的趋势和方法

第一节　引言

　　本章共同论述了保护和维护文化遗产的区域方法,以及关于文化遗产政策和法律制定的未来趋势。与全球范围相比,在地方区域制定政策和法律需要更大的权利自由和雄心。在地方区域(和次区域)内,国家很可能有明显的共同价值观和挑战,为保护和监管提供更多的创新办法。这不仅在文化遗产领域中正确,而且在环境管制中尤其显著。例如,1979 年《伯尔尼公约》[①]是一项极为重要的野生动物保护公约,它不仅是区域性公约,也是国际公约,因为它不同寻常地明确了缔约方负有明确的有约束力的责任,2003年《养护自然和自然资源非洲公约》[②]被凯斯(Kiss)和谢尔顿(Shelton)称为"最现代和最先进的公约"。它扩大了关于自然资源的所有协定,覆盖了"环境保护和资源管理的所有方面"。[③]在另外的法律领域——人权,我们也看到欧洲区域制度如何能够允许个体公民向欧洲人权法院提出针对其政府的申诉,在全球范围内,无法想象这一可能性。

　　但是,应当指出一些区域在动员区域保护政策和管制方面比其他区域更为成功,而其他一些区域,如西亚和中亚,在这方面通常效果不太好。[④]正

---

　　① 《欧洲野生动物及其自然栖息地保护伯尔尼公约》(伯尔尼,1979 年 9 月 19 日,1982 年生效)[英国交通部第 56 号(1982 年)]。尽管通过此公约相对较早,但它采用的保护方法接近于可持续性。

　　② 2003 年 11 月 11 日非洲联盟在莫桑比克马普托通过的《自然和自然资源养护公约》,http://www. au. int/en/content/african-convention-nature-and-natural-resources-revised-version,于 2015 年 2 月 23日访问。

　　③ Alexandre Kiss and Dinah Shelton,《国际环境法指南》(海牙:Martinus Nijhoff,2007 年),第184 页。他们指出,序言部分宣布保护全球环境是人类的共同关切,保护非洲环境是所有非洲人的首要关切。

　　④ 该区域没有具有约束力的环境保护条约,例如,除《保护里海区域环境的德黑兰公约》或《波斯湾区域科威特公约》等条约外,这些条约的地理范围非常有限。

如我们在第五章(关于非物质文化遗产)中所看到的,次区域缺少合作甚至导致对入围名录的特定非物质文化遗产元素所有权产生争议。同样值得重视的是欧洲和非洲都已经历过的武装冲突,其中非洲还在经历以种族界限的武装冲突。其中,文化遗产已经成为象征性元素。因此,对于这些区域而言,保护文化遗产已经包括了利用文化间、种族间对话的潜力,加强社会凝聚力,而不是作为一个分裂因素。① 本章主要关注非洲的三个区域、美洲区域和拥有高度完善的政策及针对文化遗产维护保护的监管措施的欧洲区域,特定区域的观点将在下面解释。同时,还会提及在东南亚、阿拉伯国家和穆斯林世界的一些相关发展。还可能发现上面提及区域之间的某些共性,这些共性已经或有可能在这个领域对全球国际法的发展产生重大影响。这三个区域的文化遗产政策目标及方向同样也存在差异,主要聚焦在美洲国家关于本地遗产的组织,非洲联盟对从殖民时代解放出来的“作为非洲人民共同生活文化遗产”的思想关注,而欧洲理事会更坚定地以已建遗产和文化景观为基础。②

根据佛蒂杰克(Vrdoljak),从先前对国家和民族文化的强调到对人权和文化多样性的强调,这些与《文化权利独立专家报告》一起的区域方法有可能对我们关于文化遗产及其在多边层面的法律保护有变革性的影响。③ 措施的共同目标是在(地方、国家、区域)社会内发展一种文化,能够促进跨文化和跨世代对话,理解和尊重人权。④ 另一个标志着文化遗产政策和法律制定的范式转变极为重要的共同方法是:国家与其他利益攸关方(尤其是那些文化或遗产相关方)被视为非常不同的关系,也是不再通过其文化机构行事的国家,而是通过社区、团体甚至个人的主要权利持有人(和义务持有人)。⑤这对教科文组织内的文化遗产法制定产生了明确的影响,例如,相较传统方

---

① Ana Vrdoljak,《国际法中的人权和文化遗产——关于人权、文化和自然的规范观点》,载费德里科·伦泽里尼编辑,《Ana Filipa Vrdoljak》,哈特出版社,2014 年版,第 139—173 页。其中,第 170 页指出:“非洲和欧洲这两个大陆充满了暴力的种族和宗教信仰,这是很重要的。近几十年来,我们通过了以促进文化多样性和人权为重点的多边框架公约,并预示着对文化保护的重新解释。”

② Lucas Lixinski,《国际法中的非物质文化遗产》(牛津大学出版社,2013 年),第 67 页。

③ Vrdoljak,《国际法中的人权和文化遗产》,第 171 页。

④ 见《欧洲委员会文化遗产对社会的价值框架公约》第 2(3)条(Faro,2005 年 10 月 27 日)[CETS No. 199](《法罗公约》);《东盟宣言》第 4(5)段 东盟 2000 年 7 月 25 日在泰国曼谷通过的文化遗产;2006 年 1 月 24 日非洲联盟在喀土穆通过的《非洲文化复兴宪章》第 3(4)段(N)尚未生效。

⑤ 例如,2005 年《欧洲委员会第 1 和第 4 条法罗公约》和第 3 条、第 8 条和第 14 条《东盟宣言》(2000 年)就明确了这一点。

法来说,2003 年《保卫非物质文化遗产公约》和 2005 年《文化表现形式多样性公约》都对社区、团体、个人和公民社会组织发挥了更加重要的作用。此外,由于这些区域文书与现有的文化遗产条约趋向一起被阅读,现有的条约义务享有额外的人权层面,①例如,通过各团体和社区的更多地参与实施,将文化遗产保护纳入文化多样性和社区间对话等目标。

第二节　区域保护制度

一、非洲:非洲联盟

制定保护文化遗产的政策和法律重要的且广泛的背景就是人权的背景。在非洲,关键的背景文件是《非洲人权和人民权利宪章》(1981 年),俗称《班珠尔宪章》。② 在序言部分,它从非洲的角度阐述了与文化遗产特别相关的两点,首先,指出"其历史传统的优点和非洲文明的价值观念",并认为"享有权利和自由也意味着每个人都得履行义务"。因此,我们认为有一个特别的"非洲"文化遗产。其次,非洲公民应为其根据本宪章享有的权利而履行义务。在这种情况下,这里的利益责任是"本着容忍、对话和协商的精神,在他与社会其他成员的关系中加强积极的非洲文化价值观,并总体上为促进社会的道德福祉作出贡献",并尽可能为"促进和实现非洲统一"作出贡献。③ 目前尚不清楚如何实现这一目标,而且在起草过程中也存在严重的含混不清,例如,没有具体说明什么是"非洲价值观",以及(可能是无意的)暗示如果存在"积极的"非洲价值观,大概也存在消极的价值观。

尽管对这篇文章的实际文本进行了批判,但它确实提出了一种有趣的观点,即有一种可以识别的非洲遗产,所有非洲人都有责任去保护和促进。促进非洲统一的市民在某种程度上似乎与此相联系,并且也表明促进文化遗产和与之相关的非洲特性会促进非洲的团结感。《班珠尔宪章》规定的人类和种族相关权利就是"在适当考虑到他们的自由和特性以及平等享有人

---

① Vrdoljak,《国际法中的人权和文化遗产》。

② 1981 年 6 月 27 日通过[非统组织文件 CAB/LEG/67/3 Rev 5,21 ILM 58(1982),1986 年 10 月 21 日生效]。

③ 第二章"职责"第 29 条。

类共同遗产的情况下,拥有经济、社会和文化发展的权利"。① 有趣的是,这一条将文化遗产与发展联系在一起,因为在第二段中,它规定了各国单独和集体地"确保行使发展权"的(显然相关的)义务。

《非洲文化复兴宪章》是非洲联盟当代最重要的条约之一,对该地区文化遗产的政策制定和管理都有意义。② 序言部分指出,指导文书包括《非洲人权和人民权利宪章》(1981 年)、教科文组织《国际文化合作原则宣言》(1966 年),以及教科文组织 1954 年、1970 年、1972 年、2001 年、2003 年和2005 年的文化遗产条约。它将"文化"定义为,"社会或社会群体的一套独特的语言、精神、物质、智力和情感特征,除艺术和文学外,还包括生活方式、共同生活方式、价值体系、传统和信仰",任何非洲文化政策"都必须使各国人民能够在发展过程中承担更大的责任"。③ 虽然这里也提到每个人享有自由进入文化的个体权利,④但很明显,这里强调的是"任何人"根据自己的价值观制定自己的文化政策的不可剥夺的权利,这是面对奴隶制和殖民统治后的"部分非洲人民的非人格化"自我决策的重要方面。⑤ 此外,这里的信息着重表明,"非洲兄弟关系和团结"的意义应超过任何种族、国家或地区的差异。⑥ 还进一步强调了语言作为"物质和非物质文化遗产的一个主体和媒介"的重要性,以真实、流行的形式存在,且作为发展的一个因素。⑦ 令人感兴趣的是,尽管非洲国家传统上认为语言和语言多样性是其文化遗产中的基本要素,但欧洲国家没有这样做,并且西亚和南亚的一些其他国家传统上一直对公开支持语言多样性持敌对态度,因为他们担心语言多样性有可能会破坏国家的统一。《宪章》的目标之一是保护和促进非洲文化遗产,这可以与将文化目标纳入发展战略⑧的目标联系起来,以便将文化遗产保护牢固地纳入更广泛的发展战略。这也被视为全球化和文化能力(包括并可能包括文化遗产)宏观的一部分,以便向非洲人民提供资源,使其能够应对当代世界的需求。

---

① 参见文章第 22(1)条。

② 非洲联盟于 2006 年 1 月 24 日在喀土穆通过;尚未生效(截至 2015 年 2 月 23 日)。

③ 参见序章第一段。

④ 参见序言第 3 款. 第 3 条强调人权方向,强调"非洲男女尊严"是"宪章"的首要目标,同时促进言论自由和文化民主。

⑤ 参见序章第 2 段和第 4 段。

⑥ 参见序章第 6 段。

⑦ 参见序章第 5 段。

⑧ 参见文章第 3 条(D)项和(G)项。

传统知识和语言在这方面的作用在本协议①中得到了凸显,而保护和发展物质和非物质文化遗产作为在文化发展框架②内制定文化政策的基本原则。鉴于国际文化遗产立法的最新发展,本宪章具有重要意义,包含(国家)明确承认大量对文化发展起着重要作用的非机构行为者,包括设计师、私人开发商、协会、地方政府、私营部门等。③ 这不仅仅是简单的承认,还要求缔约方构建一系列利益攸关方的能力(通过节日、培训课程等),以便他们能够更有效地为文化发展进程作出贡献。在此,还值得注意,青年人、老年人和传统领导人都被列为重要的利益攸关方,应当承认和培养他们对此作出贡献的潜力。④ "非洲文化遗产"的保护问题在第五章⑤中直接解决,其中有趣的是,因为与上文对文化遗产更含蓄的处理不同,它往往集中于结束掠夺和贩运非洲文化财产的行为,寻求将遗产归还原主国,寻求归还从非洲国家移走的档案和历史文件,并确保为归还这些财产提供适当条件。除了建议设立一个非洲世界遗产基金和特别鼓励非洲国家成为 2003 年《保卫非物质文化遗产公约》⑥缔约国外,这是 20 世纪 70 年代确定的做法,并非对文化遗产在发展和当代社会中的角色作出回应。

一份对保护和促进非洲文化遗产有影响的长期政策文件是非洲联盟委员会 2013 年⑦通过的《2063 年议程》,⑧该议程致力于"一个持久的泛非洲愿景,即一个由本国公民驱动、代表全球舞台上一股强大力量的一体化、繁荣与和平的非洲"。⑨ 它旨在建设一个"对自己的特性、遗产、文化和共同价值

---

① 第3(1)条阐述了促进"普及科学和技术,包括传统知识体系,以此作为更好地理解和保存文化和自然遗产的条件"的目标。第 4 条还要求"通过纳入使用非洲语言,加强科学和技术,包括内在知识系统在非洲人民生活中的作用"。第十八条和第十九条(包括《宪章》第四部分)特别涉及保护和促进语言。

② 文章第 10(2)条。

③ 文章第 11(2)条。这反映出人们日益认识到非国家行为者在教科文组织 2003 年和 2005 年公约中的作用。

④ 文章第 13 条和第 14 条。

⑤ "宪章"第五章第 25—29 条。

⑥ 第 25 条和第 29 条。后者还鼓励批准《关于发生武装冲突时保护文化财产的公约》(1954 年,海牙)。

⑦ 第三版可于 2015 年 2 月 23 日在线查阅:http//Agenda2063. au. int/en/documents/Agenda-2063-africa-we-want-popular-version-3 rn-edition.

⑧ 2013 年 5 月 26 日,非洲联盟委员会在亚的斯亚贝巴举行的非洲联盟国家元首和政府首脑会议庄严宣言中通过,并于 2014 年 1 月提交非盟首脑会议。

⑨ 议程 2063(N 28)第 4 段。

观充满自信"①的非洲,第二个目标是"一个以泛非洲主义的理想和非洲文艺复兴的愿景为基础的一体化欧洲大陆,政治上的团结"。② 因此,这是一份政策展望文件,③旨在以各利益攸关方之间的讨论为基础,以实现范式转变。它表达了一种愿望,即非洲"将见证团结和统一的重新点燃,这种目标支撑了从奴隶制、殖民主义、种族隔离和经济征服中解放出来的斗争",从而使其牢固地置于后殖民框架内。④ 题为"一个具有强烈文化特性、共同遗产、价值观和道德的非洲"的《愿望5》明确了文化遗产在非洲大陆未来发展中的中心作用。包括目标如下:"泛非洲主义和共同历史、命运、特性、遗产、尊重宗教多样性和非洲人民及其侨民的意识将得到巩固",非洲"文化、遗产、语言和宗教的多样性将成为力量的源泉。"此外,"文化、遗产以及共同特性和命运将是我们所有战略的中心,以促进泛非洲方针和非洲复兴"。⑤

非洲发展的"关键促成因素"之一是"非洲叙事的所有权……确保它反映非洲大陆的现实、愿望和优先事项以及非洲在世界上的地位",并通过"学习各国和各区域多样、独特和共享的经验和最佳做法,作为非洲改革的基础,找到非洲发展和转型的办法"。⑥ 因此,在文化遗产与制定国家和区域可持续发展计划之间建立了密切联系。因此,这份政策文件强调,今天保护和促进非洲大陆的文化遗产是在"泛非洲主义和非洲复兴"这一更广泛的背景下进行的,即非洲身份和尊严的完全恢复。⑦

二、美洲:美洲国家组织(美洲组织)

美洲文化遗产政策和法律更广泛的立法背景最初载于《美洲人的权利和义务宣言》。⑧ 它在序言中指出,"由于文化是这种精神发展的最高社会和历史表现形式,人们有义务在力所能及的范围内维护、实践和培育文化"。这就规定了成员国保护包括文化遗产在内文化不具约束力的道德和政治义

---

① 议程 2063(N 28)第 7 段。
② 议程 2063(N 28)第 21 段。
③ 操作上,有 25 年滚动计划、10 年滚动计划、5 年滚动计划和短期行动计划。
④ 议程 2063(N 28),第 40 和 44 段。
⑤ 议程 2063(N 28),第 40 和 44 段。
⑥ 议程 2063(N 28),第 73(g)和(h)段。
⑦ 参见非洲联盟委员会(AUC)主席 Nkosazana Dlamini-Zuma 博士 2013 年 2 月 22 日在赤道几内亚共和国马拉博西波波会议中心致第三次非洲—南美洲首脑会议的讲话。
⑧ 1948 年第九次美洲国家国际会议通过[119 UNTS 3,1951 年 12 月 13 日生效]。

务。《美洲人权公约》(1969 年)①与上述的非洲区域《班珠尔宪章》相同,明确表达了义务与权利之间的关系,并指出,"每个人对其家庭、社区和人类负有责任",②这可以解释为对文化遗产的义务,不仅是在国家和区域层面,甚至是在全人类层面。

美洲国家组织在制定文化政策方面有着关键位置,对看待和处理文化遗产的方式有重大影响。该组织的以下声明包含其中许多内容:"我们承认文化在建设社会凝聚力和创建更强大、更包容的社区方面的积极贡献,我们将继续促进文化间对话和尊重文化多样性,鼓励相互了解,从而减少冲突、歧视以及经济机会和社会参与的障碍。"③因此,我们在这里看到文化多样性的高度价值(包括加强本地文化遗产的政策)、美洲国家内的文化间对话以及随之而来的社会凝聚力和建立包容性社区的加强。这些做法反映在许多拉丁美洲国家的宪法中。在这些法律中,保护文化和语言多样性,特别是土著居民的文化和语言多样性,以及加强社会对话和凝聚力的目标是重要的因素。④《美洲国家组织的宣言》明确说明了这与遗产的关系,并承认"发展与文化之间的重要联系",需要"在许多方面支持文化,除此外,有助于保护和维护国家遗产,提升人民的尊严和身份,创造体面的就业机会,并消除贫困"(着重强调)。⑤对文化财产非法流动的严重关切与在非洲背景下表达的关切是显而易见的,这种需要就是,"加强战略部署,防止非法贩运文化财产,因为它有害于保存社会的集体记忆和文化遗产,并威胁到西半球的文化多样性"。这被认为是一项关键的政策目标。⑥ 与非洲一样,美洲国家的文化和语言多样性也被视为保护和促进文化遗产的重要方面。⑦

在承认文化遗产作用的情况下,文化与发展之间的联系也在最近美国

---

① 1969 年 11 月在圣何塞通过,1978 年 7 月 18 日生效[美洲国家组织条约汇编第 36 号,1144 UNTS 123;OEA/Ser. L. V/II. 82 doc. 6 rev. 1,25(1992)]。

② 文章第 32 条。

③ 美洲国家组织西班牙港宣言,2009 年。同样,美洲国家组织《魁北克宣言》(2001 年)认为:"我们区域特有的文化多样性是我们社会极为丰富的源泉。尊重和重视我们的多样性必须是加强社会结构和国家发展的一个凝聚力因素。

④ 正如墨西哥宪法中所表达的那样。

⑤ 美洲国家组织马德普拉塔宣言,2005 年。

⑥ 《魁北克行动计划》,2001 年。

⑦ 2001 年,《美洲国家组织魁北克行动计划》。在 2006 年 11 月 13 日至 15 日于加拿大蒙特利尔举行的第三次美洲文化部长和最高主管当局会议上[美洲国家组织 OEA/Ser. K/XXVII. 3 号文件,CIDI/REMIC-III/doc. 13/07,2007 年 4 月 9 日]。第一届全体会议的主题 1 是"文化遗产的保护和介绍",讨论审查了文化遗产保护的关键要素:灾害规划、数字时代的保护和非物质文化遗产的保护。

半球的政策制定中得到了明确体现。2011 年举行的第五次美洲文化部长和
最高级别主管当局会议①通过了题为《文化促进整体发展的共同标准》的最
后报告,其中申明"文化是美洲各国人民整体发展的共同标准",并"在社区
的经济、社会和人类发展中发挥中心作用"。② 在这方面,他们认识到文化作
为特性、价值观和意义的承载者,对消除贫穷、促进对话和社会凝聚力以及
建立更强大和更具包容的社区作出了贡献。③ 此外,它明确了保护和促进物质
和非物质文化遗产的重要性,以实现美洲半球社区的"整体和可持续发展"。④

美洲国家组织关于保护文化遗产的主要条约——1976 年《圣萨尔瓦多
公约》⑤——要更加久远,并且与最近的政策文件中优先事项相背离。其主
旨是,必须在国家和国际两级采取行动,确保在非洲大陆面临文化遗产遭掠
夺的情况下,最有效地保护和收回文化宝藏。⑥ 此外,它对文化财产的定义
主要集中于教科文组织 1970 年和 1972 年《公约》⑦的主要(文化)主题,如纪
念碑、考古遗址和可移动物体,尽管它还具体提到了那些"在与欧洲文化接
触之前就已存在的美国文化"以及"与这些文化有关的人类、动物和植物的
遗骸"。突出表明,本地文化遗产——从广义上理解为包括这些因素——在
当时和今天都是高度优先事项,具体是指自然遗产和文化遗产。再次着重
强调了文化遗产的原始形式,可以被看作"一个共同的、前哥伦布时代本土
美国身份的神话化(具体来源于欧洲殖民者的身份)"。⑧ 1989 年,美洲国家

---

① 2011 年 11 月 9 日至 10 日在华盛顿特区美洲国家组织总部举行的第五次美洲文化部长和
最高级主管当局会议的最后报告［美洲国家组织 OEA/Ser．K/XXVII．3 CIDI/REMIC-III/doc．6/
11］2012 年 4 月 3 日）。

② 参见序言,第 3 段。

③ 参见序言,第 4 段。

④ 参见序言,第 7 段。

⑤ 1976 年 6 月 16 日通过的第 AG/RES210(VI-O/76)号决议,通过了在智利圣地亚哥举行的
第六届大会通过的第 AG/RES210(VI-O/76)号决议,批准了《保护联合国的考古、历史和艺术遗产公
约》(《圣萨尔瓦多公约》)。

⑥ 因此,第 1 条规定:"本公约的目的是查明、登记和保护构成美洲国家文化遗产的财产,以
便:(1)防止文化财产的非法出口或进口;(2)促进美国各州之间的合作,以相互认识和欣赏其文化
财产。"第 3 条要求高度保护不受非法进出口的文化财产,第 7 条规定了内部登记和其他支持措施,
第 9 条规定防止非法挖掘,第 10 条要求缔约国采取一切措施防止非法进出口文化财产,第 11 条和第
12 条规定了辅助措施。

⑦ 参见 1972 年《公约》第 2 段。

⑧ Lixinski,《国际法中的非物质文化遗产》(N6),第 69 页。他指出:"我们的想法是,我们必须
将美国文化及其有形和非物质遗产视为不同文化之间一系列相互作用的历史结果,其中大多数是本
地文化。人们认为,保护本地文化遗产必须是一个优先事项,因为哥伦布以前的文化是美国身份的
共同和共同的遗产。"

组织大会请美洲人权委员会编写一份关于"土著居民"权利的法律文书。《美洲土著人民权利宣言草案》于 1997 年获得委员会①核准,并提交美洲国家组织大会,美洲国家组织大会于 1999 年设立了一个工作组,以进一步审议该草案。② 自 2000 年以来,土著人民权利报告办公室就《宣言草案》的讨论进程向工作组提供了咨询意见,并且 2000 年土著居民代表对这一进程的参与度有所增加。③

本《宣言草案》的最新版本为 2011 年议定的版本,④其中载有若干文化遗产条款。在序言中,阐述了该文书的更广泛背景,土著居民对环境和生态尊敬的重要性及其文化、知识和做法对可持续发展和与自然和谐相处的价值都值得尊重。当然,这些都是土著居民非物质文化遗产的一部分。⑤ 迄今为止,处理文化遗产保护的主要条款(特别是在与保护知识产权相结合方面)仍在谈判之中。从本质上说,草案阐明土著居民"有权充分承认和尊重他们的财产、所有权、拥有权、控制权、发展和保护其有形非物质文化遗产和知识产权"以及"其集体性质,通过千年世代相传"。⑥ 有趣的是,因为它区分了文化遗产的所有权、占有权和控制权,当然也区分了遗产和知识产权之间的联系,因为后者的大部分内容都可以在前者中找到。⑦ 在非物质文化遗产方面,这种联系被认为是有问题的,因为它往往限制保护的性质,甚至限制保护的主题,然而,这仍然是土著居民的一项重要要求,因为他们在历史上经历了以传统生态知识的形式开采他们的知识产权,并寻求与更"标准"形式的文化遗产一道加以保护。此外,还提到了土著居民发展文化遗产的权

---

① 美洲人权委员会 1997 年 2 月 26 日第 1333 届会议第 95 届常会核可。

② 2000 年,美洲人权委员会核准了一份题为美洲土著居民人权状况的报告[OEA/Ser. L/V/II. 108 Doc. 62,2000 年 10 月 20 日]。第二章载有拟议的"美洲土著居民权利宣言"案文。

③ 大会于 2001 年 6 月 5 日第 1780 号决议建议常设理事会采用"认可机制和适当方式参与土著居民代表的审议工作,以便考虑到他们的意见和建议"。

④ 美洲国家组织司法和政治事务委员会常设理事会,起草美洲土著居民权利宣言草案工作组。寻求共识点谈判第十三次会议(美国,华盛顿特区—2011 年 1 月 18 日至 20 日)记录《美洲土著居民权利宣言》草案的现状(工作组举行的第十三次协商会议的成果,寻求共识点)[更新日期:第十三次谈判会议结束][OAS 文件 OEA/Ser. K/XVI/Dadin/doc. 334/08 Rev. 6,2011 年 1 月 20 日]。

⑤ 参见《美洲土著人民权利宣言草案》第 3 段。我们在 2003 年《保卫非物质文化遗产公约》的 RL 上登记的 Zingpata 元件第五章看到的例子证明了这一点。

⑥ 参见草案第 28 条。

⑦ 此处提到的知识产权"除其他外,包括传统知识、祖传设计和程序、文化、艺术、精神、技术和科学、表达、包括人类遗传资源在内的遗传资源、有形和非物质文化遗产以及与生物多样性有关的知识和发展以及种子和药用植物、动植物的用途和质量"。

利,使遗产和特性之间有了牢固的联系。另一个值得注意的问题是,各国必须"与土著居民一道"采取行动,确保国家和国际协定都保护土著人民的文化遗产和知识产权。

本《宣言草案》的其他相关条款涉及土著居民"使用、发展、振兴和向后代传递其历史、语言、口头传统、哲学、知识系统、写作和文学"的权利,并允许个人和社区使用他们的名字。① 表达自身精神和信仰的权利②包括在公共或私下、单独或集体地"实践、发展、传播和传授其传统、习俗和仪式"的权利,以及对"圣地和物品,包括其墓地、遗骸和文物"的权利。《宣言草案》还申明,健康制度和实践的权利,③包括保护自然资源,如植物和动物。这也可以广义地解释为与当地遗产及其社会作用有关。该文书中两个值得注意的内容是:(1)确认当地人民的集体权利是"作为人民的生存、福祉和整体发展不可或缺的",其中包括他们对自己的文化的权利、表明和实践他们的精神信仰以及使用他们自己语言的权利;④(2)文化特性和完整性的权利,其中包括"享有其物质和非物质文化遗产(包括历史遗产和祖先遗产)的权利;为其集体连续性及成员的文化遗产保护、保存、维护和发展的权利,以便将该遗产传给后代"。⑤ 因此,我们在这里可以看到,土著居民作为集体和个人享有文化遗产的权利,形成了他们文化完整权利的一部分,包括无数前辈传承下来的"祖传遗产",并且对他们今后的生存至关重要。这种文化生存权还与传统形式的财产和土地所有权⑥相结合,借此,"土著人民有权维护和加强与其土地、领土和资源的独特精神、文化和物质关系",这当然造成了对土地和资源的控制与文化遗产之间的潜在联系,并且这种联系比非土著遗产强得多。

三、欧洲:欧洲委员会

就欧洲而言,保护和维护文化遗产的大多数重要政策和法律文书都来自欧洲委员会,该组织的地理分布(和文化多样性)比欧洲联盟广泛得多,其

---

① 参见《宣言草案》第 13 条。
② 参见《宣言草案》第 15 条。
③ 参见《宣言草案》第 17 条。
④ 参见《宣言草案》第 6 条。
⑤ 参见《宣言草案》第 12 条。
⑥ 参见《宣言草案》第 24 条。

主要任务之一是保护和促进人权。① 事实上,与自然保护法②一样,欧洲委员会一直是文化遗产法的许多重要进展的前沿。欧洲委员会的创始文件提到有必要保护欧洲国家的"共同遗产",以此作为保护人权、促进民主和确保和平的手段。这假定存在一个共同的"欧洲特性",可以在此基础上建立欧洲内部的进一步一体化与合作,遗产在寻求确定和巩固这一共同特性方面发挥了重要作用。③

欧洲委员会传统上是基于一种全面的做法,例如,忽视了教科文组织在法律制定中对物质遗产和非物质遗产之间的区别。④ 欧洲委员会方法中另一个值得注意的特点是它重视民间社团参与遗产保护,甚至在某些情况下比政府资助更重要。⑤ 欧洲委员会 1990 年《关于人人有权参与文化生活的建议》明确规定了这种关系,内容如下:

共同文化财富是所有公共和私人利益攸关方的事项,但国家必须发挥关键作用。作为主要的文化推动者,国家不仅有责任通过其所有公共机构确保广泛提供文化服务,而且还作为非营利和私营部门公共机构和组织之间协同作用的发起者、促进者和监管者,这些机构和组织有助于保护和促进文化遗产、艺术创作事业和公众获得各种文化和艺术资源。⑥

与此相联系的是传统上对志愿人员参与文化遗产保护的大力支持,这在世界许多地方很少见。1990 年的建议还附有一套准则,用于制定确保有效参与文化生活的政策。建议文化"跨时间方面"的政策方针,即遗产,是要恢复传统的地方技能、来源和前几代人的艺术创作范例。通过发展博物馆和其他文化机构的作用,促进"与集体记忆有关的活动"。⑦ 还讨论了"空间艺术和数字艺术"方面的文化问题,相关政策包括实施国家方案。通过欧洲联盟委员会开发的欧洲网络门户网站等途径实现文化遗产数字化,该门户

---

① 正如 1990 年关于人人有权参加文化生活的建议(欧洲委员会议会,2012 年)第 12 段所述,"参与文化生活的权利是人权制度的关键。忘记这一点就是危害整个系统,剥夺人负责任地行使其他权利的机会,因为缺乏对其身份的充分认识"。

② 参见《伯尔尼公约》(1979 年)。

③ 1994 年发起的"欧洲考古学计划"就是这一进程的一部分,它明确地与单一和可识别的"欧洲遗产"的概念联系在一起。值得注意的是,该计划的主要活动之一是 1995 年在欧洲青铜时代大英博物馆举行的一次会议,该博物馆被选为欧洲在贸易和通讯方面最为一体化的考古时期。

④ Lixinski,《国际法中的非物质文化遗产》,第 76 页。

⑤ 有趣的是,《非洲文化宪章》(1976 年)也提到文化遗产是各国人民的责任,国家是这一进程的促进者。

⑥ 建议 1990(N64),第 3 段。

⑦ 制定政策以确保有效参与文化生活的准则第 32 段和第 35 段。

网站提供多种语言为阅读各种文化遗产服务。① 关于语言政策和使用多种语言,《欧洲区域语言或少数民族语言宪章》(1992 年)阐明了语言和语言多样性对于确保构成欧洲文化遗产共同价值观的重要性。②

欧洲委员会解决文化遗产的主要条约是:《欧洲建筑遗产宪章》、③《保护考古遗产的欧洲公约》(1992 年修订)、④《欧洲景观公约》⑤和欧洲委员会《文化遗产社会价值框架公约》(即《法罗公约》)。⑥ 其中最后一个特别值得注意,因为它是一项高度创新的条约,明确规定了在欧洲范围内保护文化遗产的当代政策方针,在某些方面与在全球(教科文组织)层面采取的措施明显不同。

首先,《欧洲建筑遗产宪章》(1985 年)的目的是反映欧洲建筑遗产的非常丰富和多样的性质、保护所带来的挑战,以及不同欧洲区域对它的官方态度的差异。当时的建筑遗产被认为是欧洲文化遗产中最显而易见的一部分。很有意思的是,建筑遗产在地方、国家和欧洲各级文化发展中发挥的作用得到了强调,遗产纳入城市规划和发展政策之中,毕竟这种保护可以促进经济发展。此外,还提到了使用遗产满足当代需要的未来可行性优势,即现在所谓的"可持续利用和保护"。因此,现在需要城市规划者、开发商和自然资源保护主义者之间各级合作,并且公众参与和知情也很重要。⑦ 该公约还明确提到投资、公共和私人融资安排以及职业培训的必要性,再次表明了高度的远见。

《保护考古遗产的欧洲公约》(1992 年)是原版 1969 年《公约》的修订本。它作为欧洲共同遗产的概念的参考,认为考古遗产是关于欧洲人类进化和"欧洲集体记忆"的信息来源。"考古遗产"是根据以下三个标准定义的:(1)它必须包含来自过去人类存在的痕迹;(2)它必须能够增强我们对人

---

① 制定政策以确保有效参与文化生活的准则第 28 段。

② 以类似于非洲区域办法的方式。序言部分前两段指出,"欧洲委员会的目标是实现其成员之间的更大团结,特别是为了维护和实现作为其共同遗产的理想和原则""保护欧洲历史上的区域语言或少数民族语言,其中一些语言可能最终灭绝,有助于维护和发展欧洲的文化财富和传统"。同样,《欧洲联盟基本权利宪章》(2000 年)关于"文化、宗教和语言多样性"的第 22 条申明,"欧盟应尊重文化、宗教和语言多样性"。

③ 1985 年 10 月 3 日在格拉纳达通过[CETS 第 121 号]。

④ 1992 年 1 月 16 日在瓦莱塔通过[CETS 第 143 号]。

⑤ 2000 年 10 月 20 日在佛罗伦萨通过[CETS No. 176]。

⑥ 2005 年 10 月 27 日 Faro 通过[CETS 第 199 号]。

⑦ 镜像办法在 2005 年《法罗公约》中得到了更多的发展和更充分的阐述(见下文)。

类历史及其与自然环境的关系的认识;(3)必须主要通过调查考古性质或慎重发现来确定。该遗产的一系列元素涵盖广泛的范围,包括尤其是陵墓、城墙,以及位于陆地或水下的地区或物体。该《公约》整合了一些概念和想法,虽然当时是新的,但现在已成为公认的做法。它不再认为对考古遗产的主要威胁是秘密挖掘,而是认识到主要公共工程(高速公路、高速火车连接、停车场等)和土地规划计划(退耕还林、土地整理等)所构成的危险。因此,它不仅影响直接有关考古材料的立法,而且影响一般文化遗产立法,以及涉及环境、城市规划、公共工程、建筑许可证等不同领域的立法。① 该《公约》强调考古遗产(而不是作为文化有趣物品的来源)的科学重要性,而科学挖掘本身被视为一种很大程度上具有破坏性的活动,因此只能作为寻找这一信息的最后手段。② 所发现的物质文化背景被视为与文物本身一样重要的考古遗产:如果脱离原始环境,则可能失去其科学价值。该《公约》在很大程度上涉及缔约方必须建立的制度,用以规范那些影响这一遗产的活动,但它也强调了公共教育(提高公众认识)的重要性,以及公众对这有兴趣的天性。由于这一遗产使人们了解他们来自何方以及如何塑造他们,公众对保护这一遗产极为感兴趣,并且考古工作最终是为了广大公众的利益。《法罗公约》(2005 年)进一步讨论了这一公共兴趣及其对遗产的相互责任概念。

另一项将文化遗产的物质方面作为其主要主题的条约是《欧洲景观公约》(2000 年),该公约的潜在见识不仅包括自然景观和乡村景观(如传统上所理解的那样),而且还包括城市和半城市地区。此外,本《公约》规定的保护不仅限于景观的文化或自然组成部分,而且还包括这些景观之间的相互关系。在这个意义上,它类似于最近环境法中采取的生态系统方法。该《公约》的大概目的是鼓励公共当局采取政策和措施,③去保护、管理和规划整个欧洲的景观,以便:(1)保持和改善景观质量;(2)引导公众、机构以及地方和区域当局认识到景观的价值和重要性,并参与相关的公共决策。④ 这项条约的基础之一是,对欧洲公民来说,环境质量是一项重要的遗产价值,并且与欧洲景观相联系的文化和自然价值在其质量和多样性上是欧洲共同遗产的

---

① 序言部分确认了这一点。第 5 条还涉及开发项目与保护考古遗产之间的关系。
② 文章第一条还指出,有破坏性和非破坏性的科学技术可供使用。
③ 在地方、区域、国家和国际程度上。
④ 欧洲委员会,解释性报告(《欧洲景观公约》)。

一部分。① 然而,由于各种各样的因素正在侵蚀这种质量和多样性的许多景观,人们的日常生活质量和快乐受到不利影响。遗产价值与生活质量之间的这种联系似乎表达了欧洲人对文化遗产的特殊感情。此外,还强调需要对这些景观的处理和保护采取更加民主的办法,特别是针对影响这些景观的技术和经济发展,因此鼓励民众参与决策。

最新且在影响方面可能最深远的欧洲文化遗产条约是《文化遗产社会价值框架公约》。作为一项框架公约,它规定了缔约国之间商定的原则和广泛的行动领域,但其任何条款都不能仅仅因为国家批准而直接向个人传达权利。与普通公约不同,它没有为具体行动规定义务,这就要求缔约国提出新的立法来实现。② 因此,这类公约可被视为规定了更广泛的政策目标,并是对缔约方为执行这些公约进行必要的立法发展的鼓励。就该《公约》而言,这一政策框架是在赋予文化遗产权利和责任及其对可持续性的潜在贡献背景下制定的。在《法罗公约》中值得注意的是,它在人权方面有着坚实基础,因此,"欧洲共同遗产"的概念再次被认为是基于:(1)分享经验;(2)对基本价值的承诺,特别是对人权和民主的承诺。③ 因此,遗产是行使自由的"资源",并主张④以参与文化生活的权利为基础行使文化遗产权。⑤

这种"注重价值观,而不是遗产的构成要素"是避免遗产商品化的一种方式。⑥ 文化遗产被认为是共同利益,而不是为了其本身甚至科学价值而保存的东西,为此需要尽可能广泛的民主参与。⑦ 用这些术语来定义,欧洲文化遗产被视为支持文化多样性和可持续发展民主参与的主要资源。关于这些想法,它与教科文组织的全球条约和其他文书的做法不同:在文化多样性

①　欧洲委员会(《欧洲景观公约》)第30段的解释性报告:"在多样性和质量上,与欧洲景观相联系的文化和自然价值是欧洲共同遗产的一部分,因此,欧洲各国有义务就这些价值的保护、管理和规划作出集体规定。"

②　解释性报告(针对《法罗公约》)在一份初步说明中指出:这是一项框架公约。它规定了缔约国之间商定的原则和广泛的行动领域。本公约的任何规定都不能仅通过国家批准而不经个别缔约国采取立法行动将权利传递给个人。"公约"的实施将受《维也纳条约法公约》(1969年)规定的国际条约通常规则的制约。

③　参见《法罗公约》第3条。正如Lixinski在《国际法非物质文化遗产》第78页中所指出的那样,"这里的遗产不是保存差异,而是创造共同性"。

④　参见《法罗公约》第1条。

⑤　序言第3段和文章第2条、第4条规定了个人在文化遗产方面的权利和责任。

⑥　Lixinski,《国际法中的非物质文化遗产》,第80页。

⑦　参见《法罗公约》序言第5段。此外,第1(C)条规定,保护和可持续利用文化遗产的最终目的是发展一个更加民主的人类社会,提高每个人的生活质量。

方面,强调如何可持续地利用文化遗产创造有利于不同社区生存的经济和社会条件。① 此外,关于物质和非物质文化遗产,主要重点归因于价值,而不归因于构成遗产的物质或非物质因素。

"文化资本"的概念及其与可持续发展的关系是《公约》的重要创新之一。现代欧洲丰富多样的文化源于这一"文化资本",是通过运用人类的聪明才智和努力。因此,它是欧洲不同社区繁荣的源泉。所以,文化遗产作为可持续发展因素的价值是被强调的,②提醒我们尊重多样性和身份是可持续性概念固有的。因此,为保护文化遗产而采取的措施不是一些边缘活动,而是维持和利用对当代生活质量和未来进步至关重要的有利条件的基本行动。《公约》将文化遗产保护的各个方面纳入文化遗产本身的可持续管理之中。③ 此外,它在文化遗产各个维度与经济层面之间建立了连续统一体,从而与"价值"概念的多维性质相对应。④ 通过这一点我们认识到,文化遗产所包含的价值超出了任何当代效用,其经济开发绝不能危及遗产"文化资本"本身。因此,社区和后代的权利必须得到尊重,否则可能会丧失,因为这些权利可能会为遗产找到其他使用目的。⑤ 这使人想起可持续发展的一个方面,即我们应该保护自然资源,因为后代可能拥有比今天更好地利用这些资源的新技术。再次强调该条约运作的人权背景,同时指出尊重知情权作为可持续性基础的重要性。

《公约》中引入的另一个关键概念是"遗产社区",⑥它再次强调并巩固它所提倡的民主方针,并对文化公民身份的要求作出了回应。基于这样一种观念,即没有一个社区来创造、实践和维持,就不可能有文化生活。⑦ 重要的是,就本条约⑧而言,遗产社区并非必须基于固定、共同的特征,例如,语

---

① 解释性报告。

② 序言第 2 段。

③ 参见《法罗公约》第 9 条。

④ 参见《法罗公约》第 10 条。这与 2005 年 10 月 20 日教科文组织大会第三十三届会议上通过的《保护文化内容和艺术表现形式多样性公约》所提倡的文化遗产的经济和文化综合性质有些相似。

⑤ Lixinski,国际法中的非物质文化遗产。

⑥ 不要混淆由学者和其他专家组成的"遗产社区"的概念。

⑦ 这是《世界人权宣言》第 27 条的逻辑,也是 2003 年《保卫非物质文化遗产公约》中提到"社区、群体和……个人的"。

⑧ 文章第 2(B)条。

言、宗教或种族,但成员资格可能发生转移和改变,①并且与欧洲其他类似社区的合作是有益的。可以看作是欧洲委员会在 20 世纪 80 年代和 90 年代推动的志愿服务概念的进化。当然,与此相关的概念是保护和管理遗产的参与,以及随之而来的责任。这就提出了让社会全体成员参与文化遗产民主治理的关键想法,在这一进程中,国家和联邦政府及地方当局主要发挥领导作用,而不是完全主导这一进程。因此,缔约方应是国家保障政策和行动②的发起者,同时,制定鼓励公众和民主获取文化遗产的规定。③ 还讨论了教育和培训部门与文化遗产互动的方式,以及如何利用数字技术实现获得遗产(包括通过民主参与)和经济进步的目标。④

《法罗公约》提倡的其他重要价值观包含了景观特征和文化遗产的环境层面。在这方面,它具有不同于其他欧洲和全球文书的独特做法,采用了"文化环境"的概念,环境的文化遗产方面被视为领土凝聚力和生活质量的必要资源。⑤ 这种对与文化环境有关的生活质量的强调,体现在《欧洲景观公约》中已经表达的一个概念上,但在此进一步阐述。因此,应确保文化环境的连续性,但需要通过一个保证质量的过程。⑥ 当代创造力的成就应与其所处的环境一起构成明天的文化遗产。例如,当代建筑结构应尊重早已存在文化环境的(遗产)价值。

四、东南亚:东盟

《东盟宪章》(2007 年)⑦将可持续发展的促进与环境保护、自然资源可持续性和文化遗产的保护⑧联系起来,并在其宗旨中包括通过提高对该区域不同文化和遗产的认识而促进"东盟身份"。⑨ 此外,尊重东盟各国人民的不同文化、语言和宗教,同时强调它们共同的价值观"以求同存异的精神"作为

---

① 一个遗产社区可能有地理基础,或与一种语言、一种宗教、共同的人道主义价值观、过去的历史联系等有关。然而,它也可能是出于另一种类型的共同利益,例如,对考古学或某一特定节日事件的共同兴趣。

② 参见《法罗公约》第 11 条。

③ 参见《法罗公约》第 12 条。

④ 参见《法罗公约》第 13 条和第 14 条(不全包括)。后者还涉及网络空间多语种获取信息的问题。

⑤ 参见《法罗公约》关于"环境、遗产和生活质量"第 8 条。

⑥ 参见《法罗公约》第 8(D)条。

⑦ 东盟 2007 年 11 月 20 日在新加坡通过的《东南亚国家联盟宪章》。

⑧ 参见《法罗公约》第 1(9)条规定:"促进可持续发展,以确保保护该区域的环境、自然资源的可持续性、保护其文化遗产和人民的高质量生活。"

⑨ 参见《法罗公约》第 14 条。

《宪章》的原则。① 鉴于东盟的座右铭是"一个愿景,一个身份,一个社区",②似乎团结可能优先于多样性,尽管以下原则要求东盟"外向、包容和不歧视"。③ 东盟呼吁"促进东盟的共同特征和各国人民之间的归属感,以实现其共同的命运、目标和价值观",进一步支持了这一理解。④

东盟的主要相关文件是《文化遗产宣言》,⑤这是一份不具约束力的政策文件,它广泛界定了其主题,包括以下要素:重大的文化价值观和概念、遗产的口头方面(如民俗、传统工艺、语言等)、大众文化中的流行文化遗产和大众文化中的大众创造力(工商业文化)。⑥ 与非洲和欧洲区域文件一样,该文件的人权背景在声明中再次明确指出,"所有文化遗产、特性和表现形式、文化权利和自由都源于人在与其他人创造性互动中固有的尊严和价值"。这种对创造性互动的提及增加了一个有趣的层面,强调了一种事实,即文化权利(以及与文化遗产有关的其他权利)虽然在国际文件中被表达为个人享有的权利,但需要社会和文化互动使之成为现实。此外,这一人权层面与"人的创造性群体"的概念联系在一起,这些人既是"这些遗产、表现形式和权利"的主要推动者,也是实现这些遗产、表现形式和权利的主要受益者和参与者。⑦

在《宣言》的主要条款中,试图通过重申"人类的精神、创造性的想象力和智慧、社会责任和进步的道德层面",在"对东盟文化尊严的肯定"的标题下,找到"不断增加的物质文明支配地位"之间的平衡。其表达方式从纯粹个人的尊严概念发展到东盟所有成员国公民共同拥有的集体或集体尊严的概念。应"积极"利用这些价值观,以便"为真正的人类发展提供方向和愿景"。⑧ 这进一步提出了一个可能引起争议的想法,即作为"东盟文化尊严"基础的价值观可能有助于"真正的"人类发展,而不是与之相反的形式。然

---

① 参见《宪章》第 2 条(1)。

② 参见《宪章》第 36 条。

③ 参见《宪章》第 2 条(m)。

④ 参见《宪章》第 35 条。

⑤ 东盟于 2000 年 7 月 25 日在泰国曼谷通过的《东盟文化遗产宣言》。

⑥ 参见《宪章》第 1 条(A)、(D)和(F)项。

⑦ 序言第 3 段全文如下:"申明所有文化遗产、特性和表现形式、文化权利和自由都源于人在与其他人进行创造性互动时所固有的尊严和价值,东盟人的创造性群体是主要推动者,因此应成为这些遗产、表现形式和权利的主要受益者,并积极参与这些遗产、表现形式和权利的实现。"

⑧ 参见《宪章》第 7 条。这种观点将挑战主流人权思维(基于个人权利的概念),并反映出一些东盟国家在 20 世纪 90 年代后期发展起来的一套具体的"亚洲价值观",不同于作为人权基础的占主导地位的"普遍价值观"。

而,不管是否同意这一点,作为充分发展和人类发展的基础,这仍然使文化尊严之间存在着有趣的联系。东盟各国人民和各国都认同的这一概念也与作为国际卫生协调的一部分的文化传统有着明确的联系,并且需要提高认识,以验证东盟的文化优势和资源,特别是"历史联系和共同遗产以及区域团结感"。①

在《宣言》文书中,还有一种强烈的观念,即东盟文化正在遭受损失,面对热带气候、不适当的发展、非法贩运和全球化的同质化力量等几个因素,"富有创意和技术卓越"的活文化传统正在迅速恶化。因此,有必要维持"有价值的传统和民俗",并在工业全球化和大众传媒等威胁面前保护其承担者,通过"促进创造性的多样性和替代性的世界观和价值观"。② 在这里,我们再一次看到一种针对特定区域的文化和遗产的观点,其中对遗产的这种价值判断可以(由国家)创造,在那里有一种强烈的被来自区域外的同质化文化浪潮不断袭击的感觉。③ 当然,这并不是一个允许其他现实存在的世界观。因此,就像它所捍卫的一样,可以被看作是拒绝文化和其他形式的多样性。④ 一项有趣的规定是,那些具有全球影响力的文化不应剥夺当地、国家和区域文化本身的"发展动态",并将它们减少到"过去的遗迹"。⑤ 虽然该条不清楚这是指东盟成员国还是指文化具有全球影响力的其他国家,但从以下一段呼吁成员国确保其文化法律和政策赋予所有人民和社区促进人类发展的能力来看,表明这是前者。同样,正如《法罗公约》(2005 年)所述,文化增长与经济可持续性发展之间存在着明确和直接的联系,因此要求东盟国家"将文化知识和智慧纳入其发展政策"。⑥

五、非地域组织

虽然伊斯兰会议组织并不是严格地讲一个区域组织,而是一个以共同宗教为基础的国家集团,但值得关注的是,它采取何种方法来制定文化遗产

---

① 序言,第 4 段和第 6 条。

② 《宣言》文书的第 3 条。

③ 它在序言部分第 8 段中指出,"增强市场力量的支配地位、大规模生产、当代工业社会的消费主义破坏了人的尊严、自由、创造力、社会正义和平等"。

④ 其中可以包括性别多样性,这是与遗产有关的更广泛的文化多样性的一个方面。见教科文组织,《性别平等、遗产和创造力》(巴黎:教科文组织,2014 年)。

⑤ 参见《法罗公约》第 8 条。

⑥ 参见《法罗公约》第 12 条。

法律和政策。《宪章》①的一个中心目标是巩固(穆斯林)成员国之间的团结,这当然是基于共同的宗教价值观,如稳定和宽容,但也是为了培养"伊斯兰象征和共同遗产"。② 此外,它的目的是支持生活在成员国之外的穆斯林少数群体和社区(大概是在非穆斯林占多数的国家)去维护他们的尊严、文化和宗教特性。这是有趣的,因为对于任何国家可以在多大程度上干预另一个国家的事务,以支持和促进散居国外者和移民社区的文化遗产,始终是个未知数。③ 另一个不完全符合"区域"机构标准的组织是不结盟运动(NAM),该运动由世界各区域的成员国组成,它们作为全球南方国家具有共同利益。④ 本组织的主要案文是 2007 年通过的《文化多样性宣言》。⑤ 在序言中,文化多样性和"所有民族"追求文化发展被视为"共同丰富人类文化生活的源泉";⑥在这方面,我们不仅发现东盟对基于文化多样性的文化发展给予了类似的重视,而且对文化多样性与人类(或统一)之间的关系采取了类似的微妙做法。这一点在后一段进一步阐明,并明确与文化遗产联系,每一种文化的尊严和价值应得到承认、尊重和维护,但同时也坚信,所有文化都有一套"共同的普遍价值观",在丰富性、多样性以及它们对彼此的相互影响

---

① 2008 年 3 月 13 日至 14 日在达喀尔举行的第十一届伊斯兰首脑会议通过的《伊斯兰会议组织宪章》,除此以外,包括更有力的人权层面。

② 序言。

③ 参见《宪章》第 1 条第 16 款重申这一目标是:"保障非会员国穆斯林社区和少数群体的权利、尊严、宗教和文化特性。"

④ 截至 2012 年 5 月,共有 120 个会员国如下:阿富汗、阿尔及利亚、安哥拉、安提瓜和巴布达、阿塞拜疆、巴哈马、巴林、孟加拉国、巴巴多斯、白俄罗斯、伯利兹、贝宁、不丹、玻利维亚、博茨瓦纳、文莱达鲁萨兰国、布基纳法索、布隆迪、柬埔寨、喀麦隆、佛得角、中非共和国、乍得、智利、哥伦比亚、科摩罗、刚果、科特迪瓦、古巴、朝鲜民主主义人民共和国、刚果民主共和国、吉布提、多米尼克、多米尼加共和国、厄瓜多尔、埃及、赤道几内亚、厄立特里亚、埃塞俄比亚、斐济、加蓬、冈比亚、加纳、格林纳达、危地马拉、几内亚、几内亚比绍、圭亚那、海地、洪都拉斯、印度尼西亚、伊朗、伊拉克、牙买加、约旦、肯尼亚、科威特、老挝人民民主共和国、黎巴嫩、莱索托、利比里亚、利比亚、马达加斯加、马拉维、马来西亚、马尔代夫、马里、毛里塔尼亚、毛里求斯、蒙古国、摩洛哥、莫桑比克、缅甸、纳米比亚、尼泊尔、尼加拉瓜、尼日尔、尼日利亚、阿曼、巴基斯坦、巴勒斯坦、巴拿马、巴布亚新几内亚、秘鲁、菲律宾、卡塔尔、卢旺达、圣基茨和尼维斯、圣卢西亚、圣文森特和格林纳丁斯、圣多美和普林西比、沙特阿拉伯、塞内加尔、塞舌尔、塞拉利昂、新加坡、索马里、塞舌尔南非、斯里兰卡、苏丹、苏里南、斯威士兰、阿拉伯叙利亚共和国、坦桑尼亚、泰国、东帝汶、多哥、特立尼达和多巴哥、突尼斯、土库曼斯坦、乌干达、阿拉伯联合酋长国、乌兹别克斯坦、瓦努阿图、委内瑞拉、越南、也门、赞比亚和津巴布韦。还有 17 个观察员国家和 10 个观察员组织。

⑤ 2007 年 9 月 4 日,不结盟运动在德黑兰通过的《关于人权和文化多样性的宣言和行动纲领》,http://namiran.org/16th-summit/,于 2015 年 2 月 23 日访问。

⑥ 参见《文化多样性宣言》第 3 段。

方面,构成了"属于人类的共同遗产"部分。① 虽然这份文件也是在以人权为基础的框架内确定的,但也表明有必要在"国家和区域的特殊性以及各种历史、文化和宗教背景"与人权的普遍性之间取得平衡。② 这一文件与东盟采取了类似办法,它对威胁不结盟运动成员国文化和遗产多样性和特殊性的同质化全球文化具有强烈的防御戒备。③

▎第三节　结论

总之,上述区域协定展现了文化遗产法制定方面的某些重要趋势,国际社会并非已经或将要在全球范围内予以全部应用。其中,有些是区域特有的,不可能得到普遍接受,另一些则需要对国家事务进行很大程度的干预,才有可能达到全球程度。然而,有可能确定某些趋势会导致国际文化遗产法的进一步发展。例如,文化遗产与环境之间的联系是如何形成的,从相对有限的文化景观概念转向更广泛的文化环境概念。第二个领域涉及如何看待国家与文化遗产保护各利益攸关方之间的关系,以及在每个方面,特别是国家相对其他行为者在执行保护和保障措施方面的相对作用。在这方面,欧洲范围内形成的"遗产社区"概念是一种创新办法,但很可能不容易适用于所有制度,因为它假定民间社团繁荣,民主参与程度高。但它可以鼓励今后在国际层面审议"社区"及其"参与"的这些概念。这些概念已成为最近国际文化遗产法的核心。④ 此外,所有这些区域协定寻求对文化遗产进行管理的人权框架是另一个值得注意的问题,尽管这些协定表达了各种不同的人权概念本身及其产生的权利和责任以及文化多样性与普遍标准之间的关系。这些概念包括非洲文件中提出的集体权利、东盟社区

---

① 参见《文化多样性宣言》在第 4 段。

② 第 XVIII 段内容如下:"重申所有人权都是普遍的、不可分割的、相互依存的和相互关联的,国际社会必须以公平和平等的方式在全球以公平和平等的方式处理人权,同时强调国家和区域的特殊性以及各种历史、文化和宗教背景的重要性,而不论其政治、经济和文化制度如何,国家都有责任,促进和保护所有人权和基本自由"(重点增加),在正文第 21 段中重申,"所有人权都是平等的,任何权利的行使都不应以享受其他权利为代价"。

③ 在第 7 段中,会员国表示决心在全球化背景下,通过加强文化间对话和交流,在加强对文化多样性的尊重和遵守的指导下,防止和减轻文化同质化和单一文化主义。

④ 2003 年《保卫非物质文化遗产公约》和 2005 年教科文组织《文化表现形式多样性公约》。

特性的概念、美洲文件所表达的土著居民集体尊严,以及欧洲所提倡的高度个人主义的观点。在欧洲,文化遗产保护的整个概念被表述为一种民主化力量,即使具体做法不同。另一个明显的共同问题就是需要将保护文化遗产与发展目标更好地结合起来。正如在这些案文中以各种方式表达的那样,世界不同区域面临的一项重大挑战,即如何利用文化遗产,确保其发展的可持续性。

作为最后一个要考虑的问题,与(全球)《国际文化遗产法》有关的一个更广泛的问题涉及保护、促进和保护文化遗产的全球义务的法律地位,这可能与区域法律形成对比。这里要问的中心问题是,这一主要以条约为基础的制度对各国规定的义务在多大程度上对缔约国具有严格的约束力,以致违反这些义务将产生国际法规定的国家责任。可以说,就本书迄今所涉及的大多数文化遗产条约而言,大多数条款规定了所谓的"软法律"义务,它们与其说具有约束力,不如说是一种告诫性的义务。① 有人认为,《世界遗产公约》第4条所载各国保护世界文化(自然)遗产的一般义务是对《公约》所有缔约国负有的义务,是"为保护该群体的集体利益而确立的"。② 因此,这一义务原则上可由所有缔约国强制执行,在一个缔约国未能履行这一义务的情况下,其他缔约国(无论是单独或共同行动)有权通过国际司法程序或国际法允许的其他反措施迫使它这样做或要求它停止"国际不法行为"。③

然而,卡尔杜齐(Carducci)认为,要断言根据1972年《公约》对其他缔约国承担的义务的存在,就必须通过今后的国际裁决就具体案件提出论据。④ 此外,正如欧克弗(O'Keefe)指出的,要确定违反《公约》的行为并不总是那

---

① 这要么是因为它们缺乏强制性语言,要么是法律内容导致产生具体的义务。

② 1972年《公约》序言部分第7段指出,"整个国际社会有责任参与保护具有突出普遍价值的文化和自然遗产",并在第6条第(1)款中,"本公约缔约国认识到,这类遗产是一种世界遗产,整个国际社会有责任予以合作保护"。如Roger O'Keefe在《世界文化遗产:对整个国际社会的义务?》,载《国际法和比较法季刊》第53卷第1期,2004年,第189—209页,其中,第190页:由于其非共分性质,以及《公约》明确提及在保护有关文化遗产方面的普遍利益,第4条规定的义务是对《公约》所有缔约国的一项义务,以及"为保护该集团的集体利益而设立的",用国际法委员会关于国家对国际不法行为的责任的条款第48(1)(A)条的话来说。使用传统术语是一项普遍适用的义务。

③ 根据大会2001年12月12日第56/83号决议所附关于国家对国际不法行为的责任的条款(ARSIWA)。关于向其他各方开放的反措施的详细情况,参见Akehurst的《国际法现代导论》,由Peter Malanczuk第7修订版编辑(伦敦,Routledge,1997年版),第254—256页。

④ Guido Carducci,《文化和自然遗产的国家和国际保护》,载Francesco Francioni编辑的1972年《世界遗产公约》(在Federico Lenzerini的协助下),牛津大学出版社,2006年版,第102页。

么容易,而且在实践中进行司法程序或反措施都会证明是有极大的问题。①
在这方面具有启发性的一个例子是,塔利班对阿富汗的巴米扬佛像进行了
蓄意和令人震惊的破坏。虽然这明显违反了阿富汗根据《公约》第 4 条②承
担的义务,但国际社会通过外交手段作出反应,而不是寻求根据阿富汗的国
际责任采取措施,因为阿富汗没有履行《公约》规定的义务。此外,《国际文
化遗产法》领域③的惯例上的法律义务很少,尽管序言部分的措辞和条约阐
明的宗旨表明,整个国际社会在保护遗产方面可能存在"集体利益",但其法
律影响尚不明确。根据《世界遗产公约》将文化遗产定性为"人类共同遗产"
本身并不构成在和平时期保护遗产的任何惯例上的义务。因此,各方认识
到整个国际社会有义务为其保护进行合作,并认识到其突出的普遍价值"是
一个超越有关领土国家的问题"。④ 然而,我们不能自动认定第三方有义务
为保护世界遗产进行合作。

　　这意味着,关于文化遗产的国际法很可能仍然是这样一项法律,严格具
有约束力的条约义务不多,习惯规范极为有限,几乎完全与武装冲突中的法
律执行相关。在这种情况下,区域法律的作用可能变得更加重要,因为在区
域和次区域范围内,制定具有约束力的义务的可能性通常更大。然而,这并
不是说《国际文化遗产法》收效甚微。希望读者看完这本书时会感到,尽管
有着明显的法律挑战和限制,但《国际文化遗产法》成功地刺激了世界各国
的大量法律和相关发展,从而促进了保护个人、群体、社区、国家乃至整个人
类这一极为重要的资源总体状况。当然,还鼓励为此目的建立政策框架,在
某些情况下,这些框架具有很高的创新性,远远超出了条约文本较为有限的
要求。这也强调了在任何领域制定法律的重要方面:起草和谈判一项国际
条约实际上是一个教育和提高认识的过程,并且可以直接促进国家立法的
发展。2003 年《保卫非物质文化遗产公约》就是一个典型的案例,该公约因

---

　　①　O'Keefe,《世界文化遗产:对整个国际社会的义务?》。第 4 条的措辞允许执行方对执行该
条的哪些措施具有广泛的酌处权(它使用了"酌情"和"尽自己最大的资源"等措辞),只有在案件双
方(或所有各方)同意的情况下,才能在国际法院审理案件。

　　②　阿富汗于 1979 年 3 月 20 日批准了《世界遗产公约》,并于 1981 年 12 月 21 日提名巴米扬山
谷的古迹列入世界遗产名录[教科文组织 WHC-01/CONF. 208/23 号文件]。据 O'Keefe 说,塔利班仅
被三个国家承认为阿富汗政府,而不是联合国认可的政府,这与阿富汗在这一问题上的国家责任无
关。参见 Francioni 和 Lenzerini,《巴米扬和国际法对佛像的破坏》,载《欧洲国际法杂志》第 14 卷,
2003 年,第 619 页。

　　③　其中大部分来自国际人道主义法,即武装冲突法。

　　④　Carducci,《国家和国际保护文化和自然遗产》第 4 条—7 条,第 122 页。

其"软法"性质而受到部分攻击。该条约在生效后的前八年中(2006 年至 2014 年)对缔约方产生了显著影响,这些缔约方要么修订了现行立法,以适应遗产保护和《公约》的要求,要么为此提出了新的立法。此外,一些缔约方深受《公约》的影响,制定了新的文化政策和在其他领域(如农村发展、环境保护等)的政策。这样,文件的主要影响很可能是教育性的,既鼓励国内政策和立法发展,也鼓励区域或国际性的合作框架。对于比较"古典"学派的律师来说,这似乎不太像"法律",但它无疑在一个极其复杂和敏感的领域实现了重要成就,在此领域中,谈判新协定的国家将始终寻求将大多数问题保留在自己的主权管辖范围内。

参考书目

Abada, Salah, ' UNESCO/WIPO Regional Consultations on the Protection of Traditional and Popular Culture (Folklore) ' , in Copyright Bulletin vol XXXIII, no 4 (1999) : pp 35-61.

Abdulqawi, Yusuf Ahmed, ' Article 1—Definition of Cultural Heritage ' , in The 1972. World Heritage Convention—A Commentary edited by Francesco Francioni (with the assistance of Federico Lenzerini) (Oxford University Press, 2006).

Acar, Özgen and Mehmet Kaylan, ' The Turkish Connexion—an Investigative Reporton the Smuggling of Classical Antiquities ' , Connoisseur, October 1990 at p 130.

Acar, Özgen and Mark Rose, ' Turkey's War on the Illicit Antiquities Trade ' , Archaeology, March/April 1995 at p 45.

Aikawa-Faure, Noriko, ' From the Proclamation of Masterpieces to the Convention for the Safeguarding of Intangible Cultural Heritage ' , in Intangible Heritage edited by Laurajane Smith and Natsuko Agakawa (New York : Routledge, 2009).

Albert, Marie-Theres, ' World Heritage and Cultural Diversity : What Do They Have in Common? ' , in World Heritage for Cultural Diversity edited by Dieter Offenhäußer, Marie-Theres Albert, and Walther Ch Zimmerli (German Commission for UNESCO, 2010).

Alikhan, S, ' Role of Copyright in the Cultural and Economic Development of Developing Countries : The Asian Experience ' , Copyright Bulletin, vol XXX, no 4 (1996) : p 3.

Allotta, G, Tutela del Patrimonio Archeologico Subacqueo (Palermo, Italy : Centro Studi Giulio Pastore, 2001).

Anaya, S James, Indigenous Peoples in International Law (Oxford University Press, 1996).

Anderson, Benedict, ' Imagined Communities ' , in Nationalism edited by John Hutchinson and Anthony D Smith (Oxford University Press, 1994).

Anon, ' Thailand's Navy Seizes Sunken Treasure Trove ' , The Independent, 10 February 1992.

Anon, ' Turmeric Patent : India's Winning Case ' , Businessline, 16 October 1998.

Anon, ' Roman Ring Handed Back to Turkey ' , VOANews, 22 May 2007.

Anon, ' Weary Herakles Bust to be Returned by US to Turkey ' , The Times, 22 July 2011.

Appadurai, Arjun, Modernity at Large : Cultural Dimensions of Globalization (Minneapolis : University of Minnesota Press,1996).

Appadurai,Arjun,'The Capacity to Aspire:Culture and the Terms of Recognition',in Culture and Public Action edited by Vijayendra Rao and Michael Walton (The World Bank and Stanford University Press,2004).

Aragon,Lorraine V,'Copyright Culture for the Nation? Intellectual Property Nationalism and the Regional Arts of Indonesia',International Journal of Cultural Property vol 19,no 3 (2012):pp 269-312.

Arantes,Antonio A,'Diversity,Heritage and Cultural Practices',Theory Culture Society vol 24 (2007):pp 290-6.

Arizpe,Lourdes,'The Intellectual History of Culture and Development Institutions',in Culture and Public Action edited by Vijayendra Rao and Michael Walton (The World Bank and Stanford University Press,2004) pp 163-85.

Arizpe,Lourdes,'The Cultural Politics of Intangible Cultural Heritage',in Safeguarding Intangible Cultural Heritage—Challenges and Approaches edited by Janet Blake (UK:Institute of Art and Law,2007).

Aykan,Bahar,'How Participatory is Participatory Heritage Management? The Politics of Safeguarding the Alevi Semah Ritual as Intangible Heritage',International Journal of Cultural Property,vol 20,no 4 (2013):pp 381-406.

Aylett,Holly,'An International Instrument for International Cultural Policy:The Challenge of UNESCO's Convention on the Protection and Promotion of the Diversity of Cultural Expressions 2005',International Journal of Cultural Studies,vol 13 (2010):pp 355-73.

Ballard,Robert D,The Discovery of the Titanic:Exploring the Greatest of All Ships (London: Hodder & Stoughton,1987).

Barsh,Russel L,'Indigenous Knowledge and Biodiversity,in Indigenous Peoples,Their Environments and Territories',in Cultural and Spiritual Values of Biodiversity edited by Darrel A Posey (IT Publications/UNEP,1999).

Bass,George F,'The Cape Gelidonya Wreck:A Preliminary Report',AmericanJournal of Archeology,vol 65 (1961):pp 267-76.

Bass,George F,'A Byzantine Shipwreck:Underwater Excavations at Yassiada,Turkey',American Journal of Archeology,vol 66 (1962):p 194.

Bass,George F,'After the Diving is Over',in Underwater Archaeology edited by Tony L Carrell (Tucson:Arizona Society for Historical Archeology,1990).

Bator,Paul M,'An Essay on the International Trade in Art',Stanford Law Review,vol 34,no 2 (1982):pp 275-384.

Bedjaoui,Mohammad,'The Convention for the Safeguarding of Intangible Cultural Heritage: The Legal Framework and Universally Accepted Principles',Museum International,vol 221-2

（2004）：pp 150-4.

Bibas, S, 'The Case against Statutes of Limitations for Stolen Art', International Journal of Cultural Property, vol 5 （1996）：pp 73-110.

Bicksei, Mariana, Kilian Bizer, and Zulia Gubaydullina, 'Protection of Cultural Goods—Economics of Identity', International Journal of Cultural Property, vol 19, no 1 （2012）：pp 97-118.

Birnie, Patricia and Alan E Boyle, International Law of the Environment （Oxford University Press, 2002）.

Black, HC, Black's Law Dictionary, 6th edn （Minnesota：West Publishing Company, 1990）.

Blackman, David J, 'Archaeological aspects', in report for the Parliamentary Assembly of the Council of Europe, The Underwater Cultural Heritage （Strasbourg, 1978）.

Blake, Janet, 'A Study of the Protection of Underwater Archaeological Sites and Related Artefacts, with Special Reference to Turkey', PhD Thesis （unpublished） （University of Dundee, 1996）.

Blake, Janet, 'On Defining the Cultural Heritage', International and Comparative Law Quarterly, vol 49 （2000）：pp 61-85.

Blake, Janet, Developing a New Standard-setting Instrument for Safeguarding Intangible Cultural Heritage—Elements for Consideration （Paris：UNESCO, 2001）.

Blake, Janet, 'Safeguarding Traditional Culture and Folklore—Existing International Law and Future Developments', in Safeguarding Traditional Cultures：A Global Assessment edited by Peter Seitel （Washington DC：Smithsonian Institution, 2001）.

Blake, Janet, Commentary on the 2003 UNESCO Convention on the Safeguarding of the Intangible Cultural Heritage （UK：Institute of Art and Law, 2006）.

Blake, Janet, 'The Legal and Political Context of UNESCO's 2005 Convention on the Diversity of Cultural Expressions—Will it be Good for Iran?', Iranian Review of Foreign Affairs, vol 1, no 3 （2010）：pp 63-84.

Blake, Janet, 'Why Protect the Past? A Human Rights Approach to Cultural Heritage Protection', Heritage and Society, vol 4, no 2 （2011）：pp 199-238.

Blake, Janet, 'Turkey', in Cultural Property and Export Controls edited by James A Nafziger and Robert K Paterson （Cheltenham：Edward Elgar, 2013）.

Blake, Janet, Exploring Cultural Rights and Cultural Diversity—An Introduction with selected Legal Materials （UK：Institute of Art and Law, 2014）.

Blake, Janet, 'Gender and Intangible Cultural Heritage', in UNESCO Gender Equality—Heritage and Creativity （Paris：UNESCO, 2014）.

Blake, Janet, 'Seven Years of Implementing UNESCO's Intangible Heritage Convention—Honeymoon Period or the "Seven-year Itch?"', International Journal of Cultural Property, vol 21, no 3 （2014）：pp 291-304.

Blake, Janet and Nasserali Azimi, 'Women and Gender in Intangible Cultural Heritage', in Safeguarding Intangible Cultural Heritage—Challenges and Approaches edited by Janet Blake (UK: Institute of Art and Law, 2007) pp 143-74.

Boer, Ben, 'Article 3—Identification and Delineation of World Heritage Properties', in The 1972 World Heritage Convention—A Commentary edited by Francesco Francioni (assisted by Federico Lenzerini) (Oxford University Press, 2006).

Boer, Ben and Stefan Gruber, 'Human Rights and Heritage Conservation Law', in Proceedings of the Conference on Human Rights and the Environment edited by Janet Blake (Tehran: Majd Publishing, 2009).

Boer, Ben and Graeme Wiffen, Heritage Law in Australia (Melbourne: Oxford University Press, 2006).

Bolderson, Clare, 'Sultan's Shipwrecked Treasure Yields a £ 500 Million Mystery', The Observer, March 1991.

Borgestede, Greg, 'Cultural Property, the Palermo Convention, and Transnational Organized Crime', International Journal of Cultural Property, vol 21, no 3 (2014): pp 281-290.

Borodkin, Lisa J, 'The Economics of Antiquities Looting and a Proposed Legal Alternative', Columbia Law Review, vol 95, no 2 (1995): pp 377-417.

Bouchenaki, Mounir, 'A Major Advance towards a Holistic Approach to Heritage Conservation: The 2003 Intangible Heritage Convention', International Journal of Intangible Heritage, vol 2 (2007): p 106.

Bouchenaki, Mounir, 'World Heritage and Cultural Diversity: Challenges for University Education', in World Heritage for Cultural Diversity edited by Dieter Offenhäußer, Walther Ch Zimmerli, and Marie-Theres Albert (German Commission for UNESCO, 2010).

Bourloyannis, M-Christiane and Virginia Morris, 'Cultural Property—Recovery of Stolen Art Works—Choice of Law—Recognition of Governments', American Journal of International Law, vol 86 (1992): p 128.

Bowens, Underwater Archaeology: The NAS Guide to Principles and Practice (UK: Nautical Archaeology Society, 1990).

Boylan, Patrick, 'Treasure Trove with Strings Attached', The Independent, 9 November 1993.

Boylan, Patrick, 'The Concept of Cultural Protection in Times of Armed Conflict: From the Crusades to the New Millennium', in Illicit Antiquities—the Theft of Culture and the Extinction of Archaeology edited by Neil Brodie and Kathryn Walker Tubb (London: Routledge, 2002).

Brodie, Neil, Jenny Doole, and Peter Watson, Stealing History—The Illicit Trade in Cultural Material (UK: ICOM and Museums Association, 2000).

Brown, Michael, Who Owns Native Culture? (Harvard University Press, 2004).

Browne, A, 'UNESCO and UNIDROIT: The Role of Conventions in Eliminating the Illicit Art

Market', Art, Antiquity and Law, vol 7 (2002): 379.

Burns, WGC, 'Belt and Suspenders? The World Heritage Convention's Role in Confronting Climate Change', Review of European, Comparative and International Environmental Law, vol 18, no 2 (2009): pp 148-63.

Burri, Mira, 'The UNESCO Convention on Cultural Diversity: An Appraisal Five Years After its Entry into Force', International Journal of Cultural Property, vol 20, no 4 (2013): pp 357-80.

Burri, Mira, 'The International Law of Culture: Prospects and Challenges', International Journal of Cultural Property, vol 19, no 4 (2014): pp 579-81.

Byrne-Sutton, Quentin, 'A Confirmation of the Difficulty in Acquiring Good Title to Valuable Stolen Cultural Objects', International Journal of Cultural Property, vol 1 (1992): pp 59-76.

Campbell, Peter B, 'The Illicit Antiquities Trade as a Transnational Criminal Network: Characterizing and Anticipating Trafficking of Cultural Heritage', International Journal of Cultural Property, vol 20 (2013): pp 113-53.

Cameron, Christina, 'Evolution of the Application of "Outstanding Universal Value" for Cultural and Natural Heritage' at the Special Expert Meeting of the World Heritage Convention on The Concept of Outstanding Universal Value, held in Kazan, Republic of Tacarstan, Russian Federation 6-9 April 2005. UNESCO Doc WHC-05/29. COM/INF. 9R, of 15 June 2005.

Carducci, Guido, 'Articles 4-7 National and International Protection of the Culturaland Natural Heritage', in The 1972 World Heritage Convention edited by Francesco Francioni (assisted by Federico Lenzerini) (Oxford University Press, 2006).

Carducci, Guido, 'The Peaceful Settlement of Disputes and Cultural Property', ICOMNews, 'Mediation', vol 59, no 3 (2006): p 8.

Carniero da Cunha, Manuela, 'The Role of UNESCO in the Defence of Traditional Knowledge', in Safeguarding Traditional Cultures: A Global Assessment edited by Peter Seitel (Washington DC: Smithsonian Institution, 2001).

Cassese, Antonio, Self-determination of Peoples: A Legal Reappraisal (Cambridge University Press, 1995).

Catullus, In Verrem, Acta I and II.

Chase Coggins, Clemency, 'Illicit Traffic of Pre-Columbian Antiquities', Art Journal, vol 29 (1969): np.

Chase Coggins, Clemency, 'A Licit International Trade in Ancient Art: Let There beLight!', International Journal of Cultural Property, vol 4 (1995): pp 61-80.

Church, Judith, 'Evolving US Case Law on Cultural Property', International Journalof Cultural Property, vol 2 (1993): pp 47-72.

Churchill, Robin R and Vaughan Lowe, The Law of the Sea, 2nd edn (Manchester University Press, 1988).

Çilingiroglu, A and B Umar, Eski Eserler Hukuku (Ancient Monuments Law) (Ankara: Ankara Universitesi Basimevi, 1990) [in Turkish].

Clement, Etienne, 'The 1970 UNESCO Convention', International Cultural Property Review (Summer 1994): pp 71-5.

Colette, Augustin, Climate Change and World Heritage: Report on Predicting andManaging the Impacts of Climate Change on World Heritage and Strategy to Assist State Parties to Implement Appropriate Management Responses (Paris: UNESCO World Heritage Centre, 2007).

Constantine, David, Fields of Fire: A Life of Sir William Hamilton (London: Wiedenfeld and Nicholson, 2001).

Contel, Raphael, Alessandro Chechi, and Marc-André Renold, 'Case Jiroft Collection—Iran v. The Barakat Galleries Ltd. ', Platform Ar Themis, Art-Law Centre, University of Geneva, accessed 30 September 2014, < http://unige. ch/art-adr >.

Correa, Carlos M, Traditional Knowledge and Intellectual Property: Issues andOptions Surrounding the Protection of Traditional Knowledge (Geneva: Quaker United Nations' Office, 2001).

Coulée, Frédérique, 'Quelques remarques sur la restitution interétatique des biensculturels sous l'angle du droit international public', Revue Générale de Droit International Public, vol 104 (2000): pp 359-92.

Cowen, Tyler, 'Creative Economy', in A Handbook of Cultural Economics edited by Ruth Towse (Cheltenham: Edward Elgar, 2011).

Daes Erica-Irene, The Protection of the Heritage of Indigenous People (Geneva/New York: United Nations, 1997).

Dansky, SM, 'The CITES "Objective" Listing Criteria: Are They "Objective" Enoughto Protect the African Elephant?', Tulane Law Review, vol 73 (1999): p 961.

Deacon, Harriet and Chiara Bartolotto, 'Charting a Way Forward: Existing Research and Future Directions for ICH Research Related to the Intangible Heritage Convention', Report on The First ICH Researchers Forum of 2003 Convention International Research Centre for Intangible Cultural Heritage in the Asia-Pacific Region (IRCI, 2010).

Deacon, Harriet and Olwen Beasley, 'Safeguarding Intangible Heritage Values under the World Heritage Convention: Auschwitz, Hiroshima and Robben Island', in Safeguarding Intangible Cultural Heritage—Challenges and Approaches edited by Janet Blake (UK: Institute of Art & Law, 2007).

Denhez, Marc, 'Follow-up to the 1989 Recommendation on the Safeguarding of Traditional Culture and Folklore', in report of the UNESCO-WIPO World Forum on the Protection of Folklore ('Phuket Report'), Phuket, Thailand, 8-10 April 1997 (UNESCO-WIPO, 1998).

Des Portes, E, 'Traffic in Cultural Property—a Priority Target for Museum Professionals', International Cultural Property Review, (summer 1994): p 79.

Dixon, Martin, Textbook on International Law (Blackstone Press, 1990).

Donnelly, Jack, Universal Human Rights in Theory and Practice, 2nd edn (Cornell University Press, 2003).

Douglas, Mary, 'Traditional Culture—Let's Hear No More about It', in Culture and Public Action edited by Vijayendra Rao and Michael Walton (The World Bank and Stanford University Press, 2004).

Durney, Mark, 'How an Art Theft's Publicity and Documentation can Impact the Stolen Object's Recovery Rate', Journal of Contemporary Criminal Justice, vol 27, no 4 (2011): pp 438-48.

Durney, Mark, 'Reevaluating Art Crime's Famous Figures', International Journal of Cultural Property, vol 20 (2013): pp 221-32.

Dutfield, Graham, 'The Public and Private Domains: Intellectual Property Rights in Traditional Knowledge', Science Communication, vol 21 (2000): pp 274-95.

Dutfield, Graham, Intellectual Property, Biogenic Resources and Traditional Knowledge (London and Stirling, VA: Earthscan, 2004).

Dworkin, Richard, Law's Empire (London: Fontana, 1986).

Elia, Richard J, 'The Ethics of Collaboration: Archaeologists on the Whydah Project', Historical Archaeology, vol 26, no 3 (1992): pp 105-17.

Elia, Richard J, 'Looting, Collecting and the Destruction of Archaeological Resources', Nonrenewable Resources, vol 6, no 2 (1997): pp 85-98.

Evatt, Elizabeth, 'Enforcing Indigenous Cultural Rights: Australia as a Case Study', in Cultural Rights and Wrongs edited by Halina Niec (UNESCO Publishing, 1998).

Eyster, Jonathan, 'United States v Pre-Columbian Artifacts and the Republic of Guatemala: Expansion of the National Stolen Property Act in its Application to Illegally Exported Cultural Property', International Journal of Cultural Property, vol 5, no 1 (1996): pp 185-92.

Farah, Paolo D and Riccardo Tremolada, 'Desirability of Commodification of Intangible Cultural Heritage: The Unsatisfying Role of Intellectual Property Rights', Transnational Dispute Management, vol 11, no 2 (2014). Accessed 10 November 2014 at: < http://www. transnational-dispute-management. com/article. asp? key = 2096 >.

Farrier, Derek and Linda Tucker, 'Wise Use of Wetlands under The Ramsar Convention: A Challenge for Meaningful Implementation of International Law', Journal of Environmental Law, vol 12 (2000): p 21.

Featherstone, M (ed), Global Culture: Nationalism, Globalization and Modernity (London: Sage, 1990).

Fellrath Gazzini, Isabelle, Cultural Property Disputes: The Role of Arbitration inResolving Noncontractual Disputes (New York: Transnational Publishers, 2004).

Fenwick, Val, 'Editorial', International Journal of Nautical Archaeology, vol 16, no 1 (1987): p 1.

Ficsor, Mihály, '1967, 1982 and 1984: attempts to provide international protection for folklore by intellectual property rights', in report of the UNESCO-WIPO World Forum on the Protection of Folklore ('Phuket Report'), Phuket, Thailand, 8-10 April, 1997 (UNESCO-WIPO, 1998).

Footer, Mary E and Christophe Beat Graber, 'Trade Liberalization and Cultural Policy', Journal of International Economic Law, vol 3 (2000): p 115.

Forsyth, Miranda, 'Lifting the Lid on "the Community": Who Has the Right toControl Access to Traditional Knowledge and Expressions of Culture', International Journal of Cultural Property, vol 19, no 1 (2012): pp 1-31.

Francioni, Francesco, The 1972 World Heritage Convention—A Commentary (assisted by Federico Lenzerini) (Oxford University Press, 2006).

Francioni, Francesco, 'Introduction', in The 1972 World Heritage Convention—A Commentary edited by Francesco Francioni (assisted by Federico Lenzerini) (Oxford University Press, 2006).

Francioni, Francesco, 'Preamble', in The 1972 World Heritage Convention—A Commentary edited by Francesco Francioni (assisted by Federico Lenzerini) (Oxford University Press, 2006).

Francioni, Francesco, 'A Dynamic Evolution of Concept and Scope: From Cultural Property to Cultural Heritage', in Standard-setting in UNESCO, volume I: Normative Action in Education, Science and Culture, Essays in Commemoration of the Sixtieth Anniversary of UNESCO edited by Yusuf Ahmed Abdulqawi (UNESCO, 2007).

Francioni, Francesco, 'Culture, Heritage and Human Rights: An Introduction', in Cultural Human Rights edited by Francesco Francioni and Martin Scheinin (The Hague: Martinus Nijhoff, 2008).

Francioni, Francesco and Federico Lenzerini, 'The Destruction of the Buddhas ofBamyan and International Law', European Journal of International Law, vol 14 (2003): p 619.

Friedman, J, Cultural Identity and Global Process (London: Sage, 1995).

Forrest, Craig, 'A New International Regime for the Protection of Underwater Cultural Heritage', International and Comparative Law Quarterly, vol 51 (2002): pp 511-54.

Forrest, Craig, International Law and the Protection of Cultural Heritage (London and New York: Routledge, 2010).

Foundoukidis, Euripide, Mouseion. Revue internationale de muséographie, no 15 (1931): p 97.

Garcia Canclini, Nestor, 'Cultural Policy and Globalization', in World Culture Reportedited by UNESCO (Paris: UNESCO, 1999).

Gathercole, Peter and David Lowenthal (eds), The Politics of the Past (Routledge, 1994).

Gershon, Ilana, 'Being Explicit about Culture: Maori, Neoliberalism, and the New Zealand Parliament', American Anthropologist, vol 110, no 4 (2008): pp 422-31.

Gerstenblith, Peggy, 'The Kanakaria Mosaics and United States Law—on the Restitution of Stolen and Illegally Exported Cultural Property', in Antiquities Trade and Betrayed—Legal, Ethical and Conservation Issues edited by Kathryn W Tubbs (London: Archetype Publications, 1995).

Gibbins, D, 'Archaeology in Deep Water—a Preliminary View', International Journal of Nautical Archaeology, vol 20, no 2 (1991): pp 163-70.

Gibbs, N, 'The Ocean Gold Rush', Time Magazine No 43, October 1993.

van Ginkel, Rob, 'Killing Giants of the Sea: Contentious Heritage and the Politics of Culture', Journal of Mediterranean Studies, vol 15, no 1 (2005): pp 71-98.

Gill, David and Christopher Chippindale, 'The Trade in Looted Antiquities and the Return of Cultural Property: A British Parliamentary Inquiry', International Journal of Cultural Property, vol 11, no 1 (2002): pp 50-64.

Graham, Brian and Peter Howard, 'Introduction: Heritage and Identity', in The Ashgate Research Companion to Heritage and Identity edited by Brian Graham and Peter Howard (Aldershot, UK: Ashgate Publishing, 2008).

Green, Jeremy, Maritime Archaeology: A Technical Handbook (London: Academic Press, 1990).

Green, Jeremy and Graham Henderson, 'Maritime Archaeology and Legislation in Western Australia', International Journal of Nautical Archaeology, vol 6 (1977): pp 245-8.

Greenfield, Jeanette, The Return of Cultural Treasures (Cambridge University Press, 1989).

Gutchen, Mark A, 'The Destruction of Archaeological Resources in Belize, Central America', Journal of Field Archaeology, vol 10 (1983): pp 217-27.

Hahn, Michael, 'A Clash of Cultures? The UNESCO Diversity Convention and International Trade Law', Journal of International Economic Law, vol 9, no 3 (2006): pp 515-52.

Hajjar Leib, Linda, Human Rights and the Environment: Philosophical, Theoretical and Legal Perspectives (The Hague: Martinus Nijhoff Publishers, 2010).

Harrison, Rodney, Heritage: Critical Approaches (Routledge, 2013).

Hatcher, Michael (with A Thorncraft), The Nanking Cargo (London: Hamish Hamilton, 1987).

Hingston, Ann Guthrie, 'U. S. Implementation of the Unesco Cultural PropertyConvention', in The Ethics of Collecting Cultural Property: Whose Culture? Whose Property? edited by Phyllis Mauch Messenger, 2nd edn (Albuquerque: University of New Mexico Press, 1999).

Hobsbawn, Eric, 'The Nation as an Invented Tradition', in Nationalism edited by John Hutchinson and Anthony D Smith (Oxford University Press, 1994).

Hodder, Ian and Scott Hutson, Reading the Past—Current Approaches to Interpretation in Archaeology, 3rd edn (Cambridge University Press, 2003).

Huggins, A, 'Protecting World Heritage Sites from the Adverse Impacts of Climate Change: Obligations for States Parties to the World Heritage Convention', Australian International Law Journal, vol 14 (2007): pp 121-36.

Hutchinson, John and Anthony D Smith (eds), Nationalism (Oxford UniversityPress, 1994).

ICOMOS, Charter for the Protection and Management of the Underwater Archaeological Heritage (1994).

International Council for Museums and Sites (ICOMOS), Draft Charter for theManagement and Protection of the Underwater Cultural Heritage, prepared by an ICOMOS Sub-committee on the underwater cultural heritage, Chairman, C Lund, Intergovernmental Panel on Climate Change (IPCC), Climate Change 2007: Synthesis Report (2007) edited by RK Pauchuri and A Reisinger (Geneva: IPCC, 2007).

International Organization for Migration (IOM), UNHCR et al, Climate Change, Migration and Displacement: Impacts, Vulnerability, and Adaptation Options (IOM, 2009).

IUCN, Guidelines for Protected Areas Management Categories (Switzerland: Gland, 1994).

Jayaraman, KS, 'Greens Persuade Europe to Revoke Patent on Neem Tree', Nature, vol 405 (2000): pp 266-7.

Jeretic, Patricio, 'Culture, Medium of Development', in Culture and Development: A Response to the Challenges of the Future? (Paris: UNESCO, 2010).

Jones, Dorian, 'Turkey lobbies museums around world to return artefacts', VOANews3 September 2012.

Joyner, Christopher, 'Legal Implications of the Concept of the Common Heritage of Mankind', International and Comparative Law Quarterly, vol 35 (1986): pp 190-9.

Kamenka, Eugene, 'Human Rights: Peoples' Rights', in The Rights of Peoples editedby James Crawford (Oxford: Clarendon Press, 1988).

Kaye, Lawrence and CT Main, 'The Saga of the Lydian Hoard Antiquities: From Ushak to New York and Back and Some Related Observations on the Law of Cultural repatriation', in Antiquities Trade or Betrayed: Legal, Ethical and Conservation Issues edited by Kathryn T Tubb (Archetype, 1995).

Kim, Hee-Eun, 'Changing Climate, Changing Culture: Adding the Climate Change Dimension to the Protection of Intangible Cultural Heritage', International Journal of Cultural Property, vol 18 (2011): pp 259-90.

Kiss, Alexandre and Dinah Shelton, Guide to International Environmental Law (The Hague: Martinus Nijhoff, 2007).

Kono, Toshiyuku and Julia Cornett, 'An Analysis of the 2003 Convention and the Requirement of Compatibility with Human Rights', in Safeguarding Intangible Cultural Heritage—Challenges and Approaches edited by Janet Blake (UK: Institute of Art and Law, 2007).

Kowalski, Wojciech A, Art Treasures and War: A Study on the Restitution of Looted Cultural Property, Pursuant to Public International Law (Leicester: Institute of Art and Law, 1998).

Kuruk, Paul, 'Cultural Heritage, Traditional Knowledge and Indigenous Rights: An Analysis of the Convention for the Safeguarding of Intangible Cultural Heritage', Macquarie J. of Int. and Comp. Law, vol 1, no 1 (2004): pp 111-34.

Labadi, Sophia, World Heritage: Challenges for the Millennium (World Heritage Centre, Paris: UNESCO, 2007).

Leggett, Jane, Restitution and Repatriation, Guidelines for Good Practice (London: Museums and Galleries Commission, 2000).

León, Vicki, Uppity Women of Ancient Times (Conari Press, 1995).

Lixinski, Lucas, 'Selecting Heritage: The Interplay of Art, Politics and Identity', European Journal of International Law, vol 22, no 1 (2011): pp 81-100.

Lixinski, Lucas, Intangible Cultural Heritage in International Law (Oxford University Press, 2013).

Logan, William S, 'Closing Pandora's Box: Human Rights Conundrums in Cultural Heritage Protection', in Cultural Heritage and Human Rights edited by Hilaine Silverman and D Fairchild Ruggles (Springer Science, Business and Media, 2007).

Logan, William S, 'Cultural Diversity, Heritage and Human Rights', in The Ashgate Research Companion to Heritage and Identity edited by Brian Graham and Peter Howard (Aldershot, UK: Ashgate Publishing, 2008).

Logan, William S, 'Cultural Diversity, Cultural Heritage and Human Rights: Towards Heritage Management as Human Rights-based Cultural Practice', International Journal of Heritage Studies—Special Issue on World Heritage and Human Rights: Preserving our Common Dignity through Rights Based Approaches, vol 18, no 3 (2012): pp 231-44.

Lowenthal, Constance, 'The Role of IFAR and the Art Loss Register in the Repatriation of Cultural Property', University of British Columbia Law Review: 1995 Special Edition (1995): pp 309-14.

Lowenthal, David, The Heritage Crusade and the Spoils of History (UK: Viking, 1997).

Lyster, Simon, International Wildlife Law (Oxford University Press, 1989; reprinted 2000).

McIntyre-Tamwoy, Susan, 'The Impact of Global Climate Change and Cultural Heritage: Grasping the Issues and Defining the Problem', Historic Environment, vol 21 (2008): p 8.

Macmillan, F, 'The UNESCO Convention as a New Incentive to Protect Cultural Diversity', in Protection of Cultural Diversity from a European and International Perspective edited by P van den Bossche and H Schneider, Maastricht Series in Human Rights (Belgium: Intersentia Publishing, 2008).

Madran, Emre, The Restoration and Preservation of Historical Monuments in Turkey (From the

Ottoman Empire to the Republic of Turkey) (Ankara, 1989).

Malanczuk, Peter (ed), Akehurst's Modern Introduction to International Law, 7th revedn (London: Routledge, 1997).

M'Bow, Amadou-Mahtar, ' Pour le retour, à ceux qui l'ont créé, d'un patrimoineculturel irremplaçable' , Museum, vol XXXI, no 1 (1979) : pp 58-9.

Merryman, John Henry, ' The Nation and the Object' , International Journal of CulturalProperty, vol 3, no 1 (1994) : pp 61-76.

Merryman, John Henry, ' A Licit International Trade in Cultural Objects' , International Journal of Cultural Property, vol 4, no 1 (1995) : pp 13-60.

Meskell, Lynn, ' Introduction: Archaeology Matters' , in Archaeology Under Fireedited by Lynn Meskell (London: Routledge, 1998).

Meskell, Lynn, ' Archaeology of Identity' , in Archaeological Theory Today edited byIan Hodder (Cambridge: Polity Press, 2001).

Meyer, RL, ' Travaux préparatoires for the UNESCO World Heritage Convention' , Earth Law Journal, vol 2 (1976) : p 45.

Mezur, Katherine, Beautiful Boys/Outlaw Bodies: Devising Kabuki Female-likeness, (Palgrave Macmillan, 2005).

Miller, GL, ' The Second Destruction of the Geldermalsen' , The American Neptune, vol 47 (1987) : p 275.

Moore, Jonathan S, ' Enforcing Foreign Ownership Claims in the Antiquities Market' , Yale Law Journal, vol 97 (1988) : pp 466-87.

Moyes, Johnathan, ' Art Dealers Fight to Save Tarnished Image ' , The Independent, 7February 1997.

Muckelroy, Keith, Maritime Archaeology (Cambridge University Press, 1978).

Munjeri, Dawson, ' Tangible and Intangible Heritage: From Difference to Convergence ' , Museum International, vol 221-2 (2004) : pp 12-20.

Museums' Association Code of Conduct (London: Museums' Association, 2008).

Musitelli, Jean, ' World Heritage, Between Universalism and Globalization' , International Cultural Journal of Property, vol 2, no 11 (2002) : p 323.

Nafziger, James AR (Rapporteur), International Law Association Cairo Conference (1992) (Committee on Cultural Heritage Law, International Law Association, 1992).

Nafziger, James AR (Rapporteur), Buenos Aires Draft Convention on the Protectionof the Underwater Cultural Heritage—Final Report (Cultural Heritage Law Committee, International Law Association, 1994).

Nafziger, James AR, ' The Evolving Role of Admiralty Courts in Litigation Related to Historic Wreck', Harvard International Law Journal, vol 44, no 1 (2003) : pp 251-71.

Nakashima, Douglas, 'Conceptualizing Nature: The Cultural Context of Resource Management', Nature Resources, vol 34, no 2 (1998): p 8.

Nickel, James W, Making Sense of Human Rights, 2nd edn (London: Blackwell Publishing, 2007).

Niec, Halina, 'Casting the Foundation for the Implementation of Cultural Rights', in Cultural Rights and Wrongs edited by Halina Niec (Paris: UNESCO Publishing, 1998).

Niec, Halina (ed), Cultural Rights and Wrongs (Paris: UNESCO, 1998).

Nijar, GS, 'Intellectual Property Rights and the WTO: Undermining Biodiversity and Indigenous Knowledge Systems', paper presented to Second Regional Worlds Colloquium for 1999-2000, University of Chicago, January 2000.

Norton, Barley, Songs for the Spirits—Music and Mediums in Modern Vietnam (University of Illinois Press, 2009).

O'Connell, DP, The International Law of the Sea, vol I (Oxford: Clarendon Press, 1982).

O'Keefe, Patrick J, 'Maritime Archaeology and Salvage Laws—Some Arguments Following Robinson v. The Western Australia Museum', International Journal of Nautical Archaeology, vol 7 (1978): pp 3-7.

O'Keefe, Patrick J, 'The International Law Association: Draft Convention on the Protection of the Underwater Cultural Heritage', in La Tutela del Partimonio Archeologico Subacqueo edited by G Vedovato and L Vlad Borrelli (Italy, Ravello, 1993).

O'Keefe, Patrick J, Feasibility Study of an International Code of Ethics for Dealers in Cultural Property for the Purpose of More Effective Control of Illicit Traffic in Cultural Property (Paris: UNESCO, May 1994).

O'Keefe, Patrick J, 'Cultural Agency/Cultural Authority: Politics and Poetics ofIntellectual Property in the Post-colonial Era', International Journal of Cultural Property, vol 4, no 2 (1995): p 383.

O'Keefe, Patrick J, 'Second Meeting of the Governmental Experts to Consider the Draft Convention on the Protection of Underwater Cultural Heritage: Paris, UNESCO Headquarters (April 19-24 1999)', International Journal of Cultural Property, vol 8 (1999): p 568.

O'Keefe, Patrick J, 'Archaeology and Human Rights', Public Archaeology, vol 1 (2000): pp 181-93.

O'Keefe, Patrick J, Shipwrecked Heritage: A Commentary on the UNESCO Convention for the Protection of Underwater Cultural Heritage (Leicester, UK: Institute of Art Law, 2002).

O'Keefe, Patrick and Lyndel V Prott, Law and the Cultural Heritage, vol III (London: Butterworths, 1989).

O'Keefe, Roger, 'World Cultural Heritage: Obligations to the International Community as a Whole?', International and Comparative Law Quarterly, vol 53, no 1 (2004): pp 189-209.

Orser, Charles E Jr, 'Transnational Diaspora and Rights of Heritage', in Cultural Heritage and Human Rights edited by Hilaine Silverman and D Fairchild Ruggles (Springer Science, Business and Media, 2007).

Owen, DR, 'Some Troubles with Treasure: Jurisdiction and Salvage', Journal of Maritime Law and Commerce, vol 16, no 2 (1985): pp 139-79.

Oyewumi, Oyeronke, The Invention of Women: Making an African Sense of Western Gender Discourses (University of Minnesota Press, 1997).

Palmer, Norman E, Art Loans (London: Kluwer Law International and International Bar Association, 1997).

Palmer, Norman E, 'Sending Them Home: Some Observations on the Relocation of Cultural Objects from UK Museum Collections', Art, Antiquity and Law, vol 5 (2000): pp 343-54.

Paterson, Robert K, 'The Curse of the "London Nataraja" ', International Journal of Cultural Property, vol 5, no 2 (1996): pp 330-8.

Paul, Joel Richard, 'Cultural Resistance to Global Governance', Michigan Journal of International Law, vol 22, no 1 (2000): p 18.

Piper, HM, 'Professional Problem Domains of Consulting Archaeologists: Responsibility without Authority', International Journal of Nautical Archaeology, vol 17 (1990): pp 211-14.

De Plat Taylor, Jean, Maritime Archaeology (New York: Crowell, 1965).

Posey, Darrel A, 'Can Cultural Rights Protect Traditional Culture and Biodiversity?', in Cultural Rights and Wrongs edited by Halina Niec (Paris: Unesco Publishing, 1998).

Posey, Darrel A and Graham Dutfield, Beyond Intellectual Property: Towards Traditional Resource Rights for Indigenous Peoples and Local Communities (Ottawa, 1997).

Prott, Lyndel V, 'Problems of Private International Law for the Protection of the Cultural Heritage', Receuils des Cours, vol V (1989): pp 224-317.

Prott, Lyndel V, 'UNESCO and UNIDROIT: A Partnership against Illicit Trafficking', Uniform Law Review, vol 1 (1996): pp 59-71.

Prott, Lyndel V, Commentary of the UNIDROIT Convention (Leicester, UK: Instituteof Art and Law, 1998).

Prott, Lyndel V, 'International Standards for Cultural Heritage', in UNESCO World Culture Report (Paris: UNESCO Publishing, 1998).

Prott, Lyndel V, 'Understanding One Another on Cultural Rights', in Cultural Rightsand Wrongs edited by Halina Niec (Paris: UNESCO Publishing, 1998).

Prott, Lyndel V, 'The International Movement of Cultural Objects', International Journal of Cultural Property, vol 12 (2004): pp 225-48.

Prott, Lyndel V, 'The Fight against the Illicit Traffic of Cultural Property: The 1970 Convention: Past and Future, 15-16 March 2011', International Journal of Cultural Property, vol 18, no 4 (2011):pp 437-42.

Prott, Lyndel V and Patrick O'Keefe, National Legal Control of Illicit Traffic in Cultural Property (Paris:UNESCO,1983).

Prott, Lyndel V and Patrick J O'Keefe, Law and the Cultural Heritage, vol 1 (Abingdon:Professional Books,1984).

Proulx, Bettine, 'Organized Criminal Involvement in the Illicit Antiquities Trade', Trends in Organized Crime, vol 14, no 1 (2010):pp 1-29.

Pulak, Cemal M and E Rogers, '1993-1994 Turkish Shipwreck Surveys', INA Quarterly, vol 21, no 4 (1994):p 17.

Pullar, Gordon L, 'The Qikertarmuit and the Scientist:Fifty Years of Clashing World Views', University of British Columbia Law Review Special Issue, vol 119 (1995):pp 125-31.

Quiritano, Ottavio, 'A Human Rights-based Approach to Climate Change. Insights for the Regulation of Intangible Cultural Heritage', in International Law for Common Goods—Normative Perspectives on Human Rights, Cultural Rights and Nature edited by Federico Lenzerini and Ana Filipa Vrdoljak (Hart Publishing,2014).

Rao, Nandini and C Rammanohar Reddy, 'Aydohya, the Print Media and Communalism', in Destruction and Conservation of Cultural Property edited by Robert Layton, Peter G Stone, and Julian Thomas (London:Routledge,2001).

Rao, Vijayendra and Michael Walton, 'Introduction', in Culture and Public Actionedited by Vijayendra Rao and Michael Walton (The World Bank and Stanford University Press,2004).

Redgwell, Catherine, 'Article 2—Definition of Natural Heritage', in The 1972 World Heritage Convention—A Commentary edited by Francesco Francioni (assisted by Federico Lenzerini) (Oxford University Press,2006).

Rodota, Stefano, 'The Civil Law Aspects of the International Protection of Cultural Property', in International Legal Protection of Cultural Property:Proceedings of the Thirteenth Colloquy on European Law (Delphi,20-22 September 1983).

Rosenthal, Douglas E and William M Knighton, National Laws and International Commerce:The Problem of Extrat erritoriality, published for the Royal Institute of International Affairs (London, Boston:Routledge & Kegan Paul,1982).

Rössler, Mechtild, 'The Implementation of the World Heritage Cultural Landscape Categories', a paper delivered to an expert Meeting of UNESCO on The World Cultural Heritage and Cultural Landscapes in Africa held at Tiwi, Kenya on 9-14 March 1999.

Rössler, Mechtild, 'Linking Nature and Culture:World Heritage Cultural Landscapes' in 'Cultural Landscapes:The Challenges of Conservation', World Heritage Papers, Series No 7, (2002), p 11 at p 13, available online at: < http://whc. unesco. org/documents/publi_wh_ papers_07_en. pdf >.

Sandrock, Oliver, 'Foreign Laws Regulating Export of Cultural Property: The Respect Due to the Lex Fori', in International Sales of Works of Art edited by Pierre Lalive (Geneva: Institute of Business Law and Practice, 1985).

Sands, Philippe J, Principles of International Environmental Law (Cambridge University Press, 2003).

Schetter, C, 'The "Bazaar Economy" of Afghanistan: A Comprehensive Approach', in Afghanistan: A Country without a State? edited by C Noelle-Karimi, C Schetter, and R Schlagintweit (Frankfurt am Main: IKO Verlag, 2003) pp 109-28.

Shiva, Vandana, 'Ecological Balance in an Era of Globalization', in Global Ethics and Environment edited by Nicholas Low (London & New York: Routledge, 2006).

Shyllon, Folarin, 'The Right to a Cultural Past: African Viewpoints', in Cultural Rights and Wrongs edited by Halina Niec (UNESCO Publishing and Institute of Art and Law, 1998).

Shyllon, Folarin, 'The Recovery of Cultural Objects by African States through the UNESCO and UNIDROIT Conventions and the Role of Arbitration', Uniform Law Review, vol 5 (2000-2): pp 219-41.

Shyllon, Folarin, 'The Nigerian and African Experience on Looting and Trafficking in Cultural Objects', in Art and Cultural Heritage: Law, Policy and Practice edited by Barbara T Hoffman (New York, Cambridge University Press, 2006).

Sidorsky, E, 'The 1995 UNIDROIT Convention on Stolen and Illegally Exported Cultural Objects: The Role of International Arbitration', International Journal of Cultural Property, vol 5 (1996): pp 19-35.

Silberman, Neil, 'Heritage Interpretation and Human Rights: Documenting Diversity, Expressing Identity, or Establishing Universal Principles?', Paper presented at ICOMOS Annual Meeting in Oslo, November 2010.

Silverman, Helaine and D Fairchild Ruggles, 'Cultural Heritage and Human Rights', in Cultural Heritage and Human Rights edited by Helaine Silverman and D Fairchild Ruggles (Springer Science and Business Media, LLC, 2007).

Singh, Rana PB, 'The Contestation of Heritage: The Enduring Importance of Religion', in The Ashgate Research Companion to Heritage and Identity edited by Brian Graham and Peter Howard (Aldershot, UK: Ashgate Publishing, 2008).

Smeets, Rieks, 'Language as a Vehicle of the Intangible Cultural Heritage', MuseumInternational, vol 56, no 1-2 (2004): pp 156-64.

Smith, Anthony D, 'The Origins of Nations', in Nationalism edited by John Hutchinson and Anthony D Smith (Oxford University Press, 1994).

Smith, Laurajane, The Uses of Heritage (New York: Routledge, 2006).

Smith, Laurajane, 'Empty Gestures? Heritage and the Politics of Recognition', in Cultural Heritage and Human Rights edited by Hilaine Silverman and D Fairchild Ruggles (Springer Science, Business and Media, 2007).

Smith, Laurajane, 'Gender, Heritage and Identity', in The Ashgate Research Companion to Heritage and Identity edited by Brian Graham and Peter Howard (Aldershot, UK: Ashgate Publishing, 2007).

Smith, Laurajane, Anna Morgan, and Anita van der Meer, 'Community-driven Research in Cultural Heritage Management: The Waanyi Women's History Project', International Journal of Heritage Studies, vol 9, no 1 (2003): pp 65-80.

Smith, Rhona K, Textbook on International Human Rights, 3rd edn (Oxford University Press, 2007).

Srinivas, Krishna Ravi, 'Protecting the Traditional Knowledge Holders' Interests and Preventing Misappropriation—Traditional Knowledge Commons and Biocultural Protocols: Necessary but Not Sufficient', International Journal of Cultural Property, vol 19, no 3 (2012): pp 402-22.

Stamatopoulou, Elsa, Cultural Rights in International Law: Article 27 of the Universal Declaration of Human Rights and Beyond (Leiden, 2007).

Stavenhagen, Rodolfo, 'Cultural Rights: A Social Science Perspective', in Cultural Rights and Wrongs edited by Halina Niec (Paris: UNESCO Publishing, 1998).

Steel, D and FD Rose, Kennedy's Law of Salvage, 5th edn (London: Stevens, 1985).

Steiner, Henry and Philip Alston, Human Rights in Context Law, Politics and Morals (Oxford: Clarendon Press, 1999).

Stone, CD, 'Common but Differentiated Responsibilities in International Law', American Journal of International Law, vol 98 (2004): pp 276-95.

Strathern, Marilyn, The Gender of the Gift (Berkeley: University of California Press, 1988).

Strati, Anastasia, 'A Deep Seabed Cultural Property and the Common Heritage of Mankind', International Comparative Law Quarterly, vol 40 (1991): pp 859-94.

Strati, Anastasia, The Protection of Underwater Cultural Heritage: An Emerging Objective of Contemporary Law of the Sea (The Hague: Martinus Nijhoff, 1995).

Suagee, Dean B, 'Tribal Voices in Historical Preservation: Sacred Landscapes, Cross-Cultural Bridges and Common Ground', Vermont Law Review vol 21 (1996): p 145.

Sunder, Madhavi, 'Cultural Dissent', Stanford Law Review, vol 54 (2001): p 495 and UC Davis Legal Studies Research Paper No 113.

Sunder, Madhavi, 'The Invention of Traditional Knowledge', Law and Contemporary Problems, vol 70 (2007): pp 97-124.

Symonides, Janusz, 'Cultural Rights: A Neglected Category of Human Rights', International Social Science Journal, vol 50 (1998): pp 559-71.

Tenenbaum, Ellen S, 'A World Park in Antarctica: The Common Heritage of Mankind', Note in Virginia Env L J, vol 10 (1991): p 109.

Thornberry, Patrick, International Law and the Rights of Minorities (Oxford: Clarendon Press, 1991).

Thorson, E, 'The World Heritage Convention and Climate Change: The Case for Climate-Change Mitigation', in Adjudicating Climate Change edited by WGC Burns and HM Osofski (New York: Cambridge University Press, 2009).

Throsby, David, Culture in Sustainable Development: Insights for the Future Implementation of Article 13, Information Document presented to UNESCO \[Doc. CE/08? Throsby/Art. 13, January 2008 \].

Throsby, David, 'Cultural Capital', in A Handbook of Cultural Economics edited by Ruth Towse (Cheltenham: Edward Elgar, 2011).

Thucydides, The History of the Peloponnesian War, Book I.

Toman, Jiri, The Protection of Cultural Property in the Event of Armed Conflict (Dartmouth: UNESCO, 1996).

Tora, Sivia, 'Report on the Pacific Regional Seminar', Safeguarding Traditional Cultures: A Global Assessment edited by P Seitel (Washington DC: Smithsonian Institution, 2001).

Torggler, Barbara and Ekaterina Sediakina-Rivière (Janet Blake as Consultant), Evaluation of UNESCO's Standard-setting Work of the Culture Sector, Part I—2003 Convention for the Safeguarding of the Intangible Cultural Heritage (Paris: UNESCO, 2014).

Torsen, Molly and Jane Anderson, Intellectual Property and the Safeguarding of Traditional Cultures—Legal Issues and Practical Options for Museums, Libraries and Archives (Geneva: World Intellectual Property Organization, 2010).

Towse, Ruth, 'Creativity', in A Handbook of Cultural Economics edited by RuthTowse (Cheltenham: Edward Elgar, 2011).

Traill, DA, 'Schliemann's Mendacity: A Question of Methodology', Anatolian Studies, vol XXXVI (1986): pp 91-8.

UNESCO, Protection of Mankind's Cultural Heritage, Sites and Monuments (Paris: UNESCO, 1970).

UNESCO, The Third Medium-Term Plan (1990-95) (Paris: UNESCO, 1990).

UNESCO, Feasibility Study for the Drafting of a New Instrument for the Protectionof the Underwater Cultural Heritage, Executive Board of UNESCO (Paris: UNESCO, 1995).

UNESCO, Change in Continuity—Concepts and Tools for a Cultural Approach to Development (Paris: UNESCO, 2000).

UNESCO, Second Round Table of Ministers of Culture: Cultural Diversity: Challenges of the Marketplace (Paris, 11-12 December 2000).

UNESCO, Impacts of the First Proclamation of the Nineteen Masterpieces Proclaimed Oral and Intangible Heritage of Humanity (Paris: UNESCO, January 2002).

UNESCO, Sharing a World of Difference—The Earth's Linguistic, Cultural and Biological Diversity (Paris: UNESCO, 2003).

UNESCO, World Cultural Report—Investing in Cultural Diversity and Intercultural Dialogue (Paris: UNESCO, 2009).

UNESCO Institute for Statistics, UNESCO Framework for Cultural Statistics (Montreal: UNESCO Institute for Statistics, 2009).

UNESCO Institute for Statistics, Measuring the Diversity of Cultural Expressions (2009), accessible at: < http://www. uis. unesco. org/ev. php? ID = 7061_201&2 = DO_TOPIC >.

United Nations Development Programme, Human Development Report (New York: UNDP, 1994).

United Nations Development Programme, Cultural Liberty in Today's World (New York: UNDP, 2004).

Van Graan, Mike, 'Culture and Development: A Response to the Challenges of the Future', in Culture and Development: A Response to the Challenges of the Future? (Paris: UNESCO, 2010).

Vinson, Isabelle, 'Heritage and Cyberculture', in UNESCO World Culture Reportedited by UNESCO (Paris: UNESCO, 1998).

Vrdoljak, Ana Filipa, International Law, Museums and the Return of Cultural Objects (Cambridge University Press, 2006).

Vrdoljak, Ana Filipa, 'Genocide and Restitution: Ensuring Each Group's Contributionto Humanity', European Journal of International Law, vol 22, no 1 (2011): pp 17-47.

Vrdoljak, Ana Filipa, 'Human Rights and Cultural Heritage in International Law', in International Law and Common Goods—Normative Perspectives on Human Rights, Culture and Nature edited by Federico Lenzerini and Ana Filipa Vrdoljak (Hart Publishing, 2014).

Wagener, Noé, 'Les usages de la figure de "patrimoine commun" ', Working Paperpresented to a Research Workshop on Dissemination et mimétisme en droit international: un regard anthropologique sur la formation des normes, l'Institut de Hautes Etudes Internationales et du Développement, Geneva, 20 November 2014.

Warren, David, 'Using Indigenous Knowledge in Agricultural Development', World Bank Discussion Paper No 127 (1997).

Warren, Linda, 'Trade in Endangered Species', Environmental Law, vol 3, no 4 (1989): pp 239-77.

Wellman, Carl, 'Solidarity, the Individual and Human Rights', Human Rights Quarterly, vol 22, no 3 (2000): pp 639-57.

Wendland, Wend, 'Intangible Heritage as Intellectual Property: Challenges and Future Prospects', Museum International, vol 221-2 (2004): pp 97-112.

Wendland, Wend, 'Intellectual Property Implications of Inventory-making: Towards Intellectual Property Guidelines for Recording, Digitising, and Disseminating Intangible Cultural Heritage', in Safeguarding Intangible Cultural Heritage—Challenges and Approaches edited by Janet Blake (Leicester, UK: Institute for Art and Law, 2007).

Whitelam, Keith, The Invention of Israel: The Silencing of Palestinian History (London: Routledge, 1998).

Wiehe, HK, 'Licit International Traffic in Cultural Objects for Art's Sake', International Journal of Cultural Property, vol 4 (1995): pp 81-90.

Williams, Raymond, Culture (Glasgow: Fontana, 1981).

Williams, R, 'The Titanic Show Goes on the Road Despite Grave-robbing Row', The Independent, March 1994.

Williams, Sharon (ed), The International and National Protection of Movable Cultural Heritage (New York: Oceania, 1978).

Wolfgram, Matthew, 'The Extratextualization of Ayurveda as Intellectual Property', International Journal of Cultural Property, vol 19, no 3 (2012): pp 313-43.

World Commission on Culture and Development, Our Creative Diversity (Paris: UNESCO, 1996).

World Commission on Environment and Development, Our Common Future (New York: Oxford University Press, 1987).

World Conference on Science, Science Agenda—Framework for Action (Budapest, June/July 1999).

World Intellectual Property Organization, Consolidated Analysis of the Legal Protection of Traditional Cultural Expressions/Expressions of Folklore, WIPO Publication No 785 (Geneva, nd).

World Intellectual Property Organization, Information Note Provided by the Secretariat of the World Intellectual Property Organization (WIPO) (Geneva: WIPO, 2004).

Wright, Susan, 'Language and Power: Background to the Debate on Linguistic Rights', in Lesser Used Languages and the Law in Europe International Journal on Multicultural Societies, vol 3, no 1 (2001): pp 44-54.

Ying, KC, 'Protection of Expressions of Folklore/Traditional CulturalExpressions: To What Extent is Copyright Law the Solution?', Journal of Malaysian and Comparative Law, vol 32, no 1 (2005): p 2.

Yudhishthir, Raj Isar, 'Cultural Diversity', Theory, Culture & Society, vol 23, nos 2-3 (2006): pp 372-5.

van Zanten, Wim (ed), Glossary—Intangible Cultural Heritage (The Hague: Netherlands National Commission for UNESCO, 2002).